Welchen Finanzausgleich braucht Europa?

CeGE-Schriften

Center for Globalization and Europeanization of the Economy
Zentrum für Globalisierung und Europäisierung der Wirtschaft
Georg-August-Universität Göttingen

Band 5

Herausgegeben von Wolfgang Benner, Günter Gabisch,
Jörg Güßefeldt, Andreas Haufler, Helmut Hesse, Hans-Joachim Jarchow,
Renate Ohr, Helga Pollak, Peter Rühmann, Hermann Sautter,
Stefan Tangermann und Wilhelm H. Wacker

Verantwortlicher Herausgeber für diesen Band:
Helga Pollak

PETER LANG
Frankfurt am Main · Berlin · Bern · Bruxelles · New York · Oxford · Wien

Holger Niermann

Welchen Finanzausgleich braucht Europa?

Ein konkreter Vorschlag zur Neugestaltung der europäischen Finanzbeziehungen mit Simulationsmodell

PETER LANG
Europäischer Verlag der Wissenschaften

Die Deutsche Bibliothek - CIP-Einheitsaufnahme

Niermann, Holger:

Welchen Finanzausgleich braucht Europa? : ein konkreter Vorschlag zur Neugestaltung der europäischen Finanzbeziehungen mit Simulationsmodell / Holger Niermann. - Frankfurt am Main ; Berlin ; Bern ; Bruxelles ; New York ; Oxford ; Wien : Lang, 2002
(CeGE-Schriften ; Bd. 5)
Zugl.: Göttingen, Univ., Diss., 2002
ISBN 3-631-50085-8

D 7
ISSN 1617-741X
ISBN 3-631-50085-8

www.peterlang.de

Vorwort der verantwortlichen Herausgeberin

Die Finanzbeziehungen zwischen der Europäischen Union und ihren Mitgliedstaaten, so wie sie sich heute darstellen, sind das Ergebnis zahlreicher Kompromisse, die in der fast fünfzigjährigen Geschichte der Union oft aus rein politischen Gründen geschlossen wurden. Finanzwirtschaftliche Intransparenz und ökonomische Ineffizienz sind mit der Intensivierung dieser Beziehungen beträchtlich gestiegen.

Dem wuchernden Regelungsdickicht will die vorliegende Studie ein europäisches Finanzausgleichssystem aus einem Guss gegenüberstellen, das sich unter Berücksichtigung der vertragsmäßigen Vorgaben der Europäischen Union an Normen orientiert, wie sie aus der ökonomischen Theorie des Föderalismus auch zur wissenschaftlichen Fundierung nationaler Finanzausgleichssysteme abgeleitet werden. Dabei bleibt die Untersuchung nicht bei abstrakten Prinzipien stehen, sondern stellt ein detailliertes Lösungskonzept vor, das die Aufteilung der Aufgaben, Ausgaben und Einnahmen zwischen der Europäischen Union und ihren Mitgliedstaaten systematisch neu ordnen soll. Zur Abschätzung der fiskalischen und verteilungsmäßigen Konsequenzen, die ein wesentliches Element der politischen Durchsetzbarkeit eines Reformvorhabens bilden, wird ein Simulationsmodell entwickelt, dessen Struktur die vorgeschlagene Neuordnung widerspiegelt, das quantitativ aber flexibel an unterschiedliche politische Vorstellungen über die Verteilung von Zahllasten und Zuschussberechtigungen angepasst werden kann.

Wichtigstes Ergebnis ist die Empfehlung, horizontale Ausgleichszahlungen unterhalb der EU-Ebene stärker in den Vordergrund zu rücken, strukturpolitische Maßnahmen von der Ebene der Europäischen Union auf die Ebene der Mitgliedstaaten zurückzuverlagern und vor allem Regionen als politikrelevante Einheiten heranzuziehen. Größere Bürgernähe und bessere örtliche Kenntnis der besonderen Problemlagen könnten in einer Union, in der die wirtschaftlichen Unterschiede im Zuge der Osterweiterung eher zunehmen, zu einem effizienteren Einsatz der von der EU bereitgestellten Fördermittel führen.

Die Studie reiht sich mit Inhalt und wissenschaftlichem Anspruch vorzüglich in die Schriftenreihe des Centrums für Globalisierung und Europäisierung der Wirtschaft (CeGE) der Universität Göttingen ein. Ob ihre Empfehlungen, die im Kern einen Kompetenzzuwachs der Mitgliedstaaten gegenüber der zentralen Ebene der EU bedeuten, praktisch wirksam werden können, wird auch davon abhängen, ob und wie der 2002 eingesetzte Konvent die Gewichte für die Zuständigkeiten der verschiedenen Ebenen der Gemeinschaft neu verteilen wird.

Helga Pollak

Danksagung

Die vorliegende Arbeit entstand in den Jahren 1999 bis 2002 und wurde im Sommersemester 2002 von der wirtschaftswissenschaftlichen Fakultät der Georg-August-Universität Göttingen als Dissertation angenommen. Der Tag der mündlichen Prüfung war der 24. April 2002.

Mein Dank gilt zunächst der Erstgutachterin meiner Dissertation, Frau Prof. Dr. Pollak, an deren Lehrstuhl ich als wissenschaftlicher Mitarbeiter tätig sein durfte und deren fachlicher Rat immer von großer Hilfe war. Außerdem danke ich Frau Prof. Dr. Ohr für die rasche Anfertigung des Zweitgutachtens und für die Anregung, die Arbeit in der Schriftenreihe des Centrums für Globalisierung und Europäisierung der Wirtschaft (CeGE) der Universität Göttingen zu veröffentlichen. Ohne sie an dieser Stelle im Einzelnen namentlich nennen zu können, möchte ich mich auch ganz herzlich bei meinen Freunden und Kollegen bedanken, die – beispielsweise durch fachliche Anregungen oder die mühevolle Durchsicht des Manuskripts – entscheidend zum Gelingen dieser Arbeit beigetragen haben.

Schließlich gilt mein ganz besonderer Dank meiner Frau Silke, die während des Dissertationsvorhabens mit Geduld an meiner Seite gestanden hat sowie meinen Eltern, die mich während meines gesamten Studiums moralisch und finanziell unterstützt haben.

Berlin, im Sommer 2002 Holger Niermann

Inhaltsübersicht

Teil III: Beurteilung der bestehenden Finanzbeziehungen in der Europäischen Union

3. Kapitel: Die Verteilung der Aufgaben und Ausgaben

4. Kapitel: Die Verteilung der Einnahmen

5. Kapitel: Redistribution

Teil IV: Neuordnung der europäischen Finanzbeziehungen

6. Kapitel: Passiver Finanzausgleich

7. Kapitel: Primärer aktiver Finanzausgleich

8. Kapitel: Sekundärer aktiver Finanzausgleich

Teil V: Chancen der politischen Durchsetzbarkeit

9. Kapitel: Ergebnisse der Simulation

10. Kapitel: Institutionelle Betrachtung

Inhaltsverzeichnis

Teil I:Normative Grundlagen

Teil II: Anforderungen an einen europäischen Finanzausgleich

1. Kapitel: Europäische Wertvorstellungen als Basis für einen europäischen Finanzausgleich

2. Kapitel: Prinzipien eines europäischen Finanzausgleichs

Teil III: Beurteilung der bestehenden Finanzbeziehungen in der Europäischen Union

3. Kapitel: Die Verteilung der Aufgaben und Ausgaben

4. Kapitel: Die Verteilung der Einnahmen

5. Kapitel: Redistribution

Teil IV: Neuordnung der europäischen Finanzbeziehungen

6. Kapitel: Passiver Finanzausgleich

7. Kapitel: Primärer aktiver Finanzausgleich

Teil V: Chancen der politischen Durchsetzbarkeit

9. Kapitel: Ergebnisse der Simulation

10. Kapitel: Institutionelle Betrachtung

Tabellenverzeichnis

Abbildungsverzeichnis

Kartenverzeichnis

Abkürzungsverzeichnis

A	Österreich
Abs.	Absatz
Anm. d. Verf.	Anmerkung des Verfassers
Art.	Artikel
Aufl.	Auflage
B	Belgien
Bd.	Band
BG	Bulgarien
BIP	Bruttoinlandsprodukt
BSP	Bruttosozialprodukt
BMF	Bundesministerium der Finanzen
BMI	Bundesministerium des Innern
BML	Bundesministerium für Ernährung, Landwirtschaft und Forsten
BMWi	Bundesministerium für Wirtschaft und Technologie
BMZ	Bundesministerium für wirtschaftliche Zusammenarbeit und Entwicklung
bzw.	beziehungsweise
CH	Schweiz
CY	Zypern
CZ	Tschechien
D	Deutschland
Diss.	Dissertation
DIW	Deutsches Institut für Wirtschaftsforschung
DK	Dänemark

D.O.M.	Départements d'outre-mer (Überseegebiete)
E	Spanien
EAG	Europäische Atomgemeinschaft
EAGFL	Europäischer Ausrichtungs- und Garantiefonds für die Landwirtschaft
EAGFL-A	Europäischer Ausrichtungs- und Garantiefonds für die Landwirtschaft, Abteilung Ausrichtung
EAGFL-G	Europäischer Ausrichtungs- und Garantiefonds für die Landwirtschaft, Abteilung Garantie
ECU	European Currency Unit (Europäische Währungseinheit)
EEF	Europäischer Entwicklungsfonds
EFRE	Europäischer Fonds für regionale Entwicklung
EFTA	European Free Trade Associoation (Europäische Freihandelszone)
EG	Europäische Gemeinschaft(en)
EGKS	Europäische Gemeinschaft für Kohle und Stahl
EGV	EG-Vertrag (Vertrag zur Gründung der Europäischen Gemeinschaft vom 25. März 1957)
engl.	englisch
EP	Europäisches Parlament
ESF	Europäischer Sozialfonds
ESZB	Europäisches System der Zentralbanken
et al.	et alterna
etc.	et cetera
EU	Europäische Union
EUREK	Europäisches Raumentwicklungskonzept
Europol	Europäisches Polizeiamt
EUV	EU-Vertrag (Vertrag über die Europäische Union vom 7. Februar 1992)

EU15	Gemeinschaft der 15
EW	Estland
EWG	Europäische Wirtschaftsgemeinschaft
EWR	Europäischer Wirtschaftsraum
EZB	Europäische Zentralbank
F	Frankreich
f.	folgende
F.A.Z.	Frankfurter Allgemeine Zeitung
ff.	fortfolgende
FIAF	Finanzinstrument für die Ausrichtung der Fischerei
GASP	Gemeinsame Außen- und Sicherheitspolitik
GB	Großbritannien
GG	Grundgesetz für die Bundesrepublik Deutschland
ggf.	gegebenenfalls
GR	Griechenland
H	Ungarn
H.	Heft
Habil.	Habilitationsschrift
Hrsg.	Herausgeber
HWWA	Hamburgisches Welt-Wirtschafts-Archiv
I	Italien
IfO	Institut für Wirtschaftsforschung
IRL	Irland
IS	Island
Jg.	Jahrgang
KKP	Kaufkraftparitäten
L	Luxemburg

LT	Litauen
LV	Lettland
M	Malta
Mio.	Millionen
Mrd.	Milliarden
MwSt	Mehrwertsteuer
N	Norwegen
NATO	North Atlantic Treaty Organization (Nordatlantisches Verteidigungsbündnis)
NGI	Neues Gemeinschaftsinstrument
NL	Niederlande
Nr.	Nummer
NSP_M	Nettosozialprodukt zu Marktpreisen
NUTS	Nomenclature des Unités Territoriales Statistiques (Systematik der Gebietseinheiten für die Statistik)
OECD	Organization for Economic Cooperation and Development (Organisation für wirtschaftliche Zusammenarbeit und Entwicklung)
P	Portugal
PL	Polen
RGW	Rat für gegenseitige Wirtschaftshilfe (engl. COMECON)
RO	Rumänien
Rz.	Randziffer
S	Schweden
S.	Seite(n) oder Satz
SF	Finnland
SLK	Slowakei
SLO	Slowenien

sog.	so genannt
Stdabw.	Standardabweichung
StWG	Stabilitäts- und Wachstumsgesetz
TR	Türkei
u.	und
u. a.	unter anderem
usw.	und so weiter
vs.	versus
WEU	Westeuropäische Union
WTO	World Trade Organisation (Welthandelsorganisation)
WWU	Wirtschafts- und Währungsunion
z.B.	zum Beispiel

Verzeichnis der mathematischen Platzhalter

1. Beitragsgestaltung

a	Ausgleichskonstante
A	Ausgaben
ABL	Menge der ausgleichsberechtigten Länder
ANL	Menge der ausgleichsneutralen Länder
APL	Menge der ausgleichspflichtigen Länder
b	Beitragssatz (in %)
B	Beitragsbetrag (in Euro)
E	Einnahmen
EK	Einkommen
EU	Menge der EU-Mitgliedsländer
EW	Einwohnerzahl
i	Zählindex der Länder aus *EU*
RP	relative Position
α	Ausschüttungsquote (Zentralbankgewinn)
β	Beitragsplafond
π	Progressionsgrad

2. Horizontaler Ausgleich

ABR	Menge der ausgleichsberechtigten Regionen
ANR	Menge der ausgleichsneutralen Regionen

APR	Menge der ausgleichspflichtigen Regionen
AP	Arbeitslosenposition
AQ	Arbeitslosenquote
b	Beitragssatz (in %)
B	Beitragsbetrag (in Euro)
BP	Bevölkerungsposition
BE	Bevölkerungsentwicklung
d	Ausgleichskonstante
EK	Einkommen
g_1	Untergrenze des neutralen Bereichs
g_2	Obergrenze des neutralen Bereichs
j	Zählindex der Regionen aus *EU*
SKI	Strukturkraftindikator
t	Trennlinie
γ_1	untere Breite des neutralen Bereichs
γ_2	obere Breite des neutralen Bereichs
δ	Ausgleichssatz
σ	Steigung der Trennlinie
τ	Trennlinienparameter

„Der Tag wird kommen, an dem du, Frankreich, du, Russland, du, England und du, Deutschland, all ihr Nationen dieses Erdteils, zu einer höheren Einheit verschmelzen werdet, ohne eure verschiedenen Vorzüge und eure ruhmreiche Einzigartigkeit einzubüßen, und ihr werdet eine europäische Bruderschaft bilden, genauso wie die Bretagne, Burgund, Lothringen und das Elsass in Frankreich aufgegangen sind... Der Tag wird kommen, an dem sich zwei gewaltige Blöcke, die Vereinigten Staaten von Amerika und die Vereinigten Staaten von Europa, gegenüberstehen werden, sie werden sich über die Meere die Hand reichen..."

VICTOR HUGO (1850)

Einführung

1. Problemstellung

Diese Arbeit befasst sich mit den finanziellen Beziehungen zwischen der Europäischen Union und ihren Mitgliedstaaten und zwischen den Mitgliedstaaten untereinander, d.h. mit Fragen der europäischen Finanzverfassung. Ein bedeutender Teil der Finanzverfassung ist der Finanzausgleich, der im weitesten Sinne Aufgaben, Einnahmen und Ausgaben zwischen den beteiligten Gebietskörperschaften aufteilt. Überlegungen zu einem europäischen Finanzausgleich nehmen den größten Teil der folgenden Überlegungen ein.[1]

Die Finanzbeziehungen in der europäischen Union haben mittlerweile ein Ausmaß erreicht, dass sie zunehmend auch in der deutschen politischen Öffentlichkeit diskutiert werden. Besonders die Debatte um den deutschen Nettobeitrag mit der Bezeichnung Deutschlands als ‚Zahlmeister Europas' macht deutlich,

---

1 Zu den Begriffen Finanzverfassung und Finanzausgleich siehe in diesem Teil der Arbeit den Abschnitt C. *Zur Begründung eines europäischen Finanzausgleichs im engeren Sinn.*

dass die Umverteilungswirkungen des europäischen Haushalts wahrgenommen und zunehmend kritisch betrachtet werden.[2]

Diese Kritik rührt teilweise von der prinzipiellen Ausgestaltung des derzeitigen Finanzierungs- und Ausgabensystems her. Es wird vielfach als extrem intransparent und nur wenig effizient beschrieben.[3] Es existiert jedoch derzeit kein finanzielles Beziehungsgeflecht zwischen den Mitgliedstaaten, das den traditionellen Vorstellungen von einem Finanzausgleich entspricht. Die Umverteilungswirkungen ergeben sich weniger direkt durch horizontale oder vertikale Zahlungen, als vielmehr indirekt aus unterschiedlich hohen Geldleistungen der Mitgliedstaaten an den und von dem zentralen EU-Haushalt. Aber auch diese Zahlungen lassen sich teilweise nur schwer nachvollziehen, und ihre Höhe ist vielfach ökonomisch nicht begründet. Daher fällt es schwer, ökonomisch sinnvolle, allokativ oder distributiv begründete Zahlungsströme zu identifizieren und zu rechtfertigen. Dies hat zur Konsequenz, dass in der Öffentlichkeit oftmals leichtfertig sämtliche Beiträge an die Europäische Union kritisiert werden.

Ein weiterer Grund für diese euroskeptische Grundhaltung besteht in der zunehmenden Regelungsdichte durch europäische Normen.[4] Die EU greift in Bereiche des öffentlichen und privaten Lebens ein, in denen eine einheitliche europäische Regelung möglicherweise nicht immer nötig ist. Dies hat eine schwindende Akzeptanz des Integrationsgedankens vor allem in den Nettozahlerländern zur Folge. Um die Wohlfahrtsgewinne, die den EU-Bürgern durch die Integration erwachsen, nicht zu gefährden, ist eine Neuordnung der europäischen Finanzbeziehungen in der Weise nötig, dass sie sich zukünftig auf ein notwendiges Maß beschränken und dabei bestmöglich ausgestaltet sind.

2. Ziele der Untersuchung

Mit dieser Arbeit soll ein konkreter Vorschlag für die Neugestaltung der Finanzbeziehungen auf europäischer Ebene ausgearbeitet werden. Der Vorschlag entsteht vor dem Hintergrund der konkreten europäischen Gegebenheiten und richtet die Anforderungen, die an einen Finanzausgleich zu stellen sind, auf diese aus. Der Schwerpunkt liegt in normativen Stellungnahmen bezüglich der Fra-

---

2 Zu dieser Diskussion siehe beispielsweise F.A.Z. vom 19.2.1999, S. 28.

3 Vgl. CAESAR (1998), S. 3.

4 Vgl. POLLACK (2000).

ge, wie ein gerechter und effizienter Finanzausgleich gestaltet werden sollte. Die Frage, ob eine Reform der Finanzbeziehungen im Sinne dieser Arbeit durchsetzbar ist oder ob sie am Widerstand politischer Partikularinteressen scheitern könnte, steht nicht im Zentrum der Untersuchung. Dennoch konzentriert sich diese Arbeit auf Vorschläge, die eine tatsächliche Option zur Verwirklichung besitzen.[5] Punkte, an welchen die Reform scheitern könnte, werden am Schluss der Betrachtung identifiziert und problematisiert. Dem dient auch ein vom Verfasser speziell für diesen Zweck programmiertes Simulationsmodell, mit dem die finanziellen Auswirkungen der Reform in verschiedenen Varianten (auch in zeitlicher Variation) getestet werden können.[6] Als Resultat soll ein System finanzieller Beziehungen entstehen, das aus finanzwissenschaftlicher Sichtweise den Namen *Europäischer Finanzausgleich* auch tatsächlich verdient.

Um die existierenden Finanzbeziehungen zu untersuchen und – wo nötig – zu kritisieren, ist eine positive Analyse anzustellen. Da in diesem Bereich aber von der wirtschaftswissenschaftlichen Forschung bereits einiges an Vorarbeit geleistet wurde,[7] beschränkt sich die vorliegende Arbeit auf die wichtigsten Problemfelder und die Grobdarstellung der europäischen Finanzbeziehungen, soweit sie für die weitere Argumentation von Nutzen sind.

3. Aufbau der Arbeit

Die Arbeit gliedert sich in fünf Teile, bestehend aus zehn Kapiteln. Der Gang der Untersuchung soll anhand von Abbildung 1 verdeutlicht werden. Der erste Teil beschreibt einleitend die normativen Grundlagen dieser Arbeit. Im zweiten Teil werden – gemäß der normativen Ausrichtung der Untersuchung – allgemeine Anforderungen an den zu gestaltenden Finanzausgleich formuliert. Die finanzwissenschaftliche Literatur hat bereits einige Anforderungen an Finanzausgleiche beschrieben, jedoch nicht alle können auf den europäischen Finanzausgleich übertragen werden. Dies hängt von den vertraglichen Vorgaben der EU ab, die im ersten Kapitel aus den verschiedenen Gründungsverträgen abgeleitet

---

5 Eine interessante, aber unrealistische Alternative zum derzeit praktizierten Föderalismus liefert B. FREY (1997). Er schlägt vor, (Gebiets-) Körperschaften ausschließlich nach funktionalen Kriterien zu bilden.

6 Zur Beschreibung dieses Simulationsprogramms siehe im Anhang dieser Arbeit.

7 Siehe hierzu beispielsweise PEFFEKOVEN (1994b), WALTHES (1996), THOMAS (1997) und PROKOP (1999). Diese Arbeiten analysieren die bestehenden Finanzbeziehungen und ihre Schwächen sehr gut, werden aber bezüglich möglicher Alternativen nur wenig konkret.

werden. Im zweiten Kapitel entsteht dann der Anforderungskatalog, an dem sich die Finanzausgleichsmaßnahmen im weiteren Verlauf der Arbeit zu messen haben werden.

Danach wird im dritten Teil die erarbeitete Messlatte an die bestehenden Finanzbeziehungen angelegt. Gegliedert in die drei Bereiche *Regelungen der Aufgaben- und Ausgabenverteilung* (drittes Kapitel), *Bestimmungen der Einnahmenverteilung* (viertes Kapitel) und *Redistribution* (fünftes Kapitel), wird geprüft, ob die Messlatte für einzelne der existierenden Bestimmungen zu hoch ist. Diese Bestimmungen sollten in einem zukünftigen Finanzausgleichssystem nicht weiter existieren.

Der vierte Teil der Untersuchung ist zugleich ihr Hauptteil. In ihm wird ein Vorschlag zur Neugestaltung der europäischen Finanzbeziehungen entwickelt. Seine Gliederung ist ein Spiegelbild des dritten Teils, denn auch hier werden die drei Bereiche Aufgaben- beziehungsweise Ausgabenverteilung, Einnahmenverteilung und Umverteilung separat behandelt. Die Kapitelüberschriften entsprechen aber bereits den üblichen Bezeichnungen für die drei Schritte eines Finanzausgleichs.[8] Damit wird verdeutlicht, dass in diesem Teil der Arbeit der Übergang von bislang weitgehend ungeordneten Finanzbeziehungen zu einem systematischen Finanzausgleich vollzogen wird. Zunächst werden im sechsten Kapitel diejenigen Aufgaben beschrieben, die sinnvollerweise der EU übertragen werden sollten und deren Finanzbedarf ermittelt. Daraus ergibt sich die Höhe der benötigten Einnahmen für die EU. Die Art der Finanzierung der Europäischen Union wird im siebten Kapitel problematisiert und im achten Kapitel wird der Frage nachgegangen, wie eine horizontale Umverteilung innerhalb der EU praktiziert werden sollte.

Im abschließenden fünften Teil werden zunächst die Ergebnisse des Simulationsmodells vorgestellt (neuntes Kapitel). Die Ergebnisse einzelner Modellrechnungen weisen auf (Verteilungs-)Wirkungen hin, die gegebenenfalls zu Schwierigkeiten in der Umsetzung des Vorschlags führen können. Mit dem Problem der Umsetzung befasst sich daraufhin das zehnte Kapitel, in dem die politischen Akteure und deren erwartetes Verhalten in die Betrachtung einbezogen werden.

Diese einleitenden Bemerkungen und die Schlussbetrachtung am Ende der Ausführungen rahmen die Arbeit ein.

---

8 Passiver, primärer aktiver und sekundärer aktiver Finanzausgleich.

Abbildung 1: Gang der Untersuchung

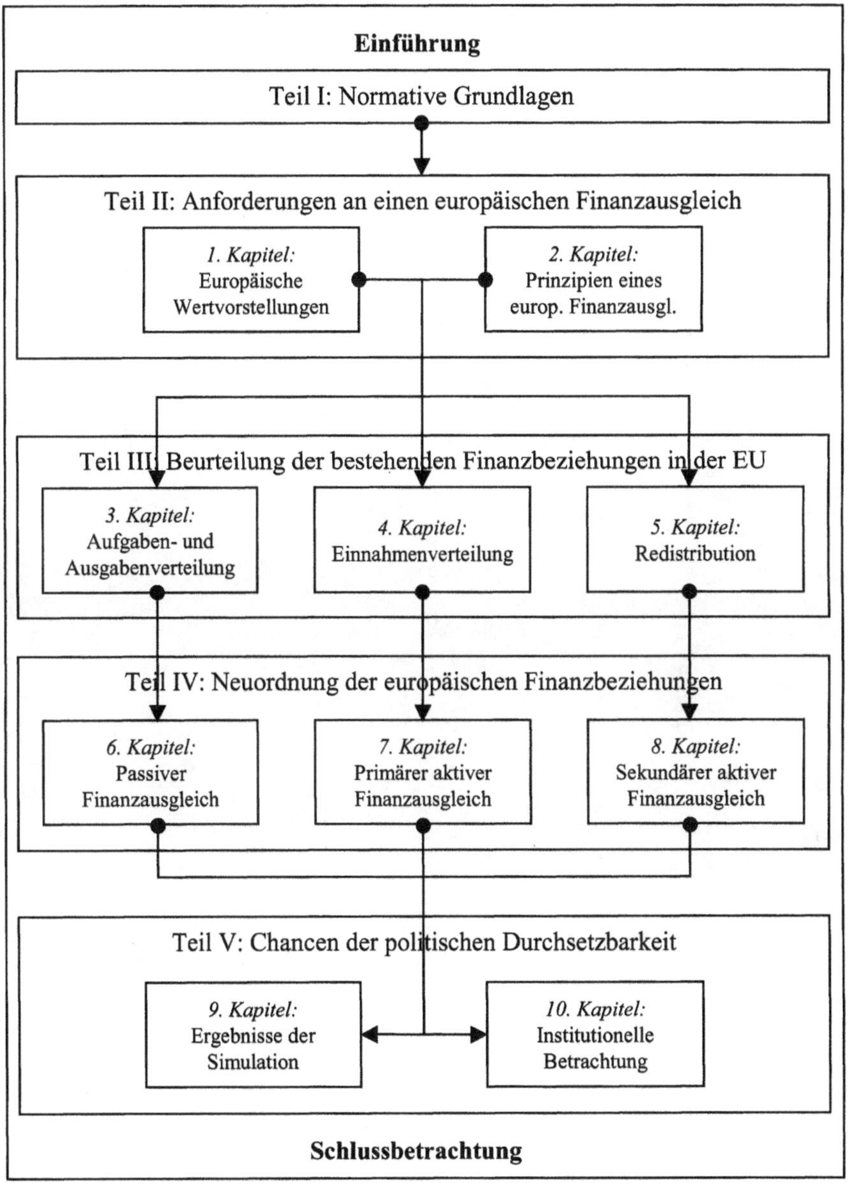

Quelle: Eigene Darstellung

Teil I: Normative Grundlagen

In diesem Teil werden die programmatischen Grundlagen der vorliegenden Arbeit erläutert. Da es bei Fragen, die sich mit der Ausgestaltung eines Finanzausgleichs befassen, um Aspekte der Finanzverfassung geht, gehört zu diesen Grundlagen das prinzipielle Verständnis vom Staat und seinem Verhalten gegenüber den Bürgern. Damit fällt die Entscheidung über eine eher wohlfahrts- oder politökonomische Ausrichtung der Arbeit. Daneben ist für einen Finanzausgleich der erreichte und der zu erwartende Integrationsstand zwischen den beteiligten Gebietskörperschaften von immenser Bedeutung. Nach der Behandlung dieser Problembereiche wird zuletzt die Diskussion zu der Frage nachgezeichnet, ob die EU einen Finanzausgleich prinzipiell braucht, unabhängig von seiner konkreten Ausgestaltung.

A. Zum Verständnis des Staates

Die Ausgestaltung eines Finanzausgleichs hängt entscheidend vom grundlegenden Verständnis des Staates ab.[1] Eine wohlfahrtsökonomische Betrachtungsweise, die den Staat als prinzipiell wohlwollend seinen Bürgern gegenüber eingestellt sieht, wird zu anderen Anforderungen kommen als eine an der Public-Choice-Theorie orientierte Sichtweise, die den Staat als Ausbeuter seiner Bürger versteht.

Die Wohlfahrtsökonomik hat ein grundsätzlich gutartiges Bild vom Staat und billigt ihm zu, zumindest das Beste für die ihm unterstellten Bürger zu *wollen*.[2] Gemeinsames Ziel von Staat und Bürgern ist die Maximierung der Gesamtwohlfahrt der Gesellschaft. Für die Ausgestaltung der Finanzverfassung bedeutet dies, ein Verfahren zu finden, mit dem der Staat dieses Ziel auch erreichen *kann*. Er benötigt eine Reihe von Instrumenten, mit denen er seine allokativen, distributiven und stabilisierungspolitischen Aufgaben im Sinne der Allgemeinheit lösen kann und die Freiheit, diese Instrumente auch einzusetzen.[3]

Einen diametral entgegengesetzten Ansatz verfolgt die Politökonomie. Sie sieht in dem Staat den sogenannten Leviathan, eine primär auf den eigenen Vorteil bedachte Gruppierung von Interessenvertretern (z.B. die Bürokratie, Politiker oder Lobbyisten). Diese handeln zwar zum Teil im Auftrag der Bürger (Prinzipal-Agent-Beziehung), haben aber ihnen gegenüber Informationsvorteile und sind in ihrer Arbeitsweise von ihnen unabhängig. Daraus ergeben sich Spielräume, die der Staat zum eigenen Vorteil nutzt. Dieser wird sich aber nur in Ausnahmefällen mit den Präferenzen der Bürger decken. Die Finanzverfassung ist demnach so auszugestalten, dass dem Staat möglichst wenig Spielraum für autonomes Handeln gegeben wird. Diese Beschränkungen sind institutionell auf der Verfassungsebene zu verankern.[4]

Beide Ansätze sind geeignet, als Grundlage für die Gestaltung einer Finanzverfassung zu dienen. Es darf aber nicht übersehen werden, dass beide Ansätze je-

---

1 Vgl. CAESAR (1996a), S. 6.

2 Vgl. PIGOU (1950).

3 Vgl. MUSGRAVE (1959).

4 Vgl. BRENNAN / BUCHANAN (1988).

weils nur eine Facette des tatsächlichen Wesens eines Staates – so auch der EU – beschreiben. „Es ist schlechterdings nicht möglich, einen so komplexen Prozeß wie die (wirtschafts-) politische Integration Westeuropas mit einer eindimensionalen Theorie zu erklären.“[5] Die Wahrheit über das staatliche Verhalten wird zwischen beiden Polen *wohlwollender Alleinherrscher* und *den eigenen Vorteil maximierender Leviathan* liegen und ist von Staatswesen zu Staatswesen unterschiedlich.

Der in dieser Arbeit erarbeitete Gestaltungsvorschlag ist primär von einer wohlfahrtsökonomischen Grundhaltung getragen. Der Grund dafür liegt in der Erkenntnis, dass die Public-Choice-Theorie konstitutionelle Beschränkungen des Staates fordert, um seine Möglichkeiten, die Bürger auszubeuten, zu beschneiden. Eben diese verfassungsrechtlichen Beschränkungen wird aber ein rein am eigenen Nutzen orientierter und mächtiger Staat durchschauen und niemals hinnehmen. Nur im theoretischen Zeitpunkt der Verfassungsgebung gäbe es größere Gestaltungsmöglichkeiten. Dies ist aber auch für die Europäische Union mit ihrem evolutorischen Integrationsprozess nicht gegeben. Vor diesem Hintergrund will diese Arbeit normative Gestaltungshinweise für einen europäischen Finanzausgleich geben. Auch in einem zutiefst politischen und bürokratischen Umfeld wie der EU hat normative Politikberatung ihre Berechtigung. „Zu akzeptieren, daß die europäische Integration ein Prozeß ist, der mit politökonomischen Kategorien zu erklären ist, heißt nicht, davon Abstand nehmen zu müssen, normativ Stellung zu beziehen.“[6]

B. Das Problem der offenen Finalität der Europäischen Union

Für die Gestaltung eines Finanzausgleichs ist der Grad der Integration der beteiligten Gebietskörperschaften von entscheidender Bedeutung. Ein lockerer Staatenbund – wie beispielsweise die UNO oder die OPEC – erfordert andere finanzielle Beziehungen als ein Bundesstaat wie die Bundesrepublik Deutschland oder die Schweiz. Die Gründe hierfür liegen einerseits in der unterschiedlichen Qualität und Quantität der Politikverflechtungen zwischen den beteiligten Gebietskörperschaften. Andererseits sind sie in den unterschiedlichen verfassungsrechtlichen Traditionen begründet, die sich beispielsweise in einer unterschiedli-

---

[5] ZOLNHÖFER (1992), S. 70.

[6] LAMMERS (1999b), S. 38.

chen Aufgabenverteilung wiederspiegeln.[7] Dies betrifft sowohl prinzipielle Entscheidungen wie die Gestaltung des vertikalen Finanzausgleichs[8] oder die Frage, ob durch die Finanzbeziehungen ein horizontaler Ausgleich zwischen den Gebietskörperschaften hergestellt werden soll, als auch die konkrete Art und Ausgestaltung der Beiträge.[9]

Bezüglich der EU ist festzustellen, dass es sich bei ihr um einen Staatenbund (Konföderation) handelt, der zeit seines Bestehens (und seiner Vorläufer) den höchsten *wirtschaftlichen* Integrationsgrad, die Wirtschafts- und Währungsunion, anstrebte.[10] Ungeklärt ist dagegen weiterhin die Frage nach dem Ziel bezüglich der *politischen* Integration geblieben. Soll die Union ein mehr oder minder fester Staatenbund bleiben, oder gibt es eines Tages einen europäischen Bundesstaat, eine *Europäische Föderation*?[11] Die EU nach Maastricht „ist die Basis für eine Entwicklung, die eines Tages bis zu einem europäischen Bundesstaat führen mag."[12] Die Frage der Finalität des europäischen Integrationsprozesses wird aber nicht von den europäischen Gründungsverträgen beantwortet.

Der gegenwärtige Stand der Integration zeichnet sich durch sehr enge Verflechtungen zwischen souveränen Nationalstaaten aus. Besonders eng sind die Verknüpfungen auf dem Gebiet der ökonomischen Beziehungen.[13] Zwar verfügt die Gemeinschaft mit der Kommission über eine Art Regierungskabinett und über ein eigenes, von den europäischen Bürgern gewähltes Parlament. Dessen Kompetenzen sind aber stark eingeschränkt.[14] Die eigentliche politische Macht geht immer noch größtenteils vom Ministerrat und damit mittelbar von den nationalen Parlamenten und Regierungen aus. Auch gibt es keine europäische Staatsbürgerschaft. Die EU hat darum eine eigene Staatlichkeit noch nicht erreicht. Sie

---

7 Siehe hierzu im 2. Kapitel dieser Arbeit den Abschnitt 4. *Das Subsidiaritätsprinzip.*

8 Vgl. PEFFEKOVEN (1982), S. 251f.

9 Vgl. BIEHL (1988a), S. 692f. und S. 701ff.

10 Zu den verschiedenen möglichen Integrationsstufen siehe GLASTETTER (1995), S. 12f.

11 Die Frage der Finalität ist im Sommer 2000 bei der Diskussion um den Begriff „Europäische Föderation" vom deutschen und französischen Außenminister Fischer und Védrine öffentlich diskutiert worden. Siehe hierzu J. FISCHER (2000) und VÉDRINE (2000).

12 WISSENSCHAFTLICHER BEIRAT BEIM BMWI (1994), Rz. 7.

13 Für eine nähere Beschreibung der einzelnen Politikbereiche siehe das 3. Kapitel dieser Arbeit *Die Verteilung der Aufgaben und Ausgaben.*

14 Vgl. KRONBERGER KREIS (1992), S. 20ff.

ist weder Staatenbund[15] noch Bundesstaat. Der MacDougall-Bericht[16] nennt dieses Integrationsstadium eine „präföderalistische Integration“[17].

Um nicht in den Bereich von vagen Spekulationen über die zukünftige Gestalt der Union zu gelangen, orientiert sich die vorliegende Arbeit am im Zeitraum ihres Entstehens erreichten Integrationsstand. Dadurch kann ein konkreter Vorschlag für die Gestaltung eines europäischen Finanzausgleichs erarbeitet werden, der auch eine tatsächliche Realisierungsoption enthält. Damit verzichtet diese Arbeit aber auch ausdrücklich auf eine normative Stellungnahme über den erwünschten Integrationspfad der Union und auf eine Antwort auf die Frage nach der Finalität.[18] Die erarbeiteten Vorschläge sind in Gänze Verbesserungsvorschläge auf Basis des erreichten Integrationsstandes.

C. Zur Begründung eines europäischen Finanzausgleichs im engeren Sinn

Die Bestimmungen eines Finanzausgleichs lassen sich nach ihrem Regelungsgegenstand unterscheiden.[19] In einem ersten Schritt differenziert man zwischen *passivem Finanzausgleich* und *aktivem Finanzausgleich*. Der passive Finanzausgleich behandelt die Verteilung der Aufgaben und Ausgaben zwischen den Gebietskörperschaften, und der aktive Finanzausgleich verteilt die Einnahmen unter ihnen. Der aktive Finanzausgleich besteht seinerseits aus dem *primären aktiven Finanzausgleich* und dem *sekundären aktiven Finanzausgleich*. Primär bedeutet hier die Verteilung der Finanzierungsquellen (z.B. Steuerertragshoheiten) unter den Gebietskörperschaften. Unter dem sekundären aktiven Finanzaus-

---

15 Vgl. FUEST (1995), S. 241.

16 Dieser Bericht wurde 1974 von der Europäischen Kommission in Auftrag gegeben, erschien 1977 und analysiert umfassend die Rolle der öffentlichen Finanzen für die fortschreitende Integration Europas. Vgl. MACDOUGALL-BERICHT, S. 3.

17 Vgl. MACDOUGALL-BERICHT, S. 14.

18 Letztlich sollte sich die Entscheidung für eine Föderation oder eine Konföderation danach richten, ob sich die Präferenzen der Bürger zwischen den Mitgliedstaaten stark unterscheiden oder nicht. Bei heterogenen Präferenzen ist eine Konföderation vorzuziehen, bei weitgehend homogenen Präferenzen eine Föderation. Vgl. MUELLER (1997), S. 259.

19 So zum Beispiel bei KOPS (1984a-c), PEFFEKOVEN (1988) oder ZIMMERMANN (1982).

gleich versteht man die nachträgliche Umverteilung der Einnahmen zwischen den Gebietskörperschaften nach erfolgtem primären aktiven Finanzausgleich.

Abbildung 2: Schematische Darstellung der Finanzverfassung

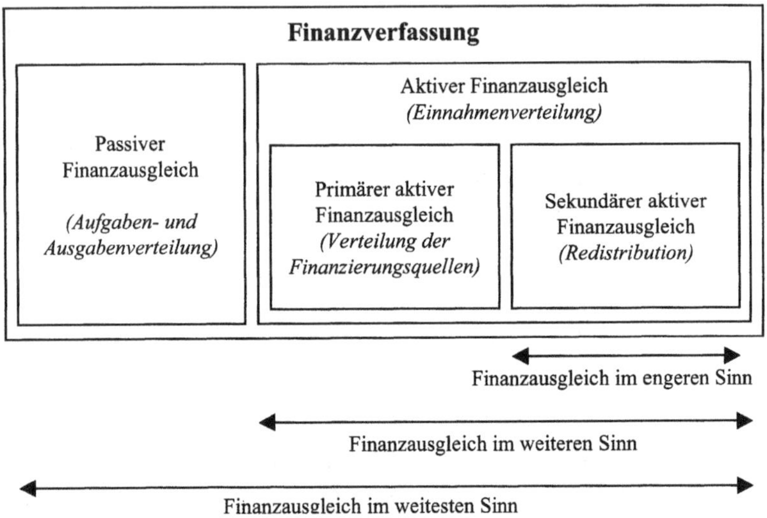

Quelle: Eigene Darstellung

Die Frage, *ob* die Europäische Union eines sekundären[20] aktiven Finanzausgleichs bedarf, steht zwar nicht im Mittelpunkt der vorliegenden Betrachtung, da sie bereits ausführlich in der finanzwissenschaftlichen Literatur behandelt worden ist.[21] Die existierenden Arbeiten gelangen jedoch zu unterschiedlichen Antworten, je nachdem, welches Verständnis vom Staat sie ihrer Analyse zugrunde legen: Wohlfahrtsökonomischen Argumenten für einen europäischen Finanzausgleich stehen politökonomische Gegenargumente gegenüber, denen mit kon-

---

20 Unbestritten ist dagegen die Erfordernis eines passiven und eines primären aktiven Finanzausgleichs auf europäischer Ebene. Siehe hierzu das 6. Kapitel *Passiver Finanzausgleich* und das 7. Kapitel *Primärer aktiver Finanzausgleich* dieser Arbeit.

21 Aus der umfangreichen Literatur sein beispielhaft genannt: BIEHL (1988b), CAESAR (1998) und (1999), DÖRING (2000), ERLEI (1997), FUEST (1995), GROSSEKETTLER (1997), HEINEMANN (1998), HESSE (1993), KOHL / BERGMANN (1998), KRAFF (1997), KRONBERGER KREIS (1992), LAMMERS (1993), MALLOSSEK (1996), THOMAS (1997) und WALTHES (1996).

stitutionellen Maßnahmen begegnet wird.[22] Diese Diskussion soll hier jedoch nur kurz nachgezeichnet werden.

1. Wohlfahrtsökonomische Argumente

Allokativ wird ein sekundärer Finanzausgleich in erster Linie mit negativen Folgen unerwünschter Wanderungen von Produktionsfaktoren begründet. Im Zentrum stehen hierbei einerseits die Probleme, die peripheren Regionen durch Abwanderung ihrer Eliten entstehen (Festigung des technischen Rückstandes, niedriges Lohnniveau) und andererseits die Schwierigkeiten der wirtschaftsstarken Regionen bei der Integration der Zuwanderer in den Arbeitsmarkt und die sozialen Sicherungssysteme. Um dem entgegenzuwirken, soll der Finanzausgleich die rückständigen Regionen in die Lage versetzen, ein größeres Maß an öffentlichen Leistungen (Infrastrukturinvestitionen, Transferzahlungen) bereitzustellen, als es ihre finanzielle Normalausstattung erlauben würde. Diese Investitionen sollen helfen, den Migrationsdruck abzumildern.

Distributiv steht das Bestreben im Vordergrund, den Lebensstandard in den unterschiedlich entwickelten europäischen Regionen anzugleichen. „Unbestreitbar ist die Verringerung bzw. der Ausgleich regionaler Disparitäten in der EU ein explizites Ziel der europäischen Transferpolitik mit hohem (integrations-)politischem Stellenwert.“[23] Problematisch ist jedoch die Festlegung auf ein bestimmtes Ausgleichs*niveau*. Innerhalb der gesamten EU ist eine größere Heterogenität der Lebensverhältnisse auch nach dem Finanzausgleich im engeren Sinne zu akzeptieren als innerhalb eines einzelnen Mitgliedslandes, weil die Niveauunterschiede vor Ausgleich zwischen den Mitgliedstaaten wesentlich größer sind als innerhalb der Staaten. „Ein in überschaubaren Grenzen gehaltener regionaler Finanzausgleich wird auch in Zukunft sowohl Geberländern, die durchaus helfen wollen, aber ebenso nicht finanziell überfordert werden wollen, als auch den Transfernehmerländern nützen, auch wenn ihnen die finanziellen Hilfen aus ihrer Sicht als zu gering erscheinen.“[24]

Der Stabilisierungsbedarf ergibt sich aus der relativen Heterogenität der Europäischen Regionen bezüglich ihrer sektoralen Wirtschaftsstruktur und des Pro-

---

[22] Vgl. GROSSEKETTLER (1997), S. 113f.

[23] CAESAR (1998), S. 7.

[24] MALLOSSEK (1996), S. 281.

Kopf-Einkommens, die sich durch bevorstehende Erweiterungsrunden noch verstärken wird.[25] Auch bei tendenziell harmonischen Wirtschaftszyklen[26] der Mitgliedsländer wirken sich exogene Schocks, beispielsweise durch eine autonome Ölpreiserhöhung, in einem heterogenen Wirtschaftsraum auf die einzelnen Mitglieder unter Umständen sehr verschieden aus. Daraus resultieren stark unterschiedliche Veränderungen der regionalen Beschäftigung, der Einkommen oder der Inflationsraten. Die üblichen Mechanismen zur Abfederung solcher Schocks stehen der EU jedoch nicht zur Verfügung:[27] Die Löhne in vielen Ländern der europäischen Union sind nach unten relativ starr, sodass ein Beschäftigungsverlust hierüber nicht aufgefangen werden kann. Als Alternative käme eine verstärkte Wanderung der Arbeitskräfte in Frage, die jedoch aus den oben geschilderten Gründen nicht gewollt ist und zudem oftmals an sprachlichen oder kulturellen Hindernissen scheitert. Eine Ausweitung der Staatsverschuldung als Folge fiskalischer Maßnahmen ist gemäß dem Europäischen Stabilitätspakt nur eingeschränkt möglich. Hinzu kommt das Problem, dass nach Eintritt in die dritte Stufe der Währungsunion eine Änderung der Wechselkurse als Schockabsorber ebenfalls ausfällt und dass die gemeinsame europäische Geldpolitik das Zinsniveau nicht differenziert nach Mitgliedsländern steuern kann. Die einzige verbleibende Alternative scheinen somit interregionale Finanzzuweisungen zu sein.

2. Politökonomische Gegenargumente

Gegen diese wohlfahrtsökonomische Begründung richtet sich jedoch die Kritik der ökonomischen Theorie der Politik. Sie betont die Missbrauchsmöglichkeiten, die sich aus den Finanzausgleichsregelungen ergeben, wenn Bürokraten, Politiker oder Lobbyisten ihre Einzelinteressen durchzusetzen versuchen. „Die ordnungspolitische Angemessenheit direkter ungebundener Transfers über den EU-Haushalt ist eine notwendige, nicht jedoch auch eine hinreichende Bedin-

---

[25] Beispielsweise reichte der Anteil der in der Landwirtschaft beschäftigten Erwerbstätigen 1997 von 1,5 Prozent in Luxemburg bis 20,4 Prozent in Griechenland. Im Beitrittskandidaten Rumänien lag der Wert sogar bei 39,0 Prozent. Vgl. EUROPÄISCHE KOMMISSION (1999b), S. 85.

[26] REES (2000) zeigt, dass die Länder im Euro-Raum über ebenso harmonisch verlaufende Wirtschaftszyklen verfügen wie die Staaten der USA und die Bundesländer in Deutschland.

[27] Vgl. GROSSEKETTLER (1997), S. 120.

gung für ihre Befürwortung aus ökonomischer Sicht."[28] Genauso muss berücksichtigt werden, inwieweit die politischen Akteure die Regelungen des Finanzausgleichs missbrauchen können. Ein solcher Missbrauch kann sich zwischen verschiedenen (Gruppen von) Mitgliedstaaten vollziehen oder sich auf das Verhältnis zwischen Staat und Bürgern erstrecken.

Bezüglich des Verhältnisses von Staaten untereinander handelt es sich bei der EU um ein typisches Beispiel für die „systematische Tendenz zur ‚Ausbeutung' der Großen durch die Kleinen"[29]. In den europäischen Organen sind kleine Mitgliedstaaten gemessen an ihrem Stimmengewicht im Vergleich zur Bevölkerungszahl überrepräsentiert. Daran änderte sich auch mit der Regierungskonferenz von Nizza nichts Prinzipielles (Tabelle 1)[30].

Lediglich die zusätzliche Anforderung, dass ein Mehrheitsbeschluss auf Antrag eines Mitgliedslandes zukünftig mindestens 62 Prozent aller EU-Einwohner repräsentieren muss, stärkt die Position der großen Mitgliedsländer.[31] Wenn nun, wie im Fall der EU, einzelne große exportorientierte Mitgliedsländer ein besonderes Interesse an der wirtschaftlichen Integration haben, ist es einer Koalition kleiner Länder möglich, die fortschreitende Integration an finanzielle Kompensationen zu koppeln. Kompensationszahlungen lassen sich aber leichter rechtfertigen beziehungsweise verschleiern, wenn es ein Finanzausgleichssystem gibt, das sowieso Zahlungen zwischen den Mitgliedsländern vorsieht.

Finanzausgleichszahlungen bergen darüber hinaus immer auch die Gefahr ihrer Verfestigung: Je großzügiger sie gewährt werden, desto mehr wird den rückständigen Gebieten der Anpassungsdruck genommen, und notwendige strukturelle Anpassungen bleiben möglicherweise aus. Außerdem kann schon die bloße Existenz von Ausgleichszahlungen zu einem vermehrten Streben der Regionen nach Finanzzuweisungen führen (rent-seeking). Die Regionen werden zu öko-

---

28 GROSSEKETTLER (1997), S. 131.

29 OLSON (1968), S. 28.

30 Unverständlich ist, warum Ungarn und Tschechien im EP zwei Sitze weniger als Portugal und Belgien erhalten haben. Vgl. HRBEK (2001), S. 27.

31 Durch diese Sperrklausel kann zukünftig Deutschland mit zwei weiteren großen Mitgliedsländern (GB, F, I, E, PL) einen Ministerratsbeschluss blockieren. Gleiches gilt für vier große Mitgliedsländer ohne Deutschland.

nomischem Fehlverhalten angeregt, um in den Genuss der Zuweisungen zu gelangen, wodurch der Gesamtheit aller Regionen Wohlfahrtsverluste entstehen.[32]

Tabelle 1: Stimmengewichte in EU-Organen in Relation zur Bevölkerungszahl

Land	Einwohner		Europäisches Parlament		Ministerrat		Europäischer Rat	
	(in 1000)	kum. in %	Sitze	Sitze/ Mio.EW	Stimmen	Stimmen/ Mio.EW	Stimmen	Stimmen/ Mio.EW
M	377,5	0,1%	5	13,25	3	7,95	1	2,65
L	415,5	0,2%	6	14,44	4	9,63	1	2,41
ZY	663,0	0,3%	6	9,05	4	6,03	1	1,51
EW	1.449,7	0,6%	6	4,14	4	2,76	1	0,69
SLO	1.982,6	1,0%	7	3,53	4	2,02	1	0,50
LV	2.448,9	1,5%	8	3,27	4	1,63	1	0,41
IRL	3.626,1	2,3%	12	3,31	7	1,93	1	0,28
LT	3.702,4	3,1%	12	3,24	7	1,89	1	0,27
SF	5.124,6	4,1%	13	2,54	7	1,37	1	0,20
DK	5.263,1	5,2%	13	2,47	7	1,33	1	0,19
SLK	5.390,7	6,3%	13	2,41	7	1,30	1	0,19
A	8.059,4	8,0%	17	2,11	10	1,24	1	0,12
BL	8.256,8	9,8%	17	2,06	10	1,21	1	0,12
S	8.844,5	11,6%	18	2,04	10	1,13	1	0,11
P	9.927,4	13,7%	22	2,22	12	1,21	1	0,10
H	10.113,7	15,8%	20	1,98	12	1,19	1	0,10
B	10.156,6	17,9%	22	2,17	12	1,18	1	0,10
CZ	10.294,9	20,0%	20	1,94	12	1,17	1	0,10
GR	10.475,9	22,2%	22	2,10	12	1,15	1	0,10
NL	15.530,5	25,5%	25	1,61	13	0,84	1	0,06
R	22.507,3	30,2%	33	1,47	14	0,62	1	0,04
PL	38.666,1	38,2%	50	1,29	27	0,70	1	0,03
E	39.695,1	46,5%	50	1,26	27	0,68	1	0,03
I	57.397,0	58,5%	72	1,25	29	0,51	1	0,02
F	58.374,8	70,7%	72	1,23	29	0,50	1	0,02
GB	58.801,5	82,9%	72	1,22	29	0,49	1	0,02
D	81.914,8	100,0%	99	1,21	29	0,35	1	0,01
Summe			732		345			

Quelle: Eigene Berechnungen nach VERTRAG VON NIZZA, Anlage II. Eine ähnliche Darstellung findet sich in BUSCH (1999), S. 35.

[32] Vgl. CAESAR (1998), S. 13.

Für den einzelnen EU-Bürger entsteht durch einen festen Finanzausgleichsmechanismus aus politökonomischer Sicht eine größere Ausbeutungsgefahr durch den Leviathan-Staat. Der föderale Wettbewerb zwischen den Mitgliedstaaten wird eingeschränkt, wenn ökonomische Fehler einer Gebietskörperschaft durch die Gemeinschaft mittels Transfers gedeckt werden. Erfolgreichere Gebietskörperschaften werden durch ihre Zahlungen an das Finanzausgleichssystem gezwungen, ihre Einnahmen zu erhöhen. Die Folgen sind ein Steuerkartell auf Umwegen und weniger Wahlmöglichkeiten für den einzelnen Bürger.

3. Synthese

Die beiden vorgetragenen Argumentationslinien gelangen zu diametral entgegengesetzten Einschätzungen bezüglich der Notwendigkeit eines europäischen Finanzausgleichs. Dennoch kann keiner Linie ad hoc der Vorzug gegeben werden. Je nachdem, welcher der beiden Begründungen man im eigenen Kalkül mehr Gewicht verleiht, wird man einem Finanzausgleichssystem im engeren Sinne auf europäischer Ebene eher wohlwollend oder skeptisch gegenüberstehen. Zu einer der Tragweite des Problemkreises *europäischer Finanzausgleich* angemessenen umfassenden Betrachtung gehört jedoch zwingend die Berücksichtigung beider Sichtweisen. Die Lehre, die man aus der dargestellten Diskussion letztendlich ziehen sollte lautet: Wenn ein europäischer Finanzausgleich tatsächlich Wohlfahrtsgewinne hervorrufen kann, sollten auch begründete politökonomische Einwände nicht dazu führen, ihn für gänzlich überflüssig zu befinden, das Kind also gleichsam mit dem Bade auszuschütten. Statt dessen sollten geeignete verfassungsrechtliche Maßnahmen getroffen werden, die den Erkenntnissen der Neuen Politischen Ökonomie Rechnung tragen und dennoch einen Finanzausgleich ermöglichen. Auf europäischer Ebene bedeutet dies eine Verankerung entsprechender Maßnahmen im EU-Vertrag.

Darüber hinaus ist bezüglich besonders radikaler Vorschläge von Seiten der Neuen Politischen Ökonomie, die auf einen völligen Verzicht jeglicher Ausgleichsmechanismen innerhalb der EU abzielen, anzumerken, dass ein solcher Vorschlag, sei er auch noch so gut begründet, keinerlei Realisierungschance besitzt. In der EU existiert bereits ein umfangreiches Transfersystem,[33] das von den politischen Entscheidungsträgern zwar nicht immer im Detail, jedoch im Grundsatz befürwortet wird. Für einen pragmatischen Ansatz bedeutet dies, die Exis-

---

[33] Siehe dazu das 4. Kapitel *Die Verteilung der Einnahmen* und 5. Kapitel *Redistribution* dieser Arbeit.

tenz eines Transfersystems zu akzeptieren und gezielte Vorschläge zur Verbesserung des Systems zu unterbreiten. In diesem Sinne geht auch die vorliegende Arbeit vor.

Teil II:

Anforderungen an einen europäischen Finanzausgleich

Der zweite Teil der Arbeit soll die grundlegenden Anforderungen an einen europäischen Finanzausgleich darstellen. Dabei rücken konkrete Ausgestaltungsmerkmale in den Hintergrund. Statt dessen sollen allgemeine Voraussetzungen benannt werden, die prinzipiell für den europäischen Finanzausgleich zu beachten sind. In der finanzwissenschaftlichen Literatur gibt es bereits eine ganze Reihe von Arbeiten, die sich mit Anforderungskatalogen an Finanzausgleichssysteme befassen. Diese sind aber weder vollständig noch bedienen sie sich einer einheitlichen Terminologie. Diese Lücke soll dieser Teil der Arbeit schließen und damit einen Referenzrahmen für die Gestaltung des Finanzausgleichs im weiteren Verlauf der Arbeit liefern.

Vielfach werden die folgenden Anforderungen an jeden – nicht nur an einen europäischen – Finanzausgleich gestellt. Um auf die konkreten Besonderheiten der Europäischen Union eingehen zu können, werden im ersten Kapitel die Ziele der Europäischen Union aus den Vertragstexten abgeleitet. Diese bilden die Grundlage für die Ableitung der Anforderungen, die im zweiten Kapitel erfolgt.

1. Kapitel:
Europäische Wertvorstellungen als Basis für einen europäischen Finanzausgleich

Ein jeder Finanzausgleich beruht, wenn er nicht nur auf Ad-hoc-Entscheidungen gegründet sein soll, auf bestimmten, ihn charakterisierenden Werten, Prinzipien und Eigenschaften. Darunter finden sich Punkte, die für jeden Finanzausgleich gelten sollten, weil sie für ein Höchstmaß an Effizienz im Ausgleich sorgen. Dazu gehören aber auch Gesichtspunkte, die gewisse Werturteile darüber voraussetzen, wie der Finanzausgleich eines bestimmten Staatswesens grundsätzlich ausgerichtet sein soll. Sie spezifizieren die dem Finanzausgleich zugrunde liegende Gerechtigkeitsnorm.

A. Ableitung der Werte aus den Vertragstexten der EU

Die grundsätzliche Entwicklungsrichtung des europäischen Einigungsprozesses und damit der Europäischen Union ergibt sich aus den die EU begründenden Vertragstexten.[1] Diese, im Folgenden als *Werte der Europäischen Union* benannten Eigenschaften stellen das Grundgerüst dar, auf das sich auch der Finanzausgleich stützt. Die Werte geben Auskunft über das Wesen und die zu erwartende zukünftige Entwicklung der Gemeinschaft, und ihre Veränderung in der Vergangenheit ist ein Spiegelbild des gesellschaftlichen Wandels und des fortschreitenden Integrationsprozesses. Für die Ausgestaltung des Finanzausgleichs sind die aktuellen Werte und ihre mögliche zukünftige Entwicklung von größerer Bedeutung als ihre Ausgestaltung in der Vergangenheit. Dennoch kann die historische Entwicklung des Wertebündels hilfreiche Hinweise auf die Bedeutung einzelner Werte geben, denn Änderungen der Werte sind stets durch bewusste Revisionen der Vertragstexte zustande gekommen.

---

1 Darüber hinaus können auch die Verfassungen der Mitgliedstaaten Hinweise auf gemeinsame Ziele geben, sofern sie Teile der Verfassungen aller Mitgliedstaaten sind.

Bei der Analyse der Werte hat man zwischen verschiedenen Abstraktionsgraden der Formulierung zu unterscheiden. Während vor allem in den Präambeln und den ersten Artikeln der Verträge die Werte in hohem Maße abstrahiert aufgeführt sind, werden die Formulierungen im weiteren Verlauf der Vertragstexte zum Teil sehr konkret. Dennoch bieten gerade auch die abstrakten Formulierungen Aufschluss über die europäischen Wertvorstellungen, denn bei den konkreteren Formulierungen ist die Grenze zu genauen Handlungsanweisungen und Politiken fließend. Die Analyse der Werte folgt dieser Abstufung des Abstraktionsgrades. Die Werte Frieden und Freiheit bilden gewissermaßen das Fundament, auf denen die weiteren Werte mit steigender Konkretisierung aufbauen.

1. Frieden und Freiheit

Diese beiden Werte können als die höchsten Ziele der Europäischen Union bezeichnet werden. Sie sind seit Beginn des europäischen Einigungsprozesses integraler Bestandteil der Verträge.[2] Eine entsprechende Formulierung findet sich bereits in der Präambel des Vertrags zur Gründung der Europäischen Gemeinschaft für Kohle und Stahl (EGKS) von 1958. Der Vertrag ist nur vor dem geschichtlichen Hintergrund seines Entstehens richtig zu interpretieren und von dem Geist getragen, die kriegswichtigen Schlüsselindustrien der Kohleförderung und Stahlproduktion unter internationale Aufsicht zu stellen.[3] So sollte für die Zukunft ein nationaler Aufrüstungsalleingang – vor allem Deutschlands und Frankreichs – verhindert werden. Eine ähnliche Formulierung findet sich auch im Vertrag zur Gründung der EWG. Im gleichen Sinne entstand wenige Jahre später die Europäische Atomgemeinschaft, die zusammen mit der EGKS und der EWG einer der drei Vorläufer der EG, und damit auch der EU, ist.[4]

In den späteren Vertragswerken ist der Frieden schaffende Gedanke zunehmend anders formuliert worden. Angesichts der schwindenden kriegerischen Bedrohung aus dem Kreis der Mitgliedstaaten spricht die Präambel des EG-Vertrags nun von dem Willen, „einen immer engeren Zusammenschluss der europäischen

---

2 Vgl. Präambel zum EG-Vertrag.

3 Vgl. WISSENSCHAFTLICHER BEIRAT BEIM BMWI (1994), Rz. 1 und ESTERBAUER (1994), S. 8 und 30.

4 Für die verschiedenen Integrationsschritte der Vergangenheit und den Weg zur Europäischen Union siehe ESTERBAUER (1994) und WEINDL (1994).

Völker"[5] zu realisieren. Wie weit diese Einigung letztendlich führen soll, ob es in dieser Entwicklung einen zwischenzeitlichen Endpunkt gibt, oder ob am Schluss die Vereinigten Staaten von Europa stehen sollen, beantworten die Verträge allerdings nicht.[6]

In der aktuellen Diskussion um die Osterweiterung der Union ist das Friedensargument jedoch wieder von größerer Bedeutung.[7] Durch die Einbindung der mittel- und osteuropäischen Nationen soll eine erneute Teilung des Kontinents unmöglich gemacht werden und eine Balkanisierung der gefährdeten Staaten in dieser Region verhindert werden. Auch die Zypernfrage wird nur im europäischen Kontext zu lösen sein. Außerdem existiert die Hoffnung, die vielfältigen nationalen Minderheitenprobleme (auch in den bisherigen Mitgliedsländern) im Rahmen der Europäischen Union durch Betonung der regionalen Ebene besser lösen zu können.

Im Wert der Freiheit wird zunächst das Selbstbestimmungsrecht der Völker zum Ausdruck gebracht. Die besondere Bedeutung dieses Werts zur Zeit der Römischen Verträge erklärt sich zum einen aus den Erfahrungen der europäischen Nationen im zweiten Weltkrieg und zum anderen aus der Gefahr, die sich während des kalten Krieges aus dem sowjetischen Regime in Osteuropa für die freiheitliche Ordnung Westeuropas ergab. Nach dem Zusammenbruch der Sowjetunion gilt darum auch den osteuropäischen Ländern die „Aufforderung an die anderen Völker Europas, die sich zu dem gleichen hohen Ziel bekennen [Frieden und Freiheit, Anm. d. Verf.], sich diesen Bestrebungen [wirtschaftliche Integration, Anm. d. Verf.] anzuschließen"[8].

Freiheit ist aber auch ein Wert, der nach innen, auf den Bürger, wirkt. Die Freiheit des Einzelnen ist die zweite Seite derselben Medaille. Der einzelne Bürger soll vor ungerechtfertigten Eingriffen des Staates in seine Privatsphäre geschützt werden. Damit werden bereits die folgenden Werte Menschenrechte und Demokratie angedeutet.

---

5 Präambel zum EG-Vertrag, kritisch äußert sich KRAFF (1997), S. 219.

6 Siehe hierzu auch im ersten Teil dieser Arbeit den Abschnitt B. *Das Problem der offenen Finalität der Europäischen Union.*

7 Vgl. KRONBERGER KREIS (1998), S. 13.

8 Präambel zum EG-Vertrag.

2. Menschenrechte und Demokratie

Die EU ist ein Zusammenschluss demokratischer Rechtstaaten. Die Wahrung von Demokratie und Menschenrechten ist darum auch für die Union als Ganzes konstitutiv. In Art. 6 Abs. I EUV werden die Mitgliedstaaten auf diese Grundsätze verpflichtet. Die Beachtung von Menschenrechten und Demokratie vermittelt dem einzelnen Bürger ein großes Maß an Autorität und politischem Gewicht.

Dieser Individualismus betont aber nicht nur die Bedeutung des einzelnen Bürgers, sondern regelt auch das Verhältnis der Mitgliedstaaten untereinander. Individualität und demokratische Mitbestimmung müssen sich in den Institutionen der EU wiederfinden und auch den europäischen Finanzausgleich prägen. Das bedeutet für den Finanzausgleich, dass die Gremien, die über seine grundsätzliche Ausgestaltung und über die Veränderung seiner Parameter zu befinden haben, über eine ausreichende demokratische Legitimation verfügen müssen und hinreichend von den europäischen Bürgern kontrolliert werden. Somit bestimmen die Bürger mittelbar und langfristig auch die Grundkonzeption eines europäischen Finanzausgleichs, wie beispielsweise den Grad seiner nivellierenden Wirkung.

Darüber hinaus ist dieser Grundsatz in Bezug auf den Finanzausgleich von Bedeutung, wenn es um die Frage der Aufnahme neuer Mitgliedstaaten geht.[9] Diese können nur in die Gemeinschaft aufgenommen werden, wenn sie ebenfalls nachweislich die Grundsätze der Demokratie und der Menschenrechte, auch der Minderheitenrechte, beachten (Teil der sogenannten Kopenhagener Kriterien).

3. Marktwirtschaft und Wettbewerb

Der wirtschafts- und ordnungspolitische Rahmen der Europäischen Union wird durch die Beschreibung „offene Marktwirtschaft mit freiem Wettbewerb“[10] charakterisiert. Damit grenzte sich die EU zu Zeiten des Sozialismus in Osteuropa

---

9 Dies wird beispielsweise immer wieder in der Diskussion um eine Aufnahme der Türkei deutlich. Siehe zum Beispiel SEN / AYDIN (2000) und F.A.Z. vom 14.12.1999, S. 26. Aus türkischer Perspektive berichtet MCLAREN (2000).

10 Art. 98 EGV.

deutlich vom zentral verwalteten Wirtschaftsmodell der RGW-Staaten[11] ab. Mit der Entscheidung für ein marktwirtschaftliches Wirtschaftsmodell impliziert die Union eine grundsätzliche Überlegenheit dieses Systems und entscheidet sich gegen übermäßige staatliche Eingriffe in die wirtschaftlichen Abläufe.[12]

Dieser Grundgedanke sollte sich aber nicht auf das Verhältnis zwischen dem Staat und seinen Bürgern beschränken. Es sollte sich auch auf das zwischen den verschiedenen staatlichen Ebenen und das zwischen Gebietskörperschaften derselben föderalen Ebene erstrecken. Denn der Wettbewerb schafft im Sinne eines „Entdeckungsverfahrens"[13] auch Anreize zwischen Gebietskörperschaften, stets neue und innovative Wege zu gehen und durch diesen Konkurrenzdruck die besten Regelungen durchzusetzen.[14] Wie weit dieser, in der Literatur auch Wettbewerbsföderalismus[15] genannte, Wettbewerb zwischen den Gebietskörperschaften im Einzelnen gehen soll, ist damit jedoch noch nicht entschieden. Es ist lediglich die grundsätzliche Entscheidung gegen ein zentral organisiertes und verwaltetes Europa gefallen.

4. Solidarität und Kohäsion

Art. 2 EGV zählt unter der Überschrift *Aufgaben der Gemeinschaft* eine Reihe von Werten auf, die teilweise bereits in der Präambel erwähnt wurden. Sowohl an diesen Stellen als auch in der Präambel zum EU-Vertrag wird angestrebt, die

---

11 Rat für gegenseitige Wirtschaftshilfe (engl. COMECON): Wirtschaftsgemeinschaft der osteuropäischen Staaten, gegründet als Gegenstück zur OECD.

12 Vgl. HAHN (1992), S. 51. Eine eingeschränkte Staatstätigkeit kann dennoch begründet werden, vgl. MUSGRAVE (1959). Gerade in puncto Offenheit und Wettbewerb stellt sich indes die Frage, ob diese Forderung nicht oftmals mehr Anspruch als Realität ist, denn sowohl bezüglich der Offenheit (Außenzölle, Exportsubventionen) als auch der Freiheit des Wettbewerbs (Regulierung der Agrarmärkte) verstößt die EU vielfältig gegen diese Grundsätze. An der prinzipiellen Ausrichtung des Wirtschaftssystems nach marktwirtschaftlichen Grundsätzen kann dennoch nicht gezweifelt werden.

13 VON HAYEK (1968).

14 Vgl. VON HAYEK (1968), S. 4. Hingewiesen sei auf die unterschiedlichen Entwicklungen Irlands und der übrigen drei Kohäsionsländer Spanien, Portugal und Griechenland. Vgl. GÖRG / RUANE (2000).

15 Zur Idee und der Diskussion des Wettbewerbsföderalismus vgl. ARNDT (1998), BOSS (1993), BULL (1999), FRANKE (1989), VAN SUNTUM (1999), HUBER (1998), PERSCHAU (1998) und SEIDEL / VESPER (1999), kritisch EBERT / MEYER (2000).

„Solidarität zwischen den Mitgliedern zu fördern". Was konkret unter diesem Begriff verstanden werden kann, wird an diesen Stellen allerdings noch nicht beantwortet. Solidarität äußert sich beispielsweise in gegenseitiger Unterstützung. Dies muss aber nicht unbedingt finanzielle Konsequenzen nach sich ziehen. Erst in den konkreteren Handlungsanweisungen der Verträge wird der Begriff mit Leben gefüllt.[16]

Unabhängig von dem Ziel, die gegenseitige Solidarität zu fördern, besteht die Frage nach dem gegenwärtigen Stand der Solidarität innerhalb der Europäischen Union. Die Antwort auf diese Frage ist für die Ausgestaltung des europäischen Finanzausgleichs von mindestens ebenso großer Bedeutung. Sie kann aber nicht aus den Vertragstexten beantwortet werden.

Ebenfalls in den Präambeln wird der Wille zu einer Konvergenzpolitik bekundet. Hinter dem Begriff *Konvergenz* verbirgt sich die Absicht, „den Abstand zwischen einzelnen Gebieten und den Rückstand weniger begünstigter Gebiete [zu] verringern"[17]. Diese Formulierung ist bemerkenswert, denn sie geht über die Forderung nach allgemeinem wirtschaftlichen Fortschritt hinaus und verlangt, dass von der gemeinschaftlichen Politik insbesondere wirtschaftsschwache Regionen einen Nutzen ziehen sollen. In der Summe profitieren davon vor allem Mitgliedsländer mit einer großen Zahl rückständiger Gebiete.[18] Ob diese Formulierung Konsens zwischen den Mitgliedsländern ist oder ob darin eher ein Preis für die Mitgliedschaft einzelner Länder zum Ausdruck kommt, sei zu diesem Zeitpunkt noch dahingestellt.

5. Subsidiarität, Verhältnismäßigkeit und nationale Identität

Die Wertformulierung der Subsidiarität[19] ist bezüglich der Europäischen Union vergleichsweise jung und regelt die Kompetenzverteilung zwischen föderal über- und untergeordneten Ebenen. Dem Subsidiaritätsprinzip zufolge soll nur

---

16 Siehe dazu im 2. Kapitel dieser Arbeit den Abschnitt A. 2. *Das Solidaritätsprinzip*.

17 Präambel zum EG-Vertrag. Eine ähnliche Formulierung findet sich in Art. 158 EGV.

18 Die Formulierung *weniger begünstigte Gebiete* im Vergleich mit *rückständige Gebiete* deutet zudem bereits die Verknüpfung von Unterstützungsmaßnahmen an spezielle Strukturkriterien an, da hier die Gründe für die Rückständigkeit angedeutet werden.

19 Zum Wesen des Subsidiaritätsprinzips siehe im 2. Kapitel dieser Arbeit den Abschnitt A. 4. *Das Subsidiaritätsprinzip*.

dann eine Aufgabe von einer unter- auf eine übergeordnete Körperschaft verlagert werden, wenn sich dadurch eine bessere Aufgabenerfüllung ergibt.

Erst der EU-Vertrag enthält in seiner Präambel diese Forderung und dringt so auf ein Mehr an Bürgernähe in der EU. Die Beschlüsse von Amsterdam enthalten sogar zur näheren Erläuterung ein ausführliches „Protokoll über die Anwendung der Grundsätze der Subsidiarität und Verhältnismäßigkeit". Es ist als Korrektiv zur Entwicklung der vorangegangenen Dekaden zu verstehen, in denen immer mehr Kompetenzen von den Mitgliedstaaten auf die Unionsebene verlagert wurden. Das Protokoll enthält explizit die Forderung, dass eine Tätigkeit auf Unionsebene eingeschränkt oder eingestellt werden kann, wenn sie nicht mehr gerechtfertigt ist.[20]

Neben dem Subsidiaritätsprinzip ist auch der „Verhältnismäßigkeitsgrundsatz, demzufolge die Maßnahmen der Gemeinschaft nicht über das für die Erreichung der Ziele des Vertrags erforderliche Maß hinausgehen dürfen"[21], von großer Bedeutung für die Ausgestaltung des europäischen Finanzausgleichs. Es betont, dass alle Maßnahmen der EU – und damit auch ihr Finanzausgleich – zieladäquat ausgestaltet werden müssen.

Eine Messlatte für die Frage, wann die Grenzen der Subsidiarität und der Verhältnismäßigkeit überschritten sein könnten, bietet die Forderung nach Achtung der nationalen Identität der Mitgliedstaaten.[22] Kulturelle und historische Unterschiede zwischen den Mitgliedstaaten sind zu beachten und – soweit dadurch kein anderes Ziel verletzt wird – zu wahren. Diese Forderung trägt der Tatsache Rechnung, dass derzeit noch kein europäisches Staatsvolk existiert.[23] Die Bürger der Europäischen Union empfinden sich weiterhin in erster Linie als Mitglieder ihres nationalen Volkes.[24] Aufgrund der schweren kriegerischen Auseinandersetzungen des zwanzigsten Jahrhunderts und der damit verbundenen Teilung

---

20 Vgl. Protokoll über die Anwendung der Grundsätze der Subsidiarität und der Verhältnismäßigkeit, Ziffer 3.

21 Protokoll über die Anwendung der Grundsätze der Subsidiarität und der Verhältnismäßigkeit, Ziffer 1.

22 Vgl. Art. 6 Abs. 3 EUV.

23 Vgl. WISSENSCHAFTLICHER BEIRAT BEIM BMWI (1994), Rz. 12.

24 Vgl. AMMON (1994), S. 156.

Europas liegt die Vermutung nahe, dass sich an diesem Zustand auch in der näheren Zukunft nur wenig ändern wird.[25]

Den Harmonisierungsbemühungen der Union sind somit Grenzen gesetzt. Als Mindestanforderung ist zu stellen, dass weitergehenden Harmonisierungen immer von Mitgliedern der nationalen Regierungen zugestimmt werden muss, um die nötige demokratische Legitimation zu gewährleisten. Eine Kompetenz-Kompetenz, die der EU das Recht zuweist, aus eigenem Antrieb in neuen Politikfeldern tätig zu werden, ist darum abzulehnen.[26]

B. Zusammenfassende Darstellung (1. Kapitel)

In diesem Kapitel wurden fünf Gruppen von Grundwerten aus den europäischen Vertragswerken abgeleitet. Sie werden im weiteren Verlauf der Arbeit das Fundament bilden, auf dem der europäische Finanzausgleich aufbaut. Diese Werte geben dem Finanzausgleich die spezielle europäische Färbung und erlauben Aussagen über die Gewichtung der nachfolgenden Prinzipien untereinander.

Abbildung 3: Europäische Wertvorstellungen als Grundlage für einen europäischen Finanzausgleich

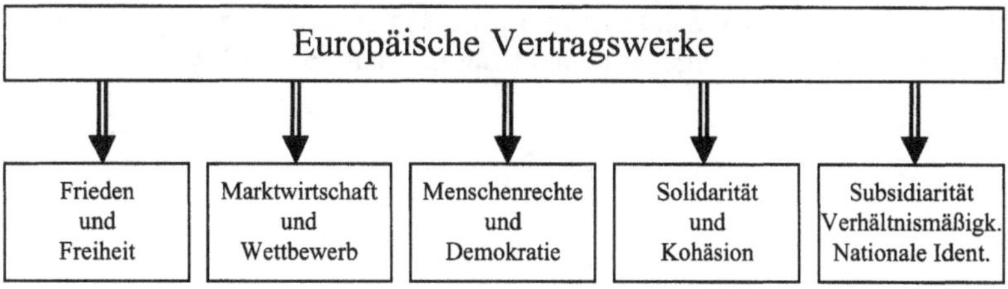

Quelle: Eigene Darstellung

---

[25] Vgl. HESSE (1993), S. 44.

[26] Vgl. BUNDESVERFASSUNGSGERICHT (1993), S. 432.

2. Kapitel:
Prinzipien eines europäischen Finanzausgleichs

In der Literatur existiert eine Reihe von Ansätzen, Anforderungskataloge an einen Finanzausgleich zu formulieren.[1] Diese Arbeiten sind aber in den meisten Fällen lückenhaft, weil sie sich nur auf einzelne Bereiche des Finanzausgleichs beschränken, beispielsweise die Kompetenzausstattung oder die technische Durchführung des Ausgleichs. Weiterhin mangelt es an einer einheitlichen Terminologie und Gliederung. In der Behebung dieser Mängel besteht der Ansatzpunkt dieses Kapitels. Die Ergebnisse werden dann im weiteren Verlauf der Arbeit genutzt, um einen europäischen Finanzausgleich zu konzipieren.

A. Wohlfahrtsökonomische Prinzipien

In diesem Abschnitt werden zehn Prinzipien vorgestellt, an denen sich die Ausgestaltung eines europäischen Finanzausgleichs aus wohlfahrtsökonomischer Perspektive orientieren sollte. Die Prinzipien eines Finanzausgleichs beschreiben seine grundsätzliche Ausrichtung und setzen die Wertvorstellungen, auf denen sich der Finanzausgleich gründet, in für einen Finanzausgleich operable Prinzipien um. Diese Werte können sich zwischen unterschiedlichen Finanzausgleichssystemen unterscheiden und bilden somit das individuelle Grundgerüst des Ausgleichs. Die Grundwerte eines *europäischen* Finanzausgleichs entstammen den konkreten Wertvorstellungen, die in den europäischen Vertragswerken enthalten sind und im vorangegangenen Kapitel erläutert wurden.[2]

---

1 Vgl. beispielsweise BUHL / PFINGSTEN (1986), (1990), (1991), DICKERTMANN / GELBHAAR (1996a), (1996b), FUEST / LICHTBLAU (1991), HÜTHER (1996), GROSSEKETTLER (1993), LENK (1992) und TAUBE (1990).

2 Am Ende dieses Abschnitts A. findet sich eine zusammenfassende Darstellung, welche die Ableitung der Prinzipien eines europäischen Finanzausgleichs aus den europäischen Grundwerten zusammenfasst.

1. Das Gleichwertigkeitsprinzip

Das Gleichwertigkeitsprinzip lässt sich aus der Übertragung des abstrakten Grundwerts der Demokratie auf die konkrete Politikebene des Finanzausgleichs ableiten. Alle am Finanzausgleich teilnehmenden Mitglieder sind stets gleich zu behandeln. Politische oder ökonomische Macht dürfen keine Instrumente bei der Verteilung von Aufgaben, Ausgaben und Einnahmen sein. Dies ist besonders im Rahmen eines EU-Finanzausgleichs von Bedeutung, da die Mitgliedstaaten von stark unterschiedlicher wirtschaftlicher und demographischer Größe sind.

In einem mehrstufigen Gemeinwesen hat naturgemäß jede Ebene eigene Interessen und Bedürfnisse. Aufgrund der Begrenztheit der Mittel ist es in der Regel nicht möglich, alle diese Bedarfe simultan zu erfüllen. Statt dessen muss eine Priorisierung erfolgen. Diese sollte aber nicht über generelle, langfristig angelegte Maßstäbe und Stoßrichtungen innerhalb der einzelnen Politikbereiche und allgemeine, für alle Gebietskörperschaften geltende Richtlinien hinausgehen.[3] Konkrete Projekte – und in Folge dessen einzelne Gebietskörperschaften – dürfen deshalb keinesfalls von den Rahmenbedingungen des Finanzausgleiches systematisch bevorzugt oder benachteiligt werden. Im Gegenteil: Es muss grundsätzlich gelten, dass prinzipiell die Deckungsbedürfnisse aller beteiligten Körperschaften gleichwertig sind.[4] Keine Körperschaft darf aus politischen oder sonstigen Erwägungen benachteiligt oder bevorzugt werden.

Das bedeutet freilich nicht, dass generell sämtliche Bedürfnisse der Gebietskörperschaften erfüllt werden müssen. Dies wird sogar eher die Ausnahme als die Regel sein, denn schließlich pflegt die finanzielle Decke der öffentlichen Hand gemeinhin zu kurz zu sein, um alle Wünsche erfüllen zu können. Auch kann es vorkommen, dass reiche Regionen durch den Finanzausgleich tendenziell mehr belastet werden als arme. Nur müssen sich diese Resultate durch die vorgegebenen Finanzausgleichsregelungen gleichsam automatisch ergeben. Die Auswahl der zu fördernden Projekte und Regionen und die Höhe, mit der die Gebietskörperschaften durch den Finanzausgleich bedacht werden, darf nicht durch diskretionäre Politikänderungen manipuliert werden. Die gegebenen Finanzausgleichsregelungen müssen unbedingt eingehalten werden.

So widerspricht es auch nicht dem Gleichwertigkeitsprinzip, wenn relativ reiche Mitgliedsländer der EU durch die existierenden Finanzausgleichsregelungen zu

---

[3] Vgl. BUNDESVERFASSUNGSGERICHT (1999), Rz. 273.

[4] Vgl. FISCHER-MENSHAUSEN (1988), S. 655.

Nettoempfängern werden.[5] Dies entspricht dem Grundsatz, dass die Bedürfnisse aller Gebietskörperschaften gleichrangig zu behandeln sind und die existierenden Regelungen in gleicher Weise auf alle beteiligten Gebietskörperschaften angewendet werden. Wenn die Resultate des existierenden Finanzausgleichs nicht den politisch erwünschten oder ökonomisch gerechtfertigten Ergebnissen entsprechen, gibt es nur den Weg, die Maßstäbe, nach denen sich der Finanzausgleich bemisst, in dem dafür vorgesehenen politischen Prozess zu revidieren. Diese Neuregelung muss dann aber selbstverständlich für alle Körperschaften gelten, auch in dem Fall, dass die heute von der Neuregelung Begünstigten zu einem späteren Zeitpunkt selbst zu Benachteiligten werden.

2. Das Solidaritätsprinzip

Wie bereits weiter oben erwähnt, spielt im Rahmen der EU der Begriff der Solidarität seit dem Beginn der europäischen Integration eine wichtige Rolle. Ohne die Gewährung von Solidarität in Krisenzeiten würde der Finanzausgleich zu einem bloßen Beitragssystem ohne den umverteilenden Charakter eines Finanz*ausgleichs* degenerieren.[6] Dies widerspricht aber dem europäischen Grundwert, der mit der Verankerung des Solidaritätsziels im EG-Vertrag geäußert wird. Eine reine Äquivalenzbetrachtung, die Kosten und Nutzen einer EU-Mitgliedschaft auf die Höhe der Beitragszahlungen und Rückflüsse reduziert, ist darum vor dem Hintergrund der europäischen Vertragswerke nicht sachgerecht. Letztlich würde die Anwendung des Äquivalenzprinzips den Verzicht auf Umverteilung und die Akzeptanz der Ausgangsverteilung bedeuten.[7] Eine solche Politik, welche die Nettoposition[8] eines Landes zu einem wesentlichen Maßstab für ei-

---

5 Dies gilt beispielsweise für das Mitgliedsland Dänemark, das trotz überdurchschnittlichen Pro-Kopf-Einkommens zu den Nettoempfängern zählt, weil es in hohem Maße durch die Regelungen der gemeinsamen Agrarpolitik profitiert. Vgl. WISSENSCHAFTLICHER BEIRAT BEIM BMWI (1999), Rz. 14 und WWU-BERICHT, S. 24. Eine gute Darstellung der Nettopositionen findet sich bei KOHL / BERGMANN (1998), S. 36ff.

6 Genau dies kann in anders konzipierten Finanzausgleichssystemen gerade beabsichtigt sein.

7 Vgl. OTT (1987), S. 26.

8 Zur weiteren Kritik der Diskussion um die Nettobeiträge siehe im 5. Kapitel dieser Arbeit den Exkurs *Zum Konzept der Nettosalden*. Dort wird dargelegt, dass eine Zurechnung von Nutzen und Kosten vielfach nicht möglich ist.

nen Finanzausgleich macht, ist aus Solidaritätsgesichtspunkten jedoch nicht angebracht.[9]

Das Solidaritätsprinzip erfährt im Rahmen des Finanzausgleichs zwei Ausprägungen, die Versicherungssolidarität und die Umverteilungssolidarität.[10]

a) Versicherungssolidarität

Die Europäische Union ist eine Gemeinschaft von Staaten, die über ein annähernd gleiches Entwicklungsniveau verfügen und wirtschaftlich stark integriert sind. Sollten in einem solchen Verbund dennoch einzelne Regionen unterschiedlich stark von exogenen Veränderungen getroffen werden, fordert die Versicherungssolidarität eine Unterstützung der betroffenen Regionen durch die übrigen. Für die Mitglieder der Währungsunion stellt sich verschärfend das Problem, den Wechselkursmechanismus als Puffer bei asymmetrischen Schocks eingebüßt zu haben.[11] Für einen Ausgleich bleiben somit nur noch die realen Arbeits-, Kapital- und Gütermärkte.[12] Zwar wäre eine Flexibilisierung der Arbeits- und Tarifbedingungen in den meisten europäischen Ländern auch beschäftigungspolitisch wünschenswert, dies gehört aber nicht zum Regelungsgehalt des Finanzausgleichs.

Auch wenn man von einem tendenziell synchronen Konjunkturverlauf innerhalb des Euro-Raumes ausgeht, so ist es dennoch möglich, dass asymmetrische Schocks auftreten. Unter Umständen erhöht sich durch die fortschreitende wirtschaftliche Integration die Wahrscheinlichkeit solcher Schocks. Dies ist dann gegeben, wenn durch den Wegfall der Wechselkursschwankungen die Kostenunterschiede der europäischen Regionen enthüllt werden und sich aufgrund der erhöhten Faktormobilität bestimmte Branchen in einzelnen Regionen konzentrieren.[13] Exogene Schocks treffen dann je nach regionaler Wirtschaftsstruktur einzelne Länder und Regionen härter als andere, sodass eine finanzielle Unterstützung der am stärksten betroffenen Länder oder Regionen erforderlich wer-

---

9 Vgl. THOMAS (1997), S. 49.

10 Vgl. HEINEMANN (1995), S. 14.

11 Vgl. OHR (1995), S. 12 und HEINEMANN (1995), S. 185.

12 Vgl. GÖRGENS (1999), S. 522, HEINE / HERR (1999), S. 543f. und SCHARMER (1997), S. 11.

13 Vgl. RÜBEL (2000), S. 168.

den kann. Jedes Mitgliedsland sollte in gewissen Grenzen von den übrigen Partnern unterstützt werden, falls es unverschuldet in gravierende wirtschaftliche Schwierigkeiten gerät. Derzeit entscheidet in solchen Fällen der Europäische Rat über die Gewährung finanzieller Hilfe.[14]

Wie allgemein bei Versicherungsleistungen üblich, sollte die Finanzierung eines solchen Mechanismus durch Beiträge der Mitgliedstaaten erfolgen, die sich nach dem Umfang des zu erwartenden Schadens bemessen. Dieser ist aber im Voraus nicht genau festzustellen. Die Orientierung der Beitragshöhe am Sozialprodukt eines Landes scheint aber eine hinreichend gute Annäherung an diesen Wert zu sein, da die notwendigen Unterstützungszahlungen mit der Größe des Landes steigen.[15]

b) Umverteilungssolidarität

Umverteilung bedeutet eine nachträgliche Korrektur der primären Einnahmenverteilung der am Finanzausgleich beteiligten Körperschaften. Wird eine solche in einem Ausgleichssystem modelliert, setzt dies einen Konsens darüber voraus, dass die primäre Einnahmenverteilung überhaupt einer Korrektur bedarf. Dies ist nicht per se einsichtig, denn die gegebene Einnahmenverteilung ist das Ergebnis eines mehr oder minder den Marktkräften überlassenen Prozesses, in dem sich viele Faktoren wie Produktivität, Technologie oder konjunkturelle Lage der betreffenden Volkswirtschaften widerspiegeln. Warum sollte nun diese Verteilung nachträglich zugunsten einer föderalen Ebene oder innerhalb einer Ebene zugunsten bestimmter Gebietskörperschaften geändert werden? Dies scheint auf den ersten Blick dem marktwirtschaftlichen Prinzip zu widersprechen.

Die Begründung besteht in der im EU-Vertrag verankerten Forderung nach wirtschaftlicher Konvergenz. Als Mitgliedern einer Solidargemeinschaft obliegt es den Mitgliedsländern, nicht nur auf die eigene wirtschaftliche Entwicklung zu achten, sondern sich auch um das Wohlergehen der übrigen Länder zu sorgen. Eine gemeinsame, stetige Wirtschaftsentwicklung der Gemeinschaft ist im Interesse aller Mitgliedsländer. Dies ist gerade für eine wirtschaftlich stark integrierte Staatengemeinschaft wichtig, denn das eigene Volkseinkommen ist über die Exporte abhängig vom Einkommen der Nachbarländer. Darum hat es sich die EU zum Ziel gemacht, insbesondere die wirtschaftliche Entwicklung der

---

14 Vgl. Art. 100, Abs. 2 EGV.

15 Vgl. WISSENSCHAFTLICHER BEIRAT BEIM BMWI (1999), Rz. 21.

rückständigen Regionen zu fördern. Der EG-Vertrag formuliert diesen Anspruch so: „Die Gemeinschaft setzt sich insbesondere zum Ziel, die Unterschiede im Entwicklungsstand der verschiedenen Regionen (...) zu verringern.“[16] Dabei trägt dieses Ziel nicht nur altruistische Züge, denn es wäre auch nicht im Interesse eines reichen Landes, wenn es seinem Nachbarn wirtschaftlich schlecht ginge. Dieser negative Zustand könnte sich, aufgrund der engen wirtschaftlichen Verflechtungen oder im Zuge von Wanderungsbewegungen, in Form externer Effekte schnell auch auf das reiche Land übertragen. Somit ist interregionale Umverteilung der Garant für *politische* Stabilität.[17]

Daneben stellt sich die Frage nach dem Ausmaß der Umverteilung. Diese kann, wie beispielsweise im Rahmen des bundesdeutschen Länderfinanzausgleichs, bis zur fast vollständigen Nivellierung der Finanzkraftunterschiede führen.[18] Ein so weitgehender Ausgleich ist aber für die Europäische Union nicht angebracht, da das Maß an gegenseitiger Verbundenheit und Solidarität zwischen den Bürgern unterschiedlicher Mitgliedstaaten deutlich geringer ausgeprägt ist als innerhalb eines Landes.[19] Die Forderung nach Stärkung des wirtschaftlichen und sozialen Zusammenhalts muss deshalb als Aufforderung zur Gewährung von Hilfe zur Selbsthilfe verstanden werden.[20]

3. Das Leistungsfähigkeitsprinzip

Das Leistungsfähigkeitsprinzip ist als fundamentales Besteuerungsprinzip allgemein anerkannt. Es kann aber auch für den Finanzausgleich eine wesentliche Rolle spielen, wenn eine Finanzierung der Gemeinschaft nach dem Äquivalenz-

---

[16] Art. 158 S. 2 EGV. In die gleiche Richtung zielt das deutsche Grundgesetz mit seiner Formulierung von der „Herstellung gleichwertiger Lebensverhältnisse“, Art. 72 Abs. 2 Nr. 3 GG. In alter, vielleicht gängigerer Fassung formuliert als: „Wahrung der Einheitlichkeit der Lebensverhältnisse“. Vgl. auch HEINEMANN (1995), S. 15 und NEUMARK (1978).

[17] Vgl. SPAHN (1993b), S. 80.

[18] Vgl. BUNDESVERFASSUNGSGERICHT (1999), Rz. 49. Einige Autoren sprechen in diesem Zusammenhang auch von Übernivellierung, vgl. HÜTHER (1996) oder B. HUBER (1998). Diese lässt sich aber erst nach Einbeziehung der Sonderbedarfe feststellen, vgl. PEFFEKOVEN (1998), S. 82f.

[19] Vgl. COLLINS (1995).

[20] Vgl. WISSENSCHAFTLICHER BEIRAT BEIM BMWI (1999), Rz. 22 und MALLOSSEK (1999), S. 232.

prinzip ausscheidet. Eine solche ist – wie im vorangegangenen Abschnitt dargelegt – aus Solidaritätsgesichtspunkten für den europäischen Finanzausgleich nicht angebracht.[21] Das Leistungsfähigkeitsprinzip beruht nicht auf einer Abwägung von Nutzen und Kosten, sondern stellt auf die Fähigkeit ab, Leistungen an das Gemeinwesen zu erbringen. Neumark hat den Grundsatz der Leistungsfähigkeit für die Besteuerung näher erläutert.[22] Teilweise lassen sich seine Aussagen auch auf das Leistungsfähigkeitsprinzip im Finanzausgleich übertragen.[23]

a) Allgemeinheit

Dem Prinzip der Allgemeinheit zufolge sind alle Mitgliedsländer einer internationalen Organisation grundsätzlich dazu verpflichtet, sich an deren Finanzierung zu beteiligen.[24] Die Ermittlung der zu zahlenden Beiträge richtet sich nach nachvollziehbaren, für alle Mitglieder gleichen Regelungen. Außerökonomische Kriterien, wie Regierungsform, geographische Lage oder Sprache dürfen nicht herangezogen werden. Dieses Prinzip korrespondiert mit dem Gleichwertigkeitsprinzip und ist ebenfalls Ausdruck des europäischen Demokratieverständnisses.

Ein schwieriges Problem ist in diesem Zusammenhang die Messung der individuellen Leistungsfähigkeit einer Gebietskörperschaft, zumal es sich bei der EU um ein verhältnismäßig heterogenes Gefüge handelt. Die Leistungsfähigkeit sollte an möglichst aussagekräftigen, eindeutigen und leicht messbaren ökonomischen Indikatoren festgemacht werden. Solche Indikatoren können sich an Merkmalen der Gebietskörperschaften orientieren (Steuereinnahmen oder Staatsausgaben, etc.), die wirtschaftliche Lage der betreffenden Bewohner einbeziehen (z.B. Pro-Kopf-Einkommen, Arbeitslosenquote) oder allgemeinere, demographische Aspekte berücksichtigen (Bevölkerungszahl, –veränderung oder –dichte, usw.).[25] Um diese Indikatoren zwischen den Ländern vergleichen zu können, sollten sie überall nach den gleichen Methoden erhoben und berechnet

---

21 Eine gegenteilige Meinung vertritt NEUMANN (1999), der eine generelle Hinwendung zum Äquivalenzprinzip fordert.

22 Vgl. NEUMARK (1970).

23 Vgl. BIEHL (1988a), S. 692 und OTT (1987), S. 27.

24 So lässt sich der Besteuerungsgrundsatz von NEUMARK (1970), S. 74ff. auf die Finanzausgleichsthematik übertragen.

25 PEFFEKOVEN (1982), S. 254f. nennt weitere mögliche Indikatoren im Rahmen eines internationalen Finanzausgleichs.

werden. Um strategisches Verhalten zu erschweren, geschieht dies am besten zentral durch eine neutrale Stelle (z.B. EUROSTAT).[26]

b) Gleichmäßigkeit

Der Grundsatz der Gleichmäßigkeit ist die Konkretisierung der Forderung nach *horizontaler Gerechtigkeit.* Es besagt, dass gleiche Voraussetzungen auch zu gleicher finanzieller Belastung beziehungsweise Entlastung durch den Finanzausgleich führen müssen.[27] Dabei muss dieser Grundsatz für jede Teilregelung des Finanzausgleichs separat gelten. Es genügt nicht, wenn lediglich im Endeffekt gleiche Voraussetzungen zu gleichen Ergebnissen führen, weil sich vor- und nachteilige Regelungen für die beteiligten Gebietskörperschaften ausgleichen. Dies gilt insbesondere auch für den europäischen Finanzausgleich, da sich hier die betroffenen föderalen Ebenen zwischen den Finanzausgleichsschritten unterscheiden können: Derzeit betrifft der primäre aktive Finanzausgleich die Mitgliedstaaten, während der sekundäre aktive Finanzausgleich Mitgliedstaaten und regionale Einheiten berührt.[28]

Es tritt allerdings stets das Problem auf, gleiche Tatbestände im Konkreten festzustellen, denn in der Realität wird es exakt gleiche Voraussetzungen kaum geben. Statt dessen wird man sich darauf beschränken müssen, lediglich fast gleiche Tatbestände zu identifizieren.

c) Verhältnismäßigkeit

In Ergänzung zum Grundsatz der Gleichmäßigkeit geht es bei dem Verhältnismäßigkeitsgrundsatz um die Berücksichtigung der *vertikalen Gerechtigkeit.*[29] Hier werden ungleiche Tatbestände miteinander vergleichen. Es ist unter Leistungsfähigkeitsgesichtspunkten einsichtig, dass relativ reiche Länder mehr zum

---

26 Als Negativbeispiel sind hier die zahlreichen Buchführungstricks zu nennen, die von den Mitgliedstaaten angewandt wurden, um die Konvergenzkriterien für einen Beitritt zur Währungsunion zu erfüllen. Vgl. DAFFLON / ROSSI (1999).

27 Der analoge Besteuerungsgrundsatz findet sich bei Vgl. NEUMARK (1970), S. 90ff.

28 Siehe hierzu das 4. Kapitel *Die Verteilung der Einnahmen* und das 5. Kapitel *Redistribution* dieser Arbeit.

29 Vgl. NEUMARK (1970), S. 121ff.

Gemeinwohl beitragen können als relativ arme. Doch wieviel mehr ist in diesem Zusammenhang *mehr*? Ziel muss es sein, dass alle am Finanzausgleich teilnehmenden Gebietskörperschaften ihre Leistungen an die Gemeinschaft als gleich schwer empfinden. Dies lässt sich nicht theoretisch bestimmen, sondern nur im Rahmen von Verhandlungen ermitteln, in denen die Gebietskörperschaften ihre Präferenzen enthüllen.

Umsetzungsprobleme ergeben sich jedoch auch bei dieser Umschreibung, denn es besteht für die Gebietskörperschaften der Anreiz, ihre tatsächlichen Lasten zu verschleiern, um auf dem Verhandlungswege günstigere Lösungen zu erzielen. So ist es prinzipiell möglich, dass sowohl proportionale als auch progressive Beitragstarife gerecht in diesem Sinne sind. Die Entscheidung für einen proportionalen oder einen progressiven Tarif bleibt somit eine normative politische Entscheidung, die im Rahmen der erwähnten Verhandlungen getroffen werden muss. Daher wird der im Rahmen dieser Arbeit modellierte Tarif die Möglichkeit zur progressiven Ausgestaltung bieten.[30] Für einen der Verhältnismäßigkeit genügenden Tarif reicht es aber nicht, nur die Beitragsseite zu betrachten. Auch die Rückflüsse an die Gebietskörperschaften müssen ihrer Bedürftigkeit entsprechend verhältnismäßig ausgestaltet sein. Beide Seiten müssen separat diesem Kriterium entsprechen.

4. Das Subsidiaritätsprinzip

Das Subsidiaritätsprinzip stammt ursprünglich aus der katholischen Soziallehre,[31] spielt heute aber in einer Reihe von Wissenschaften eine bedeutende Rolle. Die Bedeutung für den europäischen Finanzausgleich erwächst nicht zuletzt aus seiner expliziten Erwähnung im EU-Vertrag.

a) Wesen und Begründung des Subsidiaritätsprinzips

Abstrakt gesprochen folgt aus dem Subsidiaritätsprinzip das Gesetz von der generellen Kompetenzvermutung zugunsten der kleinsten föderalen Einheit. In

---

30 Siehe hierzu im 7. Kapitel dieser Arbeit den Abschnitt D. 2. a) *Einführung des Progressionsgrades* und im 8. Kapitel dieser Arbeit den Abschnitt B. 2. a) *Herleitung der Trennlinie und des neutralen Bereichs.*

31 Vgl. HOMANN / KIRCHNER (1995), S. 47.

Termini des Finanzausgleichs heißt das für die Aufgabenverteilung: Grundsätzlich besitzt a priori die unterste föderale Ebene die Kompetenz zur Ausführung aller Aufgaben. Nur wenn die übergeordnete Körperschaft eine Aufgabe nachweisbar besser erfüllen kann als die untergeordnete, geht die entsprechende Kompetenz auf die höhere Einheit über. Das bedeutet gleichzeitig, „dass die Beweislast für die Wahl einer mehr zentralistischen Regelung jeweils vom Oberverband zu tragen ist."[32] Verfassungsrechtlich verankert bewirkt dies, dass die höhere, meist machtvollere Ebene nicht unbegrenzt Kompetenzen an sich ziehen kann.

Der Grund für dieses Vorgehen besteht darin, dass die unteren Ebenen durch ihre größere Bürgernähe Entscheidungen treffen können, die den Präferenzen der Bevölkerung eher entsprechen.[33] Der zentralen Ebene fehlen die nötigen Informationen. Dies wird umso wichtiger, je größer das betrachtete Gemeinwesen ist. Gleichzeitig ist es weniger wahrscheinlich, dass bei dieser Entscheidungsstruktur die lokalen und regionalen Entscheidungsträger die Verantwortung für eventuelle Fehlentscheidungen auf die ferne und abstrakte Zentrale schieben können. Die Entscheidungsstruktur wird somit transparenter und effektiver. Daraus leitet Oates das sogenannte Dezentralisierungstheorem ab, nach dem es für eine untere föderale Ebene bei gleichen Erstellungskosten stets möglich ist, mindestens genauso effizient Pareto-optimale öffentliche Güter bereitzustellen wie für eine übergeordnete Ebene.[34] Der Vorteil für eine dezentrale Bereitstellung wächst mit zunehmender Heterogenität der Präferenzen der Bevölkerung.

Das Subsidiaritätsprinzip setzt außerdem den freiheitlichen Grundgedanken der Europäischen Union um, indem es die beiden Entscheidungsoptionen Abwanderung und Widerspruch (exit und voice), die den Bürgern gegenüber staatlichem Handeln gegeben sind, offen hält.[35] Durch das Nebeneinander verschiedener föderaler Ebenen besteht ein gewisser Wettbewerb zwischen diesen. Dem einzelnen Bürger bleibt somit die Wahl derjenigen Gebietskörperschaft vorbehalten, deren Steuer- und Versorgungsniveau mit öffentlichen Gütern seinen Präferenzen am ehesten entspricht.[36] Die demokratische Kontrolle wird erleichtert, indem die Entscheidungswege und Verantwortlichkeiten offengelegt werden.

---

[32] GROSSEKETTLER (1993), S. 101.

[33] Vgl. TIEBOUT (1956).

[34] Vgl. OATES (1972), S. 35.

[35] Vgl. HIRSCHMAN (1970) und THOMAS (1994), S. 482.

[36] Vgl. WWU-BERICHT, S. 31f.

Im Bereich der EU wird das Subsidiaritätsprinzip allerdings nur eingeschränkt angewandt. Dies wird aus der Formulierung des Prinzips im EG-Vertrag deutlich: „In den Bereichen, die nicht in ihre ausschließliche Zuständigkeit fallen, wird die Gemeinschaft nach dem Subsidiaritätsprinzip nur tätig, sofern und soweit die Ziele der in Betracht gezogenen Maßnahmen auf Ebene der Mitgliedstaaten nicht erreicht werden können und daher wegen ihres Umfangs oder ihrer Wirkungen besser auf Gemeinschaftsebene erreicht werden können."[37] Zum einen wird das Subsidiaritätsprinzip dadurch eingeschränkt, dass es nur auf Bereiche angewandt wird, für welche die EU nicht ausschließlich zuständig ist. Bei ausschließlicher Kompetenz der EU ist es nicht zu beachten. Da Art. 3 EGV einen Katalog von zwanzig Politikfeldern enthält, die ganz oder teilweise in die Zuständigkeit der EU fallen, ist der Anwendungsbereich des Subsidiaritätsprinzips bereits stark eingeschränkt. Um diesen Mangel zu beheben, ist im „Protokoll über die Anwendung der Grundsätze der Subsidiarität und der Verhältnismäßigkeit“ zum Amsterdamer Vertrag das Subsidiaritätsprinzip für den Gebrauch in der EU präzisiert worden. Herauszustellen ist die Bemerkung, dass Subsidiarität in zwei Richtungen wirken kann und soll: Zum einen als Begründung zur Kompetenzverlagerung von der unteren zur oberen Kompetenzebene, zum anderen aber auch bei der Rückverlagerung von Aufgaben und Befugnissen von einer zentralen zu einer dezentralen Regelung.[38]

Die zweite Einschränkung des Subsidiaritätsprinzips besteht darin, dass die Mitgliedstaaten im Verhältnis zu ihren regionalen und lokalen Ebenen nicht zur Berücksichtigung dieses Grundsatzes verpflichtet sind. Es gilt nur im Zusammenhang der Kompetenzverteilung zwischen EU-Ebene und der Ebene der Mitgliedstaaten.

Das Bundesverfassungsgericht misst dem Subsidiaritätsprinzip ebenfalls eine bedeutende Rolle zu.[39] Es ist einer der Gründe, mit dem das Gericht die Klage gegen den Maastrichter Vertrag über die Europäische Union abgewiesen hat, denn mit der Bindung der EU-Gesetzgebung an das Subsidiaritätsprinzip und seine Überwachung durch den Europäischen Gerichtshof werden die Befugnisse der EU nicht erweitert, sondern begrenzt. Es stellt darüber hinaus fest, dass das Subsidiaritätsprinzip durch den Verhältnismäßigkeitsgrundsatz des EG-Vertrags ergänzt wird. Der Verhältnismäßigkeitsgrundsatz enthält ein generelles Über-

---

[37] Art. 5 S. 2 EGV.

[38] Vgl. Protokolle zum Amsterdamer Vertrag, C. 2. Protokoll über die Anwendung der Grundsätze der Subsidiarität und der Verhältnismäßigkeit Nr. 3 S. 4.

[39] Vgl. BUNDESVERFASSUNGSGERICHT (1993), S. 445.

maßverbot, das die Mitgliedsstaaten vor einem Zuviel an europäischen Regelungen bewahren soll. Dieser Grundsatz ist nicht auf Politikfelder mit konkurrierender Kompetenz beschränkt, sondern bezieht sich auf sämtliche Bereiche, auch auf die mit ausschließlicher Kompetenz für die EU.[40]

b) Kriterien der Kompetenzzuordnung aus Sicht der Föderalismustheorie

Als Kriterium der Kompetenzzuordnung nach dem Subsidiaritätsprinzip wurde soeben die Frage herausgestellt, ob eine höhere föderale Ebene eine Aufgabe besser ausführen kann als eine untere. Nun stellt sich aber für jede konkrete Aufgabe das Problem, zu entscheiden, welche Ebene die Aufgabe *besser* erfüllen kann. Mit der Beantwortung dieser Frage beschäftigt sich die ökonomische Theorie des Föderalismus. Sie stellt unabhängig von den konkreten Umständen eines existierenden föderalen Staatswesens allgemein gültige Regeln für die Aufgabenverteilung auf.

Doch auch wenn mit Hilfe dieser Theorie ein mögliches Betätigungsfeld für den Oberverband identifiziert werden kann, bedeutet dies nicht unbedingt die Verlagerung der entsprechenden Kompetenz. Ein wichtiges Kriterium für die Entscheidung zugunsten einer zentralen oder dezentralen Aufgabenerfüllung ist die Höhe der Koordinationskosten, die durch Absprachen zwischen mehreren Körperschaften einer unteren föderalen Ebene entstehen, wenn sie gemeinsam eine Aufgabe erfüllen, die auch durch den Oberverband geleistet werden könnte.[41] Hohe Koordinationskosten sprechen für eine Aufgabenverlagerung auf die höhere Ebene, während niedrige Koordinationskosten auch eine Aufgabenerfüllung auf unterer Ebene möglich machen.

i. Berücksichtigung individueller Präferenzen

Um eine optimale Allokation mit öffentlichen Gütern zu erreichen, muss der Staat zum einen seine Leistungen gemäß der Präferenzen seiner Bürger anbieten und zum anderen diese Leistungen effizient erstellen.[42] Die Berücksichtigung der individuellen Präferenzen ist in dezentralen Gebietskörperschaften leichter zu ermöglichen, da einerseits die Entscheidungsträger einen engeren Kontakt zu

---

40 Vgl. BUNDESVERFASSUNGSGERICHT (1993), S. 446.

41 Vgl. WALSH (1993), S. 33.

42 Vgl. WISSENSCHAFTLICHER BEIRAT BEIM BMF (1992), S. 41.

den Bürgern haben und andererseits die demokratische Mitwirkung der Bürger leichter sicherzustellen ist als auf zentraler Ebene. Beides führt dazu, dass die individuellen Präferenzen auf dezentraler Ebene besser bekannt sind und somit auch leichter berücksichtigt werden können. Zudem ist anzunehmen, dass die Präferenzen innerhalb kleiner, regional abgegrenzter Gebietskörperschaften homogener und zwischen diesen heterogener sind als bei vergleichsweise großen Gebietskörperschaften.[43]

Abbildung 4: Wohlfahrtsgewinn durch Dezentralisierung

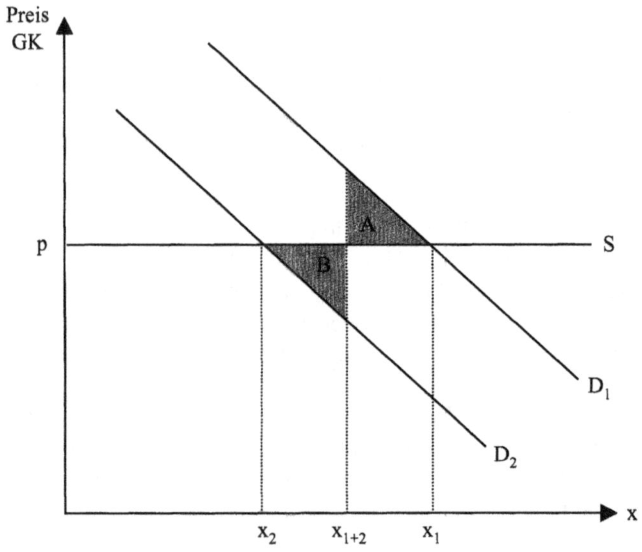

Quelle: OATES (1977b), S. 10

Die Grafik veranschaulicht diesen Zusammenhang. Gegeben sind die Nachfragekurven (D_1 und D_2) für zwei Regionen nach einem lokalen öffentlichen Gut[44]

---

43 Vgl. OATES (1977b), S. 10.

44 Ein lokales öffentliches Gut zeichnet sich dadurch aus, dass die Eigenschaften eines öffentlichen Gutes (Nicht-Ausschließbarkeit, Nicht-Rivalität) nur innerhalb eines regional eng umgrenzten Gebietes gelten. Zwischen den Gebieten sind Rivalität in der Nutzung und Ausschließbarkeit vom Konsum gegeben.

X. Der Unterschied zwischen den beiden Kurven ergibt sich aus den unterschiedlichen Präferenzen der Einwohner der beiden Regionen. Innerhalb der Regionen sind die Präferenzen homogen. Die Bevölkerung in Region 1 fragt bei einem gegebenen Preis (p) eine höhere Menge des öffentlichen Gutes nach als die der zweiten Region. Im Schnittpunkt der Nachfragekurven mit der Angebotsfunktion (S) ergeben sich die Mengen (x_1 und x_2), die im Gleichgewicht von Angebot und Nachfrage von den beiden Regionen erstellt werden.

Würde alternativ das Gut nicht durch die beiden erwähnten Regionen separat, sondern von ihrem Oberverband für beide zusammen bereitgestellt, müsste dieser eine Menge wählen, die den Präferenzen zumindest einer Region widerspricht. Wahrscheinlich würde er eine Kompromissmenge (x_{1+2}) irgendwo zwischen x_1 und x_2 bereitstellen. Diese Situation ist aber im Vergleich zu der mit regional differenziertem Angebot suboptimal: Die Bewohner der Region 1 erleiden einen Verlust an Konsumentenrente in Höhe des grauen Dreiecks A, da sie bereit gewesen wären, eine größere Menge als x_{1+2} zum Preis p zu erwerben. Ebenfalls ein Verlust ergibt sich für die Einwohner aus Region 2, deren marginale Zahlungsbereitschaft für die Menge zwischen x_2 und x_{1+2} geringer ist als der verlangte Preis (Fläche B). Insgesamt ergibt sich ein Wohlfahrtsverlust durch die zentrale Bereitstellung im Vergleich zur dezentralen von A + B.

Würde über die bereitzustellende Menge des öffentlichen Gutes durch eine Abstimmung mit der Alternative x_1 oder x_2 entschieden werden, so würde die Wahl gemäß den Präferenzen der einwohnerstärkeren der beiden Regionen entschieden. Die kleinere Gruppe würde überstimmt und ihre Präferenzen blieben unberücksichtigt. Somit können durch eine regional differenzierte Bereitstellung öffentlicher Güter Frustrationskosten[45] minimiert werden, die einer Minderheit dadurch entstehen, dass sie von einer Mehrheit überstimmt wird. Die Abbildung zeigt auch, dass eine zentrale Bereitstellung umso größere Wohlfahrtsverluste mit sich bringt, je heterogener die Präferenzen zwischen den betrachteten Gebietskörperschaften verteilt sind (die Nachfragekurven liegen dann weit auseinander).

ii. Stärkung des föderalen Wettbewerbs

Das soeben beschriebene Modell setzt homogenere Präferenzen innerhalb einer Gebietskörperschaft als zwischen Gebietskörperschaften über die optimale Menge des öffentlichen Gutes voraus. Aber auch bei inhomogenen Präferenzen

---

45 Vgl. PENNOCK (1959), S. 147ff., BUSCH (1999), S. 38 und BIEHL (1991), S. 170f.

kommt es unter gewissen Bedingungen[46] zu einer Pareto-optimalen Allokation. Wenn eine große Anzahl von gleichrangigen Gebietskörperschaften (z.B. Regionen oder Gemeinden) unter Konkurrenzbedingungen öffentliche Güterbündel anbietet und diese durch eigenständige Besteuerung finanziert, besteht eine Ausweichmöglichkeit für die unzufriedenen Individuen. Sie können in diejenige Gebietskörperschaft abwandern (Abstimmung mit den Füßen / voting by feet)[47], in der die Kombination aus öffentlichen Leistungen und Steuerbelastung am ehesten ihren Präferenzen entspricht. Dieses führt tendenziell zu einer Angleichung der Präferenzstruktur innerhalb der einzelnen Gebietskörperschaften.

Da alle Individuen in der Regel daran interessiert sind, das von ihnen gewünschte öffentliche Güterbündel zu einem möglichst geringen Preis zu erwerben, sind die Gebietskörperschaften aufgefordert, diese Leistungen möglichst kostengünstig anzubieten, wenn sie keine übermäßige Abwanderung riskieren wollen. Sie sind also angehalten, ständig neue, effektivere Bereitstellungsverfahren zu entwickeln, um sich dadurch gegenüber den übrigen Regionen einen Wettbewerbsvorteil zu verschaffen. Durch diese Konstellation wird der föderative Wettbewerb gestärkt und fiskalische Innovationen auf regionaler Ebene werden gefördert.[48]

iii. Internalisierung von Spillover-Effekten

Sollten bei der dezentralen Erstellung öffentlicher Leistungen Ineffizienzen auftreten, ist die Verlagerung dieser Aufgabe auf die zentrale Ebene zu erwägen.[49] Solche Ineffizienzen können von Spillover-Effekten (regionalen Überwirkungen) herrühren. Diese Effekte können sowohl positiver (externe Erträge) als auch negativer (externe Kosten) Art sein. Bei positiven Spillover-Effekten profitiert die benachbarte Körperschaft von den Leistungen der betrachteten Region, bei negativen wird ihr ein Schaden zugefügt. Solche Effekte können prinzipiell zwischen Gebietskörperschaften der gleichen föderalen Ebene auftreten (horizontale Spillover-Effekte) oder im Verhältnis zwischen über- und unterge-

---

46 Diese Bedingungen beinhalten in erster Linie vollständige Information der Individuen, eine ausreichende Anzahl von Gebietskörperschaften und die Abwesenheit von Transaktionskosten und Effizienzproblemen bei der Produktion. Siehe dazu FELD / KIRCHGÄSSNER (1998), S. 65f. und WALSH (1993), S. 38.

47 Vgl. TIEBOUT (1956).

48 Vgl. OATES (1999), S. 1132.

49 Vgl. PEFFEKOVEN (1988), S. 612.

ordneter Ebene entstehen (vertikale Spillover-Effekte). Als Beispiel für einen positiven vertikalen Spillover-Effekt seien die Ausgaben des Oberverbandes für wissenschaftliche Forschungsprogramme genannt, von denen auch die Unterverbände profitieren. Negative horizontale Spillover-Effekte gehen beispielsweise von Industrieansiedlungen in der Nähe von Staatsgrenzen aus, bei denen der Nachbarstaat einen Teil der sozialen Kosten in Form von Umweltverschmutzungen zu tragen hat.

In diesen Fällen stimmen Nutzer- und Zahlerkreis des öffentlichen Gutes nicht überein, was letztendlich zu einer suboptimalen Versorgung mit diesem Gut führt. Bei Auftreten externer Kosten wird eine größere als die optimale Menge des Gutes erstellt, bei externen Erträgen eine geringere. Führen bilaterale Verhandlungen der betroffenen Gebietskörperschaften zu keinem Ergebnis, mit dem die Spillover-Effekte internalisiert werden können, ist die Kompetenz auf die höhere föderale Ebene zu verlagern.

iv. Ausnutzen steigender Skalenerträge

Ein zweiter Grund für die Verlagerung auf eine übergeordnete Ebene sind steigende Skalenerträge (economies of scale) bei der Produktion des öffentlichen Gutes. Sie können eine Produktion in größeren Mengen erfordern, die über den Bedarf kleiner Gebietskörperschaften hinausgehen.[50] Der Grund für eine solche Situation sind zumeist hohe Fixkosten, die erst eine Produktion des Gutes in einem größeren Umfang wirtschaftlich werden lassen.

Als Beispiel wäre hier die Bereitstellung eines Gefängnisses zu nennen, das sich wegen der hohen Fixkosten für die Erstellung und Unterhaltung des Gebäudes erst ab einer gewissen Nachfragemenge (Anzahl Strafgefangener) effizient betreiben lässt. Jeder zusätzliche Gefangene verursacht unabhängig von der Größe des Gefängnisses bis zur Kapazitätsgrenze nur vergleichsweise geringe Grenzkosten, weshalb für die Bereitstellungsentscheidung die Fixkosten maßgeblich sind. Bei dezentraler Bereitstellung würde jede Gebietskörperschaft Fixkosten für ihr eigenes Gefängnis tragen müssen, deren Summe höher wäre als die Fixkosten des gemeinsamen Gefängnisses. Eine dezentrale Bereitstellung würde demnach zu einer Unterversorgung mit dem öffentlichen Gut führen, denn bei einer Vielzahl kleiner Körperschaften würde keine ein solches Gefängnis betreiben, obwohl ein Bedarf bestünde. Bei zentraler Bereitstellung sind die

---

50 Vgl. TULLOCK (1969).

Fixkosten für jede Körperschaft geringer, so dass sich die gemeinsame Bereitstellung für die beteiligten Gebietskörperschaften lohnt.

v. *Existenz von Unteilbarkeiten*

Unteilbarkeiten treten dann auf, wenn es technisch nicht möglich ist, ein öffentliches Gut in einer so kleinen Menge anzubieten, dass sie der Nachfrage in einer kleinen Gebietseinheit entspricht. Es existiert eine minimale Projektgröße, die nicht unterschritten werden kann.[51] Beispiel: Ein Gefängnis wäre prinzipiell auch für nur sehr wenige Gefangene zu errichten. Diese Lösung ist nur aufgrund des beschriebenen Phänomens sinkender Durchschnittskosten nicht effizient. Eine Straßenbahn kann dagegen nur für eine gewisse Mindestnutzung bereitgestellt werden, die eine kleine Gebietskörperschaft eventuell nicht alleine erreicht.

vi. *Fehlende politische Homogenität*

Neben diesen ökonomischen Kriterien ist auch ein politisches Argument für die Aufgabenverteilung zwischen Gebietskörperschaften relevant. Eine Aufgabe kann erst dann von einer niedrigeren auf eine höhere föderale Ebene verlagert werden, wenn in dem betreffenden Regelungsbereich ein Mindestmaß an Homogenität unter den Gebietskörperschaften herrscht. Solange auf der unteren föderalen Ebene stark gegensätzliche Vorstellungen über Regelungsinhalte und zu regelnde Methoden existieren, kann eine Verlagerung eines speziellen Aufgabenbereichs auf die obere Ebene auch dann negative Effekte hervorrufen, wenn eins der genannten Kriterien für eine zentrale Aufgabenwahrnehmung erfüllt ist.[52] Als Beispiel ist hier die steuerliche Behandlung von Rentenversicherungsbeiträgen zu nennen, die erst dann zentral geregelt werden könnte, wenn die Rentensysteme europaweit vereinheitlicht würden.

vii. *Zusammenfassende Darstellung (Abschnitt b))*

Die folgende Übersicht fasst die Erkenntnisse der Föderalismustheorie zusammen und liefert einen Überblick über die Argumente für eine zentrale oder dezentrale Aufgabenverteilung:

---

51 Vgl. R. FREY (1977), S. 32f.

52 Vgl. FORTE (1977), S. 386.

Abbildung 5: Kriterien der Kompetenzzuordnung aus Sicht der Föderalismustheorie

Gründe für eine dezentrale Kompetenz	**Gründe für eine zentrale Kompetenz**
Berücksichtigung individueller Präferenzen	Internalisierung von Spillover-Effekten
Stärkung des föderalen Wettbewerbs	Ausnutzen steigender Skalenerträge
Fehlende politische Homogenität	Existenz von Unteilbarkeiten

Quelle: Eigene Darstellung

5. Das Autonomieprinzip

Das Autonomieprinzip besagt, dass die einzelnen Körperschaften – insbesondere auch die nachgeordneten – autonom in ihren Entscheidungen über Ausgaben und Einnahmen sein sollen.[53] Dieses Prinzip ergänzt das Subsidiaritätsprinzip, denn es fordert, dass eine Körperschaft, der gemäß dem Subsidiaritätsprinzip eine Aufgabe zugewiesen wird, auch die Kompetenzen über die damit zusammenhängenden Einnahmen und Ausgaben haben muss.

Dieses als Selbstbestimmungsrecht der Gebietskörperschaften zu bezeichnende Prinzip folgt dem Grundwert der Freiheit, das den Individuen – hier den Gebietskörperschaften – Autonomie in den Entscheidungen über ihre Einzelpläne belässt, während eine zentral verwaltete Wirtschaft diese Einzelpläne zentralistisch vorgeben würde.[54] Somit verleiht dieses Prinzip auch der für die EU maßgeblichen marktwirtschaftlichen Ausrichtung des Finanzausgleichs Ausdruck. Es fördert den Wettbewerb zwischen Gebietskörperschaften derselben und unterschiedlicher föderaler Ebenen und führt so zu Effizienz steigernden Innovationen. Die Durchsetzung dieses Prinzips kann die EU vor einem übermäßigen Dirigismus durch die Brüsseler Zentrale bewahren, ein Umstand, der für die Akzeptanz des europäischen Einigungsprozesses in der Bevölkerung immens wichtig ist.

---

[53] Vgl. PEFFEKOVEN (1994a), S. 307, DICKERTMANN / GELBHAAR (1996a), S. 394 und FISCHER-MENSHAUSEN (1988), S. 655.

[54] Vgl. PÜTZ (1979), S. 27f.

6. Das Konnexitätsprinzip

Das Konnexitätsprinzip wird nicht einheitlich in der finanzwissenschaftlichen Literatur erläutert. Dort finden sich Definitionen, die sich graduell voneinander unterscheiden.[55] Im Folgenden soll unter dem Begriff der Konnexität verstanden werden, dass „Aufgabenkompetenz und Ausgabenkompetenz bei der gleichen Körperschaft liegen."[56] In Verbindung mit dem Autonomieprinzip bedeutet dies aber auch, dass die eventuell im Rahmen einer Aufgabenerfüllung entstehenden Einnahmen an die betreffende Körperschaft fallen.

Diese Verbindung von Aufgaben und Ausgaben dient zunächst der Transparenz und somit dem demokratischen Grundwert der EU, denn es wird vermieden, dass in einem Kompetenzwirrwarr die Zuständigkeiten für einzelne politische Entscheidungen verschwimmen. Dadurch wird es für den Bürger leichter, Verantwortlichkeiten zuzuordnen und die Entscheidungsträger demokratisch zu überwachen. Jede Körperschaft soll für die in ihrer Kompetenz liegenden Aufgaben zur Rechenschaft gezogen werden können. Das kann aber nur dann vollständig geschehen, wenn neben den Entscheidungen über Art und Umfang einzelner Projekte auch deren Finanzierung von derselben Körperschaft verantwortet werden muss. Bei gegebener Aufgabenverteilung bedeutet dies für den Finanzausgleich im engeren Sinne, dass er helfen muss, alle Ebenen von Gebietskörperschaften mit den finanziellen Mitteln auszustatten, die zur Erfüllung der ihnen gegebenen Aufgaben nötig sind. Für den Fall, dass die Aufgabenverteilung zur Disposition steht, ist diese zunächst gemäß dem Subsidiaritätsprinzip zu gestalten.

Dieses Prinzip schließt Gemeinschaftsaufgaben nicht aus. Es sind Aufgaben denkbar, die am besten durch die Gemeinschaft mehrerer Gebietskörperschaften einer Ebene oder durch eine Ober- und eine Unterebene gemeinsam erfüllt werden. Als Paradebeispiel dienen hier oftmals grenzüberschreitende Infrastrukturmaßnahmen. Auch sie sollten gemäß dem Konnexitätsprinzip finanziert werden. In diesem Fall bedeutet dies eine gemeinschaftliche Finanzierung.[57]

---

55 Vgl. dazu die unterschiedlichen Schwerpunkte in den Definitionen bei DICKERTMANN / GELBHAAR (1996a), S. 394 und FISCHER-MENSHAUSEN (1988), S. 643. Während Erstere eine Aufgabenzuweisung der oberen an die untere Ebene ausdrücklich ausschließen, hält Letzterer eine solche für mit dem Konnexitätsprinzip vereinbar.

56 PEFFEKOVEN (1994a), S. 307.

57 Dies kann eine Finanzierung durch gleichgestellte oder durch über- und untergeordnete Einheiten nach sich ziehen. Je nachdem, durch welche föderale Einheit das Projekt letz-

7. Das Prinzip der fiskalischen Äquivalenz

Die Anknüpfungspunkte dieses auf Olson[58] zurückgehenden Prinzips sind die Bürger einer föderalen Einheit. Es fordert, dass Nutzer und Zahler einer bestimmten öffentlichen Leistung identisch sind[59] und folgt den Aussagen der ökonomischen Föderalismustheorie.[60] Es soll bewirken, dass die externen Effekte bei der Bereitstellung öffentlicher Leistungen internalisiert werden, die Bürger die Kosten der von ihnen konsumierten öffentlichen Leistungen also auch tatsächlich spüren. Das Prinzip bildet somit die Voraussetzung für eine marktgerechte Ausgestaltung des Finanzausgleichs. Anders herum formuliert bedeutet dies, dass nicht solche Personen von den öffentlichen Leistungen profitieren sollen, die nicht zu ihrer Finanzierung beigetragen haben. Je größer der Wirkungskreis eines öffentlichen Gutes ist, desto größer sollte auch der Kreis der für seine Finanzierung zuständigen Individuen sein. Durch die Realisierung dieses Prinzips werden die Bürger angeregt, ihre individuellen Präferenzen zu offenbaren. Dadurch wird strategisches Trittbrettfahrerverhalten erschwert[61] und die Wohlfahrt der Gemeinschaft wird gesteigert.[62]

Aus diesem Prinzip leitet sich letztendlich das föderale Staatswesen ab. Staatliche Leitungen weisen unterschiedliche Wirkungskreise auf, wodurch die Leistungen in der Regel nur in einem begrenzten räumlichen Rahmen als öffentliche Güter zu bezeichnen sind:[63] Der Wirkungskreis einer Feuerwehrstation ist lokal sehr begrenzt, während die Landesverteidigung als nationales öffentliches Gut

ten Endes bezahlt wird, leistet die obere Ebene Zuweisungen an die untere oder die untere Beiträge an die obere Ebene. Vgl. FISCHER-MENSHAUSEN (1988), S. 644.

58 Vgl. OLSON (1969). Ähnlich bei OATES (1972), S. 34 unter dem Begriff „Korrespondenzprinzip". BRETON (1965) erwähnt diesen Zustand bereits unter dem Begriff „perfect mapping".

59 Vgl. PEFFEKOVEN (1994a), S. 307.

60 Siehe hierzu in diesem Kapitel den Abschnitt 4. b) iii) *Internalisierung von Spillover-Effekten.*

61 Vgl. DICKERTMANN / GELBHAAR (1996a), S. 394.

62 Das Prinzip der fiskalischen Äquivalenz kann durch ein weiteres Prinzip, das Demokratieprinzip ergänzt werden. Dieses fordert die Übereinstimmung der Entscheidungsunterworfenen und Kontrollberechtigten. Es ist zwar für einen funktionierenden Finanzausgleich nicht unabdingbar, doch unterstützt und flankiert es die oben beschriebenen Prinzipien. Hierzu siehe GROSSEKETTLER (1993), S. 93.

63 Vgl. TIEBOUT (1961) und PADOA-SCHIOPPA (1999), S. 8.

einzustufen ist. Die öffentlichen Güter sollten darum von der föderalen Ebene angeboten werden, die ihrem Wirkungskreis entspricht.

In der Praxis wird dieses Prinzip jedoch niemals vollständig erfüllt werden können. Fast jede öffentliche Leistung weist einen anderen Wirkungskreis auf, sodass bei Gewährleistung vollständiger fiskalischer Äquivalenz für jede öffentliche Leistung in letzter Konsequenz zahllose funktional abgegrenzte und sich gegenseitig überlagernde Gebietskörperschaften resultieren würden.[64] Eine solche Staatsform ist aber kaum vorstellbar und noch weniger realisierbar.[65] Für die Gestaltung der Europäischen Union bleibt demnach die Forderung nach einer differenzierten föderalen Struktur und einer entsprechenden Aufgabenverteilung.

8. Das Kompatibilitätsprinzip

Der Finanzausgleich ist lediglich ein Teil der gesamtstaatlichen Wirtschafts- und Finanzpolitik, wenn auch ein bedeutender. Darum darf er nicht nur die eigenen Ziele im Auge haben. Er muss auch die übrigen Politikbereiche berücksichtigen und darf diese nicht konterkarieren. Dies folgt letztlich aus der Beachtung des Verhältnismäßigkeitsgrundsatzes. Die Abstimmung mit benachbarten Politikbereichen ist nicht nur für diejenigen Ziele der Wirtschaftspolitik, für deren Erreichung der Finanzausgleich konkrete Mittel zur Verfügung stellt, zu gewährleisten. Es gilt auch für übrige „stabilitätspolitische und distributive[66] Ziele, deren Verfolgung nicht primär Sache des Finanzausgleichs ist.“[67]

Kompatibilität bedeutet daneben auch die Abstimmung der Finanzausgleichsregelungen mit den entsprechenden bestehenden Regelungen der beteiligten Gebietskörperschaften.[68] Hierzu gehört beispielsweise die finanzielle Ausstattung der Gemeinden durch die Mitgliedsländer innerhalb der Europäischen Union. Falls innerhalb eines Mitgliedslandes bereits ein Finanzausgleich existiert, sollte der Ausgleich auf europäischer Ebene mit diesem vereinbar sein. Das heißt

64 Vgl. B. FREY (1997).

65 Vgl. H. FISCHER (1984), S. 230.

66 Gemeint ist die Distribution zwischen Personen, nicht die Distribution zwischen Gebietskörperschaften.

67 FISCHER-MENSHAUSEN (1988), S. 655.

68 Vgl. GROSSEKETTLER (1993), S. 107 und EUROPÄISCHE KOMMISSION (200b), S. 6f.

nicht, dass er dieselben Ziele verfolgen muss. Diese hängen von den verfassungsrechtlichen Anforderungen eines jeden Landes ab und können von denen der EU abweichen. Der Grundwert der nationalen Identitätswahrung ist zu beachten. Es bedeutet nur, dass die europäischen Finanzausgleichsregelungen den nationalen nicht prinzipiell entgegenstehen dürfen. Im Idealfall ergänzt der europäische Finanzausgleich die existierenden Regelungen der Mitgliedstaaten.

9. Das Verfassungsprinzip

Neben diesen wirtschaftlichen Prinzipien haben Finanzausgleichsregelungen immer auch rechtlichen Rahmenbedingungen zu gehorchen, denn der Finanzausgleich steht nicht im rechtsfreien Raum, sondern ist als Element der Finanzverfassung immer auch Teil der rechtlichen Landschaft der teilnehmenden Gebietskörperschaften. Darum müssen die Regelungen zum Finanzausgleich in Übereinstimmung mit den Regeln der Verfassung stehen und dürfen nicht gegen diese verstoßen.[69] Gegebenenfalls aus anderen als wirtschaftlichen Gründen erfolgte Zuweisungen von Aufgaben- oder Einnahmenkompetenzen müssen auch vom Finanzausgleich beachtet werden. Solche Gründe können beispielsweise historischer Art sein, wie der territoriale Zuschnitt der teilnehmenden Gebietskörperschaften. Dies entspricht dem Grundwerten der Demokratie und der Wahrung der nationalen Identitäten.

Die Europäische Union besteht, im Gegensatz zu vergleichbaren Bundesstaaten, aus einzelnen souveränen Nationalstaaten. Diese besitzen jeweils ihre eigenen nationalen Verfassungen. Zwar können auch die Gliedstaaten von Bundesstaaten eigene Verfassungen besitzen, doch sind diese in enger Abstimmung mit den nationalen Verfassungen entstanden. Anders verhält es sich bei der Europäischen Union. Hier haben die einzelnen Nationalstaaten unabhängig voneinander eigene verfassungsrechtliche Traditionen entwickelt, deren Einzelregelungen unter Umständen Konflikte mit dem neu entstehenden europäischen Recht hervorrufen können.

Darum ist zu fordern, dass Regelungen, die im Rahmen der EU getroffen werden, nicht nur dem europäischen Recht entsprechen, sondern sich darüber hinaus auch harmonisch zu den nationalen Verfassungen verhalten. Je tiefer die europäische Integration voranschreitet und je mehr Politikbereiche von europäischen Regelungen berührt werden, desto größer wird auch der Konfliktbereich zwi-

---

69 Vgl. LENK (1992a), S. 131.

schen nationalem und europäischem Recht. Konfliktpotential mit den nationalen Verfassungen kann es auf vielen politischen Gebieten geben,[70] unter anderem – und für diese Arbeit von besonderer Bedeutung – auch auf dem Gebiet der Finanzverfassung, soweit diese in den Mitgliedstaaten verfassungsrechtlich geregelt ist.

Zur Wahrung der nationalen Verfassungskonformität gibt es prinzipiell zwei Möglichkeiten. Zum einen können die nationalen Verfassungen als vorrangig angesehen werden mit der Folge, dass dem europäischen Recht enge Grenzen gesetzt sind. Es ergäbe sich ein Wettbewerb zwischen den Rechtssystemen der Mitgliedstaaten mit der Möglichkeit, dass das erfolgreichste System auch von den übrigen Ländern übernommen wird. Zum anderen kann die Verfassungskonformität in der Weise hergestellt werden, dass der Union eine weite Harmonisierungskompetenz zugestanden wird, sodass die nationalen Regelungen den europäischen Gegebenheiten angepasst werden müssen.[71]

Das Bundesverfassungsgericht hat in diesem Zusammenhang in seinem sogenannten Maastricht-Urteil bezüglich Deutschlands Stellung genommen. Hier stellt es einige verfassungsrechtlich begründete Bedingungen auf, die im Rahmen einer weitergehenden Integration zu befolgen sind. Da die Bundesregierung an diesen Beschluss gebunden ist, stellt er konkrete Rahmenbedingungen für die weitere europäische Integration auf.[72] Zum einen muss die demokratische Mitwirkung der europäischen Völker im Rahmen der EU gesichert sein. Dies kann prinzipiell entweder über eine ausreichende Partizipation der nationalen Parlamente oder über eine gewählte europäische Volksvertretung geschehen. Solange aber das Europäische Parlament in seinen Befugnissen stark eingeschränkt ist, kann demokratische Legitimation nur über die nationalen Parlamente erfolgen. Weitere Schritte im Zuge der europäischen Integration bedürfen der Zustimmung der nationalen Regierungen und Volksvertretungen.

Weiterhin behält sich das Bundesverfassungsgericht vor, europäische Regelungen auf Konformität mit dem deutschen Grundgesetz zu prüfen und gegebenenfalls dem Grundgesetz widersprechende Regelungen zu verwerfen. Besonders wichtig für einen Europäischen Finanzausgleich ist die Feststellung des Ge-

---

70 Beispielsweise geriet die 1999 diskutierte Europäische Charta zum Schutz von Regional- und Minderheitensprachen in Konflikt mit der französischen Verfassung. Vgl. F.A.Z. vom 1.9.1999, S. 2.

71 Vgl. KOOP (1996), S. 54f.

72 Vgl. LESCHKE (1995), S. 3.

richts, dass Art. 6 Abs. 4 EUV[73] „die Union nicht [ermächtigt], sich aus eigener Macht die Finanzmittel zu verschaffen, die sie zur Erfüllung ihrer Zwecke für erforderlich erachtet."[74] Statt dessen bedarf es bei der Finanzierung der EU stets der Zustimmung der einzelnen Mitgliedstaaten. Ein weiterer, für die Verfassungsordnung der Bundesrepublik unerlässlicher Punkt, besteht in der Ländergarantie. Deutschland ist ein Bundesstaat mit weitgehenden Befugnissen der Länder. In Fragen, die sowohl Bundes- als auch in Länderkompetenzen betreffen, werden die Länder an der Entscheidungsfindung beteiligt.[75] Darum regeln die Länder auch auf europäischer Ebene die Angelegenheiten, die in ihre alleinige Kompetenz fallen, selbst.

Auch in den übrigen Mitgliedstaaten gibt es vergleichbare verfassungsrechtliche Beschränkungen, wie beispielsweise die besonderen Regelungen zugunsten der autonomen Regionen in Spanien und Italien. Somit sind dem europäischen Gesetzgeber gewisse Grenzen vorgegeben.

10. Das Prinzip der Teilnehmerflexibilität

Ein weiterer Unterschied der Europäischen Union zu gewöhnlichen Bundesstaaten ist ihre Konzeption als offener Staatenbund, das heißt als eine Gemeinschaft, die ausdrücklich offen ist für die Aufnahme weiterer Mitglieder in ihren Kreis.[76] Dies ergibt sich nicht zuletzt aus dem Grundwert der EU, nachdem europaweit Frieden und Freiheit zu schaffen sind. Prinzipiell besteht auch die Möglichkeit, dass einzelne Mitglieder den Kreis der EU wieder verlassen oder Teile von Mitgliedstaaten unabhängig und ihrerseits Mitglieder der Union wer-

---

[73] Dort heißt es: „Die Union stattet sich mit den Mitteln aus, die zum Erreichen ihrer Ziele und zur Durchführung ihrer Politiken erforderlich sind."

[74] BUNDESVERFASSUNGSGERICHT (1993), S. 429.

[75] Vgl. Art 23 GG.

[76] Zwar können auch anderen Bundesstaaten prinzipiell weitere Gebietskörperschaften beitreten, wie die deutsche Wiedervereinigung oder die Diskussion um den Beitritt Costa Ricas zu den USA gezeigt haben. Dies ist aber eher die Ausnahme als die Regel, weshalb die nationalen Finanzausgleiche in diesen Fällen vor größere Probleme gestellt werden. Zu den Problemen des deutschen Länderfinanzausgleichs im Zuge der Wiedervereinigung siehe FUEST / LICHTBLAU (1991), WISSENSCHAFTLICHER BEIRAT BEIM BMF (1992) und PEFFEKOVEN (1994a).

den.[77] Auf beide Möglichkeiten muss ein europäischer Finanzausgleich konzeptionell vorbereitet sein.

In diesem Zusammenhang können von zwei Seiten her Schwierigkeiten für den Finanzausgleich auftreten. Der erste Punkt ist rein technischer Natur: Der Finanzausgleich muss so gestaltet werden, dass die bloße Veränderung der Zahl der teilnehmenden Gebietskörperschaften keine unüberwindbaren Schwierigkeiten im Finanzausgleichsverfahren hervorruft. Die Finanzausgleichsformel muss also unabhängig von der Zahl der Teilnehmer funktionieren. Änderungen der Teilnehmerzahl können neben Bei- und Austritten von Mitgliedstaaten auch durch geänderte regionale Abgrenzungen innerhalb der Mitgliedstaaten entstehen.

Zum anderen können durch die ökonomischen Eigenschaften von Beitrittsländern Probleme entstehen. So werden in der Regel beim Beitritt relativ armer Länder die finanziellen Lasten der übrigen Mitgliedsländer ceteris paribus steigen. Darum muss der Finanzausgleich so gestaltet werden, dass im Falle eines solchen Beitritts das gesamte Transfervolumen und die finanziellen Lasten der übrigen Mitgliedsländer das zumutbare Maß nicht übersteigen.[78] Anderenfalls würde die Zustimmung der Bevölkerung in den Nettozahlerländern zum Erweiterungsprozess rasch schwinden. Dies ist gerade bei der bevorstehenden Erweiterung der Union um die, gemessen am Pro-Kopf-Einkommen, rückständigen mittel- und osteuropäischen Länder relevant.[79] Der Europäische Finanzausgleich sollte also diese Entwicklung bereits im Vorfeld berücksichtigen und einen entsprechenden Automatismus bereithalten. Nur so können langwierige, den Beitritt verzögernde Verhandlungsprozesse vermieden werden. Maximal sollten im Bedarfsfall einzelne Parameter des Finanzausgleichs geändert werden und nicht das gesamte Ausgleichssystem.

---

77 Vgl. SCHNEIDER (1993), S. 208.

78 Vgl. TÖPFER (1997), S. 635.

79 Vgl. WWU-BERICHT, S. 121ff. 1998 betrug das Pro-Kopf-Einkommen der osteuropäischen Beitrittskandidaten nur zwischen 7 und 44 Prozent des Unionsdurchschnitts, Vgl. EUROSTAT (2000), S. 78:

BIP 1998 je Einwohner (EU15 = 100)									
EW	LV	LT	PL	CZ	SLK	H	SLO	R	BG
16	12	13	18	24	17	20	44	8	7

11. Zusammenfassende Darstellung (Abschnitt A.)

Abbildung 6: Genese der Prinzipien eines europäischen Finanzausgleichs

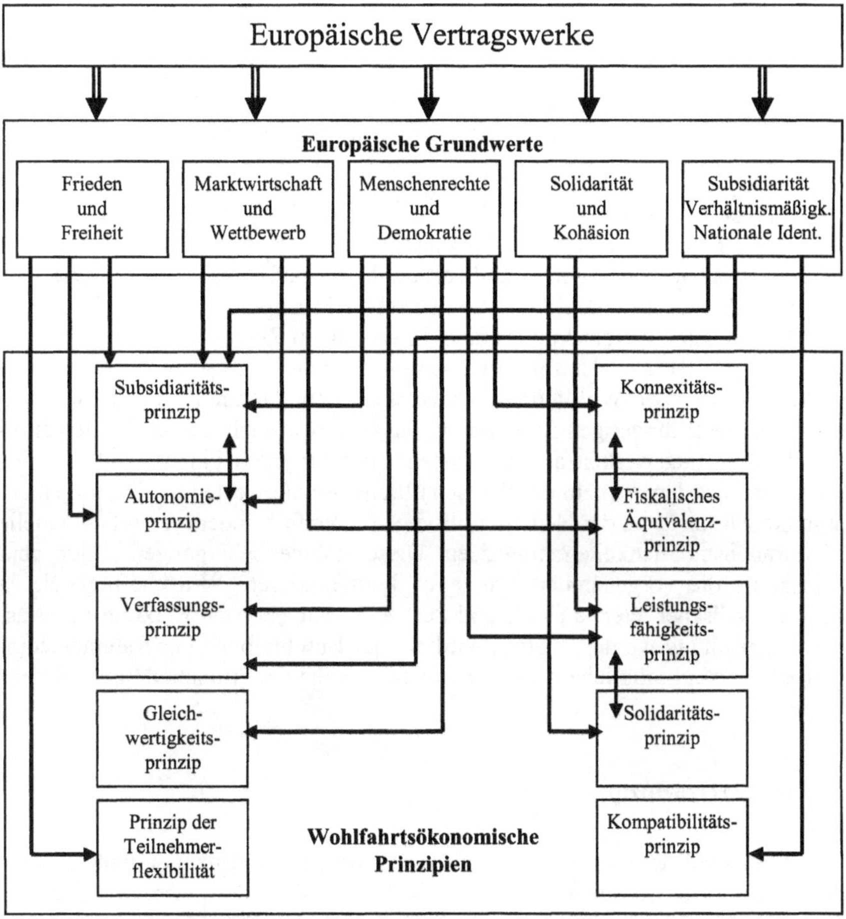

Quelle: Eigene Darstellung

Abbildung 6 zeigt noch einmal zusammenfassend die Ableitung der Prinzipien aus den europäischen Grundwerten und die Zusammenhänge zwischen den Prinzipien. Der obere Teil der Darstellung ist aus Abbildung 3 bereits bekannt. Die Pfeile stehen für die inhaltlichen Ableitungen der Prinzipien und für gegenseitige Bedeutungsbeziehungen. Die Abbildung verdeutlicht, dass die europäischen Grundwerte durch die zehn Finanzausgleichsprinzipien konkretisiert werden. Dabei entsteht ein Geflecht von Bedeutungsbeziehungen, in dem sich einzelne Prinzipien von nur einen Grundwert, andere von einem Bündel mehrerer Grundwerte ableiten lassen.

B. Ökonomische Rahmenbedingungen

Die im vorangegangenen Kapitel hergeleiteten Prinzipien sind ohne Berücksichtigung finanzieller Nebenbedingungen formuliert worden, da die europäischen Vertragswerke keinen Grundwert der Wirtschaftlichkeit kennen. Dennoch sollte der Finanzausgleich dem ökonomischen Prinzip folgend aufgebaut werden. Er soll seine Aufgaben mit einem Minimum an Ressourcen erreichen. Diese Forderung wird in der finanzwissenschaftlichen Literatur auch als Verhältnismäßigkeit[80] oder Wohlfeilheit[81] bezeichnet. Zu diesem Zweck lassen sich zwei Rahmenbedingungen formulieren, die sich zwar nicht direkt aus den europäischen Vertragswerken ableiten lassen, aber für jeden Finanzausgleich hilfreich sind, der dem Prinzip der Wirtschaftlichkeit unterworfen ist. Sie folgen der argumentativen Linie der Neuen Politischen Ökonomie, indem sie auf eventuelle Missbrauchsmöglichkeiten hinweisen. Diese Rahmenbedingungen sollen aber keinesfalls die vorgenannten Prinzipien konterkarieren. Wirtschaftlichkeit ist kein europäischer Wert an sich und darf nicht zur obersten Maxime der Ausgleichsgestaltung werden. Darum wird bei der Beschreibung der Rahmenbedingungen auch auf mögliche Konflikte mit den erwähnten Prinzipien hingewiesen.

1. Das Anreizprinzip

Wie bereits bei der Beschreibung des Gleichwertigkeitsprinzips erläutert, sollte der Finanzausgleich auf festgelegten, nicht von Fall zu Fall veränderbaren Regelungen beruhen. Es besteht aber dennoch die Gefahr, dass Gebietskörperschaften diese Regelungen legal so ausnutzen, dass sie von ihnen in besonderer Weise profitieren. Ein solches strategisches Verhalten geht immer zu Lasten der

---

80 GROSSEKETTLER (1993) benennt einige Wirtschaftlichkeitsgrundsätze unter dem Oberbegriff Verhältnismäßigkeitsmaßstäbe.

81 Bei NEUMARK (1970) findet sich ein entsprechender Besteuerungsgrundsatz.

übrigen Gebietskörperschaften, denn die Finanzmasse des Ausgleichs sollte – wie später noch erläutert wird[82] – immer genau einmal verteilt werden (Nullsummenspiel). Was eine Körperschaft aus dem Finanzausgleich bekommt, muss von der Summe der übrigen Mitgliedstaaten finanziert werden. Darum ist es aus Sicht der Gemeinschaft sinnvoll, den beteiligten Gebietskörperschaften bestimmte Anreize zu geben, ein solches strategisches Verhalten nicht zu zeigen.[83] Diese Anreize müssen dergestalt sein, dass sich strategisches Verhalten nicht lohnt. Mehrere Stoßrichtungen strategischen Verhaltens sind denkbar und erfordern spezifische Anreizmechanismen. Diese werden im Folgenden beschrieben.

a) Effiziente Mittelverwendung

Im Zuge des Finanzausgleichsverfahrens werden Ressourcen von einer Gebietskörperschaft zu einer anderen verlagert. Damit sollen – ganz allgemein gesprochen – in der begünstigten Region gewisse positive Effekte erreicht werden. Es kann beispielsweise lediglich beabsichtigt sein, generell die finanzielle Ausstattung dieser Region zu verbessern (reiner Budgetausgleich). Oftmals bedient sich der Finanzausgleich dafür realwirtschaftlicher Ziele, wie der Anhebung des Pro-Kopf-Einkommens oder Verbesserung der Infrastruktur. Wie kann nun erreicht werden, dass die begrenzten Mittel in die effizienteste Verwendungsmöglichkeit fließen?

Eine Möglichkeit, mit der die zahlende Gebietskörperschaft versuchen kann, dies zu erreichen, besteht in der zweckgebundenen Vergabe der Gelder.[84] Das heißt, dass Mittel, die ein Mitgliedsland von der Gemeinschaft erhält, für einen fest vorgegebenen Zweck verwendet werden müssen. Diese Zweckbindung kann sich auf konkrete Projekte beziehen oder lediglich bestimmte Ausgabenbereiche, zum Beispiel Umweltschutzprojekte, vorschreiben. Gerade bei einer solchen Ausgestaltung der Zuschüsse kann es aber dennoch zu Effizienzverlusten kommen. Zwar sind die Gelder in die vorgegebenen Projekte geflossen, aber trotzdem ist nicht sichergestellt, dass das begünstigte Projekt aus Sicht der regionalen oder kommunalen Ebene das effizienteste ist. Es bestehen also Konflikte mit dem Subsidiaritäts- und dem Autonomieprinzip. Außerdem müssen sämtliche Vorschriften auch im Nachhinein auf ihre Einhaltung überwacht werden, denn

---

82 Siehe hierzu in diesem Arbeit den Abschnitt C. 6. *Vollständige Verteilung*.

83 Vgl. FUEST / LICHTBLAU (1991), S. 12.

84 Vgl. ZIMMERMANN (1982), S. 45, PEFFEKOVEN (1994b), S. 110 und THOMAS (1997), S. 245-247.

niemand wird sonst garantieren können, dass die verteilten Mittel auch tatsächlich ihre vorgesehene Verwendung gefunden haben. Es ist also ein mit der Anzahl der Einzelprojekte steigender Verwaltungsaufwand zu betreiben, der seinerseits die Effizienz dieses Verfahrens einschränkt. Zweckbindungen führen außerdem zu Substitutionseffekten in der Ausgabenstruktur der begünstigten Haushalte mit allen negativen Folgeerscheinungen.[85] Das bedeutet letzten Endes, dass Maßnahmen der Zweckbindung nicht generell die Effizienz erhöhen *müssen*. Darum sollte in einem Finanzausgleich von diesem Mittel nur dann Gebrauch gemacht werden, wenn keine alternative Möglichkeit besteht, eine effiziente Mittelverwendung zu gewährleisten.[86] Wenn Mittel überhaupt zweckgebunden vergeben werden, sollten sich die Zweckbindungen lediglich auf allgemeine Ausgabenbereiche, nicht auf Einzelprojekte beziehen,[87] um die Informationskosten zu minimieren. Der weitaus größere Teil der Mittel sollte jedoch immer ungebunden vergeben werden.[88]

Eine weitere mögliche Maßnahme, die Mittel in ihre effizientesten Verwendungen zu leiten, ist die Kofinanzierung.[89] Hierbei wird eine Eigenbeteiligung der geförderten Gebietskörperschaft am Projektbudget verlangt. Dieser Prozentsatz sollte – wenn von einem solchem Instrument Gebrauch gemacht wird – von vornherein feststehen und nicht im Einzelfall verhandelbar sein. Die Sätze können aber von Politikbereich zu Politikbereich unterschiedlich sein und auch nach Kriterien wie der Finanzkraft eines Landes oder der Inanspruchnahmehäufigkeit gestaffelt sein.[90] Durch die Selbstbeteiligung kann erreicht werden, dass die einzelnen Gebietskörperschaften nicht endlos Mittel der Gemeinschaft anfordern, auch wenn die Grenzproduktivität dieser Projekte bereits sehr gering ist.

Die Eigenbeteiligungsquoten liegen prinzipiell im Bereich zwischen null und hundert Prozent. Um einen spürbaren Effekt zu erzielen, sollten sie aber deutlich von null verschieden sein. Der Wissenschaftliche Beirat beim BMWi schlägt im

---

[85] Vgl. KOPS (1984c), S. 344 Zur näheren Analyse der Wirkungen von Zweckbindungen siehe im 8. Kapitel dieser Arbeit den Abschnitt A. 1. c) *Ungebundene Transfers*.

[86] Vgl. ERLEI (1998), S. 237.

[87] Vgl. WISSENSCHAFTLICHER BEIRAT BEIM BML (1998), S. 22.

[88] Vgl. LAMMERS (1990), S. 13 und WANIEK (1994), S. 48.

[89] Vgl. THOMAS (1997), S. 253.

[90] Vgl. BIEHL (1988a), S. 712 und WISSENSCHAFTLICHER BEIRAT BEIM BMWI (1999), Rz. 2.

Bereich der Strukturpolitik eine Quote von 50 Prozent und im Bereich der Agrarpolitik von 75 bis 100 Prozent vor.[91]

b) *Haushaltsdisziplin*

Dem Solidaritätsgedanken folgend,[92] nach dem einzelne Länder in schweren Krisenzeiten nicht alleine stehen sollen und deshalb mit der Unterstützung durch die Gemeinschaft rechnen können, ergibt sich das Problem, dass einzelne Länder unter Umständen solche Notlagen in geschickter Weise selbst herbeiführen können, um dadurch in den Genuss finanzieller Wohltaten durch die Gemeinschaft zu gelangen.[93] Krisen solcher Art sind oftmals durch eine drohende Überschuldung des betreffenden Landes gekennzeichnet. Es ist aus strategischen Überlegungen heraus einleuchtend und darüber hinaus aus dem bundesdeutschen Länderfinanzausgleich bekannt, dass vor allem kleine Länder Gefahr laufen, in die beschriebene Versuchung zu geraten, denn sie können schlicht aus Gründen der im Ernstfall benötigten geringeren Finanzmasse eher mit der Unterstützung rechnen als große Länder.[94] Die Finanzverfassung sollte demnach Vorkehrungen treffen, übermäßige Verschuldung im Ansatz zu verhindern.

Eine Möglichkeit, dieses zu erreichen sind strikte Obergrenzen für die Verschuldung.[95] Im Bereich der Mitgliedstaaten des Euro-Raumes ist diese Voraussetzung bereits gegeben.[96] Für sie ist eine jährliche Neuverschuldungsobergrenze von drei und ein maximaler Schuldenstand von 60 Prozent des nationalen BIP vorgeschrieben. Gleichzeitig sieht der Stabilitäts- und Wachstumspakt einen Maßnahmenkatalog im Falle der Nichteinhaltung vor. Diese Regelungen könnten im Rahmen des Finanzausgleichs auch auf die übrigen Mitgliedstaaten übertragen werden.

---

91 Vgl. WISSENSCHAFTLICHER BEIRAT BEIM BMWI (1999), S. 26. Eine Eigenbeteiligungsquote von 100 Prozent bedeutet, dass die entsprechenden Mittel allein vom Mitgliedsstaat aufgebracht werden sollen und der Umweg über die Kassen der EU überflüssig ist.

92 Siehe dazu im 2. Kapitel dieser Arbeit des Abschnitt A. 2. a) *Versicherungssolidarität*.

93 Vgl. PITLIK / SCHMID (2000), S. 108.

94 Vgl. HOMBURG (1994), S. 323, LAMMERS (1997), S. 431 und LAMMERS (1999a), S. 432.

95 Vgl. DICKERTMANN / GELBHAAR (1996b), S. 494 und HEINEMANN (1995), S. 209ff. Kritisch äußert sich C. FUEST (1993).

96 Vgl. Art 104 EGV.

Keinesfalls sollte der Finanzausgleich automatische Unterstützungen für Mitgliedstaaten in Haushaltsnotlagen bereitstellen. Dies würde vor allem kleine Länder zu einer laxen Verschuldungspolitik geradezu animieren.[97] In diesem Sinne sind auch die Regelungen des Art. 103 EGV zu verstehen.[98] An dieser Stelle wird ein Haftungsausschluss formuliert, der sowohl die Union als auch die Mitgliedstaaten vor unfreiwilliger Haftung für Verbindlichkeiten der übrigen Mitgliedstaaten sowie ihrer regionalen oder lokalen Gebietskörperschaften bewahrt. Letztlich ist jedes Mitgliedsland nur für die eigenen Haushaltsdefizite haftbar. Das bedeutet aber nicht, dass mit dieser Regelung das Solidaritätsprinzip außer Kraft gesetzt würde. Der Solidarität sind lediglich relativ weite Grenzen gesetzt, um ein bewusstes Hineinmanövrieren in eine finanzielle Ausnahmesituation zu verhindern.

c) Anspannung der eigenen Finanzbasis

Des weiteren sollte jede Gebietskörperschaft zunächst versuchen, ihren Finanzbedarf aus eigenen Quellen zu decken. Umgekehrt formuliert heißt das, sie sollte nicht ihre finanzielle Basis schonen können, um beispielsweise durch niedrige Steuersätze Investoren anzulocken, und im Gegenzug wegen der daraus resultierenden zu niedrigen Steuereinnahmen aus Solidaritätsgesichtspunkten einen Anspruch auf Zuschüsse der Gemeinschaft erwerben können. Um dies zu erreichen, muss es sich für jede Körperschaft mehr lohnen, die eigene Steuerbasis zu beanspruchen als den Finanzbedarf durch Zuschüsse von den übrigen Körperschaften zu decken.[99] Regelungen, nach denen den teilnehmenden Gebietskörperschaften ein Ausgleich bis nahe hundert Prozent[100] der durchschnittlichen Finanzkraft garantiert wird, sind demnach Anreiz schädigend.[101]

Diese Forderung ist vor allem für Steuerkraftausgleichssysteme wichtig, bei denen sich die Finanzkraft einer Gebietskörperschaft nach ihren Steuereinnahmen bemisst. Aber auch für anders konzipierte Finanzausgleichssysteme hat diese Forderung eine Bedeutung, denn aus ihr ergibt sich der Anspruch nach einem

---

97 Vgl. GRÜSKE / SCHENK (1999), S. 77.

98 Sogenannte „no bail out"- Klausel.

99 Vgl. BLÖCHLINGER / FREY (1993), S. 239 und FÄRBER (1993), S. 309.

100 Im deutschen Länderfinanzausgleich liegt dieser Satz bei 99,5 Prozent. Vgl. ARNDT (1998), S. 78.

101 Vgl. MICHALK (1989).

Nivellierungsverbot. Dies korrespondiert mit der Eigenschaft der strengen Monotonie[102], nach der marginale Transferraten[103] von hundert oder mehr Prozent unzulässig sind. Das Nivellierungsverbot geht jedoch noch einen Schritt weiter, indem es auch marginale Transferraten von wenig unter hundert Prozent ablehnt. Der Grund liegt darin, dass auch bei Abschöpfungen von achtzig bis neunzig Prozent – wie sie beispielsweise regelmäßig im bundesdeutschen Länderfinanzausgleich vorkommen[104] – „den Ländern (...) kaum Veranlassung gegeben [wird], ihre Einnahmen durch eigenständige Maßnahmen einer rationalen Finanzpolitik zu optimieren."[105] Übermäßig hohe marginale Transferraten ergeben sich bei Gewährung einer finanziellen Mindestausstattung.[106] Für die Länder, deren eigene Finanzkraft die Mindestgarantie unterschreitet, lohnt es sich nicht, die eigene Steuerbasis anzuspannen. Ihnen wird eine Auffüllung garantiert. Solche Regelungen sind deshalb grundsätzlich abzulehnen. Eine Möglichkeit, diese Schwierigkeiten zu umgehen, besteht darin, den Finanzausgleich eben nicht an die Steuereinnahmen eines Landes zu knüpfen.

Aber auch dann bergen Transferzahlungen die grundsätzliche Gefahr ihrer Verstetigung. Dies ist zum einen politökonomisch zu erklären, denn es fällt besonders schwer, liebgewonnene und ehemals gut begründete Transfers zu reduzieren oder zu streichen, auch wenn sie unter den neuen Bedingungen nicht mehr gerechtfertigt sind. Zum anderen können Finanzhilfen die Notwendigkeit reduzieren, eigene Finanzierungsquellen zu strapazieren, wodurch die eigene Finanzkraft sinkt und sich die Transfers gewissermaßen selbst rechtfertigen. Dem ist effektiv nur durch eine Stärkung der unteren föderalen Ebenen zu begegnen, indem grundsätzlich nur eine geringe Ausgleichsintensität angestrebt wird und eine streng am Subsidiaritätsprinzip ausgerichtete Kompetenzverteilung erfolgt.[107]

---

102 Siehe hierzu in diesem Kapitel dieser Arbeit den Abschnitt C. 4. *Monotonie.*

103 Die marginale Transferrate ist definiert als Prozentsatz, um den die relative Position eines Landes verringert wird, falls diese über hundert Prozent liegt, beziehungsweise erhöht wird, falls diese unter hundert Prozent liegt. Neben dieser verbalen liefert LENK / SILER (1992), S. 2f. auch eine grafische.

104 Vgl. B. HUBER (1998), S. 522 und EBERT / MEYER (1999a), S. 108.

105 DICKERTMANN / GELBHAAR (1996b), S. 493.

106 Vgl. EBERT / MEYER (1999b), S. 485f.

107 Vgl. REES / SONNENHOLZNER (2000), S. 62f.

2. Prinzip der Strategieresistenz

Da es im Kern von Finanzausgleichsregelungen immer um die Verteilung von Geldmitteln geht, ist prinzipiell jede Gebietskörperschaft versucht, ihre finanzielle Position nach Finanzausgleich durch geschickte Verhandlungen zu verbessern. Dies wurde und wird gerade im Rahmen der europäischen Finanzbeziehungen deutlich.[108] So werden immer wieder Zugeständnisse in vielfältigen Politikbereichen durch Vergünstigungen in den Finanzbeziehungen von den übrigen Mitgliedsländern erkauft.[109] Die Folge sind in der Sache unbegründete Tatbestände im Finanzausgleich. „Zunächst kommt eine Kompensationsforderung auf den Tisch. Wird diese allgemein akzeptiert, dann wird nach einem allokativen Deckmantel für diese Zahlungen gesucht."[110]

Das Prinzip der Strategieresistenz fordert nun, dieses politische bargaining so weit wie eben möglich zu verhindern, indem der Finanzausgleich so ausgestaltet wird, dass strategisches Verhalten keinen Ansatzpunkt findet. Dafür ist es wichtig, dass die Finanzausgleichskriterien eindeutig, vollständig und widerspruchsfrei sind, sodass zukünftige Nachverhandlungen über die Funktionsweise des Finanzausgleichs weitgehend überflüssig werden. Der Finanzausgleich muss demnach auch gravierende Veränderungen in den sozioökonomischen Daten der beteiligten Gebietskörperschaften modellintern bewältigen können.[111] Dies ist in erster Linie eine Frage der technischen Ausgestaltung des Finanzausgleichs. Damit ergänzt dieses Prinzip das Anreizprinzip, welches bei den Teilnehmern am Finanzausgleich ansetzt und zum Ziel hat, dass sich strategisches Verhalten nicht lohnt. Daneben kann durch geeignete Abstimmungsverfahren (beispielsweise durch Mehrheitsentscheidungen statt Einstimmigkeit) oder institutionelle Änderungen (stärkere Orientierung der Stimmengewichte im Rat an der Bevöl-

---

108 Vgl. FOLKERS (1995), S. 92. Beispiele hierfür sind die Einführung des sogenannten Britenrabatts bei den EU-Beiträgen als Ausgleich für relativ geringe Auszahlungen aus den Agrarfonds, die Implementierung des Kohäsionsfonds und die Diskussion um die deutschen Nettobeiträge im Umfeld der Verhandlungen um die Agenda 2000.

109 Vgl. VAUBEL (1992) und THOMAS (1994), S. 480.

110 HEINEMANN (1999), S. 294.

111 Vgl. HÜTHER (1996), S. 44.

kerungszahl eines Landes)[112] in Fragen des Finanzausgleichs die Strategieresistenz erhöht werden.

C. Tarifeigenschaften

Bislang sind mit den *Wohlfahrtsökonomischen Prinzipien* eines europäischen Finanzausgleichs und den *Ökonomischen Rahmenbedingungen* Anforderungen formuliert worden, die sich auf die inhaltliche Konzeption eines Finanzausgleichs beziehen und den europäischen Grundwerten und der Forderung nach Wirtschaftlichkeit Geltung verschaffen. Dabei wurde bereits teilweise die Bedeutung der technischen Ausgestaltung hervorgehoben (z.B. für das Gleichwertigkeitsprinzip und die Strategieresistenz). Das konkrete Verfahren blieb bis zu diesem Zeitpunkt jedoch unberücksichtigt.

In diesem Abschnitt rückt die technische Gestaltung des Finanzausgleichs*tarifs* in den Vordergrund. Mit dem Begriff Tarif ist die mathematische Beziehung zwischen einer oder mehreren unabhängigen Variablen und den daraus resultierenden Finanzausgleichszahlungen gemeint. Unter dem Sammelbegriff der *Tarifeigenschaften* sollen diejenigen Regeln zusammengefasst werden, die Anhaltspunkte für die mathematische, formelhafte Ausgestaltung des Finanzausgleichstarifs liefern. Sie sind größtenteils nicht nur an den europäischen Finanzausgleich zu stellen, sondern sollten für alle Finanzausgleiche konstitutiv sein. In der Realität werden sie aber längst nicht immer beachtet, was zu Ineffizienz und Intransparenz führt. Die Anforderungen können, wie im Folgenden gezeigt wird, sowohl recht allgemeiner Art sein (zum Beispiel Eignung) als auch sehr konkrete Anforderungen an den Tarif stellen (zum Beispiel Monotonie).

1. Eignung

Eignung bedeutet, dass die geltenden Finanzausgleichsregelungen überhaupt tauglich sind, die dem Finanzausgleich zugedachten Aufgaben zu erfüllen. Die-

---

112 In diesem Sinne äußert sich auch ROLLE (1999). Er zeigt, dass die Korrelation zwischen Nettotransfers pro Kopf und Ratsstimmen pro Kopf größer ist als die zwischen Nettotransfers pro Kopf und Bruttosozialprodukt pro Kopf. Siehe dazu auch Tabelle 1.

se, an anderer Stelle auch „Geeignetheit“[113] genannte Anforderung klingt zunächst banal. Bei der Betrachtung der drei Eigenschaften, welche die Eignung näher erläutern, wird jedoch deutlich, dass selbst diese sehr grundlegende Forderung nicht immer erfüllt sein muss. Das Problem besteht genauer darin, Mittel zu finden, die alle im Folgenden formulierten Eigenschaften erfüllen.

a) Vollständigkeit

Ganz allgemein gesprochen werden Finanzausgleiche implementiert, um durch sie bestimmte Ausgleichsziele zu erfüllen. Diese Ziele können sich zwischen den verschiedenen Ausgleichen unterscheiden. In der Regel hat aber jeder Finanzausgleich mehrere Aufgaben zu erfüllen.[114] Der betreffende Finanzausgleich ist dann als vollständig zu bezeichnen, wenn er zur Erfüllung jeder seiner ihm zugedachten Aufgaben zumindest *ein* Mittel enthält.[115]

b) Unabhängigkeit

Unter dieser Überschrift sollen zwei Anforderungen zusammengefasst werden, die in der Literatur gelegentlich getrennt unter den Begriffen Widerspruchsfreiheit und Separierbarkeit behandelt werden.[116] Sie sind aber derart eng miteinander verknüpft, dass man sie nicht voneinander trennen sollte.

Zunächst ist zu beachten, dass die Aufgaben, die dem Finanzausgleich gestellt werden, zumindest teilweise simultan erfüllt werden sollen. Es muss also sichergestellt werden, „dass das Regelungssystem in sich widerspruchsfrei ist, dass also keine Situation denkbar ist, in der die Anwendung eines Teils der Regelungen notwendigerweise dazu führt, dass gegen andere Regelungen desselben Systems

---

[113] TAUBE (1990), S. 375.

[114] Als Beispiel für einen Aufgabenkatalog sei der für den deutschen Länderfinanzausgleich bei GROSSEKETTLER (1993), S. 98 genannt.

[115] Vgl. GROSSEKETTLER (1993), S. 97. FUEST / LICHTBLAU (1991), S. 13 bezeichnen mit „Vollständigkeit“ eine Anforderung, die in diesem Kapitel im Abschnitt C. 6. *Vollständige Verteilung* dieses Kapitels beschrieben wird.

[116] Der Begriff Widerspruchsfreiheit findet sich bei TAUBE (1990) und FUEST / LICHTBLAU (1991), der Begriff Separierbarkeit bei GROSSEKETTLER (1993). Einige Autoren nennen nur eine der beiden Anforderungen.

verstoßen werden *muss*."[117] Für den Fall, dass dies nicht immer möglich ist, müssen gemäß der Anforderung nach Vollständigkeit zusätzliche Instrumente bereitstehen, die hier korrigierend eingreifen können. Diese Forderung ist sowohl an die Aufgaben als auch an die Instrumente des Finanzausgleichs zu stellen. Daneben sollten die Instrumente stets getrennt voneinander eingesetzt werden können. Rechtliche oder ökonomische Gründe könnten dazu führen, dass zwei Instrumente nur gemeinsam genutzt werden können. Dadurch kann die simultane Erreichung mehrerer Ziele verhindert werden.

Eine Möglichkeit, Unabhängigkeit zu gewährleisten besteht darin, die einzelnen Teilbereiche des Ausgleichs (vertikaler / horizontaler Ausgleich, passiver / aktiver Ausgleich)[118] in nachvollziehbaren, voneinander abgegrenzten Einzelschritten zu vollziehen. Das bedeutet auch, dass die Funktionen der einzelnen Finanzausgleichsinstrumente nicht vermischt werden dürfen.[119]

c) Flexibilität

Ein hinreichend flexibler Finanzausgleich stellt optimal dosierbare Mittel bereit. Diese Mittel müssen unter allen denkbaren Umständen ihre Aufgabe optimal erfüllen und dürfen nicht nur unter „Schönwetterbedingungen"[120] funktionieren. Ein hinreichend flexibler Finanzausgleich braucht sich auch keiner Garantieklauseln zu bedienen, mit denen er nachträglich Fehlsteuerungen des Ausgleichsmechanismus korrigiert.[121] Um dieses Ziel zu erreichen, müssen sich unter den Regelungen sowohl solche für die Grob- als auch für die Feinsteuerung befinden. Gerade in extremen Ungleichheitssituationen zwischen den beteiligten Gebietskörperschaften kann es bei der Verfolgung bestimmter Ziele schwierig sein, Mittel zu finden, die andere Ziele nicht konterkarieren.

---

117 TAUBE (1990), S. 374.

118 Siehe hierzu im Teil I. dieser Arbeit den Abschnitt C. *Zur Begründung eines europäischen sekundären Finanzausgleichs im engeren Sinne.*

119 Vgl. HÜTHER (1996), S. 44.

120 GROSSEKETTLER (1993), S. 100.

121 Vgl. RENZSCH (1999), S. 718. Zu den Garantieklauseln im deutschen Länderfinanzausgleich siehe MICHALK (1989).

2. Transparenz

Dieser gelegentlich auch als Einfachheit[122] bezeichnete Grundsatz besagt, dass die Finanzausgleichsregelungen „möglichst allgemeinverständlich und eindeutig sind, um eine rasche Durchschaubarkeit zu gewährleisten."[123] Die entsprechenden Regelungen sollten von jedem Interessierten zu verstehen und ihre Wirkungen – das sind die Zahlungen, welche die Teilnehmer leisten müssen oder empfangen – zu ermitteln sein. So können unnötige Informationskosten eingespart werden.[124] Die Regelungen des Finanzausgleichs dürfen sich nicht nur finanzwissenschaftlichen Fachleuten erschließen. Nur so sind die nötige Akzeptanz in der Bevölkerung und demokratische Kontrolle durch Parlamente und Bürger zu erreichen.[125]

Zu diesem Zweck sollten die Regelungen so einfach wie sachgerecht möglich ausgestaltet werden. Nicht alle sozioökonomischen Kriterien, die Unterschiede zwischen den Gebietskörperschaften beschreiben, müssen in die Berechnung einbezogen werden. Dies würde den Finanzausgleich nur unnötig komplizieren.[126] Die Grenze der Vereinfachung liegt dort, wo wesentliche regionale Ungleichheiten durch den Finanzausgleich nicht mehr berücksichtigt werden. Die Schwierigkeit liegt darin, weder zu stark zu differenzieren noch zu sehr zu nivellieren, also eine geeignete Trennlinie zwischen wesentlichen und unwesentlichen Kriterien zu finden.

Die Berechnungen der Finanzströme innerhalb der einzelnen Schritte des Finanzausgleichs sollten mathematisch nachvollziehbar und inhaltlich stringent sein. Des weiteren sind ökonomisch sinnvolle und politisch einleuchtende, den Bürgern vermittelbare Kriterien für die relevanten Messzahlen zu wählen.[127]

---

122 Vgl. FISCHER-MENSHAUSEN (1988) und HÜTHER (1996). Als weitere Bezeichnungen dieser Eigenschaft finden sich Allgemeinverständlichkeit, Durchschaubarkeit, vgl. DICKERTMANN / GELBHAAR (1996b), und Wahrheit bzw. Klarheit, vgl. GROSSEKETTLER (1993).

123 TAUBE (1990), S. 374.

124 Vgl. GROSSEKETTLER (1993), S. 103.

125 Vgl. DICKERTMANN / GELBHAAR (1996b), S. 494f.

126 Vgl. FISCHER-MENSHAUSEN (1988), S. 655.

127 Diese können oftmals gut in Form von Pro-Kopf-Größen ausgedrückt werden. Vgl. GROSSEKETTLER (1993), S. 103.

3. Stetigkeit

Die Anforderung der Stetigkeit besagt, dass der Finanzausgleichstarif keine Sprungstellen in der Grenzbelastung aufweisen darf.[128] Stetigkeit ist demnach im mathematischen Sinne zu verstehen.[129] Dieser Grundsatz ist in der Literatur unumstritten und in einer Reihe von Anforderungskatalogen an Finanzausgleichstarife enthalten.[130] Der Sinn dieser Anforderung liegt darin, dass bei seiner Erfüllung marginale Änderungen der finanzausgleichsrelevanten Daten eines Landes auch nur zu marginalen Änderungen im Ergebnis des Finanzausgleichs führen. Es soll also ausgeschlossen sein, dass eine nur geringe Veränderung der zugrunde gelegten Daten – beispielsweise der Bevölkerungszahl oder des Pro-Kopf-Einkommens – zu wesentlichen Änderungen in den Beitragszahlungen oder den Rückflüssen der betroffenen und aller anderen Gebietskörperschaften führt. Eine solche abrupte, stufengleiche Auswirkung wäre nicht mit dem Gerechtigkeitspostulat vereinbar.

Demnach kommen für den Finanzausgleich weder Stufenbetrags- noch Stufensatztarife[131] in Frage. Demgegenüber wäre ein Anstoßtarif[132] durchaus denkbar, denn er weist keine Sprungstellen im Ausgleichsbetrag auf. Er ist also stetig im mathematischen Sinne.[133] Stetige Formeltarife entsprechen in jedem Fall der Stetigkeitsanforderung.

---

128 Vgl. FÄRBER (1993), S. 309.

129 Eine andere Interpretation des Begriffs *Stetigkeit* besteht darin, dass Änderungen des Finanzausgleichstarifs möglichst selten erfolgen. Vgl. NEUMARK (1970), S. 364ff. TAUBE (1990), S. 372 definiert die Stetigkeit ähnlich der Monotonie.

130 Vgl. FUEST / LICHTBLAU (1991), S. 12-15 oder WALTHES (1996), S. 322.

131 Beim Stufenbetragtstarif wird für jede Tarifstufe ein konstanter Beitragsbetrag festgesetzt, der von Stufe zu Stufe ansteigt. Beim Stufensatztarif steigt dagegen der durchschnittliche Beitragssatz mit jeder Stufe an und ist innerhalb einer Stufe konstant. Beide Tarifformen führen zu unstetigen Tarifverläufen. Vgl. POLLAK (1980), S. 249f.

132 Beim Anstoßtarif ist innerhalb einer Stufe ein konstanter Grenzsteuersatz gegeben, der jedoch von Stufe zu Stufe ansteigt. Vgl. POLLAK (1980), S. 251f.

133 Wird darüber hinaus ein differenzierbarer Tarif verlangt, scheiden auch die Anstoßtarife aus.

4. Monotonie

Der Anforderung der Monotonie zufolge soll sich der Finanzausgleichstarif monoton steigend verhalten. Das heißt, es darf keine Stelle im Tarifverlauf geben, an der die Tarifkurve fallend verläuft. Waagerechte Teilstücke (ausgleichsfreie oder tote Zonen) sind dagegen dieser Definition zufolge möglich.[134] Die Anforderung nach Monotonie kann in drei Ausprägungen näher konkretisiert werden.[135] Sind diese drei Anforderungen erfüllt, folgt daraus automatisch, dass die Finanzkraftreihenfolge der Gebietskörperschaften beibehalten wird. Auch diese Formulierung dient zuweilen als Definition der Monotonie. Der Finanzausgleich darf nicht dazu führen, dass sich eine Gebietskörperschaft in der Finanzkraftreihenfolge nach Finanzausgleich hinter einer anderen Gebietskörperschaft wiederfindet, der sie vor Finanzausgleich noch an Finanzkraft überlegen war.[136]

Die Forderung nach *Monotonie im Finanzaufkommen* besagt, dass kein Finanzvolumen nach Finanzausgleich sinken darf, falls ceteris paribus das anrechenbare Finanzaufkommen einer fiskalischen Einheit vor Finanzausgleich steigt.[137] Es soll durch einen Anstieg der zu verteilenden Mittel kein Land schlechter gestellt werden, weder das Land, das die Erhöhung erreicht hat, noch eins der übrigen Länder. Dieser Grundsatz bewirkt, dass zumindest ein Teil des erreichten Mehraufkommens in dem betreffenden Land verbleibt. Demnach sind Abschöpfungsquoten von hundert oder mehr Prozent nicht erlaubt. Dieser und der folgende Grundsatz von der Monotonie in den Gesamtzuschüssen verhindern, dass ein insgesamt „größer werdender ‚Kuchen' für irgendein Land zu einem absolut kleineren Stück führt“[138].

Die Forderung nach *Monotonie in den Gesamtzuschüssen* schließt ein Sinken des Finanzvolumens einer fiskalischen Einheit für den Fall aus, dass die relevanten Gesamtzuschüsse der übergeordneten Körperschaft an diese oder eine

---

[134] Anders wäre dies bei der Forderung nach strenger Monotonie, die waagerechte Tarifverläufe nicht erlaubt.

[135] Monotonie im Finanzaufkommen, Monotonie in den Gesamtzuschüssen und Monotonie in den Bedarfsmesszahlen, vgl. WALTHES (1996), S. 322.

[136] Vgl. TAUBE (1990), S. 372. Strenge Monotonie in dem Sinne bedeutet, dass zwei Gebietskörperschaften, die vor Finanzausgleich unterschiedlich hohe Finanzaufkommen aufwiesen, nicht nach Finanzausgleich gleichgestellt sind.

[137] Vgl. BUHL / PFINGSTEN (1991), S. 482.

[138] BUHL / PFINGSTEN (1991), S. 482.

andere Einheit steigen.[139] Dies ist selbstverständlich nur dann relevant, falls der betrachtete Finanzausgleich überhaupt solche vertikalen Zahlungen enthält. Sonderzuweisungen an einzelne Gebietskörperschaften sind mit diesem Grundsatz vereinbar. Zwar steigen nicht alle Finanzvolumina der untergeordneten Gebietskörperschaften durch diese Zuschüsse an. Die Forderung ist aber dennoch erfüllt, da zumindest kein Finanzvolumen durch diese Transaktionen sinkt.

In den Bedarfsmesszahlen werden die Bedürfnisse – und somit die Finanzbedarfe – der einzelnen fiskalischen Einheiten ausgedrückt. Steigt der Bedarf einer Einheit – ausgedrückt in einer Erhöhung der entsprechenden Bedarfsmesszahl – so darf sich die Finanzausstattung dieser fiskalischen Einheit nach Finanzausgleich zumindest nicht verringern.[140] Durch diesen Grundsatz werden auch alle übrigen Gebietskörperschaften an der Finanzierung des zusätzlichen Bedarfes beteiligt.

5. Berechnungsneutralität

Das Ergebnis des Finanzausgleichs sollte unabhängig davon sein, in welchem Zeitraster die Finanzausgleichsberechnung erfolgt. Am Ergebnis darf sich nichts dadurch ändern, dass der Finanzausgleich monatlich anstatt jährlich oder in sonstigen Perioden ausgewertet wird.[141] Dieser Grundsatz ist für Proportionaltarife unproblematisch, kann aber bei progressiv ausgestalteten Tarifen zu unterschiedlichen Ergebnissen führen, denn die Zusammenfassung mehrerer kurzer Berechnungsperioden zu einer langen kann nivellierende Effekte haben. Da dieser Effekt bei progressiven Tarifen systemimmanent und nicht zu verhindern ist, lautet hier die Mindestanforderung, dass die Berechnungsperioden fest gewählt werden und im Vorhinein feststehen. Es greift somit das Gleichwertigkeitsprinzip.

„Für die Finanzvolumina nach Finanzausgleich darf es keine Rolle spielen, in welcher Reihenfolge man die (...) fiskalischen Einheiten betrachtet oder zählt."[142] Diese Anforderung drückt die notwendige Anonymität des Finanzausgleichsverfahrens aus. Keine Gebietskörperschaft darf dadurch Vor- oder

[139] Vgl. BUHL / PFINGSTEN (1991), S. 482.

[140] Vgl. BUHL / PFINGSTEN (1991), S. 483.

[141] Vgl. BUHL / PFINGSTEN (1991), S. 482.

[142] BUHL / PFINGSTEN (1991), S. 482f.

Nachteile erfahren, dass sie besonders früh oder spät während des Verfahrens betrachtet wird. Dies wäre beispielsweise dann der Fall, wenn Zuschüsse der höheren föderalen Einheit nach der Reihenfolge der Anträge gewährt würden. Eine solche Praxis ist demnach für einen gerechten Finanzausgleich unzulässig. Statt dessen müssen alle Finanzvolumina und Bedarfe der beteiligten Gebietskörperschaften simultan betrachtet werden.

6. Vollständige Verteilung

Die für den Finanzausgleich zur Verfügung stehende Finanzmasse sollte genau einmal verteilt werden. Am Ende aller Einzelschritte sollte weder Geld fehlen noch übrig bleiben.[143] Hierdurch soll erreicht werden, dass die Ebene, in deren Kompetenz die Durchführung des Finanzausgleichs liegt, weder Gelder des Ausgleichs für sich abschöpfen noch sich mit Hinweis auf den Finanzausgleich übermäßig verschulden darf. Dies gilt vor allem für den Fall, dass die Kompetenz für den EU-Finanzausgleich bei der zentralen Unionsebene liegen sollte, denn sie könnte eine Ausweitung der öffentlichen Verschuldung an den nationalen Parlamenten vorbei bewirken und damit die nationalen Verschuldungsquoten umgehen.[144]

D. Zusammenfassende Darstellung (2. Kapitel)

In den Abschnitten B. und C. wurden die Auswirkungen der Forderung nach Wirtschaftlichkeit im Finanzausgleich auf Konzeption und Tarifgestaltung herausgestellt. Aus der Wirtschaftlichkeitsanforderung ergeben sich mit dem Anreizprinzip und der Forderung nach Strategieresistenz Rahmenbedingungen für die Gestaltung eines europäischen Finanzausgleichs. Für die Umsetzung dieser Bedingungen in einen Finanzausgleichstarif sind konkrete technische Anforderungen an den Tarif zu stellen. Abbildung 7 visualisiert noch einmal die geschilderten Zusammenhänge: Aus der allgemeinen Wirtschaftlichkeitserfordernis lassen sich zwei abstrakte Prinzipien für die Gestaltung eines Finanzausgleichs ab-

---

[143] Vgl. WALTHES (1986), S. 322 und BUHL / PFINGSTEN (1991), S. 482.

[144] Vgl. THOMAS (1997), S. 242f. Zum Problem der Verschuldung der EU siehe im 4. Kapitel dieser Arbeit den Abschnitt C. 2. *Kreditfinanzierung*.

leiten, die ihrerseits konkret durch sechs technische Tarifeigenschaften umgesetzt werden können.

Aus den europäischen Vertragswerken leiten sich fünf europäische Grundwerte ab. Diese geben Anhaltspunkte für zehn wohlfahrtsökonomische Prinzipien, die einen europäischen Finanzausgleich näher charakterisierenden. Die Kriterien der Kompetenzzuordnung aus der ökonomischen Theorie des Föderalismus liefern Anhaltspunkte zu deren Interpretation. Daneben folgt aus der Wirtschaftlichkeitsanforderung die Beachtung zweier politökonomischer Rahmenbedingungen. Deren Umsetzung flankiert mit Hilfe der technischen Anforderungen an den Finanzausgleichstarif die zehn genannten Prinzipien.

Abbildung 7: Herleitung der Normen für einen europäischen Finanzausgleich

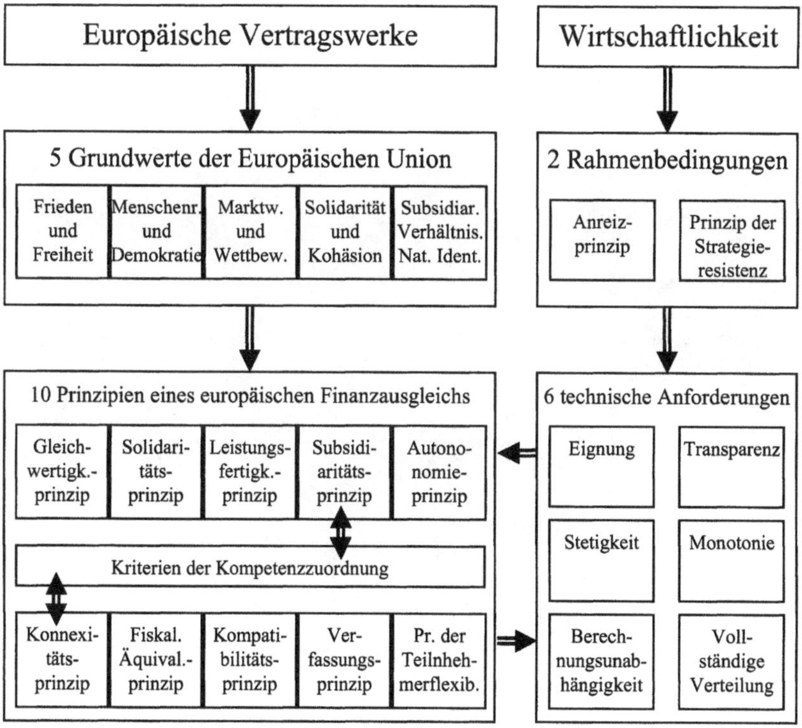

Quelle: Eigene Darstellung

Teil III:

Beurteilung der bestehenden Finanzbeziehungen in der Europäischen Union

Der dritte Teil dieser Arbeit soll die bestehenden finanziellen Beziehungen unter den Mitgliedstaaten der EU einerseits und zwischen den Mitgliedstaaten und der zentralen EU-Instanz andererseits beschreiben. Anhand des im zweiten Teil erstellten Referenzrahmens werden diese Beziehungen kritisch beurteilt. Dabei wird sich zeigen, dass die existierenden Finanzbeziehungen in vielfacher Weise gegen die oben genannten Anforderungen verstoßen und die Bezeichnung *Europäischer Finanzausgleich* nicht verdienen.

Dieser Teil der Arbeit ist in drei Kapitel gegliedert. Zunächst werden die Aufgaben, die der Europäischen Union heute übertragen sind, untersucht. Dabei steht die Frage der optimalen Aufgabenverteilung zwischen EU und Mitgliedstaaten im Vordergrund. Auf diese Darstellung folgt im vierten Kapitel eine Analyse der Einnahmen der EU. Abschließend werden die verschiedenen Redistributionsmaßnahmen der Gemeinschaft untersucht.

3. Kapitel: Die Verteilung der Aufgaben und Ausgaben

Die Verteilung der Aufgaben zwischen der Europäischen Union und den Mitgliedstaaten ist ein sehr weiter Regelungsbereich. Zu regelnde Kompetenzen bestehen nicht nur im Bereich der Gesetzgebung, sondern auch in den Gebieten Verwaltung und Rechtsprechung. Im Zusammenhang mit Fragen eines europäischen Finanzausgleichs stehen aber die Gesetzgebungskompetenzen im Vordergrund, da sie – im Gegensatz zu den letztgenannten Bereichen – zu Ausgabenverpflichtungen führen können, die über reine Verwaltungsausgaben hinausgehen. Darum werden Fragen zu Verwaltungs- und Rechtsprechungskompetenzen im Rahmen dieser Arbeit nicht behandelt.

Die Europäische *Union*, gegründet 1992 durch den Maastrichter Vertrag, besteht aus drei, vielfach als Säulen bezeichneten, Politikbereichen. Der erste ist der klassische Bereich der Europäischen Gemeinschaften (EG, EGKS, EAG). In ihm sind diejenigen Politikbereiche zusammengefasst, die bereits so weit vergemeinschaftet wurden, dass wesentliche Kompetenzen an die Union übergegangen sind. Die zweite Säule ist die Gemeinsame Außen- und Sicherheitspolitik (GASP). In diesem Bereich besitzen weiterhin die Einzelstaaten die entscheidenden Befugnisse. Mehrheitsentscheidungen auf EU-Ebene bilden eine seltene Ausnahme. Gleiches gilt für die dritte Säule der Europäischen Union, die Zusammenarbeit in der Innen- und Rechtspolitik.

A. Erste Säule: Die Europäischen Gemeinschaften

In Anlehnung an Häde[1] wird bei der Beurteilung der Kompetenzen der Europäischen Gemeinschaften in *sachgebietsorientierte* und *zielorientierte Kompetenzen* unterschieden. Unter dem Oberbegriff der *sachgebietsorientierte Kompetenzen* werden diejenigen Bereiche zusammengefasst, die Rechtsetzungsnormen für bestimmte Politikfelder zulassen. Unter den *zielorientierten Kompetenzen* werden diejenigen subsumiert, die Kompetenzen in Bezug auf ein bestimmtes Ziel verleihen. Somit sind Erstere kausal, Letztere final orientiert.

---

1 Vgl. HÄDE (1996).

1. Sachgebietsorientierte Kompetenzen

Abbildung 8: Inhaltsübersicht des EG-Vertrags, Dritter Teil

Dritter Teil. Die Politiken der Gemeinschaft		
Titel I	Art. 23-31	Der freie Warenverkehr
Titel II	Art. 32-38	Die Landwirtschaft
Titel III	Art. 39-60	Die Freizügigkeit, der freie Dienstleistungs- und Kapitelverkehr
Titel IV	Art. 61-69	Visa, Asyl, Einwanderung und andere Politiken betreffend den freien Personenverkehr
Titel V	Art. 70-80	Der Verkehr
Titel VI	Art. 81-97	Gemeinsame Regeln betreffend Wettbewerb, Steuerfragen und Angleichung der Rechtsvorschriften
Titel VII	Art. 98-124	Die Wirtschafts- und Währungspolitik
Titel VIII	Art. 125-130	Beschäftigung
Titel IX	Art. 131-134	Gemeinsame Handelspolitik
Titel X	Art. 135	Zusammenarbeit im Zollwesen
Titel XI	Art. 136-150	Sozialpolitik, allgemeine und berufliche Bildung und Jugend
Titel XII	Art. 151	Kultur
Titel XIII	Art. 152	Gesundheitswesen
Titel XIV	Art. 153	Verbraucherschutz
Titel XV	Art. 154-156	Transeuropäische Netze
Titel XVI	Art. 157	Industrie
Titel XVII	Art. 158-162	Wirtschaftlicher und sozialer Zusammenhalt
Titel XVIII	Art. 163-173	Forschung und technologische Entwicklung
Titel XIX	Art. 174-176	Umwelt
Titel XX	Art. 177-181	Entwicklungszusammenarbeit

Quelle: EG-Vertrag

Die Regelungen zu den sachgebietsorientierten Kompetenzen finden sich im dritten Teil des EG-Vertrags. Dort werden insgesamt 20 Titel genannt, die im weiteren Verlauf analysiert werden sollen.[2]

a) Zollpolitik

Mit der Einführung des gemeinsamen Zolltarifs ist die Hoheit über die Außenzölle von den Mitgliedstaaten auf die EG übergegangen.[3] Nach Art. 25 EGV gilt ein Verbot für Zölle zwischen den Mitgliedstaaten. Art. 26 EGV weist der EG die alleinige Kompetenz in diesem Bereich zu. Somit haben die Mitgliedstaaten ihre eigene Zollhoheit zugunsten der EU-Gesamtheit aufgegeben.

Durch den Gemeinsamen Markt sind die Zollgrenzen zwischen den Mitgliedstaaten weggefallen. Um für alle Unternehmen innerhalb dieses Binnenmarktes die gleichen Wettbewerbschancen zu gewährleisten, ist eine gemeinsame, das heißt gleiche Zollpolitik unerlässlich. Waren, die in den Gemeinsamen Markt eingeführt werden, sollten überall mit dem gleichen Außenzoll belegt werden. Demgegenüber sollten auch die Exportsubventionen für alle Mitgliedstaaten gleich gehandhabt werden. Würde die Kompetenz über das Zollwesen bei den einzelnen Mitgliedstaaten liegen, bestünde die Gefahr von Wettbewerbsverzerrungen durch unterschiedliche Import- und Exportpreise. Einzelne Länder könnten versuchen, den Unternehmen in ihrem Land Wettbewerbsvorteile zu verschaffen, indem für bestimmte Produkte die Zölle angehoben oder verringert würden. Die daraus resultierenden negativen externen Effekte würden zu einem ungleichen Wettbewerb führen und die Gesamtwohlfahrt verringern. Das vorige Kapitel hat jedoch gezeigt, dass bei Vorliegen externer Effekte die betreffende Aufgabe zu zentralisieren ist. Darum ist in diesem Bereich eine ausschließliche Zuständigkeit der EU die korrekte Kompetenzverteilung.

---

2 Eine zusammenfassende Darstellung dessen, wie sich die Aufgabenbereiche nach den Kriterien der Föderalismustheorie den staatlichen Ebenen zuordnen lassen, findet sich am Ende dieses Kapitels.

3 Vgl. HÄDE (1996), S. 381.

b) Landwirtschafts- und Fischereipolitik

Dieser Bereich ist in den Artikeln 32 bis 38 EGV geregelt. Die Normen verleihen der EU vielfältige Kompetenzen zur Regelung der innergemeinschaftlichen Agrarmärkte. Dazu gehören sowohl Kompetenzen für die Organisation des Binnenmarktes als auch für die Agrarstrukturpolitik. Bei der Agrarpolitik handelt es sich um einen Bereich der konkurrierenden Befugnis von EU und Mitgliedstaaten, obwohl dieser „wegen der gewöhnlich abschließenden Regelungen im Rahmen der gemeinsamen Marktordnungen faktisch zu einer nahezu totalen Zuständigkeit der Gemeinschaft geworden ist.“[4]

Bei der Agrarpolitik handelt es sich um einen der problemgeladensten Bereiche der europäischen Politik. Schon seit langem sieht die EU ihre Hauptaufgabe in der Regulierung verschiedenster Agrarmärkte. Die Kompetenz für diese Marktregulierungen auf der EU-Ebene anzusiedeln ist prinzipiell richtig, denn bei dezentraler Kompetenzverteilung bestünde die Gefahr, dass durch die nationalen Politiken negative Spillover-Effekte für andere Mitgliedstaaten entstehen. Solche würden sich beispielsweise dann ergeben, wenn den Fischereibetrieben eines Mitgliedslandes Einkommensbeihilfen gewährt werden, wodurch ihnen Wettbewerbsvorteile gegenüber Konkurrenten aus anderen Mitgliedstaaten erwachsen. Nach außen tritt die EU als einheitlicher Agrarmarkt auf, was durch die Erhebung von Agrarabschöpfungen deutlich wird, mit denen die Preise billiger Agrarimporte auf das relativ hohe EU-Agrarpreisniveau angehoben werden. Nur eine einheitliche Regelung dieser Preise macht für einen Binnenmarkt Sinn, wie ihn die Europäische Union darstellt, da Waren und Dienstleistungen innerhalb des Gemeinsamen Marktes ungehindert die nationalen Grenzen passieren können. Nationale Regelungen könnten somit leicht umgangen werden.

Daneben lässt sich auch mit Skaleneffekten bei Verhandlungen mit Drittstaaten (z.B. im Rahmen der WTO) über Fragen der Abschottung der europäischen Agrarmärkte argumentieren. Derzeit verstößt die Europäische Union in vielfältiger Weise gegen den freien Warenverkehr mit landwirtschaftlichen Produkten, indem sie durch Zölle und Exportsubventionen die heimischen Produzenten vor der Konkurrenz der Weltmärkte schützt. Die Stimme einen homogenen EU-Blocks wiegt bei diesen Verhandlungen vermutlich mehr als die Summe der einzelstaatlichen Stimmen.

Die primär nach außen gerichtete Agrarpolitik wirkt aber auch nach innen. Auf das künstlich hohe Preisniveau reagieren die europäischen Landwirte mit der

---

4 HÄDE (1996), S. 382.

Ausweitung ihrer Produktion, was zu den bekannten und viel diskutierten Problemen der Überschussproduktion führt. Da dies aber Folgen der europäischen Politik sind, müssen auch die notwendigen Maßnahmen, wie Preis- und Mengenbeschränkungen, Instrumente in der Kompetenz der EU sein.[5] Bei der zentralen Koordination der Politik unter Anwendung der genannten Instrumente handelt es sich somit allerdings nur um eine zweitbeste Lösung. Erstbest wäre eine inhaltlich grundlegende Neugestaltung der europäischen Agrarpolitik, die jedoch den Rahmen dieser Arbeit sprengen würde.

Zur Vermeidung dieser mit der heutigen Agrarpolitik verbundenen vielfältigen Probleme (Überschussproduktion und immense Kosten) kommt nur eine grundlegende Reform der europäischen Agrarpolitik in Frage. Diese könnte darin bestehen, das bisherige System der Preis- und Mengensteuerung aufzugeben und auf individuelle Einkommenshilfen der Landwirte überzugehen.[6] Aus Subsidiaritätsgesichtspunkten wären solche Einkommensbeihilfen in erster Linie Aufgabe der nationalen Regierungen, gegebenenfalls flankiert durch finanzielle Beteiligung der Gemeinschaft.[7] Eine weitere, allerdings nicht so tief greifende, Möglichkeit besteht in der Einführung nationaler Kofinanzierungsquoten bei Beibehaltung der bestehenden Regelungen.

Aber selbst in dem Fall, dass die Europäische Union sämtliche Reglementierungen auf den Agrarmärkten fallen ließe, bestünden im Bereich der Agrarpolitik auch neben der Einkommensunterstützung der Landwirte und ihrer Familien Handlungserfordernisse. Diese betreffen beispielsweise die Umstrukturierung der landwirtschaftlichen Betriebe und ihrer Produktion. Dazu gehören aber auch Aufgaben, die erst sekundär bäuerlichen Charakter haben, wie die Erhaltung der Landschaft aus ökologischen oder touristischen Gründen oder der Küstenschutz. Diese Felder können unter dem Sammelbegriff *Agrarstrukturpolitik* zusammengefasst werden. Für sie wirkt eine zentrale Kompetenzausstattung kontrapro-

---

5 Vgl. HANSMEYER (1999), S. 16.

6 Konkrete Vorschläge hierzu macht der WISSENSCHAFTLICHE BEIRAT BEIM BML (1997, 1998). Hier wird das schrittweise Absenken der Interventionspreise auf Weltmarktniveau und der Übergang zu direkten, nutzungsunabhängigen Einkommenstransfers vorgeschlagen. Vgl. auch WISSENSCHAFTLICHER BEIRAT BEIM BMWI (1999), S. 28f. Ebenso äußern sich TANGERMANN (1999) und der Europäische Rechnungshof, vgl. F.A.Z. vom 5.8.1999, S. 15.

7 Der WISSENSCHAFTLICHE BEIRAT BEIM BMWI (1999), Rz. 44, schlägt in seinem Gutachten nationale Kofinanzierungssätze von bis zu 100 Prozent vor, falls die mit der Maßnahme verbundenen Ausgaben ausschließlich einem Mitgliedstaat zugute kommen. Siehe dazu auch NEUMANN (1999), S. 73.

duktiv, denn gerade in diesen Bereichen sind kulturelle und traditionelle Unterschiede zwischen den Mitgliedstaaten stark ausgeprägt. Es greift also das Kriterium der Berücksichtigung individueller Präferenzen. Die nationale Kompetenzausstattung bedeutet freilich nicht, dass hier grenzüberschreitende, bilaterale Projekte (zum Beispiel beim Küstenschutz) ausgeschlossen sein sollten. Nur die Kompetenz, über solche Projekte zu entscheiden, sollte bei den betreffenden Mitgliedstaaten verbleiben und nicht an die EU übertragen werden.

Somit folgt eine zentrale Kompetenzausstattung für die Organisation des gemeinsamen Agrarmarktes und eine dezentrale für die Agrarstrukturpolitik.

c) Visa- , Asyl- und Einwanderungspolitik

Fragen zu diesem Thema werden in den Artikeln 63 und 64 des EG-Vertrags nicht abschließend geklärt. Die bisherigen Absprachen in diesem Politikfeld (z.B. das Schengener Abkommen) sind eher als multinationale Abkommen der Mitgliedstaaten zu werten denn als Ausfluss einer Gemeinschaftskompetenz.[8] Dennoch ist bereits durch die derzeitige Formulierung der Anspruch auf eine zumindest konkurrierende Gesetzgebungskompetenz zu entnehmen.[9] Die EU will in verschiedenen Einwanderungsfragen europaweite Verfahren beschließen. Dazu gehören beispielsweise die Regelung der Asylantragsverfahren oder die Verteilung der Migranten auf die Mitgliedsländer der EU. Daneben sind nationale Einzelvorschriften, soweit sie den europäischen Regelungen nicht widersprechen, zugelassen.

An sich handelt es sich bei der Asyl- und Einwanderungspolitik um einen Bereich der Gemeinsamen Außen- und Sicherheitspolitik, der dennoch im EG-Vertrag geregelt wird. Die Staaten der EU sind als freiheitlich-demokratische und wirtschaftlich starke Staaten naturgemäß Ziel von Menschen, die in allen Teilen der Erde unter persönlicher Verfolgung oder wirtschaftlicher Not leiden. Existiert keine gemeinsame Politik in diesem Bereich, besteht die Gefahr, dass die Lasten, die durch die Aufnahme von Migranten entstehen, sehr ungleich unter den Mitgliedstaaten verteilt sind. Zum einen kann dies schon allein durch die unterschiedliche geographische Lage der Mitgliedstaaten entstehen. Je näher ein Land an einem Krisengebiet liegt, desto größer ist die Zahl der zu erwartenden

---

8 Vgl. GUIRAUDON (2000), S. 256.

9 Siehe beispielsweise Art. 63 Nr. 4. EGV und Art. 64 Abs. 2 EGV.

Migranten.[10] Zum anderen besteht bei dezentraler Kompetenzausstattung auch die Möglichkeit, die Zahl der Migranten im eigenen Land durch strategische Gesetzesgestaltung gering zu halten und somit die Last auf die übrigen Mitgliedstaaten abzuwälzen.[11] Es besteht also die Gefahr einer Externalisierung der Migrationslasten zuungunsten der Nachbarländer. Nur eine zentrale Koordination kann dieser Problematik effektiv entgegenwirken.[12]

Eine starke Einschränkung des Asylrechts (Stichwort: Festung Europa) widerspricht dem vertraglichen Grundwert der Achtung der Menschenrechte. Europa wird also ein Anziehungsland für Verfolgte bleiben. Darum sind allgemeingültige Richtlinien vonnöten, die einerseits den Zuzug von Migranten und andererseits deren regionale Verteilung regeln. Sowohl die Zahl der aufzunehmenden Menschen als auch das damit verbundene Finanzierungsvolumen sind gemeinschaftliche Aufgaben. Eine zentrale Kompetenzausstattung ist deshalb für diesen Politikbereich vorzunehmen. Die EU sollte dabei intensiv von ihrer Gestaltungskompetenz Gebrauch machen, um größere nationale Unterschiede zu vermeiden.[13]

d) Infrastrukturpolitik

Die Regelungen zur Verkehrspolitik finden sich im EG-Vertrag in den Artikeln 70 bis 80. Sie verleihen der EU in erster Linie in den Bereichen Kompetenzen, die für ein Funktionieren des Binnenmarktes sowie die Stärkung des wirtschaftlichen und sozialen Zusammenhalts erforderlich sind. Nach Art. 80 EGV beziehen sie sich auf die drei Verkehrsträger Straße, Schiene und Binnenwasserstraße. Die Luft- und Seeschifffahrt können darüber hinaus reguliert werden. Ergänzt werden diese Regelungen durch die Artikel 154 bis 156 des EG-Vertrags

---

10 Dies wurde zuletzt durch die extrem große Zahl von Bürgerkriegsflüchtlingen aus dem ehemaligen Jugoslawien in Italien und Deutschland deutlich.

11 In den neunziger Jahren kamen mit rückläufiger Tendenz jährlich über 200.000 Asylbewerber in die Europäische Union. Ungefähr die Hälfte von ihnen stellte ihren Antrag in Deutschland. Vgl. EUROSTAT (1998) und BMI (1999).

12 Vgl. STRAUBHAAR (2000).

13 Mögliche Lösungen für die Lastenverteilung sind die Einführung nationaler Asylbewerberquoten, also die Verteilung der Asylbewerber selbst, oder ein Ausgleich der ungleichmäßigen finanziellen Belastungen. Da aber eine starke Zuwanderung auch andere als nur finanzielle Probleme entstehen lässt, ist die räumliche Verteilung der Bewerber vorzuziehen.

über die sogenannten „Transeuropäischen Netze“. Hierbei handelt es sich um die Verbesserung der grenzüberschreitenden Verkehrs-, Telekommunikations- und Energieinfrastruktur. Diese Vorhaben werden im Rahmen der Strukturpolitik von den verschiedenen Strukturfonds finanziert und unterstützen ausdrücklich die Idee des Binnenmarktes.

Soweit sich die gemeinschaftliche Infrastrukturpolitik tatsächlich auf flankierende Maßnahmen für die Verwirklichung des freien Waren- und Dienstleistungsverkehrs beschränkt, sollte die EU tatsächlich ein Mitsprache- und Mitplanungsrecht erhalten. Hierzu gehören beispielsweise die in Art. 71 Abs. 1 Buchstaben a) bis c) genannten Regelungsbereiche internationaler Verkehr, internationale Verkehrsunternehmen und Verkehrssicherheit. Konkrete Konflikte existieren beispielsweise bei der Berücksichtigung der Interessen von Transitländern an einer Verringerung des Durchgangsverkehrs. Dieser Verkehr stiftet im Transitland selbst nur einen geringen Nutzen, sodass entsprechende Verkehrswege unter Umständen in einem suboptimalen Umfang durch die nationalen Haushalte finanziert werden. Für die Gemeinschaft aller Länder sind aber Transitstrecken von sehr hohem Nutzen, sodass hier ein Fall positiver regionaler externer Effekte vorliegt, dem durch eine Mitsprache der Gemeinschaft begegnet werden muss.

Dezentral sollten dagegen alle rein nationalen Belange geregelt werden, wie beispielsweise der nicht grenzüberschreitende Straßenbau. In diesen Bereichen verfügen die nationalen Behörden über bessere Informationen bezüglich der Präferenzen der Bürger. Darum ist die Formulierung für den vierten, in Buchstabe d) der genannten Norm aufgeführten Regelungsbereich abzulehnen, der die EU ermächtigt, „alle sonstigen zweckdienlichen Vorschriften [zu] erlassen.“[14] Grenzüberschreitende Infrastrukturmaßnahmen sollten ebenfalls in der nationalen Kompetenz verbleiben und gegebenenfalls bi- oder multilateral koordiniert werden. Der planerische Umweg über die EU-Ebene ist überflüssig. Er widerspricht den Vorgaben des Subsidiaritäts- und des Autonomieprinzip. Letzten Endes müssen die konkreten Einzelprojekte immer von den nationalen Behörden geplant und (ko)finanziert werden.[15] Zudem kann es durch eine zentrale Gestaltung zu Wettbewerbsverzerrungen kommen, wenn einzelne Verkehrsträger oder

---

[14] Art. 71 Abs. 1 Buchstabe d) EGV.

[15] Vgl. BAUM (1995), S. 186f.

Regionen, auch aus anderen als verkehrspolitischen Gründen (umwelt- oder industriepolitische), bevorzugt werden.[16]

Die Infrastrukturpolitik sollte also prinzipiell eine nationale Kompetenz sein ohne Konkurrenz durch die EU. Lediglich bei den für ein Funktionieren des Binnenmarktes unerlässlichen Bereichen ist eine Ausnahme zugunsten einer konkurrierenden Kompetenzausstattung zu machen.

e) Wettbewerbspolitik

Der EG-Vertrag teilt die Vorschriften bezüglich der Wettbewerbspolitik in zwei Abschnitte. Abschnitt 1 (Art. 81 bis 86) enthält Vorschriften für Unternehmen. Darunter fallen die Regelungen über abgestimmtes Verhalten zwischen Unternehmen und die Monopolkontrolle. Abschnitt 2 (Art. 87 bis 89) befasst sich mit staatlichen Beihilfen und deren Vereinbarkeit oder Unvereinbarkeit mit dem Gemeinsamen Markt.

Im Bereich der Wettbewerbspolitik sollte der EU die alleinige Kompetenz zustehen. Nur die übergeordnete Ebene der Europäischen Union kann von einer neutralen Warte her eine Schiedsrichterposition in der Frage staatlicher Subventionen einnehmen. Bilateral wäre ein solches Problem kaum zu lösen. So kann ein schädlicher, die Gesamtwohlfahrt reduzierender Subventionswettlauf zwischen den Mitgliedstaaten quantitativ zumindest eingeschränkt und qualitativ in gewisse Bahnen gelenkt werden. Negative externe Effekte werden somit vermieden und die Voraussetzungen für einen fairen föderalen Wettbewerb geschaffen.[17]

Bezüglich der Wettbewerbskontrolle zwischen Unternehmen hat die Gründung des Gemeinsamen Marktes dazu geführt, das der relevante Markt bei der Überprüfung einer marktbeherrschenden Stellung von Unternehmen zumeist nicht mehr national beschränkt ist, sondern durch den Europäischen Binnenmarkt gebildet wird. Eine Überprüfung dieses Sachverhalts durch nationale Behörden könnte zu einer nationalen Bevorzugung der eigenen Unternehmen führen, beispielsweise durch eine sogenannte Ministererlaubnis bei Unternehmenszusammenschlüssen. An die Stelle von im Zuge der wirtschaftlichen Integration entfallenen staatlichen Wettbewerbsbeschränkungen würden dann protektionisti-

---

[16] Vgl. BAUM (1995), S. 192f.

[17] Vgl. MESTMÄCKER (1995), S. 196.

sche Hemmnisse auf Unternehmensebene aufgebaut, um die nationale Wirtschaft zu schützen.[18] Dies ist ein weiteres Beispiel für die Existenz von Spillover-Effekten, das zu einer zentralen Kompetenzausstattung führt.

Hervorzuheben ist, dass für eine funktionierende Kontrolle in diesem Bereich der EU sowohl die Gesetzgebungskompetenz als auch die Verwaltungskompetenz, das heißt die eigentliche Wettbewerbskontrolle, zuzugestehen ist. Doch Kompetenzen für die EU in diesem Bereich bedeuten nicht automatisch hohe Ausgaben durch die EU. Abgesehen von den anfallenden Verwaltungsausgaben der Wettbewerbsbehörde sollte sich die Europäische Union aus der Finanzierung von Subventionen heraushalten. Ausgehend von dem Grundsatz, dass Subventionen primär nationalen Einzelinteressen dienen, sollten diese so weit wie möglich unterbleiben. Wo dies nicht möglich ist, sollte zumindest die Finanzierung den Nationalstaaten obliegen. Die EU-Wettbewerbsaufsicht sollte demnach weiterhin nur als Aufsichtsbehörde fungieren und Verstöße gegen die Wettbewerbsrichtlinien ahnden.

f) Steuerpolitik

Die wenigen Kompetenzen der EU im Bereich des Steuerrechts regelt der EG-Vertrag in den Artikeln 90 bis 93. Hier werden der EU ausschließlich Kompetenzen im Bereich der indirekten Steuern zugestanden. Aber auch diese gehen nicht so weit, dass es der EU etwa möglich wäre, eigene indirekte Steuern zu erheben oder auf die nationalen Steuern einen Aufschlag zu realisieren. Der EU werden wiederum lediglich Befugnisse in der Harmonisierung der indirekten Steuern zugestanden, soweit dies „für die Errichtung und das Funktionieren des Binnenmarktes [...] notwendig ist."[19] Ausfluss dieser Harmonisierung ist beispielsweise die Festlegung eines Mindestbetrages für den Normalsatz der Umsatzsteuer auf 15 Prozent.

Diese Kompetenzverteilung sollte auch in Zukunft gelten. Der Hauptgrund dafür ist, dass die Steuerpolitik neben der Variation von Art und Höhe der Staatsausgaben der bestimmende Faktor für den föderalen Wettbewerb ist.[20] Die Mitgliedsländer und Regionen der EU können über die Steuerpolitik um die Faktoren Arbeit und Kapital konkurrieren. Dadurch sind sie gezwungen, stets neue

---

[18] Vgl. VAN MIERT (1995), S. 220.

[19] Art. 93 EGV.

[20] Vgl. HUBER (1999), S. 56f.

und effektivere fiskalische Maßnahmen zu entwickeln, die im Endeffekt den Bürgern nutzen. Eine zentrale Kompetenz würde diesen Wettbewerb weitgehend ausschalten und somit Innovationen in diesem Bereich verhindern.[21] Daneben ist es auch aus Gründen der fehlenden politischen Homogenität der Mitgliedstaaten im Steuerrecht nicht angebracht, weitere Besteuerungsbereiche autonom zu harmonisieren. Die Harmonisierung der indirekten Steuern ist zwar für den Binnenmarkt erforderlich gewesen, hat aber dennoch zu vielfältigen Problemen[22] geführt. Somit widerspricht es den im vorigen Kapitel ausgeführten Kriterien (Stärkung des föderalen Wettbewerbs, fehlende politische Homogenität), einzelne Bereiche der direkten Besteuerung herauszugreifen und durch die EU zu harmonisieren.

Integrationstechnisch ist darüber hinaus anzumerken, dass die Steuerhoheit ein elementares Recht souveräner Staaten ist. Mit einem Übergang dieser Kompetenz auf die EU würden die Souveränität der Mitgliedstaaten und ihre Staatlichkeit in Frage gestellt und gegebenenfalls sogar auf die EU übergehen. Ob dies ein Zustand ist, den die Union in naher oder ferner Zukunft erreichen wird, kann an dieser Stelle nicht beantwortet werden. Zum gegenwärtigen Integrationszeitpunkt ist die Staatlichkeit der EU jedoch noch nicht erreicht. Darum sollte die Kompetenzverlagerung in der Steuerpolitik auf die europäische Ebene späteren Integrationsfortschritten nicht vorgreifen.

In der Literatur ist die Frage, ob der EU über den bestehenden Rahmen hinaus Besteuerungskompetenzen zugestanden werden sollten, umstritten.[23] Einige Autoren vermuten einen negativen Steuerwettlauf zwischen den Staaten und somit eine Erosion der Steuern auf mobile Faktoren, wenn in dieser Frage nicht einheitlich auf europäischer Ebene gehandelt wird. Diese Befürchtung lässt sich aber nicht empirisch stützen.[24] Eng mit dieser Problematik verknüpft ist die Frage nach einer angemessenen Finanzierung der EU. Dieser Frage wird im folgen-

---

21 Vgl. VAUBEL (1992), S. 33f.

22 Erwähnt sei beispielhaft die Diskussion um die Wahl von Bestimmungs- oder Urpsrungslandprinzip für die Umsatzbesteuerung und die damit verbundenen Verteilungswirkungen.

23 Beispielsweise plädiert KLEIN (1987) dafür, der EU ein Hebesatzrecht auf die nationalen Umsatzsteuern einzuräumen. Zu dieser Diskussion siehe weiterhin WWU-BERICHT, S. 83-99 und FRAKTION DER EUROPÄISCHEN VOLKSPARTEI (CD) DES EUROPÄISCHEN PARLAMENTS (1987).

24 Vgl. BOSS (1999) und HUBER (1999), S. 60.

den Teil dieser Arbeit über den primären aktiven Finanzausgleich nachgegangen.[25]

g) Allgemeine Wirtschafts- und Finanzpolitik

Die einschlägigen Regelungen in diesem Bereich finden sich in Art. 98-104 EGV. Die Kompetenz über die allgemeine Wirtschafts- und Finanzpolitik liegt größtenteils bei dem Mitgliedstaaten. Die EU kann lediglich Empfehlungen zur Koordinierung der Wirtschaftspolitik zwischen den Mitgliedstaaten abgeben. Rechtliche Bindung kommt diesen Empfehlungen aber nicht zu. Insofern handeln die Mitgliedstaaten in diesem Politikbereich souverän.

Mittlerweile gibt es eine ganze Reihe von Koordinierungsinstrumenten, mit denen die Wirtschaftspolitiken der Mitgliedstaaten untereinander abgestimmt werden können. Zu nennen sind hier zunächst die formellen und informellen Treffen des Rates der Wirtschafts- und Finanzminister (Ecofin) sowie der Euro-Gruppe. Hier können die Vertreter der Mitgliedstaaten ihre wirtschafts- und finanzpolitischen Strategien absprechen. Als Instrumente der EU kommen hinzu:

- Die Grundzüge der Wirtschaftspolitik als wichtigstes Koordinierungsinstrument, in denen die Kommission jährlich ihre wirtschaftspolitischen Empfehlungen für die EU als ganzes sowie für die einzelnen Mitgliedstaaten ausspricht,

- der „Cardiff-Prozess", indem die Mitgliedstaaten in jährlichen Berichten ihre Fortschritte bei Strukturreformen auf den Waren-, Dienstleistungs- und Kapitalmärkten darstellen

- und der Makroökonomische Dialog (sog. „Köln-Prozess"), der mit regelmäßigen Zusammenkünften eine Koordinierung der Geld-, Lohn- und Finanzpolitik anstrebt.

Weitergehende Kompetenzen hat die EU allerdings seit der Einführung des sogenannten Stabilitätspaktes im Zuge der Wirtschafts- und Währungsunion auf

---

[25] Siehe dazu im 7. Kapitel dieser Arbeit den Abschnitt B. 1. *Keine Steuerautonomie für die EU.*

dem Gebiet der Finanzpolitik.[26] Um eine stabile europäische Währung zu ermöglichen, ist den Teilnehmerstaaten an der WWU im Stabilitäts- und Wachstumspakt eine strikte Haushaltsdisziplin auferlegt worden. Bei Nichteinhaltung der Vorschriften kann die EU gemäß Art. 104 EGV Zwangsmaßnahmen bis zu Geldbußen gegen die betreffenden Staaten verhängen. In Fragen der nationalen Verschuldungshöhe ist die Kompetenz der Mitgliedstaaten darum bereits sehr eingeschränkt.[27] Die Wahl der Verschuldungsstruktur ist davon jedoch unberührt.

Die im EG-Vertrag vorgesehene nationale Kompetenzverteilung ist ökonomisch sinnvoll, denn die notwendigen wirtschafts- und finanzpolitischen Entscheidungen können auf nationaler Ebene besser getroffen werden als auf zentraler. Schließlich hängen die einzelnen Teilbereiche dieses Regelungsgebiets (Rentenpolitik, Sozialpolitik etc.) sehr eng zusammen und können deshalb von nationaler Warte besser beurteilt werden. Einzelne Teilbereiche können nicht isoliert aus dem nationalen Kontext gelöst und der EU zugeordnet werden. Dies gilt trotz der zunehmenden wirtschaftlichen Integration der Mitgliedstaaten, die tendenziell zu einer Verstärkung grenzüberschreitender Spillover-Effekte führt.[28]

Der eingeschlagene Weg der multilateralen Koordinierung unter Moderation der EU-Kommission ist ein geeignetes Vehikel, um die Vorteile der Autonomie mit denen der Harmonisierung zu verbinden. Eine denkbare Alternative hierzu wäre die vollständige Angleichung aller wirtschafts- und finanzpolitischen Regelungen auf EU-Ebene, doch ist dies aus Subsidiaritäts- und Wettbewerbsgesichtspunkten nicht wünschenswert. Lediglich die eng mit der Währungspolitik zusammenhängende Frage der nationalen Verschuldungsgrenzen sollte tatsächlich einheitlich für alle EU-Staaten geregelt werden.

h) Geld- und Währungspolitik

Die Verantwortung für die Geldpolitik trägt seit Beginn der dritten Stufe der WWU das Europäische System der Zentralbanken mit der Europäischen Zent-

---

[26] Vgl. HÄDE (1996), S. 517. Kritisch zum Stabilitätspakt äußern sich ARESTIS / MCCAULEY / SAWYER (2001).

[27] ASCHINGER (1993), S. 28 leitet daraus die Forderung nach einem europäischen Finanzausgleich ab, denn der finanzpolitische Handlungsspielraum stark verschuldeter Mitgliedsländer wäre ansonsten sehr beschränkt. Vgl. auch BALASSONE / FRANCO (2000).

[28] Vgl. WELSCH (2000).

ralbank in Frankfurt an der Spitze. Die entsprechenden Regelungen finden sich in Art. 105-111 EGV. Als Hauptaufgabe definiert Art. 105 Abs. 1 EGV die Gewährleistung der Preisstabilität. Daneben kommen dem ESZB auch alle übrigen währungspolitischen Aufgaben zu, wie die Ausgabe von Bargeld und die Bestimmung des Wechselkurses nach außen. Die Aufgabenteilung zwischen der EZB und den nationalen Zentralbanken, die als Glieder des ESZB mittelbar ebenfalls der europäischen Ebene zuzuordnen sind, erfolgt getreu dem Subsidiaritätsprinzip.[29] In diesen Bereichen bleibt für die Mitgliedstaaten kein Entscheidungsspielraum. Es besteht demnach eine ausschließliche Kompetenz zugunsten der zentralen Ebene. Diese Feststellung wird aber dadurch eingeschränkt, dass nicht alle Mitglieder der EU automatisch Teilnehmer an der dritten Stufe der WWU und somit Teile des Euro-Raumes sind.[30] Sie behalten auch weiterhin volle Souveränität über ihre geldpolitischen Instrumente.

Die Länder, die an der dritten Stufe der WWU teilnehmen, bilden einen geldpolitisch homogenen Raum mit gemeinsamer Währung, dem Euro. Da die Änderung der Paritäten als Instrument der Geldpolitik zwischen diesen Ländern weggefallen ist, muss eine möglichst konvergente Wirtschaftsentwicklung angestrebt werden. Nur so können negative Spillover-Effekte vermieden werden. Solche Effekte können sich in übermäßigen Schwankungen der realen Größen, wie Einkommen und Beschäftigung, aber auch der Inflationsraten, dokumentieren. Darüber hinaus wird durch eine zentrale Kompetenzausstattung die Gefahr abgewendet, dass einzelne Länder durch eine expansive Geldpolitik oder die Abwertung der eigenen Währung Lasten auf die übrigen Teilnehmer abwälzen können. Dies würde die harmonische Wirtschaftsentwicklung im Binnenmarkt gefährden. Darum sollte die Zinspolitik zentral, das heißt in diesem Fall durch die EZB, durchgeführt werden. Eine zentrale Kompetenzausstattung ist in diesem Fall also zu befürworten.

Diese Aussage gilt aber nur für die Länder der EU, die auch tatsächlich an der Währungsunion teilnehmen. Für die übrigen Länder ist eine souveräne, das heißt dezentrale Geldpolitik möglich. Es besteht aber selbstverständlich auch für diese Länder die Option, sich mit ihrer Geldpolitik so weit wie möglich der EZB anzugleichen, um eine möglichst konvergente Wirtschaftsentwicklung zwischen den Ländern innerhalb und außerhalb der Währungsunion zu fördern.

---

29 Vgl. STARK (1999), S. 916.

30 Bei Beginn der dritten Stufe der WWU am 1.1.1999 nahmen aus dem Kreis der EU15 Dänemark, Griechenland, Großbritannien und Schweden nicht teil. Griechenland ist aber seit Anfang 2001 Teilnehmer der Währungsunion. Bei den übrigen Ländern steht eine Entscheidung zum Beitritt weiterhin aus.

i) *Beschäftigungspolitik*

Der Titel zur Beschäftigungspolitik besteht aus den Artikeln 125 bis 130 des EG-Vertrags. Diese erkennen die nationale Kompetenz uneingeschränkt an. Die Gemeinschaft soll lediglich im Rahmen der sogenannten Luxemburg-Strategie die Beschäftigungspolitik der Mitgliedstaaten untereinander abstimmen und nach Möglichkeit koordinieren. Konkrete Handlungsoptionen bestehen aber auch dann nicht, wenn sich ein Land nicht an die Verabredungen hält. Im Jahresbericht über die Beschäftigungslage prüft der Rat die nationalen Anstrengungen zur Verbesserung der Lage auf dem Arbeitsmarkt und gibt mit qualifizierter Mehrheit Empfehlungen ab. Diese müssen aber nicht zu verändertem Verhalten des gerügten Mitglieds führen.

Externe Effekte oder steigende Skalenerträge können keine hinreichende Begründung für eine zentrale Kompetenz in der Beschäftigungspolitik liefern. Durch die Berichtspflicht wird es lediglich etwas erschwert, sich durch strategisches Verhalten (Beggar-my-Neighbour-Politik) kurzfristige Vorteile gegenüber den europäischen Nachbarn zu verschaffen.[31] Statt dessen würde eine zentrale Beschäftigungspolitik den gerade in diesem Bereich so wertvollen föderalen Wettbewerb ausschalten, durch den kreative Beschäftigungspolitiken vom Wähler belohnt werden. Die nationalen Politiker könnten bei zentraler Kompetenz auf die beschäftigungspolitische Verantwortung der EU-Zentrale verweisen, ohne eigene Anstrengungen unternehmen zu müssen. Spürbare Impulse für die nationalen Arbeitsmärkte werden sich somit nicht ergeben.[32]

Dabei bestehen generell Zweifel, ob sich die Politik aktiv in der Beschäftigungspolitik engagieren sollte.[33] Primär ist die Beschäftigungspolitik Aufgabe der nationalen oder regionalen Tarifparteien, also der Arbeitgeber und Arbeitnehmer. Die Politik sollte lediglich geeignete finanz- und sozialpolitische Rahmenbedingungen für ein hohes Beschäftigungsniveau schaffen.[34] Aufgrund der

---

31 Vgl. SAKOWSKY (2000), S. 89.

32 Dies zeigt auch die Erfahrung mit bestehenden Versuchen in Europa, die Arbeitslosigkeit durch Beschäftigungsbündnisse zu verringern: Je betriebsferner die Entscheidungsebene für solche Bündnisse ist, desto unverbindlicher sind die Vereinbarungen und desto geringer sind die erzielten Beschäftigungseffekte. Vgl. SCHNABEL / ZAGELMEYER (2000), S. 159f.

33 Vgl. LESCH (2000).

34 Dies wird auch durch die Beobachtung unterstützt, nach der die Arbeitslosigkeit in der EU anstatt konjunktureller zunehmend struktureller (insbesondere friktioneller) Art ist.

unterschiedlichen Sozialsysteme, Lohnniveaus und Produktivitätsraten bestehen hier deutliche Unterschiede zwischen den einzelnen Mitgliedstaaten, ja sogar zwischen einzelnen Regionen innerhalb eines Staates.[35] Eine übergeordnete Kompetenz zugunsten der EU ist deshalb kontraproduktiv, denn es fehlt an der notwendigen politischen Homogenität. Die arbeitsmarktpolitische Kompetenz sollte demnach dezentral organisiert und das Vertragskapitel zur Beschäftigungspolitik gestrichen werden.

j) Handelspolitik

Der Bereich der Handelspolitik ist in den Artikeln 131 bis 134 des EG-Vertrags geregelt. Diese weisen der EU die alleinige Kompetenz in diesem Politikbereich zu. Aus der Existenz des Binnenmarktes und den damit bestehenden Befugnissen der Europäischen Union auf den Gebieten der Zoll- und Wettbewerbspolitik ergibt sich – quasi als zweite Seite derselben Medaille – diese alleinige Kompetenz der EU. Die Mitgliedstaaten müssen bei Verhandlungen mit Drittländern, beispielsweise im Rahmen der Welthandelsorganisation WTO, mit einer Stimme sprechen. Eine einheitliche Stimme der EU wiegt mehr als die Summe der Stimmen ihrer Mitgliedsländer. Es existieren also steigende Skalenerträge bei der Erstellung des öffentlichen Gutes *positive Verhandlungsergebnisse mit Drittstaaten*. Dies ist am besten dadurch zu erreichen, dass die Mitgliedstaaten ihre nationalen Kompetenzen in diesem Bereich auf die EU übertragen.

Die Zentralisierungserfordernis ergibt sich zweitens aus dem Verlangen nach einer Gemeinsamen Außen- und Sicherheitspolitik, wie sie Titel V des EU-Vertrags formuliert. Ein wichtiges Instrument dieser Politik sind Wirtschaftssanktionen. Nur wenn diese schnell und konsequent beschlossen und umgesetzt werden, können sie zu einem wirksamen Instrument werden. Nationale Kompetenzen in der Handelspolitik erschweren diese Handlungsweise unnötig.

k) Sozialpolitik

Die Zuständigkeiten der Gemeinschaft in puncto Sozialpolitik ergeben sich aus Art. 136-145 EGV. Die Maßnahmen der EU im sozialpolitischen Bereich wer-

---

Vgl. SHEIKH / PAUER (1999). Eine Gegenposition bezieht STEINHERR (2000), der eine höhere Investitionstätigkeit von der EU fordert, um das Beschäftigungsniveau anzuheben.

35 Vgl. ECKHOFF / WEEBER (2000), S. 42 und SAKOWSKY (2000), S. 91.

den hauptsächlich durch den Europäischen Sozialfonds finanziert. Daneben haben auch EFRE, EAGFL-A und Gemeinschaftsinitiativen der Kommission eine gewisse Bedeutung für die Finanzierung.

Die Formulierung des Art. 136 EGV verdeutlicht die konkurrierende Kompetenzverteilung zwischen der EU und den Mitgliedstaaten in diesem Bereich: „Zu diesem Zweck [Sozialpolitik, Anm. d. Verf.] führen die Gemeinschaft und die Mitgliedstaaten Maßnahmen durch, die der Vielfalt der einzelstaatlichen Gepflogenheiten [...] Rechnung tragen.“[36] Dabei beziehen sich die konkurrierenden Zuständigkeiten nur auf den Bereich, der sich mit der Verbesserung der Lebens- und vor allem Arbeitsbedingungen befasst. Am weitesten gehen die EU-Kompetenzen im Bereich der Mindestvorschriften für die Verbesserung der Arbeitsbedingungen. Hier kann die EU – wenn auch nur durch einstimmigen oder qualifizierten Ratsbeschluss – verbindliche Richtlinien erlassen. Auch der EU-Vertrag geht in Bezug auf die Sozialpolitik nicht entscheidend weiter, zumal das im Protokoll über die Sozialpolitik zum EU-Vertrag enthaltene „Abkommen zwischen den Mitgliedstaaten der Europäischen Gemeinschaft mit Ausnahme des Vereinigten Königreichs Großbritannien und Nordirland über die Sozialpolitik“ nicht für alle Mitgliedstaaten Teil des Vertrages ist.

Ein einstimmiger Ratsbeschluss, ein Beschluss unter Vertretern der Mitgliedstaaten, ist im Grunde genommen jedoch ein Beschluss der einzelnen Mitgliedstaaten, auch wenn er im Rahmen einer Institution der EU gefällt wird. Gegen den Willen eines Landes hat die EU hier keine Kompetenz. In Bezug auf das Vereinigte Königreich besteht sogar überhaupt keine Handhabe seitens der Union.

Diese grundsätzlich nationale Kompetenzverteilung ist zu begrüßen. Wettbewerbsverzerrungen werden gelegentlich als Begründung für eine europäische Sozialpolitik hervorgebracht. Die Argumente können aber nicht überzeugen.[37] Jedes Mitgliedsland kann für seine eigenen Bürger besser als die zentrale EU entscheiden, welches soziale Versorgungsniveau angemessen ist (bessere Berücksichtigung individueller Präferenzen). So treten Leistungsunterschiede unter den Mitgliedstaaten deutlicher zu Tage, was dem föderalen Wettbewerb Ausdruck verleiht. Die Angst vor einem Wettlauf um den Sozialabbau[38] unter den Mitgliedstaaten ist weitgehend unberechtigt, denn keine Regierung kann es sich

---

[36] Art. 136 S. 2 EGV.

[37] Vgl. HENKE / PERSCHAU (1999), S. 123.

[38] Vgl. EISSEL (1994), S. 50, SINN (1995), S. 241 und SINN (2000), S. 3, empirisch ALBER / STANDING (2000).

auf Dauer leisten, ein soziales Versorgungsniveau zu realisieren, das nicht den Präferenzen seiner Bürger entspricht. Darum sollten die Kompetenzen im Bereich der Sozialpolitik bei den Nationalstaaten verbleiben, beziehungsweise auf sie zurück verlagert werden, wo sie bereits in den Kompetenzbereich der EU fallen.

Dies lässt sich auch mit der mangelnden Homogenität im sozialpolitischen Bereich begründen. Die Sozialsysteme der Mitgliedstaaten sind derzeit äußerst unterschiedlich organisiert und finanziert,[39] sodass die Vergemeinschaftung nur eines Teilbereichs größere Probleme nach sich zöge. Durch die Mindestvorschriften zu den Arbeitsbedingungen der Arbeitnehmer und die Regelungen der Sozialversicherungen steht die Sozialpolitik in einem engen Zusammenhang mit der Lohnpolitik. Dass diese primär Sache der Tarifvertragsparteien ist, dürfte auch im europäischen Kontext unbestritten sein. Dennoch besteht ein gewisser Anreiz zur Harmonisierung der europäischen Lohnpolitik. Nach Bildung der Währungsunion könnte sich unter dem Motto „gleicher Lohn für gleiche Arbeit" der Wunsch nach einem europäischen Flächentarifvertrag durchsetzen. Daraus ergäbe sich eine marktwidrige Lohnfestsetzung in Regionen mit niedriger Produktivität, da sich das Lohnniveau wohl eher am oberen als am unteren Ende der existierenden Lohnskala orientieren würde.[40] Die Folge wäre eine erhöhte Arbeitslosigkeit in den strukturschwachen Regionen, verbunden mit dem Ruf nach verstärkten Strukturhilfen durch die für diese Entwicklung verantwortliche EU.[41]

l) Bildungs-, Kultur- und Gesundheitspolitik

Die Artikel 149-152 EGV weisen der EU in diesen drei Bereichen nur sehr eingeschränkt Kompetenzen zu. Im Grunde genommen handelt es sich um Kompetenzbereiche mit nationaler Regelungsbefugnis. Der EU kommen lediglich unterstützende Funktionen zu, wie beispielsweise für die Verbesserung der Kenntnis der europäischen Kultur oder beim internationalen Studentenaustausch (ERASMUS). Für alle drei Bereiche sind Harmonisierungsversuche der EU ausdrücklich ausgeschlossen.[42]

---

39 Vgl. HENKE / PERSCHAU (1999), S. 119f.

40 Dies entspricht den Erfahrungen nach Vollzug der deutschen Einheit.

41 Vgl. KRONBERGER KREIS (1992), S. 48.

42 Vgl. Art. 150 Abs. 4 EGV, Art. 151 Abs. 5 EGV und Art. 152 Abs. 4 Buchstabe c).

Diese drei Kompetenzbereiche sind sinnvollerweise allesamt der nationalen Kompetenz zuzuordnen, denn in ihnen besteht auf der nationalen oder regionalen Ebene ein deutlich größeres Wissen über die Präferenzen und Gewohnheiten der Bürger. Je bürgernäher und differenzierter Bildungs-, Kultur- und Gesundheitspolitik durchgeführt werden, desto effektiver und verständlicher sind sie zu gestalten. Auch die derzeit unterstützend durch die Union geregelten Bereiche können mindestens ebenso gut national geregelt werden, weshalb sich nach dem Subsidiaritätsprinzip keine Kompetenz für die EU ableiten lässt. Darum sollten die entsprechenden Artikel im EG-Vertrag gestrichen werden.

m) Verbraucherschutzpolitik

Art. 153 EGV beschreibt die Kompetenzen der EU in der Verbraucherschutzpolitik. Der EU ist es demnach möglich, Maßnahmen zur Unterstützung, Ergänzung und Überwachung der nationalen Politiken zu ergreifen und Mindeststandards festzulegen, die von keinem Mitgliedsland aufgeweicht werden dürfen. Lediglich strengere nationale Vorschriften sind erlaubt.

Seit der Errichtung des Binnenmarktes und dem Wegfall der Grenzen zwischen den Mitgliedstaaten der Europäischen Union können sich Waren und Dienstleistungen ungehindert und an den nationalen Grenzen weitgehend unkontrolliert im Binnenmarkt bewegen. Der Schutz der Verbraucher ist somit auf nationaler Ebene erschwert worden. Produkte, die nur den niedrigen Verbraucherschutzbestimmungen eines Mitgliedslandes genügen, können auch in ein anderes mit höheren Anforderungen gelangen. Es existiert sogar ein Anreiz, für den Export laxere Bestimmungen zu erlassen als für den Verbrauch im eigenen Land. Es liegt also ein Fall negativer Spillover-Effekte vor. Um diesem Problem zu begegnen, müssen zentral Mindestvorschriften erlassen werden, die einen ausreichenden Verbraucherschutz gewährleisten. Über den europäischen Standard hinausreichende Vorschriften können zudem geeignet sein, nicht tarifäre Handelshemmnisse aufzubauen, weshalb der Union hier ein Mitspracherecht eingeräumt werden sollte. Auch die Kontrolle eingeführter Waren an den Außengrenzen der Gemeinschaft gehört in die einheitliche EU-Kompetenz.

Auf der anderen Seite ist aber eine völlige Übertragung der Verbraucherschutzkompetenzen an die EU abzulehnen, da so spezifische kulturelle Unterschiede zwischen den Mitgliedstaaten unbeachtet bleiben könnten. Es sind aus klimatischen, kulturellen oder religiösen Gründen nicht in allen Ländern gleiche Lebensmittel- oder Hygienevorschriften anzuwenden. Eine konkurrierende Kompetenzausstattung ist deshalb in diesem Bereich angebracht.

n) Industriepolitik

Im Bereich der Industriepolitik (Art. 157 EGV) hat die Europäische Union lediglich unterstützende Funktion. Die Kompetenz in diesem Bereich liegt bei den Mitgliedstaaten. Die Kommission hat das Recht, koordinierend in die Handlungen der Mitgliedstaaten einzugreifen, darf aber in keiner Weise wettbewerbsverzerrend tätig werden.

Diese dezentrale Kompetenzausstattung ist richtig, denn ähnlich wie in den Bereichen Sozial- und Strukturpolitik fördert eine solche den föderalen Wettbewerb und somit wohlfahrtsteigernde Innovationen. Wenn jedes Land einen unterschiedlichen Weg in der Ansiedlung neuer Industrien und im Strukturwandel beschreitet, wird sich letztendlich die beste und innovativste Lösung durchsetzen und eine Vorbildfunktion für andere Länder entfalten. Die nötigen Informationen, um die ideale Lösung für die industriepolitischen Probleme zu finden, sind auf der nationalen Ebene eher verfügbar als auf der europäischen. Sie können dort besser und schneller umgesetzt werden.

Die zentrale Kompetenzverteilung in der Wettbewerbspolitik wird dadurch jedoch nicht eingeschränkt. Wettbewerbsverzerrende nationale Maßnahmen der Industriepolitik bleiben den Mitgliedstaaten untersagt.

o) Strukturpolitik

Der Strukturpolitik ist der Titel XVII (Art. 158-162) des EG-Vertrags über den wirtschaftlichen und sozialen Zusammenhalt gewidmet. „Die Gemeinschaft setzt sich insbesondere zum Ziel, die Unterschiede im Entwicklungsstand der verschiedenen Regionen und den Rückstand der am stärksten benachteiligten Gebiete oder Inseln, einschließlich der ländlichen Gebiete, zu verringern.“[43] Diese Politik wird gelegentlich auch mit dem Begriff Kohäsionspolitik (von englisch: cohesion = Zusammenhalt) umschrieben. Nach Art. 159 stehen der EU zur Erfüllung dieser Aufgabe mächtige Instrumente in Form der verschiedenen Strukturfonds[44] zur Verfügung. 1998 entfielen auf diesen Bereich 37 Prozent aller EU-Ausgaben.[45]

---

43 Art. 158 S. 2 EGV.

44 Im Einzelnen handelt es sich um den Europäischen Ausrichtungs- und Garantiefonds für die Landwirtschaft – Abteilung Ausrichtung (EAGFL-A), den Europäischen Sozialfonds

Es ist zwar korrekt, wenn die Europäische Union Anstrengungen für die wirtschaftliche Konvergenz zwischen den Mitgliedstaaten und ihren Regionen unternimmt, denn dies wird ausdrücklich vom EG-Vertrag gefordert und fördert die homogene wirtschaftliche Entwicklung in allen Regionen der EU. Die europäischen Aktivitäten sollten aber nicht über eine finanzielle Unterstützung der benachteiligten Gebietskörperschaften hinausgehen. Die konkrete Priorisierung der möglichen Projekte und die Auswahl der konkreten Maßnahmen sollten in jedem Fall in der Kompetenz der dezentralen Einheiten bleiben.[46] Je nach Größe und Struktur der Mitgliedstaaten ist für die Strukturpolitik sogar eine regionale Kompetenz der nationalen vorzuziehen, denn je kleiner die föderale Ebene ist, desto bessere Informationen existieren über die speziellen regionalen Besonderheiten und Bedürfnisse. Aus der fernen Brüsseler Zentrale ist es nicht möglich, eine sachgerechte Entscheidung über die Form der Strukturpolitik zu treffen, die den Präferenzen der Einwohner am ehesten entspricht.

Die dezentrale Kompetenzausstattung wird auch durch das Argument gestützt, dass diese den föderalen Wettbewerb zwischen den Mitgliedstaaten fördert. Letztlich werden sich bei nationaler Kompetenz erfolgreiche von erfolglosen strukturpolitischen Mitteln unterscheiden lassen und so im Sinne einer best practice den Anreiz zur Nachahmung der erfolgreichen Modelle bieten. Die Abgabe der strukturpolitischen Kompetenz zugunsten der EU ist in jedem Fall eine eklatante Fehlzuordnung.[47]

p) Forschungs- und Technologiepolitik

Dieses Thema wird in Art. 163-173 EGV behandelt. Die Normen weisen der EU die Aufgabe zu, konkrete mehrjährige Rahmenprogramme zu entwickeln und durchzuführen. Diese werden durch verschiedene Zusatzprogramme ergänzt. In allen Fällen steht aber die Zusammenarbeit mit den Mitgliedstaaten im Mittelpunkt der Arbeit. Ziel aller Anstrengungen ist die Verbesserung der Wettbewerbsfähigkeit der Gemeinschaft im Vergleich mit anderen Staaten.

(ESF), den Europäischen Fonds für regionale Entwicklung (EFRE), das Finanzinstrument für die Ausrichtung der Fischerei (FIAF) und den Kohäsionsfonds.

45 Vgl. EUROPÄISCHE KOMMISSION (1998b), S. 7.

46 Für eine theoretische Begründung siehe im 8. Kapitel dieser Arbeit den Abschnitt A. 1. c) *Ungebundene Transfers*.

47 Vgl. LAMMERS (1999b), S. 40.

Die Entwicklung neuer Verfahren und Technologien ist in einem marktwirtschaftlichen System primär Aufgabe der privaten Wirtschaft. Sie sorgt mit neuen Innovationen für neue Produkte und somit für wirtschaftlichen und technischen Fortschritt. Eine aktive Forschungspolitik würde demnach der geforderten staatlichen Neutralität in der Industriepolitik widersprechen.[48] Universitäten und Forschungsinstitute unterstützen die technologische Entwicklung, erfüllen jedoch primär bildungspolitische Funktionen. Ein gewisses staatliches Engagement im Forschungsbereich ist nur dann zu befürworten, wenn durch die private Wirtschaft weniger geforscht wird als es volkswirtschaftlich optimal wäre, weil durch die Forschung externe Nutzen entstehen, die nicht den Unternehmen selbst zufallen. Dies ist vor allem dann zu befürchten, wenn die Unternehmen die Früchte ihrer Forschung nicht exklusiv nutzen können.[49] Ein wichtiges forschungspolitisches Instrument des Staates ist darum das Patentrecht.[50] Es muss so ausgestaltet sein, dass den Unternehmen, die sich durch Forschung einen Wissensvorsprung erarbeitet haben, dieser für eine angemessene Zeit erhalten bleibt. Forschung hat umso eher externe Effekte, je produktferner sie ausgerichtet ist. Es ist darum zu erwarten, dass trotz eines ausgeprägten Innovationsschutzes durch das Patentrecht vor allem die Grundlagenforschung privatwirtschaftlich in suboptimalem Umfang erbracht wird. In diesem Bereich wäre demnach auch eine aktivere Rolle des Staates im Forschungsbereich gerechtfertigt. Es bleibt aber schwierig, eine Grenze zu ziehen, an der Grundlagenforschung aufhört und Produktinnovationen beginnen.[51]

Welche föderale Ebene sollte nun für diesen Politikbereich zuständig sein? Eine gewisse europäische Kompetenz auf diesem Gebiet ist durchaus zu befürworten.[52] Zwar handelt es sich bei den Adressaten der europäischen Forschungsvorhaben (Hochschulen, Forschungsinstitute) um nationale Institutionen, die auch weiterhin primär unter nationaler Aufsicht stehen sollten, um den innovationsfördernden Effekt des föderalen Wettbewerbs nicht zu gefährden. Dennoch ist eine europaweite Koordinierung und Schwerpunktsetzung auf besonders zukunftsträchtige Forschungsbereiche und der nachträgliche Wissenstransfer Aufgabe einer zentralen Instanz. So können zum einen positive Skalenerträge durch die Bündelung und Koordinierung realisiert werden. Zum anderen besteht die Möglichkeit, die Forschungsergebnisse allen Mitgliedstaaten zukommen zu las-

---

48 Vgl. KRONBERGER KREIS (1992), S. 46.

49 Vgl. HAMMERSCHMIDT (2000), S. 180.

50 Vgl. BERTHOLD / HILPERT (1996), S. 86.

51 Vgl. KRONBERGER KREIS (1992), S. 47.

52 Vgl. EICKHOF (1998), S. 26.

sen, was positive externe Effekte hervorrufen würde. Auch die Gestaltung des Patentrechts ist eine gesamteuropäische Aufgabe. Durch die zunehmende wirtschaftliche Integration verschmelzen die nationalen Märkte zu einem europäischen. Ein nur nationaler Patentschutz, der auf europäischer Ebene umgangen werden könnte, wird deshalb nicht helfen, Unternehmen einen Anreiz zu Innovationen zu geben. Insofern ist eine konkurrierende Kompetenzausstattung angebracht.

q) Umweltpolitik

Dem Thema Umwelt sind die Artikel 174 bis 176 des EG-Vertrags gewidmet. Der Rat kann umweltpolitische Mindeststandards festlegen, die dann von keinem Mitgliedsland umgangen werden dürfen. Die europäische Kompetenz ist aber stark dadurch eingeschränkt, dass der Rat diese Maßnahmen einstimmig beschließen muss, und demnach zunächst nationale Interessen im Vordergrund stehen.

Der Schutz der Umwelt ist zum großen Teil eine globale Aufgabe. Wirksamer Klima- und Meeresschutz kann selbstverständlich nur Länder übergreifend geschehen. Für solche Aufgaben ist sogar schon der Horizont der Europäischen Union zu klein. Die Umweltschutzpolitik ist quasi das Paradebeispiel für die Internalisierung externer Effekte. Es gibt aber eine ganze Reihe von Feldern, auf denen auch schon eine europaweite Umweltschutzpolitik wirksam sein kann. Dazu gehören zum Beispiel der Schutz europäischer Binnengewässer oder der Erhalt der europäischen Fischgründe durch eine abgestimmte Fischereipolitik. Die Zuständigkeit der Ebenen sollte sich gemäß dem Prinzip der fiskalischen Äquivalenz an der territorialen Streuung der externen Effekte richten.

Darum bleibt im Bereich der Umweltpolitik auch genügend Raum für nationales Handeln. Dies gilt insbesondere dort, wo es um den Ausweis von Naturschutzgebieten der unterschiedlichen Schutzintensitäten – von Naherholungsgebieten bis zu Nationalparks – geht.[53] Auf der nationalen Ebene existieren bessere Informationen über die traditionellen Nutzungsformen der Natur und die regionale Bedeutung bestimmter Kulturlandschaften. Eine zentrale Kompetenz würde in diesem Fall zu weit gehen und wäre kontraproduktiv.

---

[53] Vgl. WALSH (1993), S. 35. Dass die EU ihre Kompetenzen in diesem Bereich derzeit überspannt, zeigt sich beispielsweise an der Diskussion um die Ausweisung nationaler Naturschutzgebiete nach der Flora-Fauna-Habitat-Richtlinie und der Verknüpfung dieser Frage mit der Auszahlung von Strukturfondsmitteln im Jahr 1999.

r) Entwicklungspolitik

Bereits im ersten Satz der Artikel über die Entwicklungszusammenarbeit (Art. 177-181 EGV) wird betont, dass die Aktivitäten der Gemeinschaft auf diesem Gebiet nur als Ergänzung zu den entsprechenden Politiken der Mitgliedstaaten gemeint sind. Die Souveränität der Mitgliedstaaten wird in keiner Weise eingeschränkt. Die EU kann aber zusätzlich zu den Aktivitäten der Mitglieder Programme zur Entwicklungszusammenarbeit beschließen und durchführen. Augenfällig ist auch, dass die Aktivitäten des Europäischen Entwicklungsfonds nicht Teil dieser Bestimmungen sind. Sie werden als nationale Ausgaben interpretiert und nicht der Gemeinschaftsebene zugeordnet.[54] Unabhängig von der Frage der Zuordnung der EEF-Mittel besteht in jedem Fall eine konkurrierende Gesetzgebung zwischen der EU und den Mitgliedstaaten mit einem deutlichen Übergewicht zugunsten der Mitgliedstaaten.

Das ist allerdings als problematisch zu bewerten. Die finanzielle Unterstützung und nachhaltige Entwicklung der weniger entwickelten Staaten ist Anliegen und Aufgabe aller Industriestaaten. Die Leistungen der Mitgliedstaaten der Europäischen Union könnten aber noch wesentlich effizienter sein, würden die einzelnen Projekte der Staaten untereinander besser koordiniert. Effizienzverluste, beispielsweise bei Doppelförderung einzelner Projekte durch verschiedene Mitgliedstaaten, können bei zentraler Kompetenzausstattung vermieden werden. Es könnten darüber hinaus steigende Skalenerträge ausgenutzt werden. Außerdem ist es denkbar, dass sinnvolle entwicklungspolitische Großprojekte für einzelne, vor allem kleine, Mitgliedsländer zu groß und teuer sind, sodass sie nur aufgrund ihres großen Projektumfangs unterbleiben würden. Eine gemeinschaftliche Politik könnte hier Abhilfe schaffen.

Zwar haben einzelne Länder zu bestimmten Staaten der Dritten Welt traditionell engere Bindungen als andere, aber auch diese Priorisierung kann von der Gemeinschaft aller EU-Staaten bewerkstelligt werden. Ein Beispiel hierfür ist die Zusammenarbeit der EU mit den AKP-Staaten[55], die allerdings derzeit offiziell nicht Teil der gemeinschaftlichen Politik ist. Eine in diesem Sinne koordinierte

---

[54] Dies ist allerdings umstritten. Siehe hierzu beispielsweise HÄDE (1986), S. 413f.

[55] Gruppe von Staaten Afrikas, der Karibik und des Pazifikraumes, mit denen die EU die Lomé-Abkommen (zuletzt Lomé IV bis zum Jahr 2000, ab 2001 Abkommen von Cotonou) zur Entwicklungszusammenarbeit geschlossen hat. Anhang 1 enthält eine Aufstellung dieser Länder.

Entwicklungspolitik sollte aber auch die Aktivitäten des EEF umfassen.[56] Die Mittel dieses Programms sollten vollständig in den Haushalt der EU übernommen werden, um deutlich zu machen, dass es sich materiell um Ausgaben der Gemeinschaft und nicht der einzelnen Mitgliedstaaten handelt.

2. Zielorientierte Kompetenzen

Neben diesen sachgebietsorientierten Kompetenzen verfügt die Gemeinschaft über zwei weitere Kompetenzbereiche, in denen sie gesetzgeberisch tätig werden kann, um bestimmte Ziele zu erreichen. Hierdurch wird es der EU ermöglicht, in verschiedenen Sachgebieten tätig zu werden. Zum einen handelt es sich dabei um die Herstellung der Freizügigkeit, zum anderen um die Einrichtung und das Funktionieren des Binnenmarktes.

a) Herstellung der Freizügigkeit

Die ungehinderte Freizügigkeit innerhalb der Europäischen Union ist eines ihrer Hauptanliegen und leitet sich vom Grundwert der Freiheit ab. Der EG-Vertrag begründet eine Tätigkeit zur „Beseitigung der Hindernisse für den freien Waren–, Personen–, Dienstleistungs– und Kapitalverkehr zwischen den Mitgliedstaaten“[57]. Zur Erreichung dieses Zieles kann die EU in unterschiedlichen Politikfeldern tätig werden. Zu konkreten Auswirkungen hat diese Norm bereits in den Bereichen Zollwesen, Arbeits- und Niederlassungsrecht, sowie der Bildungspolitik geführt.

So richtig es auch ist, der EU die Kompetenz für die vier Grundfreiheiten (freier Waren-, Personen-, Kapital- und Dienstleistungsverkehr) zuzubilligen, so falsch ist es jedoch, diese Kompetenz final zu formulieren. Der gute Zweck heiligt nicht jedes Mittel (Verstoß gegen den Grundsatz der Verhältnismäßigkeit), sodass der EU Kompetenzen nur in klar abgegrenzten Politikfeldern zugestanden werden sollten. Im Endeffekt könnte fast jede europaweite Harmonisierung damit begründet werden, sie diene der Erleichterung des grenzüberschreitenden Verkehrs. Dies steht aber im krassen Widerspruch zum Autonomieprinzip, das Existenz und Zuständigkeit der souveränen Mitgliedstaaten garantiert. Das Sub-

---

56 Vgl. WWU-BERICHT, S. 76.

57 Art. 3 Abs. 1 Buchstabe c) EGV.

sidiaritätsprinzip kann hier nicht zur Begründung der generellen Aufgabenverlagerung herangezogen werden, da es immer nur auf den Regelungsgehalt einer konkreten Aufgabenerfüllung angewendet werden kann.

b) Einrichtung und Funktionieren des Binnenmarktes

Die Artikel 14 und 94 bis 97 des EG-Vertrages verleihen dem Rat weitreichende Kompetenzen bei der Angleichung von Rechtsvorschriften, soweit sie für den Gemeinsamen Markt von Bedeutung sind. Zwar wird dies durch die Einstimmigkeitserfordernis für bestimmte Bereiche (z.B. im Steuerrecht) eingeschränkt, doch zumindest in den mit einfacher oder qualifizierter Mehrheit zu entscheidenden Bereichen besteht die Gefahr, dass diese EU-Kompetenz zu einer Ausuferung der Rechtsangleichungen führt. Denn auch hier kann fast jede Rechtsangleichung mit einem noch so kleinen positiven Effekt für das Funktionieren des Binnenmarktes begründet werden. Die Verhältnismäßigkeit muss auch hier gewahrt bleiben.

Darum muss auch für den Bereich des Binnenmarkts festgehalten werden, dass zielorientierte Kompetenzen keine geeignete Form der Kompetenzverteilung zwischen den Nationalstaaten und der Unionsebene darstellen. Der bessere Weg, die nötigen Rechtsangleichungen zu erzielen, ist der, die entsprechenden Normen in den jeweiligen sachgebietsorientierten Kompetenzen – beispielsweise dem Zollwesen oder der Umweltpolitik – in Form der konkurrierenden Gesetzgebungskompetenz der EU und den Nationalstaaten gemeinsam zuzuweisen.

B. Zweite Säule: Gemeinsame Außen- und Sicherheitspolitik

Die Beschlüsse zur Gemeinsamen Außen- und Sicherheitspolitik finden sich in Titel V des EU-Vertrags. Dieser Kompetenzbereich fällt – da er nicht Teil der Europäischen Gemeinschaften ist – nicht in die Zuständigkeit der Europäischen Kommission, sondern verbleibt unter der Souveränität der Mitgliedstaaten. Gemäß Art. 13 ist als Unionsorgan der Europäische Rat, das heißt die Gemeinschaft aller Regierungschefs, in außen- und sicherheits-, einschließlich verteidigungspolitischen Fragen maßgeblich. Die Grundsatzfragen zu diesen Themen werden prinzipiell einstimmig im Europäischen Rat entschieden. Kann man sich dort nicht einigen, kommt kein Entschluss zustande. Durch diese Entscheidungsstruktur soll eine größtmögliche Souveränität der Mitgliedstaaten beibehalten werden, ohne jedoch auf die Vorteile einer koordinierten Politik verzichten zu müssen.

1. Außenpolitik

Als Handlungsformen der gemeinsamen Außenpolitik sieht der EU-Vertrag neben der grundsätzlichen Verständigung über allgemeine Leitlinien verschiedene Möglichkeiten abgestimmten Verhaltens vor. Dazu gehören die Erarbeitung gemeinsamer Standpunkte und Strategien, die Durchführung gemeinsamer Aktionen und koordiniertes Auftreten in internationalen Gremien und auf diplomatischer Ebene. Für all diese Aufgaben und zur Koordinierung der Gemeinsamen Außen- und Sicherheitspolitik mit dem Europäischen Parlament und der Kommission ernennt der Europäische Rat den sogenannten „Hohen Vertreter“.

Bei dieser, im Grunde genommen nationalen, Kompetenzverteilung sollte es auch in Zukunft bleiben. Die Verlagerung der entsprechenden Kompetenz auf die höhere EU-Ebene ist theoretisch nicht hinreichend zu begründen. Zwar können in gewissem Umfang Skalenerträge bei der Erstellung des Gutes *außenpolitische Interessenvertretung* genutzt werden. Als Beispiele können die Einrichtung gemeinsamer EU-Botschaften im Ausland oder das vermeintlich größere Gewicht eines mit einer Stimme sprechenden Europas angeführt werden. Diese Vorteile lassen sich aber auch durch eine freiwillige Kooperation außenpolitisch souveräner Mitgliedstaaten erreichen. Eine solche Zusammenarbeit wird immer dann, aber auch nur dann, zustande kommen, wenn sie den Präferenzen aller Mitgliedstaaten entspricht. Um die beschriebenen Skalenerträge zu realisieren, ist es nicht zwingend erforderlich, dass stets alle Mitgliedstaaten in einer Frage kooperieren. Darum ist das Argument der Berücksichtigung der individuellen Präferenzen der Mitgliedstaaten höher zu bewerten, weshalb die nationale Kompetenzausstattung zu erhalten ist.

2. Verteidigungspolitik

Zur Verteidigungspolitik ist anzumerken, dass die Westeuropäische Union (WEU) nicht Teil der Gemeinsamen Außen- und Sicherheitspolitik der EU ist.[58]

---

[58] Dänemark, Finnland, Irland, Österreich und Schweden sind keine Mitglieder der WEU.

Dennoch wird in Art. 17 ihre Bedeutung für die europäische Verteidigungsidentität hervorgehoben und betont, dass eine enge Abstimmung in verteidigungspolitischen Fragen mit der WEU angestrebt wird. Die Europäische Union besitzt also keine originär verteidigungspolitischen Kompetenzen. Noch existiert keine gemeinsame Verteidigungspolitik.[59] Die Grenze zum Bereich der Außenpolitik ist jedoch fließend, weshalb auch verteidigungspolitische Fragen zum Aufgabenbereich des Hohen Vertreters zählen.

Ähnlich der Außenpolitik steht auch die Begründung einer gemeinsamen Verteidigungspolitik auf schwachen Füßen. Es lassen sich allenfalls positive Spillover-Effekte von verteidigungspolitischen Anstrengungen eines Landes auf seine verbündeten Nachbarn feststellen. Diese Bündnisfunktion im militärischen Bereich wird aber für die Mehrheit der EU-Mitglieder durch die NATO[60], beziehungsweise die WEU bereits erfüllt. Es lässt sich nicht erkennen, warum die Mitgliedstaaten ihre diesbezügliche Souveränität an die EU abgeben sollten. Die Nichtmitgliedschaft einzelner EU-Mitglieder in den Verteidigungsbündnissen zeigt, dass die individuellen Präferenzen der Länder offensichtlich signifikant unterschiedlich sind. Aus dieser Tatsache ein Verhalten als free-rider abzuleiten ist ebenfalls nicht sachgerecht.[61] Ein solches wäre dann gegeben, wenn sich ein Mitgliedsland nicht an der gemeinsamen Verteidigungspolitik beteiligte, im Ernstfall aber dennoch auf den militärischen Beistand der Verbündeten zählen könnte. Die Vergangenheit lehrt jedoch, dass sich auch die Nichtmitglieder in der WEU an gemeinsamen Militäroperationen beteiligen (z.B. Friedenstruppe im Kosovo) und es vielmehr historische Gründe sind (u. a. blockfreie Staaten), weshalb Einzelne eine engere militärische Kooperation ablehnen.[62] Dieses Argument sollte den Ausschlag für eine dezentrale Kompetenzausstattung im Verteidigungsbereich geben. Dies schließt selbstverständlich eine freiwillige enge Kooperation einzelner Mitgliedstaaten nicht aus.

---

59 Vgl. Art. 17 Abs. 1 EUV.

60 Finnland, Irland, Österreich und Schweden sind keine Mitglieder der NATO.

61 Vgl. PERSSON / ROLAND / TABELLINI (1997), S. 26.

62 Vgl. HOFFMANN (2000), S. 192.

C. Dritte Säule: Zusammenarbeit in der Innen- und Rechtspolitik

Titel VI EUV enthält die einschlägigen „Bestimmungen über die polizeiliche und justitielle Zusammenarbeit in Strafsachen“. Als Instrumente nennt Art. 29 EUV die engere Zusammenarbeit von Polizei-, Zoll- und Justizbehörden. Dies trägt der schwindenden Bedeutung der nationalen Grenzen für den innereuropäischen Waren- und Personenverkehr Rechnung, wodurch auch für die organisierte und nichtorganisierte Kriminalität eine Art „Gemeinsamer Markt“ entstanden ist. Darum werden die Befugnisse von Europol erweitert und ein enger Informationsaustausch der nationalen Justizbehörden vereinbart. Als weiterer Aufgabenbereich wird, ähnlich der Außenpolitik, das Vertreten gemeinsamer Standpunkte in internationalen Organisationen genannt.

Die beschriebenen Kompetenzen greifen nur sehr wenig in den Hoheitsbereich der Mitgliedstaaten ein. Kein Land kann durch Mehrheitsentscheid zur Teilnahme an einer Maßnahme gezwungen werden. Vielmehr treten die Abmachungen im Regelfall erst nach Ratifizierung durch mindestens die Hälfte der Mitgliedstaaten und dann auch nur für diese in Kraft. Bei dieser nationalen Kompetenzzuordnung sollte es weiterhin bleiben, denn die Föderalismustheorie bietet keinen Anhaltspunkt für eine Verlagerung der Zuständigkeit auf die Unionsebene.[63]

Dem gegenüber mögen die individuellen nationalen Präferenzen aus historischen oder kulturellen Gründen unterschiedlich sein. Des weiteren spricht die fehlende Homogenität im innen- und rechtspolitischen Bereich gegen eine Verlagerung der Kompetenz auf die Europäische Union. Die Mitgliedstaaten verfügen über sehr unterschiedliche Rechtstraditionen, was eine isolierte Verlagerung einzelner Regelungsbereiche zusätzlich erschwert.

D. Zusammenfassung (3. Kapitel)

Besonders im Bereich der ersten Säule der EU, den Europäischen Gemeinschaften, weist die Kompetenzverteilung der Europäischen Union eine Reihe von Mängeln auf. Formal betrachtet sind die zentralen Zuständigkeiten teilweise sehr vage formuliert, sodass einer autonomen Kompetenzausweitung der EU-

[63] Allenfalls ließe sich wiederum mit Nutzung von Skalenerträgen beim Vertreten gemeinsamer Standpunkte in internationalen Organisationen argumentieren.

Ebene kein ausreichender Riegel vorgeschoben werden kann.[64] Inhaltlich ist zu bemängeln, dass der EU bereits in zahlreichen Feldern Kompetenzen zugewiesen wurden, in denen eine dezentrale Kompetenzausstattung vorzuziehen ist. Dazu zählen all diejenigen Politikfelder, die nichts oder nur am Rande mit dem reibungslosen Funktionieren des Binnenmarktes, insbesondere mit der Gewährung der Grundfreiheiten, zu tun haben. Diese Erkenntnis sollte jedoch nicht final formuliert werden, um eine autonome Kompetenzausweitung der EU zu verhindern.

Als besonders eklatante Fehlzuordnung wurde die Strukturpolitik identifiziert, da diese erstens besser regional koordiniert werden kann und zweitens gerade in diesem Bereich die EU einen Ausgabenschwerpunkt besitzt. Für die Kompetenzbereiche, die – wie die Strukturpolitik – heute bereits in der europäischen Verantwortung liegen, jedoch ebenso gut national geregelt werden könnten, ist eine Rückverlagerung der Zuständigkeit auf die Mitgliedstaaten zu fordern. Nur die Politikbereiche, die dem Subsidiaritätsprinzip zufolge zentral besser gestaltet werden können, sollten weiterhin bei der EU verbleiben. Ein neues Betätigungsfeld für die zentrale Ebene, mit dem auch weitreichende Ausgaben verbunden sind, stellt die Entwicklungspolitik dar. Die Aktivitäten des Europäischen Entwicklungsfonds sollten in den EU-Haushalt integriert werden. Weitere Kompetenzverlagerungen sind in den bereichen Agrarstrukturpolitik und Infrastrukturpolitik (dezentral anstatt konkurrierend) sowie Visa-, Asyl- und Einwanderungspolitik (zentral anstatt konkurrierend) vorzunehmen.

Deutlich weniger fortgeschritten ist die Kompetenzverlagerung von den Mitgliedstaaten zur Union im Bereich der zweiten und dritten Säule. Im Grunde genommen handelt es sich um nationale Kompetenzen mit fallweiser multilateraler Kooperation. Diese Gestaltung ist sachgerecht, da lediglich marginale Wohlfahrtsgewinne durch Zentralisierung der Aufgaben zu erwarten sind. Dem steht das Argument der Berücksichtigung unterschiedlicher Präferenzen in den Mitgliedstaaten gegenüber, das in diesem Fall den Ausschlag zugunsten einer dezentralen Kompetenzausstattung gibt.

---

64 Vgl. MEYER (1998), S. 199.

Abbildung 9: EU-Kompetenzen gemessen an den Kriterien der Föderalismustheorie und die Folgen für eine sachgerechte Kompetenzausstattung

Legende: X - Argument trifft zu (X) - Argument trifft eingeschränkt zu O - geforderte Kompetenzausstattung ==> - Kompetenzverlagerung nötig	Argumente für Zentralisierung			Argumente für Dezentralisierung			Kompetenzausstattung		
Kompetenzbereiche	Internalisierung von Spillover-Efekten	Ausnutzen steigender Skalenerträge	Existenz von Unteilbarkeiten	Berücksichtigung individueller Präferenzen	Stärkung des föderalen Wettbewerbs	Fehlende politische Homogenität	zentral	konkurrierend	dezentral
1. Säule									
Zollpolitik	X						O		
Landwirtschafts- und Fischereipolitik:									
- Marktorganisation	X	X					O		
- Agrarstrukturpolitik				X				O ==>	O
Visa-, Asyl- und Einwanderungspolitik	X						O	<== O	
Infrastrukturpolitik	(X)			X				O ==>	O
Wettbewerbspolitik	X						O		
Steuerpolitik					X	X			O
Wirtschaftspolitik:									
- allgemeine Wirtschaftspolitik				X		X			O
- Verschuldung	X							O	
Währungspolitik	X						O		
Beschäftigungspolitik					X	X			O
Handelspolitik		X					O		
Sozialpolitik				X	X				O
Bildungs-, Kultur- und Gesundheitspolitik				X					O
Verbraucherschutzpolitik	X			X				O	
Industriepolitik					X				O
Strukturpolitik				X	X		O	==>	O
Forschungs- und Technologiepolitik	X	X			X			O	
Umweltpolitik	X			X				O	
Entwicklungspolitik		X	X	(X)			O	<== O	
2. Säule									
Außenpolitik		(X)		X					O
Verteidigungspolitik	(X)			X					O
3. Säule									
Innen- und Rechtspolitik				X					O

Quelle: Eigene Darstellung

Abbildung 9 fasst die Erkenntnisse des Teils III noch einmal zusammen. Sie enthält für jeden Politikbereich die Argumente für eine zentrale oder eine dezentrale Kompetenzausstattung. Die zutreffenden Argumente sind mit X markiert; nur eingeschränkt zutreffende Argumente sind durch (X) gekennzeichnet. Außerdem enthält die Abbildung Informationen über die aus den Argumenten resultierende Kompetenzausstattung (zentral, konkurrierend oder dezentral). Diese ist mit O vermerkt. Falls eine Kompetenzverlagerung zu fordern ist, weil die gegenwärtige Kompetenzzuordnung in der EU nicht den Ergebnissen dieser Arbeit entspricht, ist dies durch einen Pfeil von der gegenwärtigen zur geforderten Kompetenzausstattung dargestellt.

4. Kapitel: Die Verteilung der Einnahmen

Die Einnahmenverteilung zwischen der EU und den Mitgliedstaaten ist derzeit von einer nur geringen Finanzautonomie der Gemeinschaft geprägt. Obwohl die Kommission seit längerem auf eine erhöhte Finanzautonomie drängt,[1] ist es de facto bei einer überwiegenden Finanzierung durch Beiträge der Mitgliedstaaten geblieben. Dieses Kapitel betrachtet die verschiedenen Einnahmequellen der Union und beurteilt sie nach den Kriterien des im 2. Kapitel aufgestellten Anforderungskatalogs.

A. Originäre Eigenmittel

Unter den originären Eigenmitteln werden diejenigen Einnahmearten zusammengefasst, die der EU aus eigenen Quellen zufließen. Sie sind insofern tatsächlich *eigene* Mittel im Gegensatz zu Geldern, welche die EU durch Beiträge der Mitgliedstaaten erhält.

1. Agrarabgaben

Als Agrarabgaben bezeichnet man die Gelder, die im Rahmen der gemeinsamen Agrarpolitik auf den Warenverkehr mit Drittstaaten erhoben werden. Agrarimporte in die Gemeinschaft werden so auf das höhere EU-Preisniveau angehoben, um den einheimischen Landwirten einen Schutz vor billigen Importen zu gewähren. Dabei haben diese Abgaben keinen primär fiskalischen Zweck. Ihr Hauptzweck liegt in der Regelung der Agrarmärkte.[2] Die Agrarabgaben werden, wie auch die Zuckerabgaben und Zölle, von den nationalen Behörden erhoben.

---

1 Vgl. EUROPÄISCHE KOMMISSION (1987).

2 Vgl. HÄDE (1996), S. 440.

Diesen stehen dafür zehn Prozent des Aufkommens als Erhebungskostenpauschale zu.[3]

Auch weiterhin sollte die Europäische Union eigenständig über die Mittel verfügen können, die ihr aufgrund ihrer gemeinsamen Binnenmarktpolitik entstehen. Hierzu gehören auch die Abgaben aufgrund der gemeinsamen Agrarpolitik. Dies entspricht den Forderungen des Konnexitätsprinzips, denn diese Einnahmen entstehen durch Aufgaben der Gemeinschaft, weshalb sie nicht nur die damit verbundenen Ausgaben tätigen, sondern auch die Erträge hieraus erhalten sollte. Auf der anderen Seite muss auch die EU die veränderlichen Höhen dieser Einnahmeart und ihr langfristiges Sinken kalkulieren. Die Tatsache, dass die Einnahmen letztendlich durch die nationalen Verwaltungen realisiert werden, sollte diesem Grundsatz nicht entgegenstehen.

2. Zuckerabgaben

Der Eigenmittelbeschluss von 1994 fasst diese Eigenmittelkategorie mit den Agrarabgaben zusammen.[4] Dennoch handelt es sich technisch um zwei völlig unterschiedliche Eigenmittelarten.[5] Diese, zunächst nur Zucker, später auch dem Zuckersubstitut Isoglukose auferlegten Abgaben dienen der gemeinsamen Marktorganisation für diese Produkte. Um extreme Überschussmengen auf der einen und Versorgungsengpässe auf der anderen Seite zu verhindern, regelt die EU diesen Markt durch Produktionsquoten, Produktionsabgaben und Lagerverpflichtungen. Zahler dieser Abgaben sind die Zucker- und Isoglukoseproduzenten innerhalb der EU.

Wie auch die Agrarabgaben haben die Zucker- und Isoglukoseabgaben ebenfalls rein allokativen Charakter. Der Fiskalzweck ist lediglich Nebensache. Dennoch ergeben sich aus diesen Regelungen Einnahmen, die der Europäischen Union zustehen sollten. Die Begründung ist dieselbe wie für die Agrarabgaben und folgt dem Konnexitätsprinzip: Die EU ist alleine verantwortlich für die Regelung dieses Marktes und sollte deshalb auch alleine von den Einnahmen profitieren und alleine abhängig sein von Schwankungen im Aufkommen der betreffen-

---

3 Vgl. PEFFEKOVEN (1994b), S. 51.

4 Der Haushaltsplan für 1998 weist ein Gesamtaufkommen von Agrarzöllen und Zuckerabgaben von 1.670,9 Mio. ECU aus. Das entspricht 2,0 Prozent aller Einnahmen. Vgl. EUROPÄISCHE KOMMISSION (1998b), S. 23.

5 Vgl. HÄDE (1996), S. 440.

den Abgabe. Die betreffenden Einnahmen sind nicht in der Sphäre der Mitgliedstaaten entstanden.

3. Zölle

Diese Eigenmittelart ähnelt in ihrer Charakteristik den Agrarabgaben. Auch hierbei handelt es sich um Abgaben auf den Warenverkehr mit Drittstaaten. Im Rahmen des Gemeinsamen Zolltarifs belegt die EU bestimmte Waren aus unterschiedlichen Ländern mit einem einheitlichen Außenzoll.[6] Binnenzölle zwischen den Mitgliedstaaten sind dagegen verboten. Mangels eigener Zollverwaltungen lässt die EU die Zölle durch die nationalen Zollverwaltungen erheben. Als Vergütung hierfür erhalten die Mitgliedstaaten ebenfalls zehn Prozent des bei ihrer Verwaltung angefallenen Zollaufkommens.

Die Europäische Union sollte, wie oben gezeigt,[7] die alleinige Kompetenz haben, Waren, die in ihr Hoheitsgebiet eingeführt werden, mit Zöllen zu belegen, um für alle Unternehmen in der EU dieselben Wettbewerbsbedingungen zu gewährleisten. Dem Konnexitäts- und dem fiskalischen Äquivalenzprinzip zufolge sollten die Einnahmen hieraus direkt der EU zufließen. Sie sind niemals Eigentum der einzelnen Mitgliedstaaten gewesen und ergeben sich aus dem europaeinheitlichen Zollregime, das allen Bürgern und Unternehmen im Unionsgebiet zugute kommt.

Um den Aufwand für die EU möglichst gering zu halten, sollten die Zölle auch weiterhin durch die nationalen Behörden erhoben werden. Den Mitgliedstaaten sollte hierfür eine Erhebungspauschale zugestanden werden. Es ist problematisch, die korrekte Höhe dieser Pauschale festzulegen. Tatsächlich ist sie auch von der Effizienz der nationalen Verwaltungen abhängig. Der auch heute noch aktuelle Wert von 10 Prozent scheint aber die tatsächlichen Aufwendungen zu übersteigen und ist damit wohl zu hoch gewählt.[8] Dennoch steigt der Satz ab dem Jahr 2001 auf 25 Prozent.[9]

---

[6] 11.144,3 Mio. ECU laut Haushaltsplan 1998. Das entspricht 13,3 Prozent der EU-Einnahmen. Vgl. EUROPÄISCHE KOMMISSION (1998b), S. 23.

[7] Siehe hierzu im 3. Kapitel dieser Arbeit den Abschnitt A. 1. a) *Zollpolitik.*

[8] Vgl. LANGES (1987), S. 11.

[9] Vgl. EUROPÄISCHER RAT (1999), S. 17.

B. Finanzbeiträgen ähnliche Eigenmittel

Um die zahlreichen Aufgaben der Gemeinschaft zu finanzieren, reichen die originären Eigenmittel bei weitem nicht aus. Andererseits ist ihre konkrete Höhe im Vorfeld nicht exakt planbar, da sie von anderen als fiskalischen Faktoren abhängig sind. Darum muss sich die EU zum Großteil aus anderen Quellen finanzieren. 1970 eingeführt, trugen die Mehrwertsteuer-Eigenmittel bald die Hauptlast der Finanzierung. Sie werden seit 1988 durch die Bruttosozialprodukt-Eigenmittel ergänzt.[10] Mittlerweile sind die Mehrwertsteuer-Eigenmittel durch die Bruttosozialprodukt-Eigenmittel als Hauptfinanzierungsinstrument abgelöst worden. Beiden Eigenmittelkategorien ist gemein, dass sie im Grunde genommen eher Beiträgen der Mitgliedsländer als *eigenen* Mitteln der EU gleichen.[11]

1. Mehrwertsteuer-Eigenmittel

Seit ihrer Einführung hat diese Eigenmittelart zunächst an Bedeutung für die Finanzierung des EU-Haushalts gewonnen.[12] Bei den Mehrwertsteuer-Eigenmitteln führen die Mitgliedstaaten Finanzmittel in Abhängigkeit vom nationalen Konsum an die EU ab. Prinzipiell stehen den Mitgliedstaaten zwei unterschiedliche Methoden zur Berechnung der Bemessungsgrundlage zur Verfügung: Zum einen die Steuererklärungsmethode, nach der sich die Beiträge auf Grundlage der Steuererklärungen der Umsatzsteuerpflichtigen errechnen und zum anderen die Einnahmemethode, der die nationalen Umsatzsteuereinnahmen zugrunde liegen. In der Praxis wenden alle Mitgliedstaaten die Einnahmemethode an. Dies bedeutet, dass die Umsatzsteuereinnahmen zunächst an die nationalen Fisci fallen und erst im Nachhinein der EU übertragen werden. Darum hat diese Einnahmekategorie auch weniger den Charakter von eigenen Einnahmen der EU als vielmehr von Finanzbeiträgen der Mitgliedstaaten.

Die Berechnung der von den einzelnen Mitgliedstaaten abzuführenden Mehrwertsteuer-Eigenmittel ist sehr kompliziert und widerspricht der Anforderung nach Transparenz. Zum einen wird Großbritannien ein Korrekturmechanismus

---

10 Vgl. PEFFEKOVEN (1994b), S. 66ff.

11 Vgl. NEUMANN (1999), S. 74.

12 Bis 1997 stellten die Mehrwertsteuer-Eigenmittel die größte Eigenmittelkategorie dar. 1998 betrug ihr Anteil mit 34.134,6 Mrd. ECU 40,9 Prozent des Gesamthaushalts. Vgl. EUROPÄISCHE KOMMISSION (1998b), S. 23.

gewährt, der durch die relativ geringen Rückflüsse aus dem Agrarhaushalt an dieses Land begründet wurde. Deutschland – und ab dem Jahr 2000 auch Österreich, die Niederlande, Schweden und Finnland – finanzieren diesen „Britenrabatt“ nur zum Teil mit, erhalten also ihrerseits einen gewissen Rabatt.[13]

Zum anderen wird die relevante Mehrwertsteuer-Bemessungsgrundlage seit 1998 gekappt: Die Bemessungsgrundlage sinkt zunächst nur für die vier Kohäsionsländer, dann für alle Mitgliedstaaten schrittweise, von 55 Prozent auf 50 Prozent des nationalen BSP. Dies wird mit der vermeintlich regressiven Wirkung[14] der Mehrwertsteuer-Eigenmittel bezüglich des BSP begründet. Diese wird aus der keynesschen Theorie abgeleitet, nach der private Haushalte mit steigendem Einkommen einen geringeren Teil ihres Einkommens für Konsumzwecke aufwenden.[15] Ein empirisch signifikanter Nachweis für die Übertragung dieses Gesetzes auf die Konsumneigung von Volkswirtschaften ist allerdings bislang nicht erbracht worden.[16] Die Kappung der Mehrwertsteuer-Bemessungsgrundlage führt letztlich zu einer Durchbrechung des Gleichmäßigkeitsgrundsatzes im Leistungsfähigkeitsprinzip, da gleiche Mehrwertsteuerbemessungsgrundlagen zu ungleichen Beitragslasten führen.

Diese Mängel bei der Ermittlung der Bemessungsgrundlage müssten bei einer weiteren Verwendung der Mehrwertsteuer-Eigenmittel in jedem Fall beseitigt werden. Doch auch dann bestehen Zweifel an der Eignung dieser Eigenmittelart für die Finanzierung der Gemeinschaft. Zu der möglichen regressiven Wirkung kommt, dass sich die Bemessungsgrundlage für die Mehrwertsteuer-Eigenmittel langsamer ausweitet als die Wirtschaftstätigkeit der Gemeinschaft. Der Anteil des EU-Haushalts am BSP der Gemeinschaft würde somit entweder langfristig sinken oder regelmäßige Neuverhandlungen über die Höhe der abzuführenden Mehrwertsteuer-Eigenmittel wären nötig. Dies würde jedoch der Anforderung nach Eignung dieser Mittel widersprechen. Auch für die Sicherstellung der Finanzierung ist diese Art von Finanzbeiträgen nicht nötig, falls adäquater Ersatz existiert. Die Verwendung von zwei ähnlichen Finanzierungsquellen nebeneinander macht das Finanzierungsverfahren unnötig kompliziert und undurchsichtig.[17]

---

13 Vgl. EUROPÄISCHER RAT (1999), S. 18.

14 Vgl. EUROPÄISCHE KOMMISSION (1987), S. 98 und WWU-BERICHT, S. 84.

15 Vgl. KEYNES (1949), S. 115 und BIEHL (1991), S. 182.

16 Vgl. TEUTEMANN (1992), S. 317.

17 Vgl. HENKE (1997), S. 45.

2. Bruttosozialprodukt-Eigenmittel

Die Bruttosozialprodukt-Eigenmittel – auch vierte oder ergänzende Einnahme genannt – sind die jüngste Einnahmekategorie der EU. Sie ergeben sich durch Anwendung eines einheitlichen Prozentsatzes auf die nationalen Bruttosozialprodukte der Mitgliedstaaten. Sie haben die Funktion der Restfinanzierung des EU-Haushalts, welche die Mehrwertsteuer-Eigenmittel bis zur Kappung der Mehrwertsteuer-Bemessungsgrundlage erfüllten. Die Bedeutung der BSP-Eigenmittel nimmt seitdem stark zu.[18] Als Residualgröße hängt ihre konkrete Höhe vom Betrag der restlichen Einnahmen der EU ab. Aus Sicht der EU-Kommission stellt die Einführung der BSP-Eigenmittel einen Rückschritt dar, denn tatsächlich haben diese Mittel – mehr noch als die Mehrwertsteuer-Eigenmittel – den Charakter von Finanzbeiträgen der Mitgliedstaaten an die Gemeinschaft. Dem gegenüber war die Kommission immer bestrebt, die Finanzierungsautonomie der Gemeinschaft zu stärken. Die Bezeichnung (eigene Mittel) und ihre tatsächliche Ausgestaltung (Finanzbeiträge) weichen bei dieser Einnahmenkategorie besonders weit voneinander ab.[19]

Die Wahl einer Sozialproduktsgröße als Bemessungsgrundlage unterstellt, dass die Leistungsfähigkeit, Beiträge zu erbringen, sachgerecht durch ein solches Aggregat beschrieben wird.[20] Spätestens seit Einführung des Beitragsrabatts für Großbritannien auf die MwSt-Eigenmittel scheint auch die EU das BSP den Konsumausgaben diesbezüglich als überlegen anzusehen.[21]

Diese Eigenmittelkategorie bereitet aber Probleme in puncto Gleichmäßigkeit des Finanzausgleichs: Zum einen sind die nationalen Bemessungsgrundlagen noch nicht vollständig harmonisiert, sodass das BSP unterschiedlich erhoben wird. Zum anderen weist dieses Konzept systematische Mängel auf, wie den Einfluss unterschiedlicher Ausmaße der Schattenwirtschaft auf die Höhe des ermittelten BSP.

Trotz dieser Schwierigkeiten sind Finanzbeiträge auf Grundlage einer makroökonomischen Einkommensgröße für die Finanzierung der Europäischen Union

---

18 1998 stellten sie erstmals die größte Eigenmittelkategorie mit 35.907,8 Mio. ECU und 43,0 Prozent aller Einnahmen. Vgl. EUROPÄISCHE KOMMISSION (1998b), S. 23.

19 Vgl. PEFFEKOVEN (1994b), S. 69.

20 Davon geht auch GUTH (1999), S. 121 aus.

21 Vgl. HENKE (1981), S. 63.

prinzipiell gut geeignet.[22] Die Probleme bezüglich der Gleichmäßigkeit können gelöst werden und somit steht eine gerechte Finanzierungsalternative zur Verfügung. Dem Argument der mangelnden Finanzautonomie kann damit begegnet werden, dass eben gerade dies beabsichtigt wird, um einer uferlosen Ausweitung des EU-Haushalts entgegen zu wirken. Anderenfalls wäre der EU zur Stärkung ihrer Autonomie eine eigene Steuerquelle zuzugestehen. Zu dieser Frage und zur konkreten Ausgestaltung einer auf das BSP bezogenen Bemessungsgrundlage nimmt der vierte Teil dieser Arbeit näher Stellung.

C. Übrige Einnahmen der Gemeinschaft

Neben den verschiedenen Eigenmittelarten stehen der EU weitere Finanzmittel aus unterschiedlichen Quellen zur Verfügung. Problematisch sind dabei aber nur die Mittel, die ihr auf unterschiedlichen Wegen der Kreditfinanzierung zufließen.

1. Die sonstigen Einnahmen

Unter diese Sammelbezeichnung fallen ganz unterschiedliche Mittel, die allerdings teilweise nicht als Einnahmen, sondern als Minderausgaben im EU-Haushalt verbucht werden. Dazu gehören beispielsweise die Abzüge von Dienstbezügen der EU-Bediensteten, Währungsausgleichsbeträge und Verwaltungseinnahmen. Die Finanzierung des Haushalts der EGKS stellt eine Besonderheit dar. Er finanziert sich teilweise durch eine Abgabe, die der Schwerindustrie auf die Produktion von Kohle, Eisen und Stahl auferlegt wird. Diese seit Beginn der Montanunion erhobene Abgabe stellt die einzige europäische Besteuerungskompetenz dar.[23] Ihr Hauptzweck besteht jedoch in der allokativen Lenkungswirkung und nicht im Fiskalzweck. Zu guter Letzt finanziert sich der

---

22 Vgl. HACKENBROCH (1983), S. 118. Ob BSP, BIP, Volkseinkommen oder eine andere Größe am besten geeignet sind, sei an dieser Stelle noch dahingestellt.

23 Diese Kompetenz wird die EU aber mit dem Auslaufen des EGKS-Vertrags am 1. Januar 2002 verlieren, falls der Vertrag nicht verlängert werden sollte. Für eine nähere Beschreibung sei auf HÄDE (1996), S. 449-461 verwiesen.

EU-Haushalt durch Überschüsse des vergangenen Haushaltsjahres, sofern solche erzielt werden.[24]

Diese Einnahmearten sind quantitativ weitgehend unbedeutend und qualitativ unproblematisch. Zudem ist unklar, ob der EGKS-Vertrag überhaupt über das Jahr 2002 verlängert wird. Die sonstigen Einnahmen können auch Teil einer zukünftigen Finanzierung des Haushalts sein. Lediglich die Transparenz könnte erhöht werden, indem Einnahmen auch als solche ausgewiesen werden und nicht als Minderausgaben an anderer Stelle.

2. Kreditfinanzierung

Einen vollständigen Überblick über die Kreditfinanzierungsaktivitäten der Europäischen Union zu geben, würde an dieser Stelle zu weit führen.[25] Darum seien nur die wesentlichen Punkte erwähnt. Prinzipiell finanziert sich der Haushalt der Gemeinschaft nicht über Kredite. Dies ergibt sich indirekt aus Art. 269 S. 1 EGV, der die Finanzierung aus Eigenmitteln und den sonstigen Einnahmen vorschreibt.

Dennoch bedienen sich die Europäischen Gemeinschaften zahlreicher Darlehen, die allerdings nicht zur allgemeinen Haushaltsfinanzierung genutzt werden dürfen: Die EGKS darf zur Vergabe von Krediten Anleihen ausgeben und der EAG ist die Finanzierung von Forschungsvorhaben und Investitionen über den Kapitalmarkt gestattet. Art. 267 EGV ermächtigt darüber hinaus die Europäische Investitionsbank, Anleihen auszugeben, um einen reibungslosen Ablauf des Binnenmarktes zu gewährleisten. Die Konkretisierung dieser Aufgabe[26] zeigt, dass es sich im Grunde um dieselben Funktionen handelt, die auch die Strukturfonds haben.[27] Darüber hinaus ermächtigt der EG-Vertrag die Gemeinschaft, Anleihen

---

24 Für das Jahr 1998 weist der Haushaltsplan 44,0 Mio. ECU an Überschüssen aus 1997 aus. Dies sind weniger als 0,1 Prozent des 1998er Haushalts. Vgl. EUROPÄISCHE KOMMISSION (1998b), S. 23.

25 Einen sehr guten Überblick bietet wiederum HÄDE (1996), S. 462-477.

26 Vgl. Art. 267 Buchstaben a) – c) EGV.

27 Siehe hierzu im 5. Kapitel dieser Arbeit den Abschnitt B. *Redistribution auf regionaler Ebene.*

zur Finanzierung von Darlehen bei Zahlungsbilanzschwierigkeiten einzelner Mitgliedstaaten und für Finanzhilfen an Drittländer auszugeben.[28]

Eine Kreditfinanzierung durch die Hintertür ist somit durch verschiedene Ausnahmeregelungen ermöglicht worden. Dadurch wird das Anreizprinzip zur Haushaltsdisziplin auf europäischer Ebene durchlöchert. Eine wirksame Schuldenbegrenzung auf nationaler Ebene, wie sie im Stabilitätspakt für die Währungsunion gefordert wird, wird durch die Verschuldungsmöglichkeiten auf EU-Ebene konterkariert. Denn so ist es möglich, dass durch die Verlagerung von kreditintensiven Aufgaben- und Ausgabenfeldern von den Mitgliedstaaten auf die EU zusätzliche Verschuldungspotentiale bei den Mitgliedstaaten eröffnet werden. Dies durchbricht aber letztlich das Prinzip der fiskalischen Äquivalenz, da so nationale öffentliche Güter über den EU-Haushalt von allen EU-Bürgern finanziert werden. Die heute vorgenommene Kreditfinanzierung der Transeuropäischen Netze ist aus eben diesem Grunde abzulehnen.

Darüber hinaus verläuft die Verschuldung der EU weitgehend ohne Mitsprache der nationalen Parlamente und verstößt dadurch gegen das Verfassungsprinzip. Lediglich das EP hat die Möglichkeit, in den Haushaltskreislauf der EU einzugreifen. Eine so weitreichende Entscheidung wie die Verschuldung der EU – und damit jedes EU-Bürgers – darf aber nicht ohne ausreichende demokratische Legitimierung stattfinden.

Schließlich ist anzumerken, dass die Verschuldungskompetenz nur im Einklang mit einer eventuellen Besteuerungskompetenz erteilt werden sollte, denn aus einer Kreditaufnahme folgen zukünftige Zins- und Tilgungszahlungen, die ihrerseits Steuererhöhungen in der Zukunft nach sich ziehen, wenn eines Tages die Kredite aus dem öffentlichen Haushalt zurückgezahlt werden müssen.[29] Ohne eigenständige Besteuerungskompetenz der EU müssten diese Mittel von den Mitgliedstaaten durch Steuererhöhungen aufgebracht werden. Eine Besteuerungskompetenz zugunsten der EU wird aber an anderer Stelle abgelehnt,[30] weshalb auch von einer Kreditfinanzierung abgesehen werden muss. Alle Formen der Kreditfinanzierung durch die EU sind darum grundsätzlich abzulehnen.[31]

---

28 1979 bis 1991 kamen Kreditaufnahmen zur Finanzierung des NGI hinzu.

29 Vgl. MALLOSSEK (1999), S. 240.

30 Siehe dazu im 7. Kapitel dieser Arbeit den Abschnitt B. 1. *Keine Steuerautonomie für die EU.*

31 So auch LESCH (1995), S. 635.

D. Zusammenfassung (4. Kapitel)

Die Europäische Union finanziert sich hauptsächlich durch ihre originären Eigenmittel und durch Eigenmittel, die Finanzbeiträgen der Mitgliedstaaten gleichen. Die originären Eigenmittel resultieren aus den zahlreichen allokativen Aufgaben im Agrarsektor und im Warenverkehr mit Drittländern. Da beides in den europäischen Aufgabenbereich fällt, müssen gemäß dem Konnexitätsprinzip auch die Einnahmen aus diesen Aktivitäten bei der EU liegen.

Derzeit gibt es mit den Mehrwertsteuer- und den Bruttosozialprodukt-Eigenmitteln zwei unterschiedliche Bemessungsgrundlagen und Berechnungsverfahren für die Beiträge der Mitgliedstaaten. Vor allem die MwSt-Eigenmittel haben sich bezüglich Gleichmäßigkeit und Transparenz als mangelhaft herausgestellt. Die Probleme sind so grundlegender Art, dass auf diese Eigenmittelkategorie künftig verzichtet werden und die Finanzierung über eine auf das Sozialprodukt bezogene Abgabe erfolgen sollte.

Die zahlreichen kreditfinanzierten Aktivitäten der europäischen Institutionen (vor allem der EIB) widersprechen dem verfassungsrechtlichen Grundsatz, dass sich die EU nur über Eigenmittel finanzieren darf. Dies führt zu einer Aufweichung der strikten, durch den Beitragsplafond gegebenen Budgetrestriktion und letztlich zu einer Umgehung der Maastrichter Stabilitätskriterien. Die Kreditfinanzierung untergräbt das Subsidiaritätsprinzip und ist nicht hinreichend demokratisch legitimiert, weshalb sie in Zukunft unterbleiben sollte.

5. Kapitel: Redistribution

Die soeben geschilderte Ausstattung der Europäischen Union mit Finanzmitteln wird teilweise genutzt, um die Finanzausstattung der nachgelagerten föderalen Ebenen (Mitgliedstaaten und Regionen) im Nachhinein zu verändern. Diese Redistribution findet aber derzeit relativ unstrukturiert und hauptsächlich über die verschiedenen Strukturfonds statt. In der öffentlichen Diskussion wird dieses Vorgehen zurecht vielfach kritisiert. Jedoch macht sich die Kritik häufig lediglich an der Betrachtung der Nettopositionen einzelner Mitgliedstaaten fest. Darum soll hier der Kritik am derzeitigen Umverteilungssystem ein kurzer Exkurs zu der Diskussion um die Nettoposition vorausgehen.

A. Exkurs: Zum Konzept der Nettosalden

Unter der Nettoposition (dem Nettosaldo, dem Nettobeitrag) eines Landes versteht man „die Differenz zwischen den in einem Land insgesamt aufkommenden Eigenmitteln und dem zurechenbaren Rückfluss in dieses Land über die Ausgabenseite des Gemeinschaftshaushalts."[1] Solche Differenzbeträge wird es immer geben, denn würden alle Mitgliedsländer genau den Betrag als Rückfluss von der EU erhalten, den sie als Beitrag geleistet haben, wäre der Umweg über den EU-Haushalt widersinnig.[2] Der Saldo zwischen geleisteten und empfangenen Mitteln wird oftmals als Maßstab für die Vorteilhaftigkeit einer EU-Mitgliedschaft und die Gerechtigkeit der Finanzbeziehungen gewählt.[3] Vordergründig erscheint dies auch richtig, denn die Nettoposition ähnelt einem Preis für die EU-Mitgliedschaft, den ein Land zu zahlen hat, beziehungsweise dem Nutzen, den ein anderes daraus erhält. Dennoch handelt es sich um einen unangemessenen und darüber hinaus wenig aussagekräftigen Maßstab. Mehrere Gründe sprechen gegen die Beachtung der Nettoposition als Beurteilungskriterium für den Europäischen Finanzausgleich.

---

1 WISSENSCHAFTLICHER BEIRAT BEIM BMWI (1999), Rz. 13.

2 Vgl. DICKERTMANN (1999), S. 81.

3 Vgl. GROSSEKETTLER (1996), S. 23f., VON WOGAU (1999), F.A.Z. vom 18.12.1998, S. 30 und F.A.Z. vom 19.2.1999, S. 14.

Zunächst sind drei prinzipielle Einwände gegen die Betrachtung von Nettopositionen zu nennen:

— Da es sich bei dem EU-Haushalt um ein weitgehend geschlossenes System handelt,[4] bedingen Nettoempfänger auf der einen Seite Nettozahler auf der anderen. Die Nettoposition als einziges Maß für den Nutzen aus der Mitgliedschaft würde also zwingend einen negativen Nutzen für einen Teil der Mitgliedsländer bedeuten. Dies ist aber auszuschließen, da die betreffenden Länder sonst aus der EU austreten würden.

— Die bloße, an Äquivalenzgesichtspunkten orientierte Betrachtung der Nettoposition widerspricht der Idee der EU als Solidargemeinschaft.[5]

— Die Nettoposition eines Landes ist lediglich Ausdruck der Priorisierung verschiedener Politiken durch die EU. Solange der größte Teil der Ausgaben für die Struktur- und Agrarpolitik ausgegeben wird, nehmen Länder mit niedrigem Entwicklungsstand und hohem Selbstversorgungsgrad mit Agrarerzeugnissen eine günstige Nettoposition ein.[6]

Aber auch bei prinzipieller Befürwortung des Nettosaldenkonzepts kann man an seiner grundsätzlichen Schwäche nicht vorbeisehen:

— Nutzen und Kosten der Mitgliedschaft können nicht ausschließlich an monetären Strömen gemessen werden. Nicht pekuniäre Sekundärwirkungen, wie Vorteile aus der Handelsliberalisierung, müssten ebenfalls bei einer Nutzen-Kosten-Analyse berücksichtigt werden.[7]

---

4 Ausnahmen sind die geringen Zahlungen an Drittländer.

5 Vgl. THOMAS (1997), S. 49 und im 1. Kapitel dieser Arbeit den Abschnitt A. 4. *Solidarität und Kohäsion.*

6 Vgl. DIEKMANN (1998) S. 94, DIETZ (1999), S. 990f., THOROE (1981), S. 110 und WWU-BERICHT, S. 123.

7 Vgl. WALTHES (1996), S. 298.

Darüber hinaus ergeben sich gravierende Bedenken gegen die länderweise Zuordnung der Einnahmen und Ausgaben:

— Nicht alle Ausgaben des EU-Haushalts können einem Empfängerland zugeordnet werden. Darunter fallen beispielsweise Zahlungen an Drittländer. Ungefähr acht Prozent der Ausgaben bleiben dadurch unberücksichtigt.[8]

— Die gängigen Nettopositionsvergleiche berücksichtigen nur die Ausgaben des zentralen EU-Haushalts. Nicht einbezogen sind dagegen die Aktivitäten der Nebenhaushalte (EGKS-Funktionenhaushalt, EEF und EIB).[9]

— Die traditionellen Eigenmittel werden als Beitragszahlungen den jeweiligen Mitgliedstaaten zugerechnet. Tatsächlich handelt es sich bei ihnen aber um Mittel der Union, die lediglich von den Nationalstaaten im Namen der EU erhoben werden.[10] So ergibt sich ein schiefes Bild, weil Zölle und Agrarabschöpfungen stets dem Land zugeordnet werden, in dem die Waren die EU-Grenzen überschreiten, unabhängig davon, ob die Waren tatsächlich in diesem Land verbraucht werden. (sog. Rotterdam-Antwerpen-Effekt)[11]

— Exporte der EU an Drittländer sind von der Umsatzsteuer befreit. Deswegen werden Mitgliedsländer mit hoher Exportquote bei der Berechnung der Mehrwertsteuer-Eigenmittel relativ entlastet.[12]

— Die Verwaltungsausgaben der EU-Organe werden je nach ihrer Belegenheit als Rückflüsse an das entsprechende Mitgliedsland verbucht, obwohl damit kein direkter Vorteil für das Land verbunden sein muss.[13]

---

8 Vgl. WISSENSCHAFTLICHER BEIRAT BEIM BMWI (1999), Rz. 4.

9 Vgl. PEFFEKOVEN (1994b), S. 73 und STIERLE (1999), S. 17. Um dies zu korrigieren, definiert und analysiert der Wissenschaftliche Beirat beim BMWi einen „Nettobeitrag", der als nationale Beiträge nur die MwSt- und BSP-Eigenmittel berücksichtigt. Vgl. WISSENSCHAFTLICHER BEIRAT BEIM BMWI (1999), Rz. 13f.

10 Vgl. WISSENSCHAFTLICHER BEIRAT BEIM BMWI (1999), Rz. 13 und im 4. Kapitel dieser Arbeit den Abschnitt A. *Originäre Eigenmittel.*

11 Vgl. BUSCH (1998), S. 32, DIETZ (1999), S. 991 und PEFFEKOVEN (1994b), S. 73f. Dadurch werden die belgischen und niederländischen Beiträge zu hoch und die deutschen zu niedrig ausgewiesen.

12 Vgl. DIETZ (1999), S. 990.

13 Vgl. PEFFEKOVEN (1994b), S. 74 und DIETZ (1999), S. 991. Dadurch werden die belgischen und luxemburgischen Rückflüsse zu hoch ausgewiesen.

— Projektgebundene Ausgaben können im Gegensatz zu direkten Einkommenstransfers an Individuen direkte Spillover-Effekte hervorrufen und verbleiben somit nicht in vollem Umfang in der geförderten Region.[14]

Die Argumente zeigen, dass die Nettoposition nicht als hinreichendes Kriterium für die Beurteilung eines europäischen Finanzausgleichs verwendet werden kann. Darum macht diese Arbeit nicht von der Nettoposition als Beurteilungskriterium für einen europäischen Finanzausgleich Gebrauch. Lediglich im Rahmen des Simulationsmodells wird die Veränderung des Nettobeitrags als zusätzliche Informationsquelle ausgewiesen,[15] da dies faktisch vielfach als Bewertungskriterium verwendet wird und darum politisch von gewissem Interesse sein mag.[16]

B. Redistribution auf nationaler Ebene

Nach dem kurzen Exkurs zur Nettoposition folgt nun die Beurteilung der derzeit durch die Europäische Union vorgenommenen Redistributionsmaßnahmen und möglicher Alternativen. In diesem Abschnitt werden die entsprechenden Aktivitäten auf Ebene der Mitgliedstaaten untersucht. In Abschnitt B. folgen dann die Umverteilungsanstrengungen der EU auf regionaler Ebene. Redistribution zwischen Mitgliedstaaten kann prinzipiell auf der Einnahmen- oder der Ausgabenseite des EU-Haushalts stattfinden. Der Schwerpunkt der Umverteilungsaktivitäten liegt mit dem Kohäsionsfonds derzeit klar auf der Ausgabenseite.

1. Redistribution über die Einnahmenseite

Durch eine nach der Leistungsfähigkeit differenzierte Beitragsgestaltung könnte bereits über die Einnahmen der Gemeinschaft indirekt eine Umverteilung zwischen den Mitgliedstaaten erreicht werden. Derzeit findet dieses Verfahren aber kaum Anwendung. Die Beiträge der Mitgliedstaaten an die Gemeinschaft

---

14 Vgl. WALTHES (1996), S. 299.

15 Siehe hierzu im Anhang dieser Arbeit den Abschnitt B. 4. *Nettopositionsänderung.*

16 Vgl. MALLOSSEK (1999), S. 228.

(MwSt- und BSP-Eigenmittel)[17] sind weitgehend frei von bewusst umverteilenden Elementen. Im Vordergrund steht die Finanzierungseigenschaft der Eigenmittel. Erst mit der Diskussion um die vermeintlich regressive Wirkung der Mehrwertsteuer-Eigenmittel und die Einführung der Bruttosozialprodukt-Eigenmittel rückt die Frage der Umverteilung über die Einnahmeseite etwas mehr in den Vordergrund. Bisher trug lediglich die Beitragsreduzierung zugunsten Großbritanniens Züge einer gewollten Umverteilung durch besondere Ausgestaltung der Beiträge. Dieser Rabatt ist aber inhaltlich weitgehend unbegründet und seine konkrete Ausgestaltung ist unsystematisch, sodass er in dieser Form abzulehnen ist. Eine systematische Beitragsgestaltung, die beispielsweise die ärmeren Mitgliedstaaten weniger an der Finanzierung teilhaben lässt, findet derzeit keine Anwendung.

2. Redistribution über die Ausgabenseite

Als Instrument für eine Umverteilung zwischen den Mitgliedstaaten über die Ausgabenseite steht der EU der Kohäsionsfonds zur Verfügung. 1994 eingeführt, hatte er zu Beginn zwei Aufgaben: Zum einen sollte er grundsätzlich die Entwicklungsrückstände der weniger entwickelten Mitgliedstaaten abzubauen helfen, zum anderen sollte er ganz konkret den Mitgliedsländern den Eintritt in die dritte Stufe der Währungsunion ermöglichen. Weil mit dem Beginn der dritten Stufe der Währungsunion die zweite Aufgabe des Kohäsionsfonds obsolet geworden ist, sehen einige Autoren auch keinen Grund mehr zur Fortführung dieses Fonds.[18] Andererseits muss jedoch konstatiert werden, dass die erste Aufgabe, der Abbau der Entwicklungsrückstände der weniger entwickelten Mitgliedstaaten, weiterhin – mit Ausnahme Irlands – unvollendet ist. Mit dem Beitritt der mittel- und osteuropäischen Staaten steigt möglicherweise die Bedeutung des Kohäsionsfonds weiter.

Bei seinem Treffen 1999 in Berlin hat der Europäische Rat beschlossen, den Kohäsionsfonds in seiner bisherigen Form weiterzuführen, wenn auch mit leicht

---

17 Zur näheren Beschreibung dieser Eigenmittelarten siehe im 4. Kapitel dieser Arbeit den Abschnitt B. *Finanzbeiträgen ähnliche Eigenmittel.*

18 Vgl. beispielsweise BUSCH (1992), S. 54 und PEFFEKOVEN (1994b), S. 104.

gesunkener Mittelausstattung.[19] Aus diesem Fonds fördert die EU diejenigen Mitgliedstaaten mit einem Pro-Kopf-BSP von weniger als neunzig Prozent des Unionsdurchschnitts. Dies traf im Förderzeitraum bis 1999 nur für die vier Länder Griechenland, Irland, Portugal und Spanien (sogenannte Kohäsionsländer) zu. In diesen Ländern unterstützt der Kohäsionsfonds Projekte auf den Gebieten Umwelt und Transeuropäische Netze, indem er in der Regel 80 bis 85 Prozent der anfallenden Kosten übernimmt. Der Rest muss vom Kohäsionsland selbst aufgebracht werden.

Die Konzentration auf die ärmsten Staaten der Gemeinschaft verleiht dem Kohäsionsfonds finanzausgleichsähnlichen Charakter.[20] Er stellt die Mittel ungebunden zur Verfügung. Dieser Sachverhalt ist zugleich der Hauptkritikpunkt am Kohäsionsfonds. Zum einen greift hier die EU in ungerechtfertigter Weise in die Finanzhoheit der Mitgliedstaaten ein. Das Autonomieprinzip wird somit verletzt. Für eine wirksame Anhebung der Finanzkraft der finanzschwächsten Mitgliedstaaten wären ungebundene Finanzzuweisungen besser geeignet.[21] Zum anderen reguliert die EU mit Projekten zum Umweltschutz und der Infrastruktur zwei Bereiche, in denen – wie bereits gezeigt[22] – eine dezentrale Kompetenzverteilung vorzunehmen ist und verstößt somit gegen das Subsidiaritätsprinzip.

Die technische Ausgestaltung des Kohäsionsfonds widerspricht darüber hinaus der Anforderung nach einem stetigen Ausgleich, da die Förderung nur von dem Unterschreiten der 90%-Grenze abhängig gemacht wird. Die Förderhöhe wird nicht nach dem Ausmaß der Abweichung differenziert, sodass an der 90%-Grenze eine Unstetigkeitsstelle im Tarif auftritt.

---

19 Die Agenda 2000 sieht für den Kohäsionsfonds bis zum Jahr 2006 insgesamt 18 Mrd. Euro vor, die sich wie folgt aufteilen:

						in Mio. Euro zu Preisen von 1999
2000	2001	2002	2003	2004	2005	2006
2.615	2.615	2.615	2.615	2.515	2.515	2.510

Quelle: EUROPÄISCHER RAT (1999), S. 13.

20 Vgl. HÄDE (1996), S. 499 und BOHNET-JOSCHKO (1996), S. 109f.

21 Für eine theoretische Analyse dieser Frage siehe im 8. Kapitel dieser Arbeit den Abschnitt A. 1. c) *Ungebundene Transfers*.

22 Siehe dazu 3. Kapitel dieser Arbeit die Abschnitte A. 1. d) *Infrastrukturpolitik* und A. 1. q) *Umweltpolitik*.

C. Redistribution auf regionaler Ebene

Der weitaus größere Teil der praktizierten Umverteilungsaktivitäten bezieht sich anstatt auf die nationale auf die regionale Ebene der Mitgliedstaaten. Die EU hat ein umfassendes System von Förderzielen aufgestellt, nach dem einzelne Regionen bei Erfüllung definierter Kriterien Finanzmittel aus dem Haushalt der EU bekommen können. Diese Mittel werden aus den verschiedenen Strukturfonds der Gemeinschaft bereitgestellt.

1. Das Zielsystem der Strukturförderung

Mit der Agenda 2000 ist auch das Zielsystem für die Strukturförderung überarbeitet worden. Dabei sind gewisse Fortschritte in Bezug auf verbesserte Transparenz dieses Systems erzielt worden. Zum besseren Verständnis der neuen Regelungen soll aber zunächst kurz das System bis 1999 erläutert und beurteilt werden.

a) Das Zielsystem bis 1999

Im alten Zielsystem der Strukturförderung gab es sechs beziehungsweise sieben Ziele (sogenannten Gemeinschaftlichen Förderkonzepte), anhand derer die Förderfähigkeit der europäischen Regionen beurteilt wurde[23] (Abbildung 10). Die regionale Abgrenzung ist jedoch nicht für alle Ziele die gleiche.

Dieses Zielsystem ist das Ergebnis eines langen Verhandlungsprozesses zwischen den Mitgliedstaaten um die Aufteilung der europäischen Fördergelder. Dabei spielen ökonomische Gesichtspunkte durchaus eine Rolle, politische Motive stehen aber im Vordergrund. Als Beispiel ist hier die Aufnahme des Ziels Nr. 6 zu nennen. Hier wurde regelrecht nach einer Kennzahl gesucht, die nur auf die neuen Beitrittsländer Schweden und Finnland zutraf, da sie durch die übrigen Ziele nicht ausreichend berücksichtigt worden wären.

---

23 Vgl. EUROPÄISCHE KOMMISSION (1998a).

Abbildung 10: Das Zielsystem der Regionalförderung bis 1999

Ziel Nr.	***Bezeichnung* und Ausgestaltung**
1	*Förderung der Entwicklung und der strukturellen Anpassung der Regionen mit Entwicklungsrückstand.* Gefördert werden Projekte zur strukturellen Anpassung in Regionen auf NUTS-II-Ebene[24], deren Pro-Kopf-BIP unter 75 Prozent des Unionsdurchschnitts liegt.
2	*Umstellung der von der rückläufigen industriellen Entwicklung schwer betroffenen Regionen.* Hierunter fallen Projekte in Regionen mit überdurchschnittlicher Arbeitslosenquote und rückläufiger industrieller Beschäftigtenzahl.
3	*Bekämpfung der Langzeitarbeitslosigkeit und Erleichterung der beruflichen Eingliederung von Jugendlichen und der von der Ausgrenzung aus dem Arbeitsmarkt betroffenen Personen.* Dieses Ziel betrifft Projekte (z.B. Fortbildungsmaßnahmen) für Arbeitslose, die entweder jünger als 25 Jahre oder länger als ein Jahr arbeitslos sind.
4	*Erleichterung der Anpassung der Arbeitnehmer und Arbeitnehmerinnen an die industriellen Wandlungsprozesse und an Veränderungen der Produktionssysteme.* Förderfähig sind Projekte zur Vorausschätzung der Arbeitsmarktentwicklung, zur beruflichen Bildung, zur Umschulung und zur Entwicklung von Ausbildungssystemen.
5	*Förderung der Landwirtschaft, Fischerei und des ländlichen Raumes.* Aufteilung in die Teilziele 5a und 5b.
5a	*Beschleunigung der Anpassung der Agrarstrukturen im Rahmen der Reform der Gemeinsamen Agrarpolitik und Vereinfachung der Anpassungsmaßnahmen der Fischereistrukturen im Rahmen der Revision der Gemeinsamen Fischereipolitik.* Unterstützt werden vielfältige Projekte zur Verbesserung der Wettbewerbssituation von Betrieben (Erzeugungs- Verarbeitung- und Verwaltungsstrukturen) und der Beschäftigungslage.
5b	*Erleichterung der Entwicklung und der strukturellen Anpassung der ländlichen Gebiete.* Hierunter fallen Regionen, die mindestens zwei der drei folgenden Kriterien erfüllen: Hoher Anteil der landwirtschaftlichen Erwerbspersonen, niedriges Einkommensniveau, geringe Bevölkerungsdichte oder Abwanderungstendenzen.
6	*Förderung der Entwicklung der sehr dünn besiedelten Gebiete.* Unter dieses Kriterium fallen Regionen mit besonderem Entwicklungsbedarf aufgrund ihrer niedrigen Bevölkerungsdichte unter acht Einwohnern pro Quadratkilometer.

Quelle: EUROPÄISCHE KOMMISSION (1998c), S. 4

---

24 Die EU teilt ihr Hoheitsgebiet zu statistischen Zwecken (z.B. für die Strukturförderung) in drei regionale (NUTS I bis III) und zwei lokale (NUTS IV und V) Ebenen ein. Wo es möglich ist, bedient sie sich dabei vorhandener raumordnerischer Konzepte. Der Ebene II entsprechen in Deutschland die Regierungsbezirke. Vgl. EUROSTAT *(1995)*, S. 5f. Siehe hierzu auch im 8. Kapitel dieser Arbeit den Abschnitt A. 2. a) *Die Systematik der Gebietseinheiten für die Statistik (NUTS).*

Die Kriterien genügen nicht der technischen Anforderung nach Eignung, da sie weder flexibel noch voneinander unabhängig einsetzbar sind. Vielfach sind die Kriterien schwammig formuliert und es fehlt an eindeutigen Messzahlen, die eine Förderfähigkeit begründen. Dies betrifft die Ziele Nr. 2, 4 und 5. Außerdem sind die Ziele nicht überschneidungsfrei (z.B. Ziele Nr. 4 und 5a), was die ohnehin fehlende Transparenz weiter einschränkt. Insgesamt handelt es sich um einen mangelhaften Anforderungskatalog, der dem ökonomisch wichtigen Anliegen der Regionalförderung nicht gerecht wird.[25]

In Bezug auf ein Mehr an Transparenz und inhaltlicher Konsistenz der Förderkonzepte sind mit dem neuen Zielkatalog der Agenda 2000 durchaus Fortschritte erzielt worden.[26] Augenscheinlich ist zunächst, dass die Zahl der Gemeinschaftlichen Förderkonzepte auf drei reduziert wurde. Abgesehen davon, dass die vorliegende Arbeit eine inhaltliche Kompetenz der EU für die Strukturpolitik ablehnt, ist außerdem kritisch anzumerken, dass die neuen drei Ziele inhaltlich teilweise noch über den alten Katalog hinausgehen[27] und somit die Gelegenheit verpasst wurde, die europäischen Strukturhilfen insgesamt zu bündeln und zielgenauer einzusetzen.

b) Das neue Ziel 1

„Ziel 1 dient der Förderung der Entwicklung und strukturellen Anpassung der Regionen mit Entwicklungsrückstand."[28] Im Prinzip fasst es lediglich die alten Ziele Nr. 1 und 6 zusammen und hält auch an den bisherigen Förderschwellen von 75 Prozent des Pro-Kopf-BIP und acht Einwohnern pro Quadratkilometer fest.

Prinzipiell ist dem Solidaritätsprinzip zufolge die finanzielle Unterstützung von Regionen mit einem stark unterdurchschnittlichen Pro-Kopf-Einkommen gerechtfertigt. Die betreffenden Regionen sollen durch diese Förderung in die Lage versetzt werden, notwendige Investitionen zur Förderung der Wirtschaftskraft zu finanzieren. Dies können – je nach individuellem Bedürfnis – Infrastruktur-

---

25 Vgl. SCHÄFERS (1993), S. 192f. Die Regionalförderung sollte allerdings von der zentralen Ebene keinesfalls inhaltlich gesteuert werden. Siehe hierzu im 3. Kapitel dieser Arbeit den Abschnitt A. 1. o) *Strukturpolitik*.

26 Vgl. GUTH (1999), S. 125.

27 Vgl. MARTIN (1998).

28 EUROPÄISCHER RAT (1999), S. 8.

investitionen sein, aber auch Maßnahmen der aktiven Arbeitsmarktpolitik, wie Umschulungen oder Beschäftigungsprogramme. Eine Maßzahl von 75 Prozent des Unionsdurchschnitts ist aber deutlich zu hoch gewählt. Dadurch lebten im Zeitraum bis 1999 ein Viertel aller Einwohner der EU in einer Region mit Ziel-1-Förderung. In Irland, Portugal und Griechenland war es sogar die gesamte Bevölkerung. Hier von einer gezielten Unterstützung der *besonders* bedürftigen Regionen zu sprechen ist fehl am Platze, zumal bei Unterschreiten der Grenze sofort die volle Förderung einsetzt, ohne einen stetigen Übergang. Dieses Niveau solle deutlich gesenkt werden.[29]

Die Konkretisierung des Terminus „Entwicklungsrückstand“ (u. a. schlechte Wohnverhältnisse oder eine hohe Kriminalitätsrate) durch die EU führt dazu, dass lediglich sehr spezielle Entwicklungsrückstände als förderungswürdig eingestuft werden. Aus diesen Einzelentscheidungen sollte sich die Union aber gemäß dem Subsidiaritätsprinzip heraushalten und vielmehr Entwicklungsrückstände gleich welcher Ursache zu bekämpfen helfen, sofern dies den Präferenzen der betroffenen Regionen entspricht.[30]

Die Förderung von Regionen mit außergewöhnlich niedriger Bevölkerungsdichte ist in erster Linie politisch gewollt und als Preis für den Beitritt der relativ wohlhabenden, aber dünn besiedelten skandinavischen Länder zu verstehen. Sie ist aber dann auch ökonomisch gerechtfertigt, wenn sich aus einer geringen Bevölkerungsdichte die Notwendigkeit besonderer öffentlicher Leistungen ableiten lässt, die von der betreffenden Region nicht alleine finanziert werden können. Überdurchschnittlich hohe finanzielle Belastungen für die betreffenden Regionen könnten beispielsweise im Bereich der Infrastrukturaufwendungen auftreten, wo auch bei niedriger Einwohnerdichte ein gewisses Mindestversorgungsniveau nicht unterschritten werden kann. Zur Finanzierung der Verkehrsverbindungen können nur wenige Einwohner herangezogen werden. Somit ist die Belastung pro Kopf relativ hoch. Dies wird aber dadurch relativiert, dass der von der Einwohnerdichte in einer bestimmten Region weitgehend unabhängige Bedarf an Fernverkehrsverbindungen in der Regel vom Oberverband (Land oder Nationalstaat) finanziert wird. Nur der bei niedriger Dichte auch geringere Bedarf an Nahverkehrsverbindungen muss von der Region selbst finanziert werden. Darüber hinaus stehen einem überdurchschnittlichen Finanzbedarf in dünn besiedelten Regionen Einsparungen in anderen Bereichen gegenüber.[31] Zu nennen

---

29 Vgl. SAMLAND (1997), S. 232.

30 Vgl. KARL (2000), S. 146.

31 Vgl. BARETTI ET AL. (2001), S. 14.

sind hier geringere Kosten für die Beseitigung von Umweltschäden oder Problemen durch überlastete Infrastruktur. Dies drückt das sogenannte Brechtsche Gesetz „der progressiven Parallelität zwischen Ausgaben und Bevölkerungsmassierung“[32] aus. Es begründet einen steigenden Finanzbedarf bei zunehmender Bevölkerungsdichte.

Aber auch dann, wenn man einen deutlich größeren Bedarf feststellen würde, müsste dieser nicht unbedingt durch die EU finanziert werden. Dies wäre nur dann notwendig, wenn durch die hohen Kosten der dünnen Besiedlung Investitionen nur unzureichend getätigt würden, mit dem Resultat ungünstiger Einkommens- und Beschäftigungsverhältnisse. Hieraus ergäbe sich aber ein Tatbestand anderer Förderziele, der anhand derer Kriterien gemessen werden sollte und nicht am Kriterium der niedrigen Bevölkerungsdichte. Das Kriterium des ehemaligen Ziels Nr. 6 sollte demnach gestrichen werden.

c) Das neue Ziel 2

Dieses Ziel dient der Unterstützung der vom Strukturwandel besonders betroffenen Gebiete. Darunter fallen Gebiete mit überdurchschnittlichen strukturellen Schwierigkeiten. Im Einzelnen werden vier Tatbestände explizit genannt:[33]

1. Gebiete, in denen die Sektoren Industrie und Dienstleistungen einen sozioökonomischen Wandel durchlaufen

2. Ländliche Gebiete mit rückläufiger Entwicklung

3. Problemgebiete in den Städten

4. Von der Fischerei abhängige Krisengebiete

Bei dieser Aufzählung wird augenscheinlich, dass dieses neue Ziel 2 die alten Ziele Nr. 2 und 5 zusammenfasst. Gefördert werden maximal 18 Prozent der Unionsbevölkerung, aufgeteilt zu zehn Prozent in Industriegebieten, fünf Prozent in ländlichen Gebieten, zwei Prozent in städtischen Gebieten und einem Prozent in von der Fischerei abhängigen Gebieten. Die nationalen Regierungen legen der

---

32 Vgl. BRECHT (1932), S. 6.

33 Vgl. EUROPÄISCHER RAT (1999), S. 8.

EU hierzu ein Verzeichnis vor, das die in ihrem Hoheitsgebiet zu fördernden Gebiete enthält.

Diese Vorgehensweise ist aus zwei Gründen problematisch. Erstens sind die Kriterien, nach denen Gebiete gefördert werden können, nicht eindeutig. Es ist nicht festgelegt, bei welchen Kennzahlen eine Förderung notwendig wird. Somit wird generell ein bestimmter Anteil der EU-Bevölkerung gefördert, unabhängig davon, ob eine Förderfähigkeit überhaupt nachgewiesen ist. Die Möglichkeit, dass eine Förderung wegen gewachsener Konvergenz und mangelnder Bedürftigkeit obsolet sein könnte, wird systematisch ausgeschlossen. Dies widerspricht jedoch den Anforderungen des Anreizprinzips. Zweitens bestimmen die Nationalstaaten, welche Regionen gefördert werden sollen. Die Kommission legt lediglich die insgesamt zu fördernde Bevölkerungszahl pro Mitgliedsland fest.[34] Dies verstößt jedoch gegen das Prinzip der Gleichwertigkeit, demzufolge die Bedürfnisse aller Gebietskörperschaften nur nach ökonomischen Gesichtspunkten zu behandeln sind und nicht danach, ob Zahl der geförderten Einwohner dem politisch opportunen Maß entspricht.

Diese Ausgestaltungen machen besonders deutlich, dass die Regionalförderung heute im Wesentlichen der politisch ausgehandelten Verteilung von Finanzmitteln von der EU an die einzelnen Mitgliedstaaten dient und nicht ihrem eigentlichen Ziel, der Förderung rückständiger Regionen und somit einer steigenden wirtschaftlichen Konvergenz. Ziel 2 müsste in der Weise umgestaltet werden, dass die Regionen, die konkrete strukturelle Entwicklungsdefizite aufweisen, unabhängig von ihrer Zuordnung zu einem Mitgliedstaat in zuvor definierter Höhe finanziell von der Europäischen Union unterstützt werden.

d) Das neue Ziel 3

Das neue Ziel 3 dient der „Anpassung und Modernisierung der Bildungs-, Ausbildungs- und Beschäftigungspolitiken und -systeme.“[35] Es enthält die alten Ziele Nr. 3 und 4 und Teile von 5a, geht aber weit über diese hinaus. So werden nun nicht mehr nur arbeitslose Jugendliche und Langzeitarbeitslose gefördert. Vielmehr steht die Förderung der für den Arbeitsmarkt relevanten Strukturen in

---

[34] Als Kriterium dient neben den vier geschilderten Kriterien auch das Kriterium Langzeitarbeitslosigkeit außerhalb der Ziel-1-Regionen. Vgl. EUROPÄISCHER RAT (1999), S. 8. Somit kommt es zu einer Vermischung von Ziel 2 und Ziel 3.

[35] EUROPÄISCHER RAT (1999), S. 9.

allen Mitgliedstaaten im Vordergrund, unabhängig von konkreten, den Bedarf beschreibenden Indikatoren. Lediglich der Gesamtbevölkerungsplafond für jedes Land wird anhand der Zahl der Langzeitarbeitslosen ermittelt.

Diese Gießkannenmethode für die Beschäftigungsförderung beinhaltet die Gefahr von Fehlallokationen der zur Verfügung stehenden Mittel. Jedes Mitgliedsland kann ein Stück des in seiner Höhe festgelegten Gesamtbetrags für sich beanspruchen und über das Geld verfügen. Somit ist weder gesichert, dass dann keine Fördergelder mehr fließen, wenn überhaupt kein Bedarf besteht, noch dass die Mittel die tatsächlich bedürftigen Regionen erreichen. Auch Ziel 3 müsste, wenn man der EU überhaupt eine beschäftigungspolitische Kompetenz zubilligt, so umgestaltet werden, dass nur Regionen mit tatsächlich bestehendem besonderen Bedarf bezüglich der Beschäftigungssituation gefördert werden. Die Analyse im 3. Kapitel hat jedoch gezeigt,[36] dass diese Kompetenz alleine bei den Mitgliedstaaten liegen sollte, weshalb das Ziel Nr. 3 zu streichen ist. Ein allgemeines Bedienen der Mitgliedstaaten aus den beschäftigungspolitischen Mitteln muss ausgeschlossen werden.

e) Zusammenfassung (Abschnitt 1.)

Neben der soeben beschriebenen unzureichenden Abgrenzung der Förderziele ist auch die Praxis zu kritisieren, wie mit Regionen verfahren wird, wenn sie die Förderkriterien nicht mehr erfüllen, weil sie sich ökonomisch weiterentwickelt haben. Das gegenwärtige Verfahren sieht ein sogenanntes *Phasing Out* vor, durch das den betreffenden Regionen für einen begrenzten Zeitraum (z.B. sechs Jahre) Strukturfondsmittel in etwas geringerem Umfang garantiert werden.[37] Dies verstößt jedoch gegen den Grundsatz der Gleichmäßigkeit, nach dem gleiche Tatbestände auch gleich behandelt werden müssen, denn Regionen, die über dieselben Strukturdaten verfügen, jedoch in der Vergangenheit nicht gefördert wurden, gehen leer aus. Außerdem führt dieses Vorgehen zu einer starken Ausweitung der gesamten Fördergebiete.[38] Darum ist es wichtig, die Förderung in Zukunft stetig auszugestalten, indem bei den Regionen mit Entwicklungsrückstand das Ausmaß ihres Rückstandes in die Berechnung der Fördermittel einfließt, sodass bereits dann die Fördersummen reduziert werden, wenn eine Region weiterhin förderungswürdig ist, aber ökonomische Fortschritte gemacht hat.

---

[36] Siehe hierzu im 3. Kapitel den Abschnitt A. 1. i) *Beschäftigungspolitik*.

[37] Vgl. EUROPÄISCHE KOMMISSION (1999f).

[38] Vgl. KARL (2000), S. 147.

Abbildung 11 veranschaulicht noch einmal die Entwicklung der Förderziele im Zuge der Agenda 2000.[39]

Abbildung 11: Synoptische Darstellung der Kriterien für die Strukturförderung bis 1999 und ab 2000

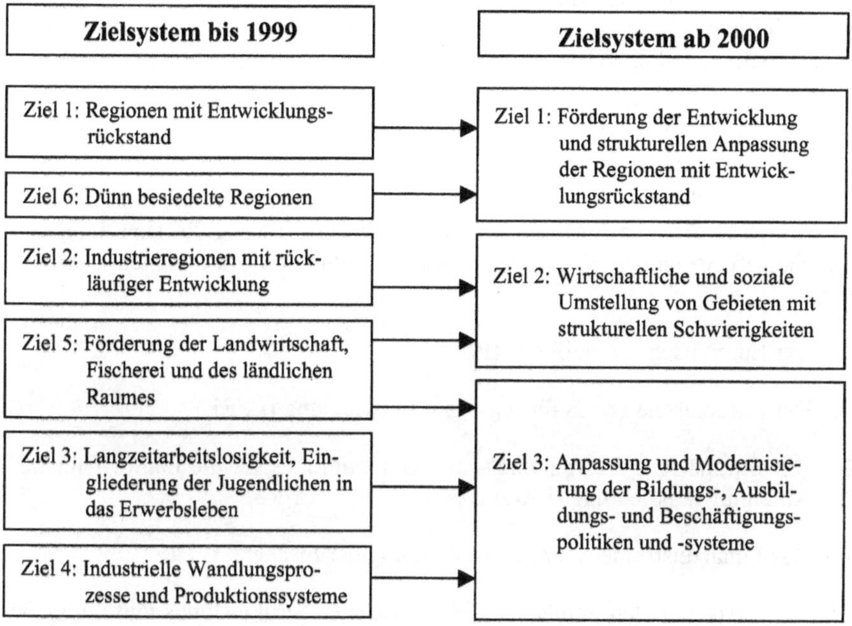

Quelle: Eigene Darstellung

[39] Der Europäische Rat hat folgende Mittelaufteilung beschlossen:

2000 bis 2006 in Mrd. Euro zu Preisen von 1999 und in Prozent der Strukturfondsmittel					
Ziel 1		Ziel 2		Ziel 3	
135,9	(69,7 %)	22,5	(11,5 %)	24,05	(12,3 %)

Quelle: EUROPÄISCHER RAT (1999), S. 7.

2. Die Instrumente der Strukturförderung

Die Hauptinstrumente für die Strukturförderung sind die Strukturfonds, welche – aufgegliedert nach Themenbereichen – die zur Verfügung stehenden Gelder verwalten und nationale Projekte unterstützen. Aus den Strukturfonds werden auch die Gemeinschaftlichen Förderkonzepte (Ziele Nr. 1 bis 3) bedient. Neben den Strukturfonds regt die Kommission eigene Aktivitäten durch Gemeinschaftsinitiativen und Innovative Maßnahmen an, an denen sich die Mitgliedstaaten beteiligen können.[40]

a) Strukturfonds

Insgesamt verfügt die Europäische Union über vier Fonds, die sich unter dem Oberbegriff *Strukturfonds für die regionale Entwicklung* zusammenfassen lassen:[41]

1. Der Europäische Sozialfonds (ESF)

2. Der Europäische Fonds für regionale Entwicklung (EFRE)

3. Der Europäische Ausrichtungs- und Garantiefonds für die Landwirtschaft – Abteilung Ausrichtung (EAGFL-A)

4. Das Finanzinstrument für die Ausrichtung der Fischerei (FIAF)

Die drei erstgenannten Fonds sind die klassischen Strukturfonds und ihrem Betrag nach auch die größten. Das FIAF wurde 1993 außerhalb der Strukturfonds errichtet, wird aber seit neuem auch von der EU zu diesen gezählt. Diese vier Fonds sind gemeinsam für die Finanzierung der gemeinschaftlichen Förderkon-

---

[40] Vgl. HÄDE (1996), S. 490.

[41] Hinzu kommt ab dem Jahr 2000 das sogenannte Strukturpolitische Instrument zur Vorbereitung auf den Beitritt (ISPA), das Verkehrsinfrastruktur- und Umweltschutzvorhaben in den beitrittswilligen osteuropäischen Staaten finanziert. Vgl. EUROPÄISCHE KOMMISSION (1999c).

zepte zuständig. Eine klare Zuordnung von Fonds und Zielen fehlt allerdings bis dato.[42]

Eine Begründung für die parallele Existenz mehrerer Strukturfonds gibt auch die Europäische Kommission nicht. Ein denkbarer Grund wäre eine klare Aufgabentrennung zwischen den einzelnen Fonds. Diese ist aber nicht zu erkennen. Am transparentesten wäre eine Lösung mit nur einem einzigen Fonds[43] oder einem Ausgleichsmechanismus und einer klaren und begründeten Kriterienliste.[44]

b) *Gemeinschaftsinitiativen und Innovative Maßnahmen*

Gemeinschaftsinitiativen dienen dem Zweck, weitere strukturpolitische Maßnahmen anzuregen, die aus Sicht der Kommission von besonderer Relevanz sind. Sie sollen die übrigen Aktivitäten der Mitgliedsländer ergänzen. Innovative Maßnahmen sind Modell- oder Demonstrationsvorhaben zur Erprobung neuer Wege der Strukturförderung. Im Zeitraum 1994 bis 1999 gab es über dreizehn Initiativen, die zu mehr als 400 einzelnen Programmen geführt haben. Dies lässt sich primär aus der ungenauen Eingrenzung des möglichen Themenbereichs für diese Initiativen erklären. Ihnen standen neun Prozent der Strukturfondsmittel zur Verfügung, während den Innovativen Maßnahmen ein Prozent vorbehalten war.[45] Diese Sätze sollen im Planungszeitraum 2000 bis 2006 fünf beziehungsweise ein Prozent betragen.[46]

---

42 Für das Haushaltsjahr 1998 ergab sich folgende Zuordnung von Fonds und Zielen:

							in Mio. ECU
	Ziel 1	Ziel 2	Ziel 3	Ziel 4	Ziel 5a	Ziel 5b	Ziel 6
ESF	4.358,0	763,0	2.573,0	650,0	-	248,0	36,1
EFRE	11.115,5	2.247,0	-	-	-	567,9	70,0
EAGFL-A	2.436,0	-	-	-	1.133,1	559,0	55,0
FIAF	349,0	-	-	-	112,0	-	3,2

Quelle: EUROPÄISCHE KOMMISSION (1998b), S. 19.

43 Vgl. CUNY (1997), S. 233. ERLEI (1997), S. 18 und HEINEMANN (1998, 1999) schlagen die Einrichtung eines einzigen Fonds unter der Bezeichnung „Kompensationsfonds" vor, allerdings unter anderer Zielsetzung.

44 Vgl. WANIEK (1994), S. 46.

45 Vgl. EUROPÄISCHE KOMMISSION (1998c), S. 18.

46 Vgl. EUROPÄISCHER RAT (1999), S. 10.

Auch die Europäische Kommission hat erkannt, dass ein solcher Wust von Maßnahmen bei weitem zu umfangreich ist. Eine klare Trennung der Kompetenzen ist nicht mehr möglich und Doppelförderungen ergeben sich quasi zwangsläufig. Die Zahl der Gemeinschaftsinitiativen ist deutlich zu hoch.[47] Darum schlug die Kommission vor, sie vom Jahr 2000 an auf drei zu begrenzen und jede dieser drei Initiativen nur noch aus einem Strukturfonds zu finanzieren.[48] Im Zeitraum 2000 bis 2006 stehen für die Gemeinschaftsinitiativen insgesamt über zehn Milliarden Euro zur Verfügung.[49]

Dennoch stellt sich die grundsätzliche Frage nach der Existenzberechtigung dieser Initiativen und Maßnahmen. Im Grunde genommen handelt es sich bei diesen Mitteln um Zuweisungen mit Zweckbindung der Gemeinschaft an die Mitgliedstaaten. Da aber in der Regel die Mitgliedstaaten oder gar die Regionen über deutlich bessere Informationen verfügen, an welcher Stelle Fördermittel mit dem größten Grenznutzen eingesetzt werden können, sollte die Auswahl der Förderprojekte getreu dem Subsidiaritätsprinzip den Mitgliedstaaten überlassen bleiben. Außerdem schafft die bloße Existenz solcher Maßnahmen und deren Mittelausstattung eine Nachfrage nach Teilnahme an ihnen, ohne Prüfung des resultierenden Nettonutzens. Allein dies kann zu einer drastischen, strukturpolitisch nicht begründeten Ausweitung dieser Programme führen, wie durch die große Zahl an Programmen im Zeitraum von 1996 bis 1999 deutlich wird. Die Gemeinschaftsinitiativen und Innovativen Maßnahmen verstoßen somit gegen das Anreizprinzip. Mangelnder Nutzen und die Gefahr von Missbrauch führen zu der Forderung, diese Maßnahmen ersatzlos zu streichen.[50]

---

47 Vgl. TÖPFER (1997), S. 634.

48 Vgl. EUROPÄISCHE KOMMISSION (1998c), S. 19 und EUROPÄISCHER RAT (1999), S. 10.

49 Folgende Mittelaufteilung sieht die EU für die beschlossenen vier Gemeinschaftsinitiativen vor:

			in Mio. ECU zu Preisen von 1999
INTERREG	EQUAL	LEADER	URBAN
4.875	2.847	2.020	700

Quelle: EUROPÄISCHE KOMMISSION (1999d), S. 3.

50 Vgl. ERLEI (1997), S. 21.

D. Zusammenfassung (5. Kapitel)

Die europäischen Redistributionsmaßnahmen zwischen Gebietskörperschaften werden derzeit fast ausschließlich über die Ausgabenseite des EU-Haushalts vollzogen. Eine Differenzierung nach der Leistungsfähigkeit eines Landes, Beiträge zu zahlen, findet dagegen nicht statt. Als nationales Umverteilungsinstrument dient der Kohäsionsfonds, der jedoch durch seine enge Zweckbindung gegen die Prinzipien der Subsidiarität und der Autonomie verstößt.

Für die Regionalförderung hat die Union im Laufe der Jahre ein intransparentes System von Gemeinschaftlichen Förderkonzepten, Strukturfonds, Gemeinschaftsinitiativen und Innovativen Maßnahmen geschaffen. Ihm ist die grundsätzliche Eignung abzusprechen, die Entwicklung der rückständigen Regionen zu unterstützen. Statt dessen greift es in ungerechtfertigter Weise in die Autonomie der unteren föderalen Ebenen ein und verstößt insbesondere sowohl gegen das Subsidiaritätsprinzip als auch das Anreizprinzip. Aufgrund der mangelnden Strategieresistenz ist das System der Regionalförderung zur Verhandlungsmasse bei Kompensationsforderungen der Mitgliedsländer geworden. Abhilfe kann hier nur ein völlig neues Förderkonzept schaffen, das die Souveränität der Mitgliedstaaten und ihrer Regionen achtet und nach eindeutigen ökonomischen Kriterien bemessen wird.

Teil IV:

Neuordnung der europäischen Finanzbeziehungen

Dieser Teil bildet mit den beiden zentralen Kapiteln 7 und 8 den Hauptteil der Arbeit. In ihm soll ein konkreter Vorschlag erarbeitet werden, wie die Finanzbeziehungen innerhalb der Europäischen Union umgestaltet werden können. Als Referenzrahmen dient hier wiederum das Regelwerk aus dem zweiten Teil dieser Arbeit. Am Ende dieses Teils soll dann ein systematisches Regelungssystem stehen, dass den Namen *Europäischer Finanzausgleich* auch tatsächlich verdient. Bevor jedoch die monetären Ströme – und damit der Kern des Finanzausgleichs – analysiert werden können, ist zunächst die Verteilung der Aufgaben innerhalb der Europäischen Union zu behandeln. Erst daraus ergeben sich die Ausgaben der Gemeinschaft, woraus wiederum die nötigen Einnahmen resultieren.

Dieser Teil der Arbeit wird gemäß der gebräuchlichen Gliederung des Finanzausgleichs in drei Teile geteilt.[1] Dies soll deutlich machen, dass am Ende der Neuregelungen ein wirklicher Finanzausgleich für die EU stehen soll. Kern dieses Teils sind die konkreten Vorschläge der Einnahmenerzielung und Umverteilung innerhalb der EU. Dennoch muss zu Beginn die Frage nach der angemessenen Kompetenzausstattung geklärt werden. Erst dann kann über die notwendigen monetären Ströme entschieden werden. „Eine angemessene Finanzausstattung der zentralen Politikebene in Europa ist nur bestimmbar, wenn Klarheit über die angemessene Kompetenzausstattung dieser Ebene besteht.“[2] Dem Konnexitätsprinzip folgend ergibt sich aus der Aufgabenverteilung die Ausgabenverteilung. Darauf folgt die Beschreibung des aktiven Finanzausgleichs, das heißt die der Einnahmenverteilung. Diese wird in zwei Schritten erfolgen. Im Kapitel 7 wird der primäre aktive, in Kapitel 8 der sekundäre aktive Finanzausgleich beschrieben.

6. Kapitel: Passiver Finanzausgleich

Für die Abschätzung des gemeinschaftlichen Finanzbedarfs spielt die Aufgabenverteilung zwischen EU und Mitgliedstaaten eine entscheidende Rolle. Wie im vorangegangenen Teil gezeigt, ist nicht für jeden Aufgabenbereich die zentrale Kompetenz die richtige. Im Folgenden werden zunächst diejenigen Kompetenzen nochmals aufgeführt, die sinnvollerweise ausschließlich der EU zustehen sollten. Danach folgen die Kompetenzfelder, bei denen eine konkurrierende Hoheit angemessen erscheint. Alle übrigen Kompetenzbereiche sollten bei den Mitgliedstaaten verbleiben oder gegebenenfalls auf sie zurück verlagert werden. Für die allokativen Aufgaben ist dies bereits im dritten Kapitel erfolgt; die dort getroffenen Aussagen werden in diesem Kapitel jedoch der Vollständigkeit halber noch einmal kurz aufgegriffen.

Mit dem europäischen Finanzausgleich geht es lediglich um Fragen der Ausgestaltung eines Teils der *europäischen* Finanzverfassung, da bei der Aufgabenzuteilung nur zwischen EU-Ebene oder den Mitgliedstaaten unterschieden wird. Für die Aufgaben, die nicht der EU zugewiesen werden, wird nicht die Frage beantwortet, auf welcher Ebene der Mitgliedstaaten (national, regional oder lo-

---

1 Siehe Abbildung 2.

2 HEINEMANN (1995), S. 184.

kal) die Aufgabe erfüllt werden soll. Dies ist gemäß dem Subsidiaritätsprinzip Aufgabe der nationalen Finanzverfassungen.

In Anlehnung an Musgrave[3], der mit der Triade Allokation, Distribution und Stabilisierung die drei großen Aufgabenblöcke des Staates identifiziert hat, gliedert sich auch dieses Kapitel. Im Anschluss daran wird grob der Finanzbedarf der Europäischen Union abgeschätzt, der sich aus den Aufgaben ergibt, die der zentralen Ebene zugeordnet wurden.

A. Die Allokationsaufgabe

Bei der Allokationsfunktion geht es unter anderem um die effiziente Bereitstellung öffentlicher Güter durch den Staat. Im Rahmen der Föderalismusdebatte tritt hierbei die Frage in den Vordergrund, welche öffentlichen Güter von welcher föderalen Ebene bereitzustellen sind. Dazu werden in diesem Abschnitt die im dritten Kapitel getroffenen Aussagen kurz zusammengefasst und die behandelten Politikfelder den einzelnen föderalen Ebenen zugeordnet.

1. Ausschließliche EU-Kompetenzen

Die EU sollte die Gesetzgebungshoheit nur auf den Gebieten erlangen, auf denen eine zentrale Kompetenz Effizienzgewinne verspricht. Dieses Vorgehen entspricht dem Subsidiaritätsprinzip. Als zentrale Kompetenzen der EU wurden bereits die folgenden Politikfelder identifiziert:

- Zollpolitik
- Handelspolitik
- Wettbewerbspolitik
- Geld- und Währungspolitik
- Landwirtschafts- und Fischereipolitik (Marktorganisation)
- Entwicklungspolitik

---

[3] Vgl. MUSGRAVE (1959).

— Visa-, Asyl- und Einwanderungspolitik

Die ersten fünf dieser sieben Politikbereiche sind eng mit dem Funktionieren der Wirtschafts- und Währungsunion verknüpft. Daraus lassen sich die Effizienzsteigerungen erklären, die durch eine zentrale Kompetenzausstattung erreicht werden können: Die Vorteile, die den Mitgliedsländern durch die WWU entstehen, fallen mehr oder minder allen Mitgliedstaaten zu.[4] Es handelt sich also um eine Art öffentliches Gut mit positiven Effekten für alle Mitgliedsländer. In Bezug auf die Währungsunion gilt dies allerdings nur eingeschränkt, da nicht alle EU-Mitglieder an der Währungsunion teilnehmen. Zu diesem Bereich der Handelspolitik zählen auch die Fragen der Landwirtschafts- und Fischereipolitik, die sich aus den Bedingungen des Gemeinsamen Marktes ergeben.

Die zentrale Kompetenz in der Entwicklungszusammenarbeit kann, wie oben gezeigt,[5] ebenfalls mit Effizienzgewinnen begründet werden. Diese ergeben sich in diesem Politikbereich durch steigende Skalenerträge bei der Bündelung der europäischen Entwicklungshilfeanstrengungen.

Im Bereich der Asyl- und Einwanderungspolitik liegt die Begründung für die zentrale Kompetenzausstattung in der Gefahr von Politikversagen bei dezentraler Ausgestaltung.[6] Einzelne Mitgliedsländer könnten durch strategisches Verhalten Lasten, die ihnen aufgrund der positiven Außenwirkung der EU entstehen, auf andere Mitgliedsländer abwälzen. Hier ist die Gemeinschaft gefordert, einheitliche Standards zu setzen.

---

4 Diese Integrationsgewinne können zwischen den Mitgliedstaaten jedoch ungleich verteilt sein, vgl. THOMAS (1994), S. 479f. So vertritt die Europäische Kommission die Meinung, dass die peripheren Gebiete des Gemeinschaftsgebiets weniger Vorteile aus der Integration ziehen als die zentralen. Vgl. LESCH (1995), S. 634. Die peripheren Gebiete würden zu einer verlängerten Werkbank der zentralen. Eine Gegenposition dazu bezieht BAUM (1995), S. 187f. und begründet dies mit der Erfahrung, dass die peripheren Gebiete überdurchschnittlich hohe Wachstumsraten aufzuweisen haben. ROLLE (1999) weist darauf hin, dass vor allem kleine Länder stärker profitieren als große.

5 Siehe hierzu im 3. Kapitel dieser Arbeit den Abschnitt A. 1. r) *Entwicklungspolitik.*

6 Siehe hierzu im 3. Kapitel dieser Arbeit den Abschnitt A. 1. c) *Visa-, Asyl- und Einwanderungspolitik.*

2. Konkurrierende Kompetenzen

Neben diesen ausschließlichen EU-Kompetenzen gibt es eine Reihe von Politikbereichen, in denen eine konkurrierende Kompetenzverteilung angebracht ist. Die Frage, ob eine konkrete Aufgabe besser durch die zentrale oder die dezentrale Ebene durchgeführt wird, ist somit von Fall zu Fall zu entscheiden. Hier besteht der eigentliche Regelungsraum für das Subsidiaritätsprinzip.[7] Die Analyse des zweiten Teils dieser Arbeit ergab bei folgenden Politikfeldern eine konkurrierende Kompetenzausstattung:

— Verbraucherschutzpolitik

— Umweltschutzpolitik

— Wirtschafts- und Finanzpolitik (Verschuldung)

— Forschungs- und Technologiepolitik

In den ersten drei genannten Politikbereichen wurde eine teilweise Kompetenzverlagerung auf die zentrale Ebene mit externen Effekten bei dezentraler Ausstattung begründet. Beim Verbraucherschutz besteht die Gefahr, dass durch zu strenge nationale Vorschriften Produkte anderer Mitgliedsländer am Markt behindert werden. Im Bereich der Umweltschutzpolitik könnten Umweltschäden als externe Kosten auf Nachbarländer abgewälzt werden und auf dem Gebiet der Wirtschaftspolitik muss den Mitgliedsländern der Währungsunion eine maximale Verschuldungsobergrenze vorgeschrieben werden, um das Funktionieren der Währungsunion sicherzustellen. Steigende Skalenerträge und positive externe Effekte liefern schließlich die Begründung, in begrenztem Maße europäische Forschungspolitik zu betreiben.[8] Dabei ist aber stets das Subsidiaritätsprinzip zu beachten, denn in vielen Einzelfragen ist eine dezentrale Kompetenz angebracht. So wäre es beispielsweise ineffizient, von europäischer Seite die Höhe der nationalen Forschungsausgaben zu bestimmen oder konkrete Vorschriften zu den Formen der Staatsverschuldung bei gegebener Maximalhöhe zu machen.

---

7 Vgl. HÄDE (1996), S. 350f.

8 Siehe hierzu im 3. Kapitel dieser Arbeit den Abschnitt A. 1. p) *Forschungs- und Technologiepolitik.*

3. Nationale Kompetenzen

Alle übrigen Kompetenzen sollten bei den Mitgliedstaaten belassen werden, die sie nach eigenem Ermessen auf weiter nachgeordnete Ebene verlagern können. Dies muss aber nicht in allen Ländern nach dem gleichen Muster geschehen. Gerade darin besteht das Wesen des Autonomieprinzips und der Wahrung der nationalen Identität bei der nationalen Kompetenzausstattung. An dieser Stelle sollen lediglich die Politikbereiche genannt werden, die heute zumindest teilweise im Kompetenzbereich der EU liegen, jedoch besser auf die Mitgliedsländer zurück verlagert werden sollten.[9]

- Strukturpolitik
- Landwirtschafts- und Fischereipolitik (Agrarstrukturpolitik)
- Infrastrukturpolitik
- Industriepolitik
- Allgemeine Wirtschafts- und Finanzpolitik
- Steuerpolitik
- Sozialpolitik
- Beschäftigungspolitik
- Bildungs-, Kultur- und Gesundheitspolitik
- Außenpolitik
- Verteidigungspolitik
- Innen- und Rechtspolitik

B. Die Distributionsaufgabe

Die Frage der Distribution gliedert sich prinzipiell in die zwei Bereiche *personelle* und *räumliche* Umverteilung. Im ersten Bereich geht es um die nachträgli-

---

[9] Zu der jeweiligen Begründung siehe im 3. Kapitel dieser Arbeit die Abschnitte A. 1. *Sachgebietsorientierte Kompetenzen*, B. *Zweite Säule: Gemeinsame Außen- und Sicherheitspolitik* und C. *Dritte Säule: Zusammenarbeit in der Innen- und Rechtspolitik*.

che Verteilung von Ressourcen zwischen dem Staat und natürlichen oder juristischen Personen. Er spielt gegenwärtig in der Europäischen Union nur eine untergeordnete Rolle. Der zweite Bereich befasst sich mit der Umverteilung zugunsten und zulasten von Gebietskörperschaften innerhalb des diskutierten Staatswesens. Auf dem Gebiet der räumlichen Umverteilung ist die EU bereits heute in vielfältiger Weise tätig.[10] In diesem Abschnitt soll nun der Frage nachgegangen werden, inwieweit sich die EU im Rahmen des neu zu gestaltenden Finanzausgleichssystems distributiv engagieren sollte.

1. Personelle Umverteilung

Die Distributionsaufgabe wird in der Literatur allgemein der zentralen Instanz zugeordnet.[11] Es handelt sich quasi um „ein Paradebeispiel für eine zentralstaatliche Aufgabe“[12]. Begründet wird dies damit, dass gemäß dem regionalen Wanderungsmodell bei unterschiedlichen regionalen Umverteilungsniveaus Bürger mit niedrigem Einkommen in Regionen mit starker Einkommensumverteilung abwandern und Bürger mit hohem Einkommen Regionen mit niedriger oder keiner Umverteilung auswählen würden. Im Endeffekt würde dies dazu führen, dass auch die stark umverteilenden Regionen zu keiner Umverteilung mehr in der Lage wären. Es würde sich eine Situation mit suboptimalem Umverteilungsniveau einstellen. An dieser Stelle wäre die zentrale Instanz zum Eingreifen aufgefordert.

Aus dieser Argumentation lässt sich aber nicht eine zentrale Umverteilungskompetenz für die EU herleiten. Im Grunde genommen bezieht sich diese Argumentation auf das Verhältnis zwischen einem Nationalstaat und seinen Regionen. Der Mechanismus, über den die oben beschriebene suboptimale Situation realisiert wird, ist eine hohe Mobilität der besteuerten Faktoren. Diese ist für den Faktor Kapital sicherlich auch auf europäischer Ebene gegeben. Für den Faktor Arbeit, dessen Mobilität mit realen Umzugsaktivitäten der Wirtschaftssubjekte verbunden ist, trifft dies – zumindest heutzutage – bezüglich der Europäischen Union nicht zu.[13] Die Gründe liegen in Sprachbarrieren und kulturellen Unter-

---

10 Siehe dazu im 5. Kapitel dieser Arbeit die Abschnitte B. *Redistribution auf nationaler Ebene* und C. *Redistribution auf regionaler Ebene.*

11 Vgl. PEFFEKOVEN (1988), S. 615.

12 FELD / KIRCHGÄSSNER (1998), S. 67.

13 Vgl. COSTELLO (1993), S. 115 und PROKOP (1999), S. 14ff.

schieden zwischen den Mitgliedsländern.[14] Auch die Osterweiterung wird an dieser Einschätzung wenig ändern.[15] Zwar ist die Wanderungsbereitschaft der Osteuropäer aufgrund des großen Wohlstandsgefälles zu den bisherigen Mitgliedstaaten höher einzuschätzen. Die kulturellen und sprachlichen Wanderungshemmnisse sind aber ebenfalls größer. Außerdem ist mit wachsender wirtschaftlicher Integration mit einem sinkenden Migrationsdruck zu rechnen, da sich auch der Wohlstand in den Beitrittsländern erhöhen wird.[16] Damit fällt aber das Argument für eine Verlagerung der personellen Distributionsaufgabe auf die EU fort.

Darüber hinaus mangelt es im Bereich der personellen Einkommensumverteilung an der nötigen politischen Homogenität im Gemeinschaftsraum. Es existieren große Unterschiede, nicht nur bezüglich des Umverteilungsniveaus, sondern auch bezüglich der angewandten Verfahren.[17] Das Ausmaß des aus gegenseitiger Verbundenheit herrührenden Altruismus kann auf dezentraler Ebene darüber hinaus größer sein als auf zentraler. Durch eine zentrale Umverteilungskompetenz könnte somit ein suboptimales Umverteilungsniveau folgen.[18]

Eine mögliche Alternative liegt in der Verfolgung personeller Umverteilungsziele durch einen regionalen Umverteilungsmechanismus. Dies ist derzeit die gängige Praxis der aktuellen EU-Umverteilungspolitik.[19] Eine solche Praxis ist aber ineffizient, da so auch reiche Bürger in relativ armen Regionen gefördert werden und arme in reichen Regionen von keiner Förderung profitieren.[20] Personelle und räumliche Umverteilungsziele sind also konsequent voneinander zu

---

14 Vgl. MALLOSSEK (1996), S. 218.

15 Vgl. STRAUBHAAR (1999).

16 Vgl. HÖNEKOPP / WERNER (2000), S. 6. Das DIW rechnet mit einer Zunahme der osteuropäischen Bevölkerung im gesamten heutigen Gemeinschaftsgebiet von 0,9 Mio. (1998) auf nur 3,9 Mio. (2030). Vgl. DIW (2000). Dem gegenüber rechnet EL-SHAGI (2000), S. 596 mit einer massiven Einwanderung aus Osteuropa.

17 Personelle Umverteilung kann über Steuern oder Subventionen und durch den Staatshaushalt oder Parafisci erfolgen.

18 Vgl. PAULY (1973), S. 37.

19 Beispielsweise werden im Rahmen des Ziels Nr. 3 Weiterbildungsmaßnahmen für Arbeitslose finanziert.

20 Vgl. OATES (1977a), S. 309. Eine Möglichkeit, dies zu umgehen, besteht in einer differenzierten Ausgestaltung der Einkommensteuern im Gemeinschaftsgebiet. Vgl. OATES (1972), S. 80. Eine gemeinschaftliche Besteuerungskompetenz wird aber abgelehnt.

trennen. Die personelle Umverteilung sollte demnach bis auf weiteres in der Hand der Mitgliedstaaten verbleiben.

2. Räumliche Umverteilung

Die Frage nach einer Kompetenz für die Europäische Union in Sachen räumlicher Umverteilung ist dreigeteilt zu beantworten. Zunächst muss geklärt werden, ob im Gemeinschaftsgebiet überhaupt die Erfordernis für eine Umverteilungspolitik besteht. Falls dies gegeben ist, müsste zweitens gezeigt werden, dass die Verträge eine Aktivität der EU in diesem Bereich ermöglichen oder gar fordern und dass drittens die Durchführung der Umverteilungsaufgabe besser durch die zentrale als durch eine dezentrale Instanz erfolgt.

a) Konvergenz oder Divergenz in der EU?

Ein Grund für eine räumliche Umverteilungspolitik auf nationaler oder regionaler Ebene ist dann gegeben, wenn sich entgegen den Zielen des EU-Vertrags die ökonomischen Unterschiede (Disparitäten) innerhalb der EU vergrößern oder wenn sich wirtschaftliche Konvergenz nicht im gewünschten Ausmaß einstellt. Im Falle einer ausreichend konvergenten Entwicklung besteht zumindest aus allokativer Sicht kein Bedarf für einen Finanzausgleich.[21]

Mit fortschreitender wirtschaftlicher Integration und Flexibilisierung der Handelsbeziehungen sollten theoretisch die komparativen Vorteile einzelner Regionen enthüllt werden und verstärkt zum Tragen kommen, weil abschottende Handelshemmnisse abgeschafft werden. Durch die Liberalisierung müssten somit alle Regionen profitieren, wenn sie die Güter und Dienstleistungen erstellen, in denen sie über komparative Vorteile verfügen.[22] Zusammen mit der von der neoklassischen Theorie unterstellten abnehmenden Grenzproduktivität der Produktionsfaktoren (vor allem des mobilen Faktors Kapital) würde daraus eine verstärkte Konvergenz zwischen den Regionen folgen. Andererseits betont die Neue Wachstumstheorie die Existenz von externen Effekten und steigenden Skalenerträgen. Es ist demnach zu vermuten, dass ökonomisch starke, weil

---

21 Vgl. THOMAS (1997), S. 12.

22 Soweit die reale Außenwirtschaftstheorie (Heckscher-Ohlin-Theorem). Vgl. auch RÜBEL (2000), S. 174 und OHR (1995), S. 2f.

technisch fortschrittliche und hoch produktive Regionen stärker von der Marktöffnung profitieren und ihre Exporte steigern können. Ökonomisch schwache Regionen (zum Beispiel agrarische oder altindustrielle Regionen) könnten dagegen von einer weiteren Integration negativ betroffen sein. Dies wäre dann der Fall, wenn ihre Konkurrenzregionen (beispielsweise in Osteuropa) über komparative Kostenvorteile in den Produktionsbereichen verfügen, in denen bislang ihre Schwerpunkte lagen. Diese Entwicklung hätte dann verstärkte Disparitäten zur Folge.[23]

Empirische Untersuchungen zu diesem Thema kommen tatsächlich durchweg zu dem Ergebnis, dass sowohl auf nationaler als auch auf regionaler Ebene nur bedingte Konvergenzfortschritte erzielt wurden.[24] Zwischen den Mitgliedstaaten nahmen die Disparitäten zunächst ab, bleiben jedoch seit Mitte der 80er Jahre weitgehend konstant. Die positiven Entwicklungen sind in den letzten Jahren allerdings nur noch auf die zunehmende Konvergenz der Kohäsionsländer (mit Ausnahme Griechenlands) zurückzuführen.[25] Zwischen den übrigen Ländern haben sich die Unterschiede dagegen durchaus vergrößert. Noch schlechter steht es mit der Konvergenz auf regionaler Ebene. Dort nehmen die Disparitäten seit Beginn der 80er Jahre sogar wieder zu. Gemessen an ihrem Ziel, eine konvergente Entwicklung innerhalb der EU zu erreichen, funktioniert das derzeitige Umverteilungssystem demnach nur unbefriedigend.[26]

b) *Anknüpfungspunkte in den Gründungsverträgen*

Der EG-Vertrag verpflichtet die Union zu einer Erfolg versprechenden Kohäsionspolitik. Es stellt sich demnach nicht die Frage, *ob* die Europäische Union

---

23 Vgl. BARISITZ (1996), S. 50f., ESER (1991), S. 47, NAM ET AL. (1990) und OHR (1995), S. 3f.

24 Vgl. ARNOLD (1995) und (1997), S. 26ff., EISSEL (1994), S. 51ff., LESCH (1998), REES / SONNENHOLZNER (2000), WALTHES (1996) und EUROPÄISCHER RAT (1999), S. 1. Barro und Sala-i-Martin ermitteln auf regionaler Ebene eine Konvergenzrate von annähernd zwei Prozent pro Jahr, vgl. BARRO / SALA-I-MARTIN (1991), S. 141ff. und SALA-I-MARTIN (1996), S. 1326.

25 Vgl. IRMEN / BLACH (1996), S. 718. So kann es vorkommen, dass trotz stärkerem Wachstums der rückständigen Staaten (β-Konvergenz) die Gesamtstreuung (σ-Konvergenz) zunimmt. Siehe dazu BARRO / SALA-I-MARTIN (1991), S. 112 und LESCH (1998), S. 48.

26 Vgl. THOMAS (1995), S. 15. Allerdings muss die Frage, wie die Entwicklung ohne die europäischen Umverteilungsaktivitäten verlaufen wäre, unbeantwortet bleiben.

Umverteilung zugunsten der benachteiligten Gebiete durchführen soll. „Die Frage kann nur lauten, in welchem Umfang und in welcher Ausgestaltung Kohäsionspolitik in Zukunft betrieben werden sollte.“[27] Ergänzend kann die Frage gestellt werden, auf welcher föderalen Ebene die Umverteilungspolitik am besten ansetzen müsste.

i. Umverteilung auf nationaler Ebene

Für ein sekundäres Finanzausgleichssystem auf Ebene der Mitgliedstaaten bieten die Verträge nur wenige Anhaltspunkte. Die Formulierungen des Titels XVII im EG-Vertrag zum wirtschaftlichen und sozialen Zusammenhalt beziehen sich fast ausschließlich auf die Entwicklung der europäischen Regionen. Dem trägt auch die aktuelle Ausrichtung der Regional- und Strukturfonds Rechnung, deren Kriterienkatalog sich auf regional abgegrenzte Gebietseinheiten bezieht.[28] Die einzige Ausnahme – und somit die einzige Begründungsmöglichkeit – bildet die derzeitige Ausgestaltung des Kohäsionsfonds.[29] Die Mittel dieses Fonds fließen den Mitgliedstaaten zu. Es wurde aber bereits dargelegt, dass es sich bei dem Kohäsionsfonds weniger um ein Instrument der europäischen Kohäsionspolitik als vielmehr um das Ergebnis eines politischen Tauschgeschäfts handelt mit strukturpolitischer Scheinbegründung. Dennoch konnten die Kohäsionsländer ihren Entwicklungsrückstand auch mit Hilfe des Kohäsionsfonds teilweise ausgleichen. Inwieweit dies auf den Kohäsionsfonds zurückzuführen ist, kann nicht beantwortet werden. Hieraus allerdings eine allgemeine Kompetenz für ein nationales Ausgleichssystem abzuleiten, ist sicherlich nicht gerechtfertigt.

Bei dieser Ablehnung eines horizontalen Umverteilungsmechanismus zwischen den Mitgliedstaaten sollte es auch in Zukunft bleiben.[30] Zum einen ist ein solcher nicht geeignet, die existierenden strukturellen Unterschiede zwischen den verschiedenen Regionen innerhalb der Union zu mindern, da bei einer solchen Konstruktion die Mittel nicht zielgerichtet genug eingesetzt werden könnten. Während nicht auszuschließen ist, dass auch reiche Regionen in armen Ländern

---

27 FRANZMEYER (1996), S. 132.

28 Siehe dazu im 5. Kapitel dieser Arbeit den Abschnitt B. *Redistribution auf regionaler Ebene.*

29 Siehe dazu im 5. Kapitel dieser Arbeit den Abschnitt A. 2. *Redistribution über die Ausgabenseite.*

30 Unabhängig davon ist die Frage nach der Begründung eines nationalen Umverteilungsmechanismus im wahren Sinne des Kohäsionsfonds, nämlich der Kompensation einzelner Länder für bestimmte Integrationsschritte.

Zuwendungen bekämen, würden arme Regionen in relativ reichen Ländern leer ausgehen. Zum anderen würde die Bereitschaft der Geberländer, Finanzmittel zur Verfügung zu stellen, enorm sinken, wenn bereits im Vorfeld feststeht, dass nur Regionen anderer Mitgliedsländer von den Zahlungen profitieren werden.

ii. Umverteilung auf regionaler Ebene

Im Gegensatz zur Umverteilung auf nationaler Ebene bergen die Verträge eindeutige Hinweise bezüglich der Bedeutung regionaler Umverteilungsmechanismen. Im bereits zitierten Art. 158 formuliert der EG-Vertrag ausdrücklich das Ziel, rückständige *Regionen* in ihrer Entwicklung zu unterstützen. Ähnliche Zielformulierungen finden sich im EG-Vertrag in den Bestimmungen über die Strukturfonds.

Nun stellt sich die Frage nach der prinzipiellen ökonomischen Bewertung eines regionalen Umverteilungsmechanismus auf europäischer Ebene – unabhängig von der konkreten Ausgestaltung. Gemäß dem Subsidiaritätsprinzip sollte die regionale Strukturpolitik zweifelsohne dezentral organisiert werden.[31] Auch in die regionalen Umverteilungssysteme innerhalb der Mitgliedstaaten sollte die EU in keiner Weise eingreifen. Für die Konvergenz innerhalb eines Mitgliedstaates ist dieser alleine verantwortlich. Dennoch existiert eine Legitimation für ein zentrales Eingreifen der EU: Sie sollte gezielt diejenigen Regionen fördern, die von der positiven Wirkung der europäischen Integration nur wenig profitieren oder die aufgrund besonders schlechter individueller Voraussetzungen von dem Anstieg der Gesamtwohlfahrt abgeschnitten zu werden drohen. Durch ein solches Ausgleichssystem lassen sich die Wohlfahrtsgewinne, die durch die europäische Integration entstehen, gleichmäßiger auf alle Regionen aufteilen,[32] wodurch die Akzeptanz des europäischen Integrationsgedankens erhöht werden kann.

c) Europäische oder nationale Kompetenz?

Die Kompetenz, ein räumliches Umverteilungssystem auf regionaler Ebene zu implementieren, sollte zentral bei der EU liegen. Dies ist der beste Weg, um ein effizientes und gerechtes Ausgleichssystem einzuführen, denn aufwändige Dis-

---

[31] Siehe hierzu im 3. Kapitel dieser Arbeit, den Abschnitt A. 1. o) *Strukturpolitik*.

[32] Vgl. OATES (1977a), S. 311.

kussionen um angemessene finanzielle Lasten und Wohltaten können so von einer neutralen Instanz gelöst werden. Da es im Endeffekt bei einem Finanzausgleich immer um die Verteilung finanzieller Mittel geht, drängen bei Verhandlungen zu diesem Thema rein egoistische, budgetäre Erwägungen sinnvolle ökonomische Überlegungen in den Hintergrund. Problemen, wie sie bei der aktuellen Diskussion um die Verfassungsklagen zum deutschen Länderfinanzausgleich auftreten,[33] kann so entgegengewirkt werden. „Regionalpolitik kann wegen ihres umverteilenden Charakters nur von Ebenen durchgeführt werden, deren Einfluss sich sowohl auf begünstigte als auch auf belastete Regionen erstreckt."[34] Da auf europäischer Ebene das Solidaritätsgefühl sicherlich noch deutlich schwächer ausgeprägt ist als zwischen den deutschen Bundesländern, würde ein dezentral organisierter Finanzausgleich lediglich in Verteilungskämpfen münden. Es sei aber noch einmal erwähnt, dass mit dieser europäischen Kompetenz über den Ausgleichsmechanismus keinerlei Kompetenz über die regionale Mittelverwendung verbunden sein darf.

Mit der grundsätzlichen Entscheidung für eine zentrale Kompetenz in der räumlichen Umverteilung ist allerdings noch nicht viel über die konkrete Ausgestaltung des Umverteilungsmechanismus entschieden. Es stehen immer noch vertikale und horizontale Mechanismen zur Verfügung.[35]

C. Die Stabilisierungsaufgabe

Auch die Stabilisierungsaufgabe, der Auftrag an den Staat also, für Geldwertstabilität und ein hohes Beschäftigungsniveau bei außenwirtschaftlichem Gleichgewicht und einem angemessenen Wirtschaftswachstum zu sorgen,[36] wird allgemein der zentralen staatlichen Ebene zugewiesen.[37] Doch auch bei dieser Zuordnung handelt es sich um die traditionelle Sichtweise der Aufgabenverteilung

---

33 Für einen Einblick in diese Diskussion siehe ARNDT (1998), E. HUBER (1998), PEFFEKOVEN (1998) und PERSCHAU (1998).

34 LAMMERS / STILLER (2000), S. 18.

35 Vgl. THOMAS (1993), S. 20. Zur Entscheidung über den konkreten Mechanismus siehe das 8. Kapitel dieser Arbeit *Sekundärer aktiver Finanzausgleich*.

36 So formuliert es beispielsweise das deutsche Stabilitäts- und Wachstumsgesetz, vgl. § 1 StWG.

37 Vgl. PEFFEKOVEN (1988), S. 616.

zwischen einem Land und seinen Regionen. Diese Argumente treffen für die Gegebenheiten zwischen EU und Mitgliedstaaten nicht zu.[38]

Zum einen, so wird argumentiert, verfügen die dezentralen Gebietskörperschaften nicht über das notwendige Instrumentarium, die wirtschaftliche Gesamtnachfrage zu steuern. Dabei handelt es sich um die Instrumente der Fiskal- und Geldpolitik. Aber gerade die Instrumente der Fiskalpolitik liegen im Bereich der EU in den Händen der Mitgliedstaaten und nicht bei der europäischen Zentrale. Die Gründe hierfür wurden bereits dargelegt.[39] Dies gilt insbesondere auch für die aufkommenselastischen Steuern vom Einkommen, die als automatische Stabilisatoren fungieren. Es gilt aber auch für die Möglichkeit, Stabilisierungspolitik über Kredite zu finanzieren, sei es im Rahmen der antizyklischen Fiskalpolitik oder als Finanzierung von Konjunkturprogrammen. Eine Kreditfinanzierung der Europäischen Union wurde aber ebenfalls abgelehnt.[40] Lediglich über die Geldpolitik haben die Mitgliedstaaten der Währungsunion keine Handhabe mehr. Diese liegt jetzt beim ESZB. Für die nationalen Regierungen der Länder mit unabhängiger Notenbank ist diese Situation aber nicht neu, denn sie hatten ihre geldpolitische Kompetenz bisher an die eigene Zentralbank abgegeben und waren somit auch bis dato nicht der Souverän über die nationale Geldpolitik. Stabilisierungspolitik konnten sie dennoch betreiben. Für eine erfolgreiche Geldpolitik ist die Frage der Unabhängigkeit der Zentralbank entscheidend,[41] nicht die der nationalen oder supranationalen Kompetenz.

Die bislang vorgetragenen Argumente sind jedoch gänzlich allokativ motiviert. Dennoch muss dadurch nicht die Qualität der makroökonomischen Stabilisierung leiden, denn das für die Regionen eines Landes vorgetragene und gültige Argument, den dezentralen Einheiten fehle es an Anreizen, eine stabilitätsorientierte Politik zu betreiben, trifft für die Mitgliedstaaten der EU nicht zu. Die nationalen Regierungen sind trotz der Existenz der EU in den Augen der Bürger weiterhin für stabilitätspolitische Erfolge und Misserfolge verantwortlich, sodass die Mitgliedstaaten die Verantwortung für eine gescheiterte Politik nicht einfach der EU zuschieben können. Einem Schwarzfahrer-Verhalten der einzelnen Mitgliedstaaten kann somit entgegengewirkt werden. Gerade um eine solche Ent-

---

[38] Vgl. VANHEUKELEN (1996), S. 36 und DÖRING (2000), S. 138.

[39] Siehe dazu im 3. Kapitel dieser Arbeit die Abschnitte A. 1. f) *Steuerpolitik* und A. 1. g) *Allgemeine Wirtschafts- und Finanzpolitik.*

[40] Siehe dazu im 4. Kapitel dieser Arbeit den Abschnitt C. 2. *Kreditfinanzierung.*

[41] Zur Bedeutung einer unabhängigen Zentralbank siehe DOLMAS / HUFFMAN / WYNNE (2000) und JARCHOW (1995), S. 195ff.

wicklung zu verhindern, sollte auch zukünftig die stabilitätspolitische Kompetenz ausdrücklich bei den Mitgliedstaaten verbleiben.

D. Abschätzung des europäischen Finanzbedarfs

Dem Konnexitätsprinzip[42] folgend, ergibt sich aus der soeben geschilderten Aufgabenverteilung auch die Ausgabenverteilung zwischen Mitgliedstaaten und Union und damit schließlich auch der Finanzbedarf der EU. In den folgenden Abschnitten soll dieser Bedarf nun grob beziffert werden.[43] Zunächst folgt die Darstellung für die EU in ihrer heutigen territorialen Abgrenzung. Danach werden auch die finanziellen Auswirkungen möglicher Erweiterungsrunden behandelt. Die Analyse beschränkt sich auf die Ermittlung des Finanzbedarfs, wie er sich aus den allokativen Aufgaben ergibt. Stabilitätspolitische und distributive Aufgaben bleiben unberücksichtigt, denn eine stabilitätspolitische Kompetenz wurde für die EU abgelehnt und die Finanzierung des Distributionsmechanismus wird weiter unten im Rahmen seiner Konstruktion behandelt, da die notwendigen finanziellen Mittel neben dem EU-Haushalt fließen werden.

1. Der Finanzbedarf für die Gemeinschaft der Fünfzehn

Der Ausgangspunkt für die Bestimmung des gemeinschaftlichen Finanzbedarfs bilden die Zahlen des Haushaltsplans für das Jahr 1998.[44] Mit seiner Hilfe lassen sich die Ausgaben der EU relativ präzise auf die Rubriken der finanziellen Vorschau, und damit in einzelne Aufgabenbereiche aufschlüsseln. Somit können genau die Ausgaben aus dem Haushaltsplan herausgerechnet werden, die nach der oben erfolgten Aufgabenverteilung nicht für Aufgaben der zentralen Ebene vorgesehen sind. Als Grundsatz gilt dabei, dass lediglich über die Zuordnung

---

42 Siehe dazu im 2. Kapitel dieser Arbeit den Abschnitt A. 6. *Das Konnexitätsprinzip.*

43 Ziel dieser Abschätzung ist es, einen Richtwert für die später folgende Quantifizierung der notwendigen Einnahmen bei der Modellierung des Beitragsinstruments zu erhalten. Darum ist der ermittelte Zahlenwert weniger aufgrund seiner genauen Größe interessant als vielmehr im Vergleich zum bisherigen Haushaltsvolumen und als Parameter der Beitragsgestaltung.

44 Vgl. EUROPÄISCHE KOMMISSION (1998d).

von Kompetenzen entschieden wird. Die Art der Aufgabenerfüllung innerhalb der zugestandenen Kompetenzen und die damit verbundenen Kosten stehen nicht zur Diskussion. Bei der simultanen Variation von Kompetenzen und Art der Aufgabenerfüllung wäre es nicht möglich, die Resultate beider Effekte voneinander zu trennen. Es wird darum im Rahmen dieser Analyse davon ausgegangen, dass im Bereich der EU-Kompetenzen Art und Kosten der Aufgabenerfüllung beibehalten bleiben.[45]

Im Bereich der Agrarpolitik wird eine Beibehaltung der geltenden Bestimmungen zur Marktorganisation und eine Rückverlagerung der Agrarstrukturpolitik auf die nationale Ebene zugrunde gelegt, während die regionale Strukturpolitik völlig aus dem zentralen Haushalt herausfällt und in den im 8. Kapitel beschriebenen Finanzausgleich überführt wird. Die Rubrik *Externe Politikbereiche* enthält zusätzlich die Mittel des Europäischen Entwicklungsfonds, der zukünftig alle Entwicklungshilfeleistungen der Mitgliedsländer umfassen sollte.[46] In Spalte zwei stehen die tatsächlichen Haushalszahlen für 1998; Spalte vier enthält die Angeben, die sich aus der Anwendung der in dieser Arbeit vorgeschlagenen Aufgabenverteilung ergeben. Für die ausführliche Berechnung sei auf den Anhang 3 verwiesen. Die Analyse kommt zu folgendem Ergebnis:

Tabelle 2: Der Finanzbedarf der Europäischen Union

Rubrik	Haushaltsplan (in Mio. ECU)	in % des EU-BIP	Reformplan dieser Arbeit (in Mio. ECU)	in % des EU-BIP
Gemeinsame Agrarpolitik	40.828,0	0,60	38.554,0	0,57
Strukturpolitik	29.131,0	0,43	-	-
Interne Politikbereiche	5.324,3	0,08	1.966,5	0,03
Externe Politikbereiche	5.260,9	0,08	27.637,9	0,41
Verwaltungsausgaben	4.128,6	0,06	3.713,9	0,05
Sonstiges	1.853,0	0,03	1.527,0	0,02
Summe	**86.525,5**	**1,28**	**73.399,4**	**1,08**

Quelle: EUROPÄISCHE KOMMISSION (1998d) und eigene Berechnungen auf Basis der Haushaltszahlen für 1998

45 Nichtsdestotrotz besteht enormer Reformbedarf auch bei der Art der Aufgabenerfüllung einzelner Bereiche. Als Beispiel sei die Gemeinsame Agrarpolitik genannt. Dies fällt aber nicht unter den Untersuchungsgenstand dieser Arbeit.

46 Angesetzt wurden 0,33 Prozent des EU-weiten BIP. Dies entspricht der Höhe der Entwicklungshilfeleistungen aller Mitgliedsländer (ohne Griechenland) in 1998. Vgl. OECD (1999) und BMZ (1999).

Der Angabe der Ausgaben in Prozent des BIP der EU kommt eine besondere Bedeutung zu, denn zum einen sind monetäre Größen stets in ihrer Interpretation davon abhängig, zu Preisen eines welchen Jahres sie ausgedrückt werden (hier: zu Preisen von 1998), zum anderen drückt auch die EU ihren Finanzbedarf häufig in dieser Form aus. So ist beispielsweise der maximale Einnahmen-Plafond des EU-Haushalts ebenfalls als Prozentsatz des unionsweiten BIP ausgedrückt.[47] Dies birgt den Vorteil, dass bei unverändertem Plafond die Staatsquote der EU im Zeitverlauf konstant bleibt.

Aus eben diesen Gründen drücken auch andere Untersuchungen den europäischen Finanzbedarf relativ zum BIP aus. Die erste umfassende Studie zu diesem Thema findet sich im MacDougall-Bericht. Dabei werden jedoch Integrationsfortschritte generell mit einem steigenden Zentralhaushalt verbunden. Die Möglichkeit eines Zusammenwachsens der Mitgliedstaaten ohne stärkere finanzielle Zentralisierungstendenzen wird nicht in Betracht gezogen. Auf dem Weg zu einer eng integrierten Staatengemeinschaft identifiziert der Bericht eine Reihe möglicher Zwischenstufen.

Abbildung 12: Integrationsstadien des MacDougall-Berichts und Budgetvolumina

Zeitverlauf →

Integrationsstadium	Präföderalistsche Integration	Frühes Stadium einer Föderation	Frühes Stadium einer Föderation	Spätes Stadium einer Föderation
BSP-Anteil	**2 bis 2½ %**	**5 bis 7 %**	**7½ bis 10 %**	**20 bis 25 %**
Charakteristika	Entwicklung der politischen Strukturen, Direktwahl zum EP	Ohne soziale Sicherheit, *ohne* Verteidigung	Ohne soziale Sicherheit, *mit* Verteidigung	Strukturen vergleichbar mit Deutschland oder den USA

Quelle: Eigene Darstellung nach MACDOUGALL-BERICHT, S. 14

[47] Zur Zeit beträgt dieser Plafond 1,27 Prozent des BIP der Europäischen Union.

Dabei fällt auf, dass bereits die erste genannte Integrationsstufe, die „präföderalistische Integration“ mit 2 bis 2,5 Prozent über einen größeren Zentralhaushalt verfügt, als ihn die EU heute hat. Sollte also der erreichte Integrationsstand nicht einmal dieser frühen Stufe entsprechen? Diese Frage ist eindeutig zu verneinen, denn das Europäische Parlament wird seit 1979 direkt gewählt und die wirtschaftliche Integration geht mit Realisierung der WWU weit über das Integrationsmaß der präföderalistischen Integration hinaus. Die EU befindet sich derzeit in einem Stadium zwischen den ersten beiden Stufen des MacDougall-Berichts. Dies ist offensichtlich mit einem deutlich geringeren finanziellen Zentralisierungsgrad möglich.

Der WWU-Bericht, eine weitere von der Europäischen Kommission in Auftrag gegebene Studie, vertritt ebenfalls diese Ansicht. Er beziffert mit 1,55 bis 1,85 Prozent des Unions-BIP zu Beginn der Endphase der WWU (1998 und später) bereits eine deutlich geringere finanzielle Ausstattung des Zentralhaushalts. Auch dieser Bericht vertritt die Ansicht, dass es sinnvoll wäre, die Ausgaben des EEF als Ausgaben der Gemeinschaft zu interpretieren und diese in den Gemeinschaftshaushalt einzustellen. Ohne Umverteilung über die Strukturfonds fällt der Satz mit 1,15 bis 1,35 Prozent noch niedriger aus.[48]

2. Der Finanzbedarf für eine erweiterte Union

Der soeben geschilderte Finanzrahmen wird sich mit der Aufnahme neuer Mitgliedsländer möglicherweise verändern müssen. Die Europäische Union führt bereits mit einigen mittel- und osteuropäischen Ländern konkrete Beitrittsverhandlungen. Estland, Polen, Tschechien, Ungarn, Slowenien, Malta und Zypern werden dabei die größten Fortschritte attestiert. Darüber hinaus wurden bereits auch Lettland, Litauen, der Slowakei, Rumänien und Bulgarien mehr oder min-

---

48 Wünschenswertes Gesamtvolumen der EG-Ausgaben in den Bereichen Allokation und Umverteilung zu Beginn der Endphase der WWU (1998 und später):

Ausgabekategorien	**Ungefährer Prozentsatz des BIP der EG**
Gemeinsame Agrarpolitik	0,4 – 0,5
FuE, Umwelt, transeuropäische Netze	0,15 – 0,2
Strukturfonds (einschließlich Kohäsionsfonds)	0,4 – 0,5
Hilfe für Entwicklungsländer (einschließlich EEF)	0,3
Hilfe für Ost- und Mitteleuropa	0,2 – 0,25
Sonstige	0,1
Insgesamt	1,55 – 1,85

Quelle: WWU-BERICHT, S. 76.

der konkrete Beitrittsperspektiven gegeben. Schließlich könnten die verbliebenen EFTA-Staaten (Norwegen, Island, Liechtenstein, Schweiz) und die Türkei den Kreis der Mitgliedsländer vervollständigen und so eine Union mit 32 Mitgliedsländern entstehen lassen.[49] Während ein Beitritt der EFTA-Staaten die EU vor keine großen finanziellen Schwierigkeiten stellen dürfte (sie übertreffen im Pro-Kopf-Einkommen den Unionsdurchschnitt), kann die Integration der übrigen Staaten zu einer gewaltigen Herausforderung werden.[50]

Unter Berücksichtigung der gleichen Aufgabenverteilung, das heißt unter Ausschluss der Mittel für die Strukturförderung und unter Einbeziehung der Entwicklungshilfeausgaben, bei moderaten Reformen bezüglich der Agrarmarktordnung, sollte sich der Finanzbedarf einer erweiterten Union (gemessen in Prozent ihres BIP) nicht wesentlich vergrößern. Die größten finanziellen Herausforderungen sieht die EU in der Strukturförderung, die jedoch gemäß dieser Arbeit über einen horizontalen Finanzausgleichsmechanismus neben dem EU-Haushalt geregelt werden soll, doch dazu später. Von den Agrarmarktausgaben werden die osteuropäischen Beitrittsländer sicherlich profitieren. Der Anteil der Beschäftigten im Agrarsektor liegt in ihnen bei zehn Prozent und damit doppelt so hoch wie im Gebiet der EU von heute.[51] Dennoch darf dieser Effekt nicht überbewertet werden, denn gerade die Ausgaben im Agrarsektor sollen mittelfristig zurückgeführt werden.[52] Die Agenda 2000 ist nur ein erster Schritt in diese Richtung.[53]

Diese Meinung wird auch in der Literatur vertreten. Die vorliegenden Schätzungen zum notwendigen Finanzbedarf sind allerdings sehr von den zugrunde gelegten Prämissen über den Beitrittszeitpunkt einzelner Länder und von Form und Umfang der zukünftigen Struktur- und Agrarpolitik abhängig. Deshalb weichen sie auf den ersten Blick zum Teil deutlich voneinander ab. Nach Harmonisie-

---

49 Darüber hinaus wird bereits ein Beitritt Albaniens, Mazedoniens, Kroatiens, Bosnien-Herzegowinas und eines demokratischen Jugoslawiens diskutiert.

50 Allerdings übertreffen bereits heute die großen Metropolregionen der osteuropäischen Länder die Landesdurchschnitte der ärmeren EU-Mitglieder im Pro-Kopf-Einkommen. Vgl. ESER (1998), S. 13.

51 Vgl. EUROPÄISCHE KOMMISSION (1999b), S. 85.

52 Daneben ist zu beachten, dass das Agrarpreisniveau in den osteuropäischen Ländern deutlich unter dem der EU und in der Nähe des Weltmarktpreisnivieaus (teilweise auch darunter) liegt. Die Kosten für die Marktorganisation sollten demnach nicht sehr stark steigen. Einen wesentlich größeren Einfluss hat die Entscheidung, inwieweit die Beitrittsländer an den direkten Einkommensbeihilfen für die Landwirte partizipieren werden.

53 Vgl. HERMANN (1999), S. 159f.

rung der Prämissen ergibt sich jedoch ein erstaunlich einheitliches Bild. Der Europäische Rat rechnet mit dem Beitritt der ersten sechs Kandidaten in den Jahren 2002 bis 2006. Neben den ohnehin eingeplanten „Hilfen zur Vorbereitung auf den Beitritt" in Höhe von jährlich 3,12 Mrd. Euro veranschlagt die EU 16,78 Mrd. Euro an Kosten in den beigetretenen Ländern.[54] Das Gros der Ausgaben nehmen davon mit 12,08 Mrd. Euro die Strukturmaßnahmen ein, gefolgt von 3,40 Mrd. Euro für die Landwirtschaft. Die EU geht dabei davon aus, dass die Reformen im Rahmen der Agenda 2000 zu Einsparungen in diesem Bereich führen werden. Der Gesamtbetrag lässt sich als 0,18 Prozent am Unions-BSP ausdrücken. Ohne die Strukturmaßnahmen beträgt dieser Satz nur noch 0,05 Prozent.

Samland kommt in einer entsprechenden bei Heinemann erwähnten Analyse auf Kosten in Höhe von 0,185 Prozent des BSP, allerdings unter der Voraussetzung, dass die Agrarausgaben trotz der Erweiterung nominal auf dem gegenwärtigen Niveau verharren. Unter Beibehaltung der gegenwärtigen Agrarpolitik schätzt er ein um 0,2 bis 0,5 Prozent höheres Ausgabenwachstum.[55] Das DIW nennt im Vergleich dazu nur geringfügig größere Zahlen. Es rechnet unter Berücksichtigung eines Reformkonzepts mit Beitrittskosten (ohne Zypern) von 0,24 Prozent des BIP.[56]

Tabelle 3: Studien zu den Kosten der ersten Stufe der Osterweiterung

Studie	Kosten für Strukturmaßnahmen (in %)	übrige Kosten (in %)	Gesamtkosten (in %)
Europäischer Rat	0,13	0,05	0,18
Samland / Heinemann	0,085	0,1	0,185
DIW	0,23	0,01	0,24

Quelle: EUROPÄISCHER RAT (1999), HEINEMANN (1998), DIW (1996) und eigene Berechnungen.

Als Fazit der unterschiedlichen Studien lässt sich ziehen, dass die Osterweiterung bei Umsetzung der notwendigen Reformen im Agrarsektor nicht zu den

54 Vgl. EUROPÄISCHER RAT (1999), S. 2f. und 20 und STANKOVSKY (1999).

55 Vgl. HEINEMANN (1998), S. 74.

56 Vgl. DIW (1996), S. 791.

vielfach befürchteten exorbitanten Erweiterungskosten führen wird.[57] Bei gleichzeitiger Ausgliederung der Strukturmaßnahmen in einen separaten Finanzausgleich wird der *Zentral*haushalt der Union nur noch sehr gering zusätzlich belastet.[58] Die größten Erweiterungsbelastungen werden in den separaten Finanzausgleich überführt.

---

57 Im Übrigen stehen die Chancen für eine Reduktion der Kosten im Agrarsektor nicht schlecht, da auch durch die WTO-Verhandlungen ein entsprechender Druck auf die EU entstanden ist. Die Agenda 2000 hat bereits entsprechende Fortschritte gebracht. Vgl. KOESTER (1999), S. 305f. Die bevorstehende Osterweiterung ist lediglich ein weiterer Grund für eine Reform der gemeinschaftlichen Agrarpolitik.

58 Für die später erfolgende Simulation wird ein Wert von 0,05 Prozent des BIP angenommen. Dies entspricht dem Median der Werte der drei Studien für die zusätzlichen übrigen Kosten der Erweiterung (siehe Tabelle 3, zweite Spalte).

7. Kapitel: Primärer aktiver Finanzausgleich

Der sogenannte aktive Finanzausgleich regelt die Verteilung der Einnahmen der verschiedenen föderalen Ebenen. Der Zusatz *primärer* Finanzausgleich bedeutet, dass in diesem Kapitel die Verteilung der Einnahmen behandelt wird, wie sie gemäß der zugewiesenen Einnahmequellen, d.h. ohne nachträgliche Umverteilung, anfällt. Im Rahmen einer Analyse des Europäischen Finanzausgleichs stehen dabei die Einnahmen der Europäischen Union im Mittelpunkt der Betrachtung. Die Einnahmen der Mitgliedstaaten werden aus der Analyse ausgeblendet und als gegeben vorausgesetzt. Im Folgenden wird zunächst die grundsätzliche Aufteilung der Einnahmen zwischen EU und Mitgliedstaaten beschrieben und danach die verschiedenen Einnahmearten vorgestellt, aus denen sich die Europäische Union sinnvollerweise finanzieren sollte.

A. Die vertikale Einnahmenverteilung

Der vertikale Finanzausgleich beschreibt die prinzipiell zur Verfügung stehenden Methoden zur Einnahmenverteilung zwischen über- und untergeordneten föderalen Ebenen.[1] Die Systeme unterscheiden sich hinsichtlich der Zuordnung der drei Besteuerungskompetenzen (Ertragshoheit, Gestaltungshoheit,[2] Verwaltungshoheit) zu den föderalen Ebenen. Von besonderem Interesse sind dabei jedoch nur die Ertragshoheit und die Gestaltungshoheit. Abbildung 13 konzentriert sich auf die Klassifizierung der sogenannten „reinen" Systeme und deren Unterformen. In der Realität existieren aber häufig Mischformen zwischen Trenn- und Verbundsystem. Auf deren Darstellung wurde aus Gründen der Übersichtlichkeit verzichtet.

---

1 Zu den verschiedenen Formen der vertikalen Einnahmenverteilung siehe PEFFEKOVEN (1982), KOPS (1984b) und DICKERTMANN / GELBHAAR (1996a). Sowohl die Bezeichnungen der einzelnen Systeme (insbesondere beim gebundenen Trennsystem) als auch die Zuordnung von Varianten zu den reinen oder den Mischsystemen unterscheiden sich von Autor zu Autor jedoch recht stark.

2 Auch Gesetzgebungs- oder Objekthoheit genannt.

Abbildung 13: Grundformen der vertikalen Einnahmenverteilung

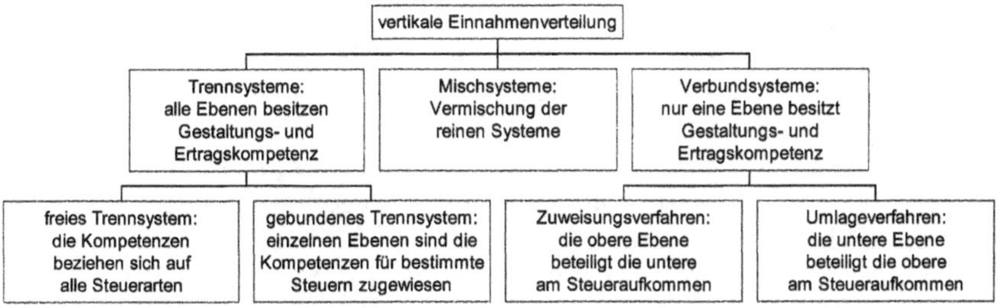

Quelle: Eigene Darstellung in Anlehnung an PEFFEKOVEN (1982), S. 251f.

Auch die im Rahmen dieser Arbeit vorgeschlagene Einnahmenverteilung lässt sich nicht genau einer der beiden reinen Formen zuordnen. Auch bei ihr handelt es sich um eine Mischform. Auf der einen Seite enthält sie Elemente eines Trennsystems, genauer: eines gebundenen Trennsystems. Das Gros der Steuern soll alleine den Mitgliedstaaten (und ihren Gebietskörperschaften) zustehen. Die originären Eigenmittel fallen dagegen ausschließlich der Gemeinschaftsebene zu. Sowohl Gestaltungs- als auch Ertragskompetenz für diese beiden Gruppen von Einnahmen liegen jeweils alleine bei der entsprechenden Ebene, das heißt bei der EU für die originären Eigenmittel und bei den Mitgliedstaaten für die Steuereinnahmen. Auf der anderen Seite wird die zukünftige Finanzierung auch Merkmale eines Verbundsystems in Form des Umlageverfahrens tragen. Die Mitgliedstaaten sollten Beiträge an die EU zahlen, soweit deren Eigenmittel nicht ausreichen.

B. Finanzierungsquellen

Die Grundzüge der zukünftigen Finanzierung wurden soeben überblicksartig benannt. Im Folgenden soll die konkrete Ausgestaltung dieses Mischsystems beschrieben werden. Zunächst erfolgt jedoch eine knappe Begründung, warum dieser Vorschlag – im Gegensatz zu manchen anderen – keine eigene Steuerautonomie für die EU enthält.

1. Keine Steuerautonomie für die EU

Die Frage, ob der Europäischen Union eine eigene Besteuerungskompetenz zugewiesen werden soll, wird in der finanzwissenschaftlichen Literatur bereits seit vielen Jahren kontrovers diskutiert. Konkret werden unter anderem die Übertragung der Einkommensteuer[3], der Vermögensteuer[4], einer speziellen Verbrauchsteuer (z.B. der Mineralölsteuer[5]) auf die EU oder die Einführung eines Hebesatzrechts für die EU auf die Mehrwertsteuer[6] als mögliche Wege für eine gemeinschaftliche Steuerkompetenz genannt.[7] Als Begründung für eine solche Vorgehensweise wird zumeist angeführt, dass den Bürgern der Union die Kosten der Gemeinschaft erst durch eine eigene EU-Steuer „fühlbar"[8] gemacht werden könnten. Würden dagegen die Aktivitäten der Gemeinschaft durch Beiträge finanziert, unterlägen die Bürger einer Illusion über die Kosten der Gemeinschaft, denn sie müssten – statt an die EU – erhöhte Steuern an die Mitgliedstaaten zahlen. Dies führe dann in letzter Konsequenz dazu, dass die Entscheidungsträger der EU keinen Anreiz hätten, die gemeinschaftlichen Ausgaben zu begrenzen, denn die Bürger rechneten ihnen die Nutzen stiftenden Ausgaben, nicht jedoch die dadurch verursachten Kosten zu.[9]

Diese Argumentation ist zwar prinzipiell richtig, sie greift jedoch zu kurz. Zum einen gibt es neben einer eigenen EU-Steuer noch andere Möglichkeiten, den Bürgern die Kosten der Europäischen Union aufzuzeigen[10] und so die Illusion bezüglich der Kosten der Gemeinschaft aufzulösen. Zum anderen reicht die Aufdeckung der Kosten der EU nicht aus, um die Ausgaben auf der zentralen Ebene zu beschränken. Dies kann nur durch eine strikt am Subsidiaritätsprinzip ausgerichtete Aufgabenverteilung gelingen. Eine EU-Steuer würde bei dem vorgeschlagenen Budgetumfang im Vergleich zu den nationalen Steuern nur sehr

---

3 Vgl. CAESAR (1990), S. 95.

4 Vgl. CAESAR (1996b), S. 165.

5 Vgl. LANGES (1987), S. 21f.

6 Vgl. KLEIN (1987), S. 33.

7 Aus Sicht der Theorie des fiskalischen Föderalismus sollten solche Steuern zentralisiert werden, die stark progressiv ausgestaltet sind und deren Basis sehr mobil oder regional stark ungleich verteilt ist. Vgl. WALSH (1993), S. 36 und MUSGRAVE (1983), S. 11.

8 PEFFEKOVEN (1994b), S. 113.

9 Vgl. BIEHL (1988b), S. 81f.

10 C. FUEST (1996), S.172 schlägt beispielsweise vor, den auf die EU entfallenen Steueranteil in der nationalen Besteuerung explizit auszuweisen.

geringe Belastungen für den einzelnen Steuerbürger mit sich bringen,[11] sodass es ein Leichtes für die EU wäre, ihre Steuer zu erhöhen.[12] Die Möglichkeit für die EU, eigene Steuern einzunehmen und somit die Höhe der Einnahmen autonom zu bestimmen, würde bezüglich der Ausgabenbeschränkung kontraproduktiv wirken.

Die Europäische Union verfügt im Gegensatz zu den Mitgliedstaaten nicht über eine gewählte Regierung. Rat und Kommission setzen sich aus Vertretern der nationalen Regierungen zusammen und sind, wie auch die europäischen Parlamentarier, ihren nationalen Wählern verantwortlich. „Unter diesen Bedingungen wäre die Zuweisung einer Steuerbasis als Finanzquelle für die Gemeinschaft mit dem Risiko verbunden, dass die Repräsentanten der Mitgliedstaaten das gemeinschaftliche Steueraufkommen dazu nutzen, ihre spezifischen nationalen Interessen finanzieren zu lassen.“[13] Das Ergebnis wäre eine Aufblähung des Gemeinschaftsetats und eine damit verbundene erhöhte Steuerbelastung.[14]

Ein weiteres Gegenargument besteht darin, dass aus der Übertragung der Kompetenz über eine bestimmte Steuer die Notwendigkeit zur Harmonisierung dieser Steuer auf europäischer Ebene folgen kann. Sollte beispielsweise ein Zuschlagsystem zur nationalen Einkommensteuer eingeführt werden, müssten zwingend die Einkommensteuersysteme vereinheitlicht werden. Damit wird aber der Steuerwettbewerb unter den Mitgliedstaaten ausgeschaltet und dem Bürger wird die Wahl des für ihn individuell am besten geeigneten Steuerlandes verwehrt.[15] Es bildet sich ein Steuerkartell der Mitgliedstaaten mit der Folge einer insgesamt höheren Besteuerung durch den entstandenen Steuer-Leviathan[16] EU. Der Verzicht auf eine Besteuerungskompetenz für die EU und die Finanzierung des Gemeinschaftshaushalts durch Beiträge der Mitgliedstaaten ist somit ein entscheidendes Mittel, um eine übermäßige Ausweitung des EU-Haushalts zu verhindern.[17] Statt dessen sollte sich die EU über die in den folgenden Abschnitten vorgestellten Einnahmekategorien finanzieren.

---

[11] Vgl. GUTH (1999), S. 120.

[12] Vgl. MALLOSSEK (1996), S. 293.

[13] WISSENSCHAFTLICHER BEIRAT BEIM BMWI (1999), Rz. 17.

[14] Vgl. C. FUEST (1996), S. 171. und BLANKART (2000), S. 28f.

[15] Vgl. C. FUEST (1995), S. 26ff.

[16] Vgl. BRENNAN / BUCHANAN (1980).

[17] Vgl. C. FUEST (1996), S. 172 und HEINEMANN (1998), S. 37f.

2. Originäre Eigenmittel und Zentralbankgewinn

Diese Einnahmen entstehen im direkten Verantwortungskreis der EU und sollten ihr deshalb alleine zustehen. Sie stellen somit den Grundstock der gemeinschaftlichen Finanzierung dar.

a) Originäre Eigenmittel

Die originären Eigenmittel, das heißt die Agrarabgaben, Zuckerabgaben und Zölle sollten auch weiterhin gemäß dem Konnexitätsprinzip der EU zustehen.[18] Diese Einnahmen entstehen aufgrund von Entscheidungen in Politikbereichen, deren Kompetenz der zentralen Ebene zugeordnet wurde. Auch weiterhin sollte den Mitgliedstaaten eine Erhebungskostenpauschale zugestanden werden, um ihnen die Aufwendungen für die Verwaltung dieser Einnahmen zu erstatten. Die Höhe dieser Pauschale wird auf fünf Prozent der in einem Land erzielten Einnahmen festgelegt.

b) Zentralbankgewinn

Neben den originären Eigenmitteln entsteht auch der Gewinn des Europäischen Systems der Zentralbanken (ESZB) prinzipiell in der Sphäre der EU und außerhalb des Einflussbereiches der Mitgliedstaaten. Mit der Zuordnung der geldpolitischen Kompetenzen an das ESZB haben die Mitgliedstaaten der Währungsunion ihre diesbezügliche Souveränität abgegeben. Der Gewinn des ESZB als einem Zusammenschluss einzelner nationaler Zentralbanken ist dennoch differenziert zu behandeln.[19] Er entsteht zum einen direkt bei der EZB, zum anderen bei den Zentralbanken der Mitgliedsländer, die ihrerseits Teil des ESZB sind. Der Gewinn dieser nationalen Zentralbanken kann in einen ESZB-abhängigen und einen ESZB-unabhängigen unterteilt werden. Der EU-Vertrag klassifiziert nur jene Gewinne als abhängig von der ESZB, die aus Vermögenswerten erzielt werden, welche als Gegenwert zum Bargeldumlauf und Verbindlichkeiten aus

---

[18] Zur genaueren Begründung siehe im 4. Kapitel dieser Arbeit den Abschnitt A. *Originäre Eigenmittel*.

[19] Vgl. RÖSL / SCHÄFER (2000).

Einlagen von Kreditinstituten (z.B. Mindestreserven) gehaltenen werden.[20] Einnahmen aus Transaktionen mit darüber hinausgehenden Vermögen, beispielsweise aus öffentlichen oder privaten Einlagen, sind demnach als von dem ESZB unabhängig zu bezeichnen. Es können deshalb nur die Gewinne der EZB und die von dem ESZB abhängigen Gewinne der nationalen Zentralbanken der EU als eigene Mittel zugerechnet werden.

Für die Ausschüttung dieses Gewinns bestehen nun zwei prinzipielle Möglichkeiten: Erstens könnte dieser an die Mitglieder des ESZB anteilig ausgeschüttet werden.[21] Zweitens könnte der zentrale EU-Haushalt der Begünstigte dieser Zahlungen sein.[22] Diese zweite Möglichkeit wäre der logisch sinnvollere und systematisch sauberere Weg. So würde der Eigenschaft des europäischen Zentralbankgewinns als Resultat einer europäischen Politik Ausdruck verliehen. Indirekt würde auch diese Art der Ausschüttung den Mitgliedstaaten zugute kommen, denn bei gegebenem Finanzierungsbedarf der EU würde sich durch Verbleib des ESZB-Gewinns bei der EU die Summe der Beiträge aller Mitgliedsländer zusammen um eben diesen Betrag verringern. Durch die unterschiedlichen Anteile der Mitgliedstaaten an den Finanzierungslasten einerseits und am Zentralbankgewinn andererseits ergeben sich daraus jedoch Verteilungseffekte im Vergleich mit dem Status quo. Tendenziell ist der Zentralbankgewinn in Ländern mit umfangreichem Bargeldbestand und hoher Inflation vergleichsweise groß.[23] Die Inflationsraten haben sich aber für die Teilnehmer an der Währungsunion auf niedrigem Niveau einander angepasst. Die Verteilungseffekte sind nur dann als unsystematisch anzusehen, wenn man den Status quo als unverzerrt ansieht. Der Zustand der Neutralität ist aber eher für die nach der beschriebenen Neuregelung erreichten Situation zu begründen, da sie das Ergebnis des Markmechanismus ist, ohne Anwendung irgendwelcher künstlicher Verteilungsschlüssel.

Solange jedoch nicht alle Mitgliedsländer der EU gleichzeitig auch Teilnehmer an der Währungsunion sind, ergibt sich ein weiteres Problem für die Verteilung

---

20 Vgl. Protokoll über die Satzung des Europäischen Systems der Zentralbanken und der Europäischen Zentralbank, Art. 32.2.

21 Als Schlüssel bietet sich der Anteil eins jeden Mitgliedslandes am gezeichneten Kapital der EZB an. Dies ist auch das derzeit angewandte Verfahren. Vgl. Protokoll über die Satzung des Europäischen Systems der Zentralbanken und der Europäischen Zentralbank, Art. 32.5 und 33. Erläuterungen bei RÖSL / SCHÄFER (2000), S. 43 u. 47.

22 Vgl. DICKERTMANN (1999), S. 81.

23 Vgl. EUROPÄISCHE KOMMISSION (1998b), S. 66ff.

des Zentralbankgewinns.[24] Die Aussage, dass der Gewinn der EZB außerhalb des Kompetenzbereichs einzelner Mitgliedstaaten entsteht, gilt auch für die Mitgliedstaaten, die nicht an der Währungsunion teilnehmen. Diese Länder verfügen aber über eigene nationale Zentralbanken, die ihrerseits einen Gewinn erzielen können. Daraus kann eine finanzielle Schieflage resultieren, wenn sie diese Gewinne einbehalten. Auf der einen Seite profitieren sie von niedrigeren Beitragszahlungen als Ergebnis des bei der EU verbliebenen ESZB-Gewinns und auf der anderen Seite behalten sie ihren nationalen Zentralbankgewinn für sich. Somit existiert ein Anreiz, der Währungsunion fernzubleiben.

Dieser negative Anreiz kann grundsätzlich auf drei unterschiedliche Arten beseitigt werden. Die erste und beste Möglichkeit besteht darin, auch die Mitgliedsländer, die nicht an der Währungsunion teilnehmen, zur Abführung ihres Zentralbankgewinns an die EU zu veranlassen. Dies mag bei Ländern, die gerne Teilnehmer wären, dies aber wegen Verstoßes gegen die Stabilitätskriterien nicht sind, noch relativ leicht zu erreichen sein. Länder aber, die bewusst nicht der Währungsunion beitreten, weil sie ihre nationale Souveränität nicht eingeschränkt wissen wollen, werden einem solchen Vorhaben nicht zustimmen. Zweitens könnte auf die Ausschüttung an das EU-Budget verzichtet werden. Statt dessen würde der europäische Zentralbankgewinn (wie bereits oben erwähnt) an die Mitglieder der Währungsunion fallen. Diese Lösung widerspricht aber der erwähnten Logik des europäischen Finanzausgleichs.

Darum wird im Rahmen dieser Arbeit ein dritter Weg beschritten. Dieser Weg besteht in der Berücksichtigung der von den Teilnehmerländern eingebrachten Mittel bei der Beitragsgestaltung. Den Teilnehmern an der Währungsunion wird auch bei diesem Vorschlag nicht der EZB-Gewinn ausgezahlt. Der Anteil, der jedoch bei einer fiktiven Ausschüttung auf sie entfiele, wird ihnen bei der Berechnung ihrer Finanzierungsanteile gutgeschrieben.[25] So wird dem Charakter des ESZB-Gewinns als gemeinschaftlichem Finanzmittel Rechnung getragen und zugleich eine Ungleichbehandlung von Teilnehmern und Nichtteilnehmern an der Währungsunion vermieden.[26]

---

[24] Vgl. MALLOSSEK (1996), S. 297f.

[25] Näheres zu dieser Berechnung steht in diesem Kapitel im Abschnitt D. 2. d) *Korrekturmechanismus des Zentralbankgewinns*.

[26] Dieses Verfahren ist aber im Vergleich zur Einbeziehung auch der Zentralbankgewinne der nicht teilnehmenden Länder nur ein zweitbester Vorschlag.

3. Beiträge der Mitgliedstaaten

Die Bedeutung der originären Eigenmittel ist in den vergangenen Jahren kontinuierlich gesunken. Dieser Trend wird sich auch in Zukunft mit fortschreitender internationaler Handelsliberalisierung fortsetzen, da durch das Absenken der internationalen Zollschranken und durch fortschreitende Liberalisierung des Agrarhandles das Aufkommen von Zöllen und Agrarabschöpfungen sinken wird. Die Hauptlast der Finanzierung werden darum auch in Zukunft die Beiträge der Mitgliedsländer tragen.[27]

Derzeit gibt es mit den MwSt- und BSP-Eigenmitteln zwei verschiedene Arten von Mitgliedsbeiträgen. In Zukunft sollte sich die Finanzierung der EU aber nur noch auf eine einzige Beitragsart stützen. Zum einen resultiert dies aus der Orientierung am Leistungsfähigkeitsprinzip, denn nach der Entscheidung für einen die Leistungsfähigkeit beschreibenden Indikator folgt daraus zwingend nur noch die Orientierung an diesem. Die zusätzliche Verwendung einer zweiten Beitragsart würde sich auf einen anderen Indikator stützen und somit unumgänglich vom gewählten Leistungsfähigkeitsmaßstab abweichen. Zum anderen wird durch die alleinige Verwendung einer Beitragsart die Transparenz des Ausgleichs erhöht.[28]

C. Methodische Vorüberlegungen zur Gestaltung des Beitragstarifs

Dieser Abschnitt dient dazu, die grundsätzlichen Entscheidungen zu fällen, wie der Beitragstarif letztendlich aussehen wird. Dies sind vor allem die Fragen nach den ökonomischen Kennzahlen, auf die sich der Ausgleich stützen soll sowie deren Berechnung und nach der Wahl von Tarifform und Tariftyp. Dabei ist anzumerken, dass der im Rahmen dieser Arbeit entwickelte Finanzierungsmechanismus einer von vielen denkbaren Alternativen ist, welche den oben genannten Prinzipen genügen.

---

27 Vgl. BUSCH (1998), S. 16. 1998 betrug ihr Anteil am Gesamthaushalt nur noch 15,3 Prozent (davon 13,3 Prozent Zölle), vgl. EUROPÄISCHE KOMMISSION (1998b), S. 23.

28 Siehe hierzu im 4. Kapitel dieser Arbeit den Abschnitt B. 1. *Mehrwertsteuer-Eigenmittel.*

1. Auswahl des Indikators

Die Solidarität zwischen den Mitgliedstaaten und, daraus folgend, eine gewisse Umverteilung zwischen ihnen wurden bereits als Merkmale für einen zukünftigen EU-Finanzausgleich betont.[29] Diese Merkmale können durch eine an der Leistungsfähigkeit eines Landes orientierten Beitragsgestaltung umgesetzt werden.[30]

Für eine an der Leistungsfähigkeit eines Landes ausgerichteten Finanzierung der EU böten sich als Berechnungsgrundlage zunächst die nationalen Steuereinnahmen der Mitgliedsländer an. Je größer die Steuereinnahmen sind, desto größer kann die Leistungsfähigkeit eingestuft werden, denn desto stärker kann das betreffende Land zur Finanzierung der Gemeinschaft beitragen. Im Rahmen der EU würde eine solche Vorgehensweise aber auf größere Schwierigkeiten stoßen, denn die Berücksichtigung der unterschiedlichen Steueranspannungsgrade wird dadurch erschwert, dass die Steuersysteme innerhalb der EU kaum harmonisiert sind. Dies gilt insbesondere auch für die aufkommensstarken Steuern vom Einkommen natürlicher und juristischer Personen.

Als Alternative bietet sich die Verwendung einer makroökonomischen Größe an, durch welche die Leistungsfähigkeit eines Mitgliedslandes an der seiner Volkswirtschaft gemessen wird. Auf welcher konkreten Basis sollen nun die Beiträge der Mitgliedsländer berechnet werden? Im Rahmen dieser Arbeit soll weiterhin eine makroökonomische Einkommensgröße als Bemessungsgrundlage verwendet werden, da sie konsumorientierten Größen überlegen scheint. Die bereits ausgeführten Hauptargumente sind ihre vermeintlich regressive Wirkung und eine langfristige Aufkommenselastizität von unter eins.[31] Das volkswirtschaftliche Rechnungswesen hält eine Vielzahl makroökonomischer Einkommensaggregate bereit,[32] zwischen denen eine Auswahl getroffen werden muss. Im Anhang 2 ist ausführlich hergeleitet, welches Einkommenskonzept für einen Finanzausgleich am besten geeignet ist. Als Ergebnis ergibt sich, dass das Nettosozialprodukt zu Marktpreisen pro Kopf der Bevölkerung (NSP_M/EW) als

---

29 Siehe hierzu im 1. Kapitel dieser Arbeit den Abschnitt A. 4. *Solidarität und Kohäsion* und im 6. Kapitel den Abschnitt B. 2. *Räumliche Umverteilung*.

30 Vgl. BIEHL (1988a), S. 700.

31 Siehe dazu im 4. Kapitel dieser Arbeit den Abschnitt B. 1. *Mehrwertsteuer-Eigenmittel*. Auf prinzipielle Schwierigkeiten bei der Verwendung einer makroökonomischen Einkommensgröße als Wohlstandsindikator weist LEIPERT (1973) hin.

32 Vgl. STOBBE (1994).

Grundlage für die Messung der Leistungsfähigkeit zu präferieren ist. Es sollte für die zukünftige Beitragsbemessung zugrunde gelegt werden.[33]

Im Rahmen dieser Arbeit stellt sich nun aber das Problem, dass das Europäische Statistische Amt EUROSTAT das Nettosozialprodukt zu Marktpreisen bislang nicht ausweist. Eine nachträgliche Berechnung über die volkswirtschaftlichen Gesamtrechnungen der Mitgliedstaaten wäre zwar möglich, würde jedoch zu verzerrten Kennzahlen führen, da diese Gesamtrechnungen nicht harmonisiert sind. Die Vergleichbarkeit der gewonnenen Zahlen wäre stark eingeschränkt und das Gleichwertigkeitsprinzip durchbrochen. Den weiteren Analysen und den Modellrechnungen dieser Arbeit liegt deshalb mit dem Bruttoinlandsprodukt das einzige von EUROSTAT ausgewiesene Einkommensaggregat zugrunde, unter Inkaufnahme der durch diese Abgrenzung resultierenden Mängel. Sollte jedoch das NSP_M der zukünftigen Beitragsfinanzierung zugrundegelegt werden, wäre eine Umstellung wünschenswert und technisch zweifellos machbar.

---

33 Gelegentlich wird die Forderung erhoben, bei der Berechnung der Pro-Kopf-Einkommen nicht die nominalen Einkommen und die tatsächlichen Wechselkurse zugrunde zu legen, sondern Kaufkraftparitäten (KKP). Dies wird damit begründet, dass die nominalen Größen die Wohlstandsunterschiede zwischen den Gebietskörperschaften überzeichnen. Kaufkraftparitäten drücken den Wohlstand dadurch aus, wie viele Einheiten eines normierten Güterbündels mit dem regionalen Einkommen erworben werden können, vgl. LANG (1990), S. 4. Es fließen also die regionalen Preisniveaus in die Berechnung ein. Auch die EU geht bei den Strukturfonds von Kaufkraftparitäten aus, nicht jedoch der deutsche Länderfinanzausgleich. Im Rahmen dieser Arbeit wird ebenfalls nicht von diesem Konzept Gebrauch gemacht, weil es zahlreiche gravierende Schwächen birgt: Erstens ist es nicht möglich, einen allgemein gültigen Warenkorb für alle Mitgliedsländer der Union aufzustellen, wodurch die interregionalen Wohlfahrtsunterschiede verzerrt werden, vgl. KOHL / BERGMANN (1998), S. 74 und STRACK / HELMSCHROTT / SCHÖNHERR (1997), S. 38f. Zweitens ist die Erhebung und Berechnung der Kaufkraftparitäten in allen europäischen Regionen extrem aufwändig. Daraus resultieren quasi zwangsläufig Ungenauigkeiten, welche die Qualität der Daten entscheidend relativieren. Drittens führen Einkommensvergleiche auf KKP-Basis zu einer degressiven Beitragsgestaltung, da nur die Bemessungsgrundlage in Kaufkraftparitäten umgerechnet wird, nicht jedoch die Beitragszahlungen, vgl. DEFFAA (1997), S. 155f. Außerdem verlieren die Wechselkurse mit Einstieg in die Währungsunion ihre Bedeutung innerhalb des Währungsverbundes, womit der Hauptkritikpunkt an der Verwendung des nominalen Pro-Kopf-Einkommens entfällt, vgl. STRACK / HELMSCHROTT / SCHÖNHERR (1997), S. 33.

2. Die relative Position eines Landes

Die relative Position stellt das Einkommen eines Landes im Verhältnis zu anderen Ländern dar. Auch hier gibt es unterschiedliche Berechnungsmöglichkeiten, nach denen man verfahren kann.

a) Definition und Bedeutung

Als Grundlage der Beitragsbemessung wurde soeben das Nettosozialprodukt eines Landes pro Einwohner (EW) bestimmt. Um die Zahlenwerte der einzelnen Länder quantitativ miteinander vergleichen zu können, wird das Einkommen (EK)[34] pro Kopf eines Landes im Verhältnis zum Unionsdurchschnitt ausgedrückt. Diesen Wert nennt man die *relative Position* (RP) eines Landes i. Dadurch lässt sich nicht nur feststellen, dass der Wert des Landes X besser als der des Landes Y ist, sondern auch, dass der Wert des Landes X um einen bestimmten Prozentsatz besser als der des Landes Y ist. Gleichung (1) ist die Formel für die relative Position:[35]

$$(1)\ RP_i = \frac{EK_i \,/\, EW_i}{EK_{EU} \,/\, EW_{EU}}$$

Beispielsweise bedeutet eine relative Position von 90 Prozent, dass das betreffende Land nur über 90 Prozent des unionsweiten Pro-Kopf-Einkommens verfügt. Diese Darstellung ermöglicht eine mathematische Formulierung des Tarifs unabhängig von der absoluten Höhe der nationalen Einkommen.

b) Einbeziehung oder Nichteinbeziehung des betrachteten Landes

Mit dieser Überschrift ist die Frage umschrieben, ob bei der Berechnung der relativen Position – wie allgemein üblich – das nationale Pro-Kopf-Einkommen in Beziehung zum Durchschnitt aller Mitgliedsländer gesetzt werden soll, oder ob es sinnvoller ist, das untersuchte Land bei der Bildung des unionsweiten Durch-

---

34 Für die Darstellung des Tarifs ist es unerheblich, ob sich hinter dem Einkommen (EK) das Nettosozial- oder das Bruttoinlandsprodukt verbirgt.

35 Dabei kennzeichnet i Werte des Landes i und EU die Werte der EU als Ganzes.

schnitts außen vor zu lassen und somit das Einkommen des Landes mit dem Durchschnittseinkommen aller übrigen Länder zu vergleichen. Dann würde sich die Bezugsgröße nur aus den gewichteten Pro-Kopf-Einkommen der übrigen Mitgliedsländer zusammensetzen. Die folgenden Ausführungen werden zeigen, dass aus Gründen der Gleichbehandlung kleiner und großer Mitgliedsländer einiges für die Nichteinbeziehung des betrachteten Landes spricht.

Der augenscheinliche Unterschied zwischen beiden Methoden liegt in der Höhe des Zahlenwertes der relativen Position. Dieser Effekt soll mit *Niveaueffekt* benannt werden. Er beschreibt das Phänomen, dass bei Nichteinbeziehung des betrachteten Landes die relative Position immer einen höheren (bei Ländern mit überdurchschnittlichem Pro-Kopf-Einkommen) bzw. niedrigeren (bei Ländern mit unterdurchschnittlichem Pro-Kopf-Einkommen) Wert einnimmt als im Falle der Einbeziehung: Bleibt ein Land mit überdurchschnittlichem Pro-Kopf-Einkommen bei der Berechnung unberücksichtigt, fällt das durchschnittliche Pro-Kopf-Einkommen, das nun nur noch durch die übrigen Länder gebildet wird, niedriger aus. Dadurch wird die relative Position des betreffenden Landes – das Verhältnis seines Pro-Kopf-Einkommens zu dem der übrigen Länder – größer. Gleiches gilt für Länder mit unterdurchschnittlichem Pro-Kopf-Einkommen, lediglich mit umgekehrtem Vorzeichen. Ihre relative Position ist bei Nichtberücksichtigung kleiner als bei Berücksichtigung, da das Weglassen ihres Wertes das durchschnittliche Pro-Kopf-Einkommen erhöht.

Dieser Effekt ist umso größer, je stärker ein Land vom durchschnittlichen Unionseinkommen abweicht und je größer das Land – gemessen am nominalen Einkommen – ist. Dies wird auch anhand der Tabelle 4 deutlich, die für die Mitgliedsländer der EU ihre relativen Positionen unter Einbeziehung und Nichteinbeziehung bei der Berechnung enthält. Die Differenz zwischen der relativen Position mit und ohne Einbeziehung des betrachteten Landes ist für alle Länder mit überdurchschnittlichem Pro-Kopf-Einkommen positiv und für die Länder mit unterdurchschnittlichem Pro-Kopf-Einkommen negativ. Die Nichteinbeziehung führt also regelmäßig zu größeren Unterschieden in den Werten der relativen Position.

Der mit Abstand größte Unterschied zwischen beiden Berechnungsmethoden ergibt sich für Deutschland mit 9,1 Prozentpunkten. Dies rührt daher, dass Deutschland das wirtschaftlich größte Land der EU ist und über das drittgrößte Pro-Kopf-Einkommen verfügt. Auf den nächsten Plätzen folgen mit Frankreich (3,0 Prozentpunkte), Spanien (-2,6 Prozentpunkte), Großbritannien (-2,3 Prozentpunkte) und Italien (-1,4 Prozentpunkte) die weiteren großen Mitgliedsländer der Union. Allerdings ist der Unterschied Italiens nur gut halb so groß wie der Spaniens, da das Pro-Kopf-Einkommen in Italien deutlich näher am Unionsdurchschnitt liegt. Für die übrigen (kleinen) Mitgliedsländer ergeben sich nur Unterschiede von maximal plus/minus einem Prozentpunkt. Ihre Reihenfolge untereinander hängt wiederum von ihrer ökonomischen Größe und ihrem Pro-Kopf-Einkommen ab.[36]

Tabelle 4: Niveaueffekt bei der Berechnung der relativen Position

Land	EW (in 1.000)	BIP (in Mio. Euro)	BIP/EW (in Euro)	RP mit Land X	RP ohne Land X	RP Differenz
D	81.915	1.848.822	22.570	124,4%	133,5%	9,1%
F	58.375	1.205.071	20.644	113,7%	116,7%	3,0%
DK	5.263	139.414	26.489	145,9%	146,9%	1,0%
S	8.845	199.463	22.552	124,3%	125,0%	0,7%
A	8.059	179.471	22.269	122,7%	123,3%	0,6%
NL	15.531	310.885	20.018	110,3%	110,8%	0,5%
B	10.157	209.497	20.627	113,6%	114,1%	0,4%
L	416	13.901	33.456	184,3%	184,5%	0,2%
SF	5.125	98.492	19.219	105,9%	106,0%	0,1%
IRL	3.626	58.367	16.096	88,7%	88,6%	-0,1%
P	9.927	85.863	8.649	47,7%	47,0%	-0,7%
GR	10.476	97.196	9.278	51,1%	50,4%	-0,7%
I	57.397	951.503	16.578	91,3%	89,9%	-1,4%
GB	58.802	911.375	15.499	85,4%	83,1%	-2,3%
E	39.695	471.688	11.883	65,5%	62,9%	-2,6%
EU	*373.607*	*6.781.008*	*18.150*	*100,0%*	-	-

Quelle: Eigene Berechnungen

Wegen dieses Niveaueffekts ist es für ein kleines Land bei Einbeziehung wesentlich wahrscheinlicher, extreme relative Positionen einzunehmen als für ein großes. Dies gilt sowohl für positive als auch für negative Werte der relativen Position. Bei der Berechnung der relativen Position unter Einbeziehung des betreffenden Landes wird die tatsächliche Position eines großen Landes im Vergleich zu den übrigen Ländern durch sein großes Gewicht systematisch unterzeichnet. Ein sehr großes Land kann bei dieser Berechnungsmethode extreme Werte der relativen Position kaum erreichen. Diese ungleiche Behandlung ist als

[36] Beispielsweise beträgt der Unterschied für Dänemark 1,0 Prozentpunkte, für die Niederlande aber nur 0,5 Prozentpunkte, obwohl das BIP der Niederlande mehr als doppelt so groß ist wie das dänische. Der Grund liegt im deutlich höheren Pro-Kopf-Einkommen Dänemarks. Luxemburg weist dagegen wegen seiner geringen Größe nur einen Unterschied von 0,2 Prozentpunkten aus, obwohl es über das mit Abstand größte Pro-Kopf-Einkommen verfügt.

Verstoß gegen das Gleichmäßigkeitsprinzip zu werten, nachdem grundsätzlich alle Länder gleich zu behandeln sind und außerökonomische Kriterien keine Rolle spielen dürfen.

Deutlich wichtiger noch als der Niveaueffekt ist aber der *Änderungseffekt*. Er tritt dann auf, wenn sich das Pro-Kopf-Einkommen eines Landes verändert. Diese Änderung schlägt bei Einbeziehung umso schwächer auf die Änderung der relativen Position durch, je größer ein Land ist. Erläutert sei dies anhand einer autonomen Änderung des Einkommens eines einzelnen Landes. Die Einkommen der übrigen Länder bleiben unverändert.

Tabelle 5 enthält neben den Daten der Mitgliedsländer auch die Werte für die relativen Position unter Einbeziehung und Nichteinbeziehung des Landes aus der Tabelle 4 (hier in den Spalten *vor Erhöhung*). In den Spalten *nach Erhöhung* stehen die Werte der relativen Positionen für beide Berechnungsmethoden unter der Annahme einer autonomen Erhöhung des Einkommens des betrachteten Landes um zehn Prozent. Die Einkommen aller übrigen Mitgliedsländer sind konstant gehalten worden.

Die Werte der relativen Positionen nach Erhöhung sind allesamt größer als die in der Vorspalte, da die autonome Erhöhung des Einkommens das Pro-Kopf-Einkommen im betreffenden Land gesteigert und somit die relative Position verbessert hat. Um wie viel die relative Position verbessert wurde, steht in den letzten Spalten (Differenz nach – vor). Sie zeigen, dass nur die Berechnungsmethode der Nichteinbeziehung die relativen Positionen um die gleichen zehn Prozent der autonomen Einkommenserhöhung steigen lässt. Unter Einbeziehung fällt die Änderung für kleine Länder größer aus als für große. Während eine autonome Einkommensänderung um zehn Prozent die luxemburgische relative Position um 9,98 Prozent – also fast in voller Höhe – steigen lässt, beträgt die Änderung für Deutschland nur 7,08 Prozent. Diese Relation ist unabhängig vom Pro-Kopf-Einkommen eines Landes und richtet sich nur nach dessen absoluter Größe, gemessen am nationalen Einkommen.

Tabelle 5: Änderungseffekt bei der Berechnung der relativen Position

				vor Erhöhung		nach Erhöhung		Differenz nach – vor	
	EW	BIP	BIP/EW	RP		RP		RP	
Land	(in 1.000)	(in Mio. Euro)	(in Euro)	mit Land X	ohne Land X	mit Land X	ohne Land X	mit Land X	ohne Land X
D	81.915	1.848.822	22.570	124,4%	133,5%	133,2%	146,8%	7,08%	10,00%
F	58.375	1.205.071	20.644	113,7%	116,7%	122,9%	128,4%	8,08%	10,00%
I	57.397	951.503	16.578	91,3%	89,9%	99,1%	98,9%	8,48%	10,00%
GB	58.802	911.375	15.499	85,4%	83,1%	92,7%	91,4%	8,54%	10,00%
E	39.695	471.688	11.883	65,5%	62,9%	71,5%	69,2%	9,24%	10,00%
NL	15.531	310.885	20.018	110,3%	110,8%	120,8%	121,9%	9,50%	10,00%
B	10.157	209.497	20.627	113,6%	114,1%	124,6%	125,5%	9,66%	10,00%
S	8.845	199.463	22.552	124,3%	125,0%	136,3%	137,5%	9,68%	10,00%
A	8.059	179.471	22.269	122,7%	123,3%	134,6%	135,6%	9,71%	10,00%
DK	5.263	139.414	26.489	145,9%	146,9%	160,2%	161,6%	9,77%	10,00%
SF	5.125	98.492	19.219	105,9%	106,0%	116,3%	116,6%	9,84%	10,00%
GR	10.476	97.196	9.278	51,1%	50,4%	56,1%	55,4%	9,84%	10,00%
P	9.927	85.863	8.649	47,7%	47,0%	52,4%	51,7%	9,86%	10,00%
IRL	3.626	58.367	16.096	88,7%	88,6%	97,5%	97,4%	9,91%	10,00%
L	416	13.901	33.456	184,3%	184,5%	202,7%	203,0%	9,98%	10,00%
EU	373.607	6.781.008	18.150	100,0%	-	-	-	-	-

Quelle: Eigene Berechnungen

Würde nun ein Beitragstarif auf Grundlage des Pro-Kopf-Einkommens und mit der relativen Position – berechnet unter Einbeziehung des betreffenden Landes – als Bemessungsgrundlage eingeführt, so würden kleine Länder nur aufgrund ihrer Kleinheit höhere Grenzbeitragssätze bezüglich ihres Einkommens hinnehmen müssen. Eine Änderung des Einkommens würde nämlich bei kleinen Ländern zu einer größeren Änderung der Bemessungsgrundlage (relative Position) führen als bei großen. Eine solche Ungleichbehandlung ist aber nicht mit dem Grundsatz der Gleichmäßigkeit des Leistungsfähigkeitsprinzips in Einklang zu bringen. Gleiche Tatbestände würden ungleich behandelt. Die Berechnungsmethode ohne Einbeziehung des betreffenden Landes ist darum vorzuziehen.

3. Tarifgestaltung

Erste Postulate bezüglich des Tarifs wurden bereits im ersten Teil dieser Arbeit unter den Stichworten Stetigkeit und Monotonie aufgestellt.[37] Weitere Fragen zur Tarifgestaltung, die sich mit der Berücksichtigung der Leistungsfähigkeit befassen, werden im Folgenden behandelt. Allerdings muss man konstatieren, dass sich aus der Orientierung am Leistungsfähigkeitsprinzip keine zwingenden Hinweise für die Tarifgestaltung ergeben.[38] Es bleibt ein erheblicher Spielraum für die normative Ausgestaltung.

a) Zur Wahl des Tariftyps

Prinzipiell stehen als Tariftypen die drei möglichen Varianten *regressiver*, *proportionaler* oder *progressiver* Tarif zur Verfügung. Geht man von der getroffenen Prämisse aus, dass bereits bei der Beitragsgestaltung das Leistungsfähigkeitsprinzip berücksichtigt und außerdem eine gewisse Umverteilung möglich sein soll, schränken sich die Wahlmöglichkeiten ein. Ein regressiver Verlauf widerspricht intuitiv der Orientierung an der Leistungsfähigkeit der Mitgliedstaaten. Demnach müssten relativ arme Länder einen überproportionalen Anteil an der Gemeinschaftsfinanzierung tragen. Ein proportionaler Tarif wird dagegen in der Literatur regelmäßig als Interpretation des Äquivalenzprinzips verstanden.[39]

---

37 Siehe dazu im 2. Kapitel die Abschnitte C. 3. *Stetigkeit* und C. 4. *Monotonie.*

38 Vgl. POLLAK (1980), S. 258.

39 Vgl. HEINEMANN (1998), S. 58.

Das wird damit begründet, dass ein Mitgliedsland um so mehr von der europäischen Integration profitiert, je größer seine Wirtschaftskraft ist. Da eine konkrete Ermittlung des Integrationsnutzens unmöglich ist, wird auf eine makroökonomische Einkommensgröße zurückgegriffen, um den Nutzen der Mitgliedschaft eines Landes zu schätzen.

Eine progressive Tarifgestaltung bietet gegenüber einem regressiven oder proportionalen Tarif einige Vorteile: Zunächst würde ein progressives System dem Leistungsfähigkeitsprinzip entsprechen, wenn die individuelle Leistungsfähigkeit eines Landes mit steigendem Einkommen überproportional ansteigt. Das ist anzunehmen, da jedes Land unabhängig von seinem Einkommen ein gewisses Mindestniveau an öffentlichen Gütern bereitstellen muss. Diese Grundversorgungsleistungen steigen aber nur unterproportional an, wenn das Einkommen des Landes steigt, da der Großteil der Grundversorgung unabhängig vom Gesamteinkommen ist. „Im Idealfall wäre das System der Finanzierung der Aufgaben und Ausgaben wie ein progressives Steuersystem auszugestalten, damit die einzelnen Staaten je nach ihrer unterschiedlichen Leistungsfähigkeit zur Kostendeckung herangezogen werden können.“[40] Der Tarif wird durch die Einführung der Progression flexibler, da somit ein weiterer Freiheitsgrad zur Variation des Tarifs zur Verfügung steht. Im Grenzfall sollte die Progression auch so variiert werden können, dass ein linearer Tarif entsteht.

b) *Zur Wahl der Tarifform*

Als Tarifformen stehen Stufen- und Formeltarife zur Verfügung. Da Stufenbetrags- und Stufensatztarife wegen Verstoßes gegen die Forderung nach Stetigkeit nicht in Betracht kommen,[41] bleiben aus dieser Gattung nur noch die Anstoßtarife. Diese sind aber recht intransparent, da bei ihnen der Durchschnittssteuersatz in Abhängigkeit von der Bemessungsgrundlage mathematisch nur abschnittsweise darstellbar ist. Formeltarife sind dem gegenüber wesentlich leichter in mathematischer Form zu formulieren, was die Durchschaubarkeit des Beitragssystems deutlich erhöht. Der Finanzausgleich kann somit leichter nachvollzogen und nachgerechnet werden.

---

40 BIEHL (1988a), S. 692. Vgl. auch HENKE (1997), S. 47.

41 Siehe hierzu im 2. Kapitel dieser Arbeit den Abschnitt C. 3. *Stetigkeit.*

D. Bestimmung des Beitragstarifs

In diesem Abschnitt wird der Mechanismus vorgestellt, nach dem sich die Beiträge der Mitgliedstaaten in Zukunft bemessen sollten. Vor der mathematischen Beschreibung sind jedoch noch einige Vorüberlegungen anzustellen. Am Ende dieses Abschnitts werden außerdem kurz die finanziellen Auswirkungen des Beitragstarifs vorgestellt.

1. Vorüberlegungen und Definitionen

Zu Beginn dieses Abschnitts sind einige Definitionen nötig. Im Rahmen dieser Analyse wird die Menge *EU* der EU-Mitgliedstaaten betrachtet. Dabei spielt es keine Rolle, ob *EU* als EU15 verstanden wird oder als Gemeinschaft nach erfolgter Erweiterung.

$$(2)\ EU = \{A, B, D, DK, E, ...\}$$

Als Ergebnis dieses Abschnitts soll eine mathematische Funktion der Form $b_i = b_i\,(\ldots)$ stehen, die den Beitragssatz (b) eines Landes i ($i \in EU$) in Abhängigkeit von den für die Beitragsgestaltung relevanten Parametern darstellt. Aus der Multiplikation des Beitragssatzes mit der Bemessungsgrundlage, dem Einkommen (EK), ergibt sich dann der zu zahlende absolute Beitrag (B) des Landes.

$$(3)\ B_i = b_i \cdot EK_i$$

Die erste zu berücksichtigende Prämisse für den Tarifverlauf besteht in der Berücksichtigung des Ausgabenvolumens. Die vorgegebenen Ausgaben (A) müssen durch Einnahmen (E) gedeckt sein. Dies folgt aus der Forderung, dass sich die Europäische Union nicht aus Krediten finanzieren sollte.[42]

$$(4)\ E_{EU} = A_{EU}$$

---

[42] Siehe dazu im 4. Kapitel dieser Arbeit den Abschnitt C. 2. *Kreditfinanzierung*. Zu den Einnahmen gehören auch Überschüsse aus dem vorangegangenen Haushaltsjahr.

Die Einnahmen der EU bestehen (zunächst unter Vernachlässigung des ESZB-Gewinns)[43] aus den originären Eigenmitteln und den Beiträgen der Mitgliedstaaten. Die Beitragszahlungen aller Mitgliedsländer müssen ex post zusammen mit den originären Eigenmitteln genau dem vorgegebenen Ausgabenvolumen entsprechen. Sie dürfen dieses weder über- noch unterschreiten. Gemäß der vorangegangenen Analyse beträgt der vorgegebene Ausgabenplafond 1,08 Prozent des Unions-BIP[44] (bisher 1,27 Prozent). Bei einem Anteil der originären Eigenmittel von 0,23 Prozent[45] ergibt sich für den Beitragsplafond β ein Wert von 0,85 Prozent des BIP. Der konkrete Zahlenwert ist aber nicht entscheidend. Wichtiger ist die Feststellung, dass der Beitragsplafond einen bestimmten, festen Wert (β_0) annimmt.

$$(5)\ \beta = \beta_0\ (= 0{,}85\%)$$

2. Mathematische Modellierung

In diesem Abschnitt werden die mathematischen Gleichungen des Beitragsmechanismus beschrieben. Am Ende folgt eine kurze Übersicht der finanziellen Auswirkungen verschiedener Tarifvarianten.

a) Einführung des Progressionsgrades

Als weitere Prämisse wurde bereits festgelegt, dass die Möglichkeit bestehen soll, den Tarif progressiv auszugestalten. Diese Festlegung des Grades der Progression ist eine politische Entscheidung. Würde keine Progression vorliegen (Progressionsgrad von null), müssten alle Mitgliedsländer, unabhängig von ihrer relativen Position, Beiträge in Höhe des Eigenmittelplafonds von ihrem Einkommen leisten. Als Progressionsgrad von eins sei im Rahmen dieser Arbeit die

---

43 Die Einbeziehung folgt aus methodischen Gründen separat in Abschnitt D. 2. d) *Korrekturmechanismus des Zentralbankgewinns* dieses Kapitels.

44 Siehe hierzu im 6. Kapitel dieser Arbeit den Abschnitt D. 1. *Der Finanzbedarf für die Gemeinschaft der Fünfzehn.*

45 Dieser Wert ergibt sich, wenn anstatt wie bisher zehn Prozent nur noch fünf Prozent Erhebungskostenpauschale an die Mitgliedsländer erstattet werden. Zur genauen Berechnung siehe im Anhang 13.

Gewichtung des nationalen Einkommens mit der relativen Position eines Landes definiert. Ein Land mit einer relativen Position von 200 Prozent müsste demnach von seinem Einkommen einen doppelt so hohen Anteil an die EU abführen wie ein Land mit einer relativen Position von 100 Prozent. Durch eine solche Tarifgestaltung ergeben sich bei den in der EU existierenden Einkommensunterschieden bereits starke Belastungsunterschiede zwischen den Mitgliedstaaten.

Zwischen diesen beiden Polen (Progressionsgrad null und eins) existieren unendlich viele Zwischenstufen, die mit Hilfe eines Parameters, dem Progressionsgrad (π), beschrieben werden sollen. Höhere Progressionsgrade als eins sind mathematisch möglich und sollen deshalb nicht prinzipiell ausgeschlossen sein. Sie entsprechen aber wohl keiner im Rahmen des europäischen Finanzausgleichs vertretbaren Situation, da mit höheren Progressionsgraden Ausgleichsvolumina realisiert werden, die nicht dem derzeitigen Integrationsstand entsprächen.

$$(6)\ 0 \leq \pi\ (\leq 1)$$

Welcher Progressionsgrad innerhalb dieses Bereichs letztendlich gewählt wird, um vertikale Gerechtigkeit zu erreichen, ist eine politische Entscheidung, die im Rahmen einer solchen Arbeit nicht getroffen werden kann. Eine solche Arbeit muss sich auf begründete Empfehlungen beschränken.

b) Beitragssatz und -betrag

Der Tarif der Beitragsgestaltung wird im Rahmen dieser Arbeit stets in Abhängigkeit von der relativen Position eines Landes dargestellt werden. Dies gilt sowohl für die Darstellung der Durchschnitts- und Grenzbelastungen als auch der absoluten Beträge. Als Alternativen kämen als unabhängige Variable das Einkommen oder das Pro-Kopf-Einkommen eines Landes in Betracht, die aber nicht angewendet werden. Der Grund für die Verwendung der relativen Position als unabhängige Variable liegt in der Beziehung (5), die besagt, dass der Beitragsplafond die Höhe der gesamten Zahlungen bestimmt.

Damit der Tarif die technische Anforderung der Transparenz erfüllen kann, sollte er möglichst einfach und nachvollziehbar gestaltet werden. Die modellierte Funktionsweise sollte leicht abzulesen sein. Darum wird im Rahmen dieser Arbeit eine lineare Beziehung für den Durchschnittstarif gewählt. Dies birgt den Vorteil, dass Ordinatenachsenabschnitt und Steigung ökonomisch interpretierbar sind. Der folgende Beitragstarif erfüllt die genannten technischen Bedingungen. Er verläuft stetig und monoton, er ist berechnungsunabhängig und gewährleistet eine vollständige Verteilung.

$$(7)\ b_i(\pi,\beta)=(1-\pi)\cdot\beta+a\cdot\pi\cdot RP_i \qquad mit\ a=\beta\cdot\frac{EK_{EU}}{\sum_i RP_i\cdot EK_i}$$

Die Ausgleichskonstante (a) sorgt in dieser Beziehung dafür, dass die Summe der progressiv gestalteten Beiträge genau den nötigen Gesamteinnahmen der EU entsprechen (vollständige Verteilung). Für deren Herleitung sei auf den Anhang 4 verwiesen. Wie man leicht sieht, gilt für $\pi = 0$, dass die Beitragssätze für alle Länder gleich dem Beitragsplafond (β) sind.[46] Es existiert keine Progression. Statt dessen zahlt jedes Land einen konstanten Satz seines Einkommens. Dies würde auch für den nur theoretisch darstellbaren Fall eines Landes mit einer relativen Position von null gelten. Der Tarif verläuft somit proportional. Gilt dagegen $\pi = 1$, so bedeutet dies, dass die Beitragssätze proportional zur relativen Position eines Landes steigen ($a \cdot RP_i$).[47] Der Tarif verläuft also progressiv. Im theoretischen Grenzfall eines Landes mit einer relativen Position von null wären Beiträge von null Prozent fällig. Die Steigung der Höhe a ergibt sich indirekt aus Beziehung (4), da der Gesamtbeitrag aller Mitgliedsländer vorgegeben ist.

Als Gleichung für den absoluten Beitragsbetrag (B) ergibt sich gemäß Beziehung (2):

$$(8)\ B_i(\beta,\pi)=[(1-\pi)\cdot\beta+a\cdot\pi\cdot RP_i]\cdot EK_i$$

Der Beitrag pro Kopf berechnet sich als:

$$(9)\ \frac{B_i}{EW_i}=[(1-\pi)\cdot\beta+a\cdot\pi\cdot RP_i]\cdot\frac{EK_i}{EW_i}$$

In der grafischen Darstellung lässt sich der Tarifverlauf besonders gut veranschaulichen:

---

46 Der zweite Summand fällt weg.

47 Der erste Summand fällt weg.

Abbildung 14: Grafische Darstellung des Beitragstarifs

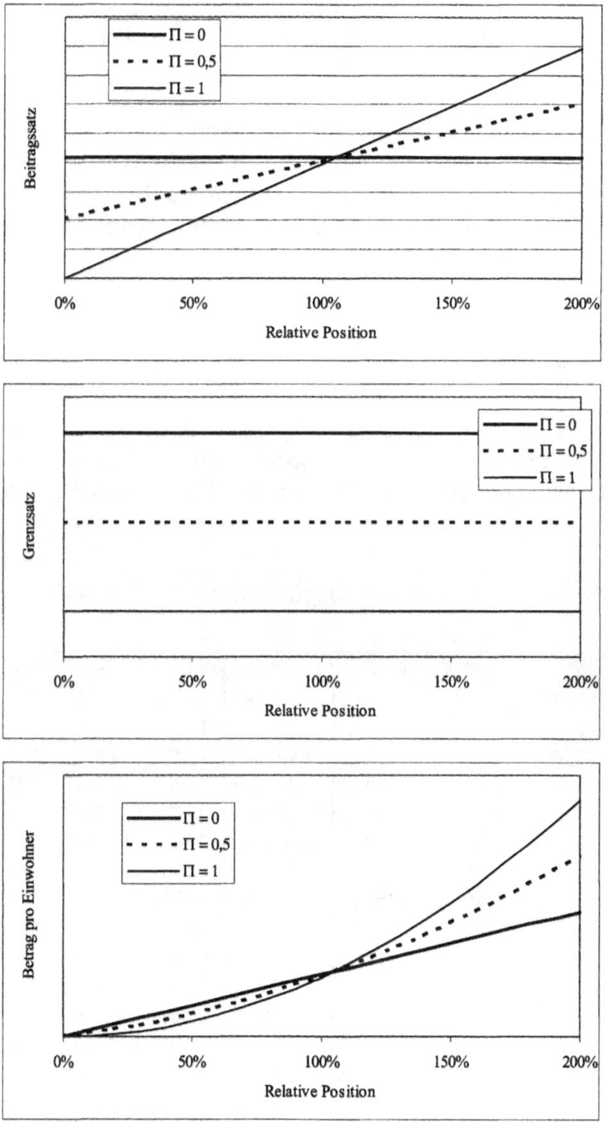

Quelle: Eigene Darstellung

Hier wird auch deutlich, dass es sich bei ihm um einen direkt progressiven Tarif handelt. Für einen solchen sind ein Kurvenverlauf des Beitragsbetrages mit zunehmender positiver Steigung und ein Kurvenverlauf des Beitragssatzes mit konstanter positiver Steigung kennzeichnend. Die Grafiken enthalten jeweils drei Kurven für $\pi = 0\%$, 50% und 100%.

Bei $\pi = 0$ stellt sich unabhängig von der relativen Position eines Landes ein konstanter Beitragssatz in Höhe von β ein. Damit steigt der Beitrag pro Einwohner proportional und nicht progressiv. Bei $\pi > 0$ nimmt der Beitragssatz mit verbesserter relativer Position linear zu. Dies führt zu einer zunehmenden Steigung der Kurve für den Beitrag pro Einwohner.

c) Das finanzielle Resultat

Die folgenden drei Tabellen zeigen die Ergebnisse dieser Beitragsberechnungsmethode. Als Beitragsplafond wurde in jedem Fall 0,85 Prozent zugrunde gelegt. Der Unterschied besteht in der Anwendung unterschiedlicher Progressionsgrade.

Tabelle 6: Beiträge der Mitgliedstaaten bei $\pi = 100\%$

Land	*RP*	*BIP*	*EW*	*RP*BIP*	*b*	*B*	*B/EW*
L	184,5%	13.901	415,5	25.648	1,45%	202,1	486,45
DK	146,9%	139.414	5263,1	204.810	1,16%	1.614,0	306,67
D	133,5%	1.848.822	81914,8	2.467.817	1,05%	19.447,9	237,42
S	125,0%	199.463	8844,5	249.306	0,98%	1.964,7	222,14
A	123,3%	179.471	8059,4	221.302	0,97%	1.744,0	216,39
F	116,7%	1.205.071	58374,8	1.406.411	0,92%	11.083,4	189,87
B	114,1%	209.497	10156,6	238.994	0,90%	1.883,4	185,44
NL	110,8%	310.885	15530,5	344.411	0,87%	2.714,2	174,76
SF	106,0%	98.492	5124,6	104.380	0,84%	822,6	160,52
I	89,9%	951.503	57397	855.608	0,71%	6.742,7	117,48
IRL	88,6%	58.367	3626,1	51.705	0,70%	407,5	112,37
GB	83,1%	911.375	58801,5	757.595	0,66%	5.970,3	101,53
E	62,9%	471.688	39695,1	296.635	0,50%	2.337,7	58,89
GR	50,4%	97.196	10475,9	48.994	0,40%	386,1	36,86
P	47,0%	85.863	9927,4	40.340	0,37%	317,9	32,02

Quelle: Eigene Berechnungen

Bei einem Progressionsgrad von hundert Prozent kommt die Progression voll zum Tragen. Portugal, das Land mit der schlechtesten relativen Position, muss lediglich 0,37 Prozent seines Einkommens an Beiträgen zahlen, während Luxemburg, das Land mit der besten relativen Position, 1,45 Prozent abführen muss. Das Verhältnis der Beitragssätze zwischen den Mitgliedsländern entspricht dabei genau dem Verhältnis der relativen Positionen. Die Beiträge pro Kopf erreichen mit 32,02 Euro für Portugal bis 486,45 Euro für Luxemburg eine gewaltige Spanne. Bei jeder Wahl von π entspricht das Verhältnis der Beiträge pro Kopf dem Produkt der Verhältnisse der Beitragssätze und der relativen Positionen.

Tabelle 7: Beiträge der Mitgliedstaaten bei π = 0%

Land	*RP*	*BIP*	*EW*	*RP*BIP*	*b*	*B*	*B/EW*
L	184,5%	13.901	415,5	25.648	0,85%	118,2	284,38
DK	146,9%	139.414	5263,1	204.810	0,85%	1.185,0	225,16
D	133,5%	1.848.822	81914,8	2.467.817	0,85%	15.715,0	191,85
S	125,0%	199.463	8844,5	249.306	0,85%	1.695,4	191,69
A	123,3%	179.471	8059,4	221.302	0,85%	1.525,5	189,28
F	116,7%	1.205.071	58374,8	1.406.411	0,85%	10.243,1	175,47
B	114,1%	209.497	10156,6	238.994	0,85%	1.780,7	175,33
NL	110,8%	310.885	15530,5	344.411	0,85%	2.642,5	170,15
SF	106,0%	98.492	5124,6	104.380	0,85%	837,2	163,37
I	89,9%	951.503	57397	855.608	0,85%	8.087,8	140,91
IRL	88,6%	58.367	3626,1	51.705	0,85%	496,1	136,82
GB	83,1%	911.375	58801,5	757.595	0,85%	7.746,7	131,74
E	62,9%	471.688	39695,1	296.635	0,85%	4.009,3	101,00
GR	50,4%	97.196	10475,9	48.994	0,85%	826,2	78,86
P	47,0%	85.863	9927,4	40.340	0,85%	729,8	73,52

Quelle: Eigene Berechnungen

Die Konstellation mit π = 0 führt zu einem linearen Tarif. Alle Mitgliedsländer zahlen Beiträge in Höhe von 0,85 Prozent ihres Einkommens. Die Spanne der Beiträge pro Kopf ist mit 73,52 Euro bis 284,38 Euro deutlich geringer und proportional zur Spanne der relativen Positionen.

Die Situation mit π = 50% ist ein Mittelweg zwischen den beiden vorher geschilderten Alternativen. Die Progression ist abgeschwächt, aber vorhanden. Die

Beitragssätze variieren zwischen 0,61 Prozent und 1,15 Prozent und die Pro-Kopf-Beiträge liegen zwischen 52,77 Euro und 385,41 Euro.[48]

Tabelle 8: Beiträge der Mitgliedstaaten bei $\pi = 50\%$

Land	*RP*	*BIP*	*EW*	*RP*BIP*	*b*	*B*	*B/EW*
L	184,5%	13.901	415,5	25.648	1,15%	160,1	385,41
DK	146,9%	139.414	5263,1	204.810	1,00%	1.399,5	265,91
D	133,5%	1.848.822	81914,8	2.467.817	0,95%	17.581,5	214,63
S	125,0%	199.463	8844,5	249.306	0,92%	1.830,1	206,92
A	123,3%	179.471	8059,4	221.302	0,91%	1.634,7	202,84
F	116,7%	1.205.071	58374,8	1.406.411	0,88%	10.663,3	182,67
B	114,1%	209.497	10156,6	238.994	0,87%	1.832,1	180,38
NL	110,8%	310.885	15530,5	344.411	0,86%	2.678,3	172,46
SF	106,0%	98.492	5124,6	104.380	0,84%	829,9	161,94
I	89,9%	951.503	57397	855.608	0,78%	7.415,3	129,19
IRL	88,6%	58.367	3626,1	51.705	0,77%	451,8	124,60
GB	83,1%	911.375	58801,5	757.595	0,75%	6.858,5	116,64
E	62,9%	471.688	39695,1	296.635	0,67%	3.173,5	79,95
GR	50,4%	97.196	10475,9	48.994	0,62%	606,1	57,86
P	47,0%	85.863	9927,4	40.340	0,61%	523,9	52,77

Quelle: Eigene Berechnungen

An dieser Stelle mag noch der Vergleich mit der Situation vor dieser Reform interessieren. Welche Länder wären gegenüber heute Gewinner oder Verlierer einer solchen Regelung? Für diesen Vergleich muss zunächst angemerkt werden, dass eine Gegenüberstellung der Beitragszahlungen in Euro ein leicht schiefes Bild ergibt, wenn man nicht berücksichtigt, dass die Summe der Beitragszahlungen vor und nach der Reform eine andere ist. Die Mitgliedsländer zahlen nach dem neuen Modell 126 Mio. Euro mehr an Beiträgen, was vor allem an der Einbeziehung der EEF-Mittel in den EU-Haushalt liegt. Darum ist ein Vergleich der Finanzierungs*anteile* der Mitgliedsländer aufschlussreicher.

48 Auch hier ergibt sich das Verhältnis der Pro-Kopf-Beiträge als Produkt des Verhältnisses zwischen den relativen Positionen und den Beitragssätzen. Dieser Zusammenhang gilt für alle möglichen Progressionsgrade (i und k bezeichnen zwei Mitgliedsländer):

$$\frac{B_i/EW_i}{B_k/EW_k} = \frac{RP_i}{RP_k} \cdot \frac{b_i}{b_k} \qquad \forall \pi, 0 \leq \pi .$$

Tabelle 9: Beitragszahlungen nach neuer und alter Berechnungsmethode

	zum Vergleich		altes Modell		neues Modell						Differenz zwischen altem und neuem Modell					
	BIP		BSP- u. MWSt-EM		Beitrag (in Mio. Euro)			Finanzierungsanteil (in %)			Beitrag (in Mio. €)			Finanzierungsanteil (in %)		
Land	(Mio. Euro)	in %	(Mio. Euro)	in %	$\pi = 0$	$\pi = 0,5$	$\pi = 1$	$\pi = 0$	$\pi = 0,5$	$\pi = 1$	$\pi = 0$	$\pi = 0,5$	$\pi = 1$	$\pi = 0$	$\pi = 0,5$	
L	13.901	0,20%	145	0,25%	118	160	202	0,20%	0,28%	0,35%	-27	15	57	-0,05%	0,03%	
DK	139.414	2,06%	1.094	1,90%	1.185	1.400	1.614	2,06%	2,43%	2,80%	91	305	520	0,15%	0,53%	
D	1.848.822	27,26%	17.267	30,02%	15.715	17.581	19.448	27,26%	30,50%	33,74%	-1.552	315	2.181	-2,76%	0,48%	
S	199.463	2,94%	1.574	2,74%	1.695	1.830	1.965	2,94%	3,18%	3,41%	121	256	391	0,20%	0,44%	
A	179.471	2,65%	1.609	2,80%	1.526	1.635	1.744	2,65%	2,84%	3,03%	-83	26	135	-0,15%	0,04%	
F	1.205.071	17,77%	10.868	18,90%	10.243	10.663	11.083	17,77%	18,50%	19,23%	-625	-205	215	-1,13%	-0,40%	
B	209.497	3,09%	1.757	3,06%	1.781	1.832	1.883	3,09%	3,18%	3,27%	24	75	126	0,03%	0,12%	
NL	310.885	4,58%	2.826	4,91%	2.643	2.678	2.714	4,58%	4,65%	4,71%	-184	-148	-112	-0,33%	-0,27%	-
SF	98.492	1,45%	810	1,41%	837	830	823	1,45%	1,44%	1,43%	28	20	13	0,04%	0,03%	
I	951.503	14,03%	7.888	13,71%	8.088	7.415	6.743	14,03%	12,87%	11,70%	200	-472	-1.145	0,32%	-0,85%	-
IRL	58.367	0,86%	504	0,88%	496	452	407	0,86%	0,78%	0,71%	-7	-52	-96	-0,01%	-0,09%	-
GB	911.375	13,44%	5.527	9,61%	7.747	6.859	5.970	13,44%	11,90%	10,36%	2.220	1.332	443	3,83%	2,29%	
E	471.688	6,96%	3.916	6,81%	4.009	3.174	2.338	6,96%	5,51%	4,06%	93	-743	-1.579	0,15%	-1,30%	-
GR	97.196	1,43%	957	1,66%	826	606	386	1,43%	1,05%	0,67%	-131	-351	-571	-0,23%	-0,61%	-
P	85.863	1,27%	771	1,34%	730	524	318	1,27%	0,91%	0,55%	-41	-247	-453	-0,07%	-0,43%	-
Summen	*6.781.008*	*100%*	*57.512*	*100%*	*57.639*	*57.639*	*57.639*	*100%*	*100%*	*100%*	*126*	*126*	*126*	*0,00%*	*0,00%*	*0,*

Quelle: EUROPÄISCHER RECHNUNGSHOF (1997a) und eigene Berechnungen

Beginnen wir mit dem Fall $\pi = 0\%$. In diesem Fall beträgt der Finanzierungsanteil eines Landes genau seinem Anteil am Unionseinkommen (proportionale Beiträge). Es zeigt sich, dass bislang Luxemburg, Deutschland, Österreich, Frankreich, die Niederlande, Irland, Griechenland und Portugal – gemessen am BIP – eine zu hohe Finanzierungslast getragen haben. Ihr Finanzierungsanteil würde sich bis zu 2,76 (D) Prozentpunkte verringern, der aller übrigen Mitgliedsländer um bis zu 3,83 (GB) Prozentpunkte erhöhen. Der hohe Wert für Großbritannien resultiert durch den Wegfall des „Britenrabatts" bei der Berechnung der Eigenmittel.

Bei einem Progressionsgrad von 100 Prozent würden durch die starke Progression die reichen Mitgliedsländer wesentlich stärker zur gemeinschaftlichen Finanzierung beitragen. Sechs Länder mit relativ schlechten relativen Positionen könnten einen gesunkenen Finanzierungsanteil verbuchen, die reicheren sieben plus Finnland und Großbritannien müssten einen höheren tragen. Am stärksten würden Spanien (-2,75%) und Italien (-2,02%) von dieser Regelung profitieren, während vor allem der Anteil Deutschlands (+ 3,72%) stark stiege. Bei den übrigen Ländern ergäben sich lediglich Unterschiede zwischen plus und minus einem Prozentpunkt.

Bei einem Progressionsgrad von 50 Prozent ergibt sich ein ähnliches Bild, nur dass nun auch Frankreich einen niedrigeren Beitragsanteil verbuchen könnte. Insgesamt sind die prozentualen Auswirkungen nicht mehr so groß wie im Fall $\pi = 100\%$. Weiterhin ist jedoch ein Progressionseffekt zu bemerken, denn die besser gestellten Länder tragen weiterhin einen höheren, die schlechter gestellten einen niedrigeren Finanzierungsanteil als vor der Reform. Lediglich die Spanne ist mit –1,30 (E) bis +2,29 (GB) Prozentpunkten geringer.

d) Korrekturmechanismus des Zentralbankgewinns

Wie bereits begründet, wird eine nachträgliche Korrektur der Beitragszahlungen zu Gunsten der Länder des Euroraumes vonnöten sein, solange nicht alle Mitgliedstaaten gleichzeitig auch Teilnehmer an der Währungsunion sind.[49] Die Teilnehmerstaaten finanzieren den EU-Haushalt bereits über ihren Anteil am Zentralbankgewinn mit, während die Länder außerhalb der Eurozone ihre Zent-

---

[49] Siehe hierzu im 7. Kapitel den Abschnitt B. 2. b) *Zentralbankgewinn.*

ralbankgewinne einbehalten können.[50] Dieser Zustand mit Mitgliedsländern innerhalb und außerhalb der Währungsunion ist mehr als nur eine Übergangssituation. Zwar befürworten die Regierungen Dänemarks und Schwedens eine Mitgliedschaft in der Währungsunion, doch wird die bevorstehende Osterweiterung sicherlich nicht sofort alle neuen Mitgliedsländer in die Währungsunion führen können. Daneben steht die Frage nach der Einführung des Euro in Großbritannien weiterhin im Raum.

Abbildung 15: Finanzierung der EU unter Berücksichtigung des EZB-Gewinns

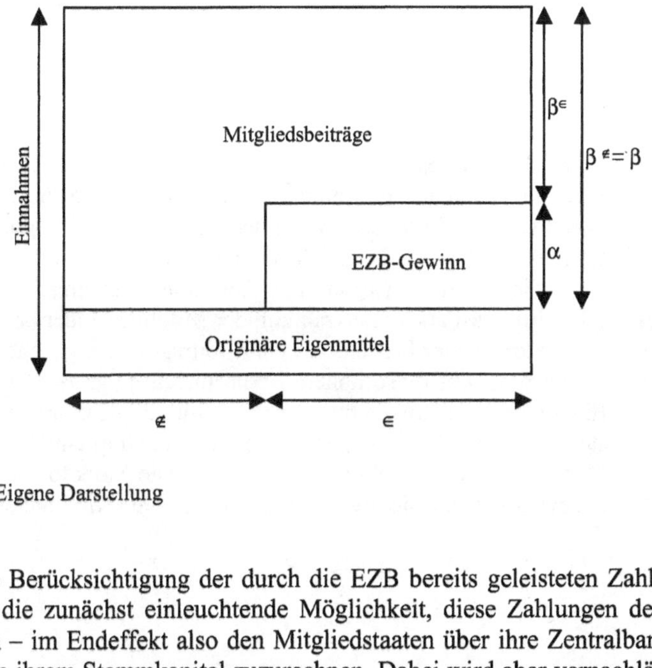

Quelle: Eigene Darstellung

Für die Berücksichtigung der durch die EZB bereits geleisteten Zahlungen bestünde die zunächst einleuchtende Möglichkeit, diese Zahlungen den Anteilseignern – im Endeffekt also den Mitgliedstaaten über ihre Zentralbanken – anteilig an ihrem Stammkapital zuzurechnen. Dabei wird aber vernachlässigt, dass die Gewinne niemals in Verantwortung der Mitgliedstaaten entstanden sind, sondern aus der Politik einer Gemeinschaftsinstitution resultieren. Eine Zuordnung anhand des gezeichneten Kapitals ist insofern willkürlich. Darum wird in dieser Arbeit der Weg beschritten, die Gewinnausschüttung den Teilnehmerlän-

---

50 Der Bundesbankgewinn lag in der Regel immerhin bei 0,4 bis 0,6 Prozent des deutschen BIP.

dern als Gruppe insgesamt zuzurechnen. Die Teilnehmerländer werden auf diesem Weg um den Ausschüttungsbetrag entlastet.

Bezeichnet man den Anteil der Gewinnausschüttung am Einkommen der Teilnehmerländer der Währungsunion mit α (Ausschüttungsquote), so ergibt sich für den Beitragsplafond dieser Länder ($\beta^{€}$) ein um α geringerer Betrag. Der Beitragsplafond der übrigen Länder ($\beta^{\not€}$) bleibt dagegen unverändert (vgl. auch Abbildung 15):

$$(10) \quad \beta^{€} = \beta - \alpha$$

$$(11) \quad \beta^{\not€} = \beta$$

Nimmt man für den Gewinn des ESZB 0,4 Prozent des Bruttoinlandsprodukts der Mitgliedsländer an der Währungsunion,[51] so ergeben sich nebenstehende Korrekturzahlungen (Tabelle 10) in Ergänzung der Tabelle 8. Als Progressionsgrad wurde fünfzig Prozent gewählt. Die Teilnehmer an der Währungsunion profitieren in unterschiedlicher Weise von der Korrekturmaßnahme. Die Ausschüttung der EZB wird quasi als Vorauszahlung der Mitgliedsländer behandelt. Da für jedes Land ein konstanter Prozentsatz vom Beitragssatz abgezogen wird, ergeben sich nominal pro Kopf umso höhere Entlastungen, je größer das nationale Pro-Kopf-Einkommen ist. Luxemburg wird so um 133,82 Euro pro Kopf entlastet, Portugal nur um 34,60 Euro. Der größte Gesamtbetrag entfällt mit 7,4 Mrd. Euro auf Deutschland vor Frankreich und Italien. Die Monotonieanforderung bleibt aber gewahrt, denn die Reihenfolge der Länder wird nicht verändert.[52]

---

[51] Ein Zentralbankgewinn in dieser Höhe wird von verschiedenen Autoren erwartet. Siehe beispielsweise WWU-BERICHT, S. 96, MAENNING / HUNGER (1996), S. 229, SPAHN (1993a), S. 158 und LANGE / NOLTE (1997), S. 19, bzw. NOLTE (1998).

[52] Dies gilt freilich nur für Länder innerhalb einer der beiden Gruppen (Teilnehmerländer und Nichtteilnehmerländer). Zwischen diesen Gruppen kann es zu Verschiebungen kommen. Dies ist nötig, da die Teilnehmerländer bereits Vorauszahlungen geleistet haben. Diese müssen bei einem Vergleich mit berücksichtigt werden.

Tabelle 10: Korrekturzahlungen nach Zentralbankgewinn bei π =50%

				vor Korrektur			Korrektur			nach Korrektur		
Land	*Mitglied*	*BIP*	*EW*	*b*	B	*B/EW*	*b*	B	*B/EW*	*b*	B	*B/EW*
L	ja	13.901	415,5	1,15%	160,1	385,41	-0,40%	-55,6	-133,82	0,75%	104,5	251,59
DK	nein	139.414	5.263,1	1,00%	1.399,5	265,91	0,00%	0,0	0,00	1,00%	1.399,5	265,91
D	ja	1.848.822	81.914,8	0,95%	17.581,5	214,63	-0,40%	-7.395,3	-90,28	0,55%	10.186,2	124,35
S	nein	199.463	8.844,5	0,92%	1.830,1	206,92	0,00%	0,0	0,00	0,92%	1.830,1	206,92
A	ja	179.471	8.059,4	0,91%	1.634,7	202,84	-0,40%	-717,9	-89,07	0,51%	916,9	113,76
F	ja	1.205.071	58.374,8	0,88%	10.663,3	182,67	-0,40%	-4.820,3	-82,57	0,48%	5.843,0	100,09
B	ja	209.497	10.156,6	0,87%	1.832,1	180,38	-0,40%	-838,0	-82,51	0,47%	994,1	97,88
NL	ja	310.885	15.530,5	0,86%	2.678,3	172,46	-0,40%	-1.243,5	-80,07	0,46%	1.434,8	92,39
SF	ja	98.492	5.124,6	0,84%	829,9	161,94	-0,40%	-394,0	-76,88	0,44%	435,9	85,06
I	ja	951.503	57.397,0	0,78%	7.415,3	129,19	-0,40%	-3.806,0	-66,31	0,38%	3.609,2	62,88
IRL	ja	58.367	3.626,1	0,77%	451,8	124,60	-0,40%	-233,5	-64,39	0,37%	218,3	60,21
GB	nein	911.375	58.801,5	0,75%	6.858,5	116,64	0,00%	0,0	0,00	0,75%	6.858,5	116,64
E	ja	471.688	39.695,1	0,67%	3.173,5	79,95	-0,40%	-1.886,8	-47,53	0,27%	1.286,8	32,42
GR	ja	97.196	10.475,9	0,62%	606,1	57,86	-0,40%	-388,8	-37,11	0,22%	217,4	20,75
P	ja	85.863	9.927,4	0,61%	523,9	52,77	-0,40%	-343,5	-34,60	0,21%	180,4	18,17

Quelle: Eigene Berechnungen

Tendenziell profitiert ein Land umso mehr von dieser Korrektur, je größer die Bevölkerungszahl und das Pro-Kopf-Einkommen sind. Dies korrespondiert mit dem entgangenen Gewinn aus der Ausschüttung der nationalen Gewinnanteile.

Für die Länder, die nicht an der Währungsunion teilnehmen, ändert der Korrekturmechanismus nichts an ihrem Beitragssatz und den Beiträgen pro Einwohner.

Theoretisch denkbar wäre nun der Fall, dass der Erstattungsbetrag eines Landes seinen eigentlichen Beitrag übersteigt. Es müsste dann negative Mitgliedsbeiträge zahlen, das bedeutet, Beiträge erhalten anstatt abzuführen. Die Wahrscheinlichkeit einer solchen Entwicklung ist umso größer, je progressiver der Tarif ausgestaltet ist, da die Beiträge der armen Mitgliedstaaten dann tendenziell sinken. Wenn nun der Zentralbankgewinn recht groß ausfällt, kann es passieren, dass die Erstattungen die Beiträge übersteigen. Darum ist an dieser Stelle ein maximaler Progressionsgrad (π^{max}) zu formulieren, der nicht überschritten werden darf. Er gibt für gegebene Ausschüttungsquoten α und Beitragsplafonds β den Progressionsgrad an, bei dem das Land mit der niedrigsten relativen Position (RP^{min}) gerade keinen Beitrag mehr zu zahlen hat. Die Ausschüttungsquote entspricht dann genau dem Beitragssatz vor Korrektur.[53]

$$(12) \quad 0 \leq \pi \leq \pi^{max} \qquad mit\ \pi^{max} = 1 + \frac{a \cdot RP^{min} - \alpha}{\beta - a \cdot RP^{min}}$$

Bei den gegebenen relativen Positionen, einem Beitragsplafond von 0,85 Prozent und einer Ausschüttungsquote von 0,4 Prozent liegt der maximale Progressionsgrad beispielsweise bei 93,8 Prozent, also bereits knapp unter eins. Bei einer Ausschüttungsquote von 0,37 Prozent wäre ungefähr ein maximaler Progressionsgrad von hundert Prozent erreicht.

E. Fazit

Aus der Ablehnung einer europäischen Besteuerungskompetenz zu Beginn dieses Kapitels und der Feststellung, dass die originären Eigenmittel nicht für die Finanzierung der Union ausreichen, folgt die Notwendigkeit, ein gerechtes und effizientes Beitragssystem für die Restfinanzierung zu schaffen. Die Analyse hat gezeigt, dass auf Grundlage der relativen Positionen der Mitgliedsländer ein transparentes und einleuchtendes, progressives Beitragssystem geschaffen werden kann. Dies gelang vor allem auch dadurch, dass mit der relativen Einkom-

---

53 Für die Herleitung des maximalen Progressionsgrades siehe den Anhang 9.

mensposition künftig nur noch eine einzige Bemessungsgrundlage für die Beitragsberechnung genutzt wird. Außerdem wurde mit dem Progressionsgrad π ein ökonomisch und mathematisch interpretierbarer Parameter zur Steuerung der Progression eingeführt. Der Parameter ist dabei so flexibel gestaltet, dass im Grenzfall auch ein linearer Tarif zu modellieren ist. Die konkrete Festlegung auf einen Zahlenwert für diesen Parameter bleibt eine politische Entscheidung.

Durch die Berücksichtigung des europäischen Zentralbankgewinns als Eigenmittelquelle ergeben sich Verteilungsprobleme zwischen Teilnehmer- und Nichtteilnehmerländern an der Währungsunion. Diese können dadurch systemimmanent entschärft werden, dass die Gewinnausschüttung der EZB als Vorauszahlung der Teilnehmerländer auf ihre Mitgliedsbeiträge betrachtet wird.

8. Kapitel: Sekundärer aktiver Finanzausgleich

Der sekundäre aktive Finanzausgleich behandelt die nachträgliche horizontale Umverteilung der Einnahmen der verschiedenen körperschaftlichen Ebenen. Solche Transaktionen sind nur dann sinnvoll, wenn die primäre Einnahmenverteilung überhaupt einer Korrektur bedarf. Für die Einnahmenverteilung zwischen den Mitgliedstaaten und der europäischen Zentrale besteht ein solcher Korrekturbedarf nicht, da die Beitragsgestaltung nach dem oben vorgestellten Mechanismus hinreichend flexibel ist.[1] Für eine nachträgliche Einnahmenverteilung zwischen den Mitgliedstaaten untereinander und zwischen Mitgliedstaaten und Regionen bleibt demgegenüber weiterhin Raum. Da die mangelnde wirtschaftliche Konvergenz zwischen Mitgliedstaaten und Regionen weitere Anstrengungen erforderlich macht,[2] soll nun ein Mechanismus erarbeitet werden, der die Idee der sekundären Umverteilung auf regionaler Ebene umsetzt. Auch hier gilt, dass der vorgestellte Ausgleichsmechanismus nicht der einzige denkbare ist, der die Vorgaben der oben genannten Prinzipien befolgt.

A. Methodische Grundlagen

Der EU wurde in dieser Arbeit im Rahmen des passiven Finanzausgleichs ihre regionalpolitische Kompetenz abgesprochen und diese auf die Mitgliedstaaten und ihre Regionen zurückverlagert. Dennoch sollte der Union die gestalterische Kompetenz eines regionalen Finanzausgleichs zugestanden werden. Dieser Abschnitt erläutert das Konzept, das dem horizontalen Finanzausgleich im Rahmen dieser Arbeit zugrunde gelegt wird.

---

1 Zu einer anderen Einschätzung kommt man, wenn man den geschilderten Beitragsmechanismus bereits als einen sekundären Ausgleich versteht. In diesem Falle würde lediglich die Ausstattung der EU mit ihren originären Eigenmitteln die primäre Einnahmenverteilung darstellen.

2 Siehe hierzu im 6. Kapitel dieser Arbeit den Abschnitt B. 2. *Räumliche Umverteilung.*

1. Zur Begründung eines ungebundenen, horizontalen und regionalen Ausgleichs

Bevor im Abschnitt B die konkrete Tarifgestaltung des sekundären aktiven Ausgleichs vorgenommen werden kann, ist es zunächst nötig, sich über die grundsätzliche Konzeption Klarheit zu verschaffen. Die Theorie hält viele Varianten (z.B. horizontaler vs. vertikaler Mechanismus oder Finanzkraft- vs. Finanzleistungsausgleich) bereit.[3] Deren Vor- und Nachteile müssen im Hinblick auf die Ziele des zu untersuchenden Finanzausgleichs beurteilt werden, um zu einer Konzeption zu gelangen, die den spezifischen Gegebenheiten am besten entspricht. Wichtige Vorarbeiten wurden dafür bereits weiter oben geleistet.

a) Regionaler Ausgleich

Bei der Begründung der distributiven Staatstätigkeit der EU wurde bereits erläutert, dass die existierenden regionalen Disparitäten durchaus einen regionalen Ausgleich erforderlich machen und dass für einen solchen auch eine vertragliche Grundlage existiert.[4] Entspricht dieses Vorgehen aber auch den politischen und wirtschaftlichen Gegebenheiten in der Union, oder sprechen einzelne Gründe eher für einen Ausgleich auf Ebene der Mitgliedstaaten?

Die prägende wirtschaftspolitische Entwicklung in der Europäischen Union besteht in der wachsenden Integration der Mitgliedstaaten. Die nationalen Grenzen verlieren durch die Harmonisierungserfolge an Bedeutung. Im Gegenzug dazu treten die regionalen Unterschiede in den Vordergrund. Regionale Standortbedingungen, wie Marktnähe, Bildungsniveau oder Infrastrukturausstattung gewinnen an Bedeutung. Durch die Integration konkurrieren zunehmend nicht nur nationale Volkswirtschaften, sondern auch Regionen miteinander.[5] Diese Schwerpunktverlagerung von den Mitgliedstaaten zu den Regionen ist gepaart mit Zentralisierungsbestrebungen auf der europäischen Ebene. Die Ebene der Mitgliedstaaten kommt somit von zwei Seiten unter Druck: zum einen von der

---

3 Vgl. BIEHL (1988a), KOPS (1984a-c), MATHEWS (1977), PEFFEKOVEN (1988) und ZIMMERMANN (1982).

4 Siehe hierzu im 6. Kapitel dieser Arbeit den Abschnitt B. 2. b) ii. *Umverteilung auf regionaler Ebene.*

5 Vgl. QUICK (1994), S. 20.

regionalen, zum anderen von der europäischen Ebene.[6] Derzeit sind die politischen Gestaltungsmöglichkeiten der Regionen in vielen Mitgliedsländern noch weitgehend von der nationalen Ebene eingeschränkt, sodass sich der Druck von unten in Grenzen hält. Eine Entwicklung, die den Regionen weitere, auch wirtschaftliche, Kompetenzen ermöglicht, ist aber aus ökonomischen und politischen Gründen erstrebenswert. Ein Finanzausgleich, der sich nach regionalen Kriterien bemisst und einen Ausgleich zwischen starken und schwachen *Regionen* bewirkt, könnte dieser Entwicklung einen neuen institutionellen Schub liefern.

Mit einem Ausgleich, der sich auf regionale Gebietseinheiten bezieht, ist es wesentlich leichter, die Finanzausgleichsmittel auf die ärmsten Regionen zu konzentrieren.[7] Dies ist nötig, denn die derzeit praktizierte breite Streuung der Mittel weckt Begehrlichkeiten bei den durchschnittlich entwickelten Regionen. Ausgleichsmechanismen, die sich auf die Mitgliedstaaten als Ganzes konzentrieren, eignen sich nicht für eine stärkere Konzentration, da sie nur die ökonomischen Unterschiede innerhalb eines Landes nivellieren.

b) Horizontaler Mechanismus

Kennzeichnend für einen horizontalen Finanzausgleich ist die Eigenschaft, dass es nicht nur begünstigte Regionen gibt, sondern auch zahlende. Abhängig davon, ob es ergänzende vertikale Zahlungen gibt, ist der horizontale Ausgleich ein Nullsummenspiel oder nicht. Bei einem vertikalen Finanzausgleich ergeben sich lediglich indirekt horizontale Wirkungen, indem einige Regionen höhere, andere niedrigere Zuweisungen erhalten (sog. Diagonaler Finanzausgleich). Zahlen muss bei diesem Modell aber keine Region.

Unabhängig davon, auf welcher Ebene der Ausgleich erfolgt, kann allgemein gesagt werden, „dass der Zweck des Finanzausgleichs darin besteht, den Regierungen die Möglichkeit zu geben, (...) die finanziellen Belastungen und Nutzen der Einzelpersonen innerhalb der verschiedenen Hoheitsgebiete, die dem Aus-

---

6 Sogenannte „Sandwich-These“, vgl. ZIMMERMANN (1990), S. 252ff., EISSEL (1994), S. 45 und AMMON (1994), S. 91. LAMMERS (1999b) sieht diesen Zustand als gegeben an, während ZIMMERMANN (1999) ihn zwar für erstrebenswert, empirisch aber nicht gesichert hält.

7 Vgl. TOPAN (1997), S. 58.

gleich unterliegen, anzugleichen."[8] Das Ausmaß der Angleichung kann aber unterschiedlich sein und hängt nicht zuletzt vom Grad der gegenseitigen Solidarität und des Altruismus ab.[9] Entscheidend ist, dass eine gewisse Angleichung erfolgt. Technisch lässt sich argumentieren, dass sich die Unterschiede zwischen den Regionen leichter nivellieren lassen, wenn nicht nur den schlechter gestellten gegeben, sondern auch den besser gestellten genommen wird, die Angleichung also von zwei Seiten her stattfindet.

Ein horizontaler Mechanismus lässt sich jedoch nicht nur technisch, sondern auch ökonomisch begründen: Zunächst lässt sich feststellen, dass finanziell stärkere Regionen tendenziell positive Handelsbilanzsalden aufweisen.[10] Sie profitieren überdurchschnittlich von der wirtschaftlichen Integration, weil ihre Produktion ihren Binnenkonsum übersteigt und sie durch die Integration diese Position noch weiter ausbauen können. Darum ist es auch im Sinne dieser Regionen, wenn sie für diese Entwicklung einen Teil ihrer Integrationsgewinne als Kompensation zurückzahlen, um die Akzeptanz für die Integration auch in den peripheren Regionen aufrecht zu halten. Darüber hinaus leiden die rückständigen Regionen vielfach unter einer mangelnden Kapitalausstattung. Geht man von einer abnehmenden Grenzproduktivität des Kapitals aus, könnte mit einer horizontalen Umverteilung von fortschrittlichen zu rückständigen Regionen die Gesamtwohlfahrt gesteigert werden.

Für einen horizontalen Ausgleich spricht des weiteren die höhere Transparenz und somit bessere politische Kontrollierbarkeit durch den Bürger.[11] Ein solcher Ausgleich weist explizit die horizontalen Zahlungen einer Region an eine andere aus. Bei einem vertikalen Ausgleich lassen sich die horizontalen Wirkungen dagegen nur sehr schwer und indirekt nachvollziehen. Obwohl die Zahlungen durch den Oberverband erfolgen, wird es stets so sein, dass eine Umverteilung von den reichen Regionen zu den armen erfolgt. Der Grund liegt darin, dass die Bürger der reichen Gebietskörperschaften verhältnismäßig mehr zur Finanzierung des Oberverbandes und somit auch des Finanzausgleichs beitragen als die armer Regionen. Ein horizontaler Mechanismus zeigt die ungleichen Belastungen der einzelnen Regionen direkt und ungeschönt.

---

8 MATHEWS (1977), S. 423.

9 Vgl. SPAHN (1993a), S. 87.

10 Vgl. BIEHL (1991), S. 176.

11 Vgl. MATHEWS (1977), S. 437.

c) Ungebundene Transfers

Die Frage, ob der Finanzausgleich mit gebundenen oder ungebundenen Transfers arbeiten soll, ist primär danach zu entscheiden, welcher Zweck mit den Zuweisungen erreicht werden soll und welche Ebene die Ausgabenprioritäten besser festlegen kann. Gebundene Transfers sind demnach nur dann zu befürworten, wenn Aufgaben- und Ausgabenkompetenz auseinanderfallen. Dies soll aber gemäß dem Konnexitätsprinzip im neu gestalteten europäischen Finanzausgleich nicht vorkommen. Im Gegenteil: Aufgaben- und Ausgabenkompetenz sollen stets gemeinsam bei der Körperschaft liegen, die eine Aufgabe am besten erfüllen kann. Ist dies realisiert, gibt es keinen Grund, warum eine andere Körperschaft, sei sie von einer übergeordneten oder der gleichen Ebene, über die Verwendung der Finanzausgleichsmittel bestimmen sollte.

Statt dessen ergeben sich durch zweckgebundene Zuweisungen für die empfangende Körperschaft stets die Nachteile, die in der Literatur beschrieben werden.[12] Abbildung 16 stellt das Kalkül einer empfangenden Gebietskörperschaft dar, die ein bestimmtes öffentliches Gut x bereitstellt. Sie kann ihre gegebene Finanzausstattung entweder nutzen, um das öffentliche Gut bereitzustellen oder um das Geld zu sparen bzw. es für beliebige andere Güter auszugeben (Güterbündel y). In der Ausgangslage ist sie der Budgetrestriktion AB unterworfen. Die Steigung der Budgetgeraden entspricht dem Austauschverhältnis des Gutes x mit dem Bündels y. Die Gebietskörperschaft realisiert bei gegebenen Präferenzen der Einwohner den Punkt C. Die Mengen x_a und y_a ergeben für die Bürger ein Nutzenniveau, das mit der Indifferenzkurve I_a dargestellt ist.

Nun erhält die Körperschaft Zuweisungen von einer anderen in Höhe AA‘ (gemessen in Einheiten des Gutes x).[13] Im Falle ungebundener Zuweisungen verschiebt sich die Budgetgerade parallel bis A’B‘. Die Präferenzen der Bürger führen zu einem Optimum in Punkt E mit den Gütermengen x_u und y_u (u: ungebunden). Das realisierte Nutzenniveau liegt nun höher, was durch die Lage der Indifferenzkurve I_u veranschaulicht wird.

---

[12] Siehe dazu beispielsweise THOMAS (1997), S. 260ff. oder PROKOP (1999), S. 117ff.

[13] Ob es sich um horizontale oder vertikale Zuweisungen handelt, spielt für diese Darstellung keine Rolle.

Abbildung 16: Ungebundene vs. gebundene Transfers

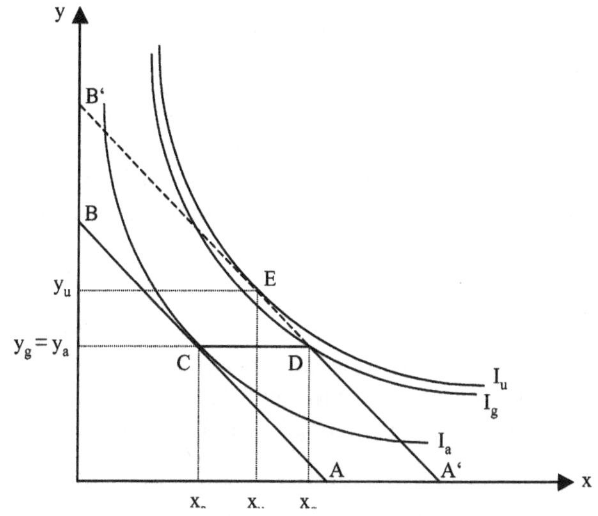

Quelle: In Anlehnung an KING (1984), S. 92.

Alternativ wird nun eine zweckgebundene Zuweisung betrachtet, von denen es verschiedene Typen gibt. Im dargestellten Fall handelt es sich um eine zusätzliche zweckgebundene Zuweisung, was bedeutet, dass die Zuweisung in vollem Umfang für den vorgegebenen Zweck verwendet werden muss und die bisher von der empfangenden Körperschaft für diesen Zweck getätigten Ausgaben nicht reduziert werden dürfen. Der geförderte Zweck sei in diesem Falle das Gut x. Nur wenn die Körperschaft selbst mindestens x_a bereitstellt, bekommt sie die Zuweisung in der Höhe AA'. Die Budgetrestriktion verläuft durch diese Vorgaben geknickt durch BCDA'. Der Tangentialpunkt mit der höchsten Indifferenzkurve liegt bei D mit den zugehörigen Mengen x_g und y_g (g: gebunden). Das Niveau der Indifferenzkurve I_g liegt unterhalb von I_u, sodass diese Situation für die empfangende Körperschaft schlechter ist. Dies ist dadurch zu erklären, dass zu dem positiven Einkommenseffekt ein negativer Substitutionseffekt hinzutritt, der den Präferenzen der Bürger widerspricht. Nur für den Fall, dass die Indifferenzkurvenschar so gestaltet ist, dass bei ungebundenem Transfer der Tangentialpunkt E auf der Budgetgerade zwischen D und A' liegt, ergeben sich durch die Zweckbindung keine Nachteile.

An der grundsätzlichen Aussage, dass Zweckbindungen stets zu einem Wohlfahrtsverlust bei der empfangenden Körperschaft führen können, ändert sich nichts mit ihrer Ausgestaltung (ob mit oder ohne Zusätzlichkeit, ob mit oder ohne Eigenbeteiligung). Immer führen Substitutionseffekte zu einer anderen als der optimalen Güterstruktur. Aus diesem Grunde sind ungebundene Transfers aus Sicht der empfangenden Gebietskörperschaft gebundenen stets vorzuziehen.[14] Zu einem anderen Ergebnis käme man nur, wenn man unterstellt, dass die gebende Körperschaft den Bedarf besser einschätzen kann als die empfangende.[15] Aber selbst dann sind die Zweckbindungen relativ leicht zu umgehen, beispielsweise, indem eine zweckgebundene Zuweisung an eine Gebietskörperschaft durch eine Umwidmung anderer Zuweisungen an dieselbe Gebietskörperschaft erfolgt.[16] Dies und andere Umgehungsmöglichkeiten führen dazu, dass in der Praxis gebundene Zuweisungen in der Regel nicht zu einer Ausweitung der vom Geber erwünschten Leistungen führen.[17] Deshalb werden für Transfers, die eine Angleichung der öffentlichen Ausgaben zwischen den Gebietskörperschaften anstreben, zumeist ungebundene Pro-Kopf-Zuweisungen als angemessenes Umverteilungsinstrument genannt.[18] Dies gilt auch in Bezug auf die Europäische Union.[19]

---

14 Vgl. PROKOP (1999), S. 117.

15 Dem entsprechend kommen MUSGRAVE / MUSGRAVE / KULLMER (1992), S. 24ff. zu dem Ergebnis, dass Zweckbindungen in allen ihren verschiedenen Formen die Allokation verbessern, denn sie analysieren durchweg aus Sicht der gebenden Körperschaft. THOMAS (1997), S. 246 und WALTHES (1996), S. 224 versuchen einen Kompromiss zwischen Zahler- und Empfängerregion zu finden. Ihre Lösungen sind aber nur wenig überzeugend, da sie ebenfalls unterstellen, die zahlende Region könne die Präferenzen in der empfangenden Region in irgend einer Weise zutreffend einschätzen.

16 Vgl. WALSH (1993), S. 41 und COSTELLO (1993), S. 106.

17 Vgl. FOLLAIN (1979), S. 498.

18 Vgl. OATES (1972), S. 82ff., SMEKAL (1980), S. 194, H. FISCHER (1984), S. 231 und TEUTEMANN (1993), S. 403.

19 Vgl. HILLIGWEG (1994), TEUTEMANN (1993), S. 410, LAMMERS (1993), S. 198f. und KARL (1995), S. 128.

2. Abgrenzung der regionalen Gebietseinheiten

Nachdem nun ein regionaler Ausgleich prinzipiell befürwortet wurde, besteht die Frage nach der konkreten Auswahl der regionalen Gebietseinheiten, der in diesem Abschnitt nachgegangen wird.

a) Die Systematik der Gebietseinheiten für die Statistik (NUTS)

Um für die Regionen aller Mitgliedsländer auf vergleichbare statistische Informationen zurückgreifen zu können, bieten sich als territoriale Einheiten des regionalen Finanzausgleichs nur die sogenannten NUTS-Ebenen an, für die EUROSTAT, das Statistische Amt der Europäischen Union, genormte statistische Angaben errechnet und periodisch veröffentlicht. Nationale, nach analytischen oder funktionalen Kriterien abgegrenzte Einheiten scheiden mangels Vergleichbarkeit aus. Prinzipiell beruht die Einteilung der NUTS-Ebenen auf den bestehenden Verwaltungseinheiten der Mitgliedstaaten.[20] Um jedoch auf jeder Ebene vergleichbare Einheiten für jedes Land zu erhalten, werden in manchen Ländern auch zusätzliche künstliche Ebenen geschaffen, indem entweder größere Einheiten unterteilt oder kleinere zusammengefasst werden.[21] Abbildung 17 zeigt, welche nationale Gebietseinheit welcher der fünf NUTS-Ebenen entspricht und gibt die Anzahl der Einheiten pro Ebene an.

NUTS 1 bis 3 sind von der Union als regionale, NUTS 4 und 5 als lokale Ebenen eingestuft. Die 15 Mitgliedsländer bestehen zusammen aus circa 100.000 Kommunen. Für einen regionalen Finanzausgleich ist demnach nur die Verwendung einer Ebene NUTS 1 bis 3 sinnvoll. Die kleineren Mitgliedstaaten verfügen teilweise nicht über Unterteilungen ihres Staatsgebietes auf den höheren regionalen Ebenen. Für Schweden ist keine Unterteilung auf der Ebene NUTS 1 vorhanden, für Dänemark und Irland zusätzlich nicht auf der zweiten Ebene und für Luxemburg existiert gar keine regionale, sondern nur eine lokale Unterteilung. In diesen Fällen wird die entsprechende regionale Ebene durch das gesamte Staatsgebiet gebildet.

---

[20] Darin liegt auch die Schwäche dieses Konzepts. Die administrativen Grenzen werden in der Regel nach anderen als ökonomischen Kriterien gebildet. Vgl. IRMEN / SINZ (1989), S. 600f.

[21] Vgl. EUROSTAT (1995), S. 5.

Abbildung 17: Beziehung zwischen den NUTS-Ebenen und den nationalen administrativen Einheiten

Land	*NUTS 1*		*NUTS 2*		*NUTS 3*		*NUTS 4*		*NUTS 5*	
A	Gruppen von Bundesländern	3	Bundesländer	9	Gruppen von politischen Bezirken	35	-		Gemeinden	2351
B	Régions	3	Provinces	11	Arrondissements	43	-		Communes	589
D	Länder	16	Regierungsbezirke	38	Kreise	440	-		Gemeinden	16176
DK	-	1	-	1	Amter	15	-		Kommuner	276
E	Agruppacion de comunidades autonomas	7	Comunidades autonomas + Ceuta y Mellila	18	Provincias + Ceuta y Mellila	52	-		Municipios	8077
F	Z.E.A.T. + D.O.M.	9	Régions + D.O.M	26	Départements + D.O.M.	100	-		Communes	36664
GB	Standard regions	12	Groups of counties	36	Counties / Local authority regions	133	Districts	485	Wards/Communities/Localities	11095
GR	Groups of development regions	4	Development regions	13	Nomoi	51	Eparcies	150	Demoi/Koinotites	5921
I	Gruppi di regioni	11	Regioni	20	Provincie	103	-		Comuni	8100
IRL	-	1	-	1	Regional Authority Regions	8	Counties / County boroughs	34	DEDs/Wards	3445
L	-	1	-	1	-	1	Cantons	12	Communes	118
NL	Landesdelen	4	Provincies	12	COROP regio's	40	-		Gemeenten	672
P	Continente + Regioes autonomas	3	Comissaoes de coordenaçao regional + Regioes autonomas	7	Grupos de Concelhos	30	Concelhos - minicipios	305	Freguesias	4208
S	-	1	Riksområden	8	Län	21	-		Kommuner	286
SF	Manner-Suomi/ Ahvenanmaa	2	Suuralueet	6	Maakunnat	20	Seutukunnat	88	Kunnat	455
EU15		**78**		**207**		**1092**		**1074**		**98433**

Quelle: New Cronos Datenbank EUROSTAT und EUROSTAT (1995), S. 8

Die Übersicht enthält nicht die Gegebenheiten in den osteuropäischen Beitrittskandidaten, da eine Einteilung in NUTS-Einheiten für diese Länder bislang nicht erfolgt ist. Zu Zeiten des Sozialismus waren sie durchweg zentral strukturiert. In allen osteuropäischen Ländern hat es aber nach der Wende Dezentralisierungen gegeben. Vor allem die lokale Ebene wurde in einem ersten Schritt gestärkt. Eine regionale Ebene gibt es bisher nur in einzelnen Ländern (u. a. in Rumänien und Lettland), ihre Einrichtung wird aber in den meisten Ländern vorbereitet, was auch eine Einbeziehung dieser Länder in den regionalen Finanzausgleichsmechanismus zu einem späteren Zeitpunkt ermöglichen würde.[22]

b) Unterschiedliche Autonomiegrade der Gebietseinheiten

Zwar existieren in allen Mitgliedstaaten der EU (mit Ausnahme Luxemburgs) regionale Gebietseinheiten, diese unterscheiden sich jedoch stark hinsichtlich ihrer Bedeutung als föderale Einheit und der ihnen obliegenden Aufgaben. Teilweise wurden sie nur für die Zwecke der europäischen Regionalförderung geschaffen und haben keine innenpolitische Bedeutung. Hier sind vor allem Griechenland und Irland zu nennen. Sie verfügen unabhängig von der NUTS-Klassifizierung lediglich über eine lokale Ebene, der jedoch teilweise sehr weitgehende Ausgabenkompetenzen zustehen.[23] Finnland und Portugal sind ähnlich strukturiert, haben jedoch mit den Ålandinseln beziehungsweise den Azoren und Madeira autonome Regionen mit ausgeprägter Selbstverwaltung.[24] In Dänemark (amter), Schweden (län) und den Niederlanden (provincies) existiert oberhalb der lokalen eine weitere Ebene, deren Charakter zwischen lokaler und regionaler Gebietskörperschaft liegt.[25]

Die übrigen sieben Mitgliedsländer verfügen über aktivere regionale Ebenen. Zwar sind Frankreich, Italien, Großbritannien und Spanien weiterhin vorwiegend unitaristisch geprägt, ihre Regionen verfügen aber über weitergehende Kompetenzen, beispielsweise in der für den regionalen Finanzausgleich besonders wichtigen regionalen Wirtschaftsförderung.[26] Noch weiter ist die Selbstbe-

---

[22] Vgl. EGELSCHALK (1999), S. 63f. und KOWALCZYK (1994).

[23] Vgl. POLA (1999), S. 17f.

[24] Vgl. TOPAN (1997), S. 113.

[25] Sie sind in etwa mit den deutschen Landkreisen vergleichbar. Vgl. PROBST (1994), S. 140.

[26] Vgl. BARISITZ (1996), S. 43.

stimmung der autonomen Regionen Italiens und Frankreichs ausgeprägt.[27] In Großbritannien verfügen Schottland, Nordirland und Wales über eine gestärkte Autonomie. Tatsächlich föderale Staaten, deren Gliedstaaten über sehr weitgehende Einnahmen- und Ausgabenkompetenzen verfügen, sind aber nur Deutschland, Österreich und seit der Verfassungsreform von 1998 auch Belgien.[28] Die Autonomie der Regionen dieser Länder wird durch regionale Parlamente gestärkt.

Abbildung 18: Dezentralisierungsgrad der EU-Mitgliedstaaten

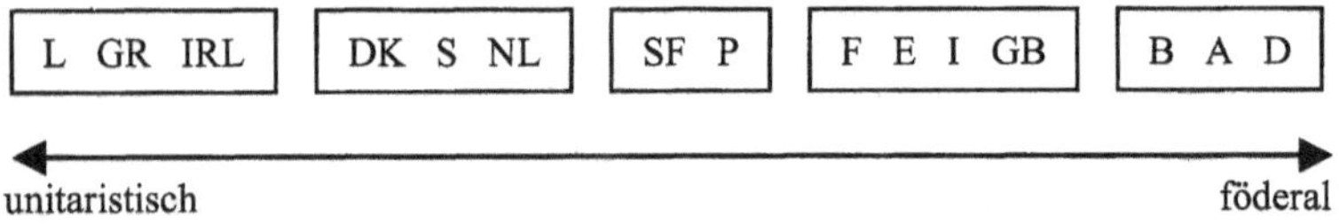

Quelle: Eigene Darstellung

Der Dezentralisierungsgrad der Mitgliedstaaten kann auch an der gesetzlichen Verankerung der regionalen Ebene abgelesen werden: Verfassungsrechtlich garantiert ist nur der Status der Regionen in den dezentralisierten Ländern, während in den unitaristischen Staaten die Existenz der Regionen nur auf einfacher gesetzlicher Grundlage geregelt ist, die vom Zentralstaat jederzeit geändert werden kann.[29]

Für die Schaffung eines regionalen Finanzausgleichs ist die Existenz von regionalen Gebietseinheiten wichtig, die über eine weitgehende Aufgaben- und Ausgabenkompetenz, sowie über eine funktionierende Verwaltung verfügen. Je stärker die Regionen institutionell abgesichert sind, desto besser können sie sich im Kompetenzwettstreit mit den Nationalstaaten und der EU behaupten.[30] In den Ländern, in denen diese Voraussetzungen bislang nicht erfüllt waren, hat es bereits große Fortschritte gegeben. Die Schaffung der französischen Regionen als

---

27 In Frankreich sind das Korsika und die Überseegebiete (Départements d'outre-mer, D.O.M.), die als Teile des französischen Mutterlandes gelten und auch der EU angehörigen: Guadeloupe, Martinique, Réunion und Französisch Guyana. In Italien zählen dazu das Aostatal, Friaul-Julisch-Venetien, Sardinien, Sizilien und Trentino-Südtirol.

28 Vgl. POLA (1999), S. 57. Belgien besteht seit dem aus den zwei ethnischen Regionen Flandern und Wallonien und der Hauptstadtregion Brüssel.

29 Vgl. HRBEK / WEYAND (1994), S. 30f.

30 Vgl. JEFFERY (2000), S. 13.

selbständige Körperschaften 1982/83,[31] die erfolgreichen Referenden in Schottland und Wales für die Schaffung von Regionalparlamenten 1997 (sog. devolution) und die Regionalisierung in Belgien 1998 sind die herausragenden Meilensteine dieser Entwicklung. Aber auch in den übrigen Mitgliedstaaten sind wesentliche Kompetenzen von der Zentrale an die regionalen beziehungsweise lokalen Gebietskörperschaften übertragen worden.[32] Vor der Installation eines regionalen Finanzausgleichs ist diese Entwicklung fortzusetzen und durch funktionierende regionale Gebietseinheiten institutionell abzusichern.

c) Heterogenität der Gebietseinheiten

Innerhalb der einzelnen Ebenen gibt es Gebiete von stark unterschiedlicher Größe bezüglich ihrer Fläche und Einwohnerzahl. Diese großen Unterschiede beruhen allerdings weniger auf der Einordnung einer bestimmten Verwaltungseinheit zu der einen oder anderen Ebene, als vielmehr auf der starken Streuung der Größe der Gebietseinheiten innerhalb der Mitgliedsländer.[33]

Um qualitative Aussagen über die strukturelle Situation einer Region machen zu können, sollte es sich bei den ausgewählten Regionen um möglichst homogene Räume mit geringen Strukturkraftunterschieden im Inneren handeln.[34] Die Gebietseinheiten dürfen einerseits nicht zu groß gewählt werden, um Nivellierungen zu verhindern, andererseits nicht zu klein, um statistische Ausreißer zu vermeiden.[35] Die Ebene NUTS 1 kann darum als ungeeignet angesehen werden, weil sie mit im Durchschnitt über vier Millionen Einwohnern eben diese Nivellierungseffekte beinhaltet. Dies wird auch dadurch deutlich, dass die bereits genannten vier Mitgliedsländer über gar keine und zwei weitere nur über eine sehr rudimentäre Unterteilung auf dieser Ebene verfügen.

Die Ebenen NUTS 2 und 3 sind dagegen bessere Konzepte, um die Regionen nach ihrer Strukturkraft abzugrenzen. Der Vorteil der Ebene 3 besteht darin, dass mit Ausnahme Luxemburgs für jedes Mitgliedsland regionale Unterteilun-

---

[31] Vgl. AMMON (1994), S. 42. Die französischen Regionen haben eine hohe wirtschaftliche Kompetenz, verfügen jedoch nur über eine geringe Mittelausstattung.

[32] Vgl. DAMMEYER (2000), S. 1 und POLA (1999), S. 57ff.

[33] Vgl. QUICK (1994), S. 22f.

[34] Vgl. QUICK (1994), S. 21.

[35] Vgl. WANIEK (1995), S. 16.

gen existieren und somit auch für die kleineren Länder Unterschiede zwischen Zentrum und Peripherie sichtbar gemacht werden können. Auf der anderen Seite beinhaltet diese Abgrenzung bereits recht viele sehr kleine Regionen mit nicht mehr als 30.000 Einwohnern und Flächen von nur wenigen hundert Quadratkilometern. Diese relativ kleine statistische Basis kann in Einzelfällen zu Ausreißern und verzerrten Wanderungszahlen führen, da benachbarte Regionen enge wirtschaftliche Verflechtungen besitzen.

Als Maß für die Streuung der Bevölkerungszahlen enthält die Tabelle den Quotienten aus Standardabweichung und Mittelwert (σ/μ). Er ist auf EU-Ebene für die zweite NUTS-Ebene deutlich kleiner als für die dritte. Lediglich in Frankreich ergibt sich ein Bild mit deutlich anderem Vorzeichen.

Tabelle 11: Bevölkerungsparameter der Regionen der Ebenen NUTS 2 und 3

Land	NUTS 2				NUTS 3			
	min	max	μ	σ / μ	min	max	μ	σ / μ
A	275,3	1.595,4	895,5	0,59	20,9	1.595,4	230,3	1,13
B	241,9	1.633,4	923,3	0,48	39,4	949,4	236,2	0,91
D	506,5	5.290,8	2.155,7	0,55	36,0	2.166,2	186,2	0,99
DK		5.263,1		0,00	45,1	627,0	350,9	0,48
E	265,0	7.244,4	2.327,4	0,89	92,8	5.024,7	791,3	1,18
F	261,2	11.044,3	2.653,4	0,85	73,0	2.563,1	608,1	0,77
GB	372,3	7.074,3	1.633,4	0,69	19,8	1.727,5	442,1	0,79
GR	184,3	3.448,5	805,8	1,11	21,4	3.448,5	205,4	2,35
I	119,0	8.941,8	2.869,9	0,80	92,2	3.778,4	557,3	1,10
IRL		3.626,1		0,00	205,5	1.058,3	453,3	0,58
L		415,5		0,00		415,5		0,00
NL	277,2	3.338,8	1.294,2	0,76	54,1	1.310,6	388,3	0,75
P	242,1	3.537,8	1.418,2	1,03	46,6	1.833,6	330,9	1,09
S	391,1	1.755,1	1.105,5	0,48	58,0	1.744,3	421,2	1,06
SF	25,2	1.812,7	854,1	0,73	25,2	1.232,3	256,2	0,99
EU	**25,2**	**11.044,3**	**1.813,0**	**0,87**	**19,8**	**5.024,7**	**343,6**	**1,24**

Quelle: Eigene Berechnungen nach Daten der New Cronos Datenbank, EUROSTAT.

d) *Umsetzung*

Insgesamt ist die statistische Basis auf der NUTS-2-Ebene gleichmäßiger. Sie ist die am häufigsten genutzte Ebene mit dem umfangreichsten Datenbestand.[36] Es existieren relativ wenig Ausreißer und die durchschnittliche Bevölkerungszahl von 1,8 Mio. ist noch nicht zu groß für die Erfassung der Arbeitslosigkeit und des Pro-Kopf-Einkommens, ohne zu sehr zu nivellieren. Hinzu kommt, dass auf dieser Ebene zumeist solche Gebietseinheiten eingeordnet sind, die auch über die nötigen Haushalte verfügen, um die Regionalmittel des Finanzausgleichs zu verwalten und einzusetzen oder zu verteilen.

Karte 1 zeigt die Europäische Union in ihrer NUTS-2-Gliederung. Durch die relativ homogenen Bevölkerungszahlen ergeben sich flächenmäßig unterschiedliche Gebiete. Relativ kleinen Regionen im dichtbesiedelten Mitteleuropa und England stehen vergleichsweise große Regionen in den dünner besiedelten Regionen Skandinaviens, Frankreichs und Spaniens gegenüber. Für die Bundesrepublik Deutschland lassen sich die bekannten Umrisse der Regierungsbezirke und Bundesländer erkennen. Der Kasten links unten in der Karte enthält die Azoren (oben), Madeira (Mitte) und die Kanarischen Inseln (unten).

Karte 1: Die Europäische Union auf NUTS-Ebene 2

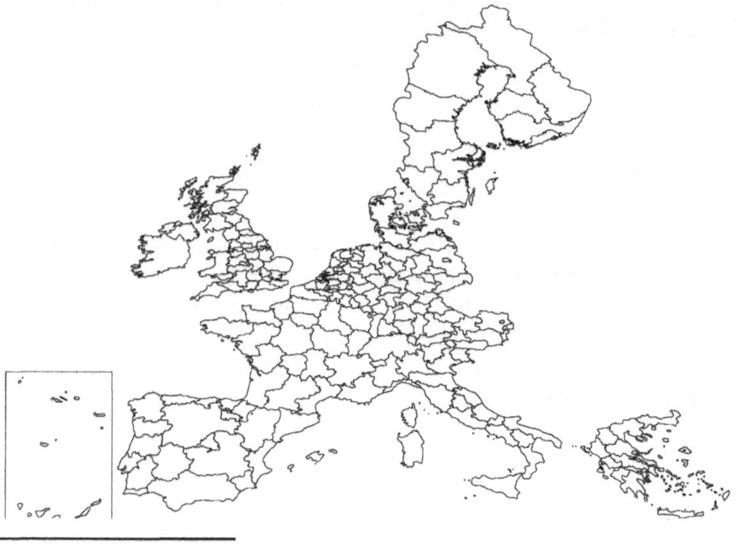

[36] Vgl. BUNDESFORSCHUNGSANSTALT FÜR LANDESKUNDE UND RAUMORDNUNG (1995), S. 2.

Das Problem, dass Irland und Dänemark auf der NUTS-2-Ebene keine Unterteilung besitzen, die Gebietseinheiten der Ebene 3 jedoch im Vergleich mit den übrigen Mitgliedsländern zu klein sind, wird im Rahmen dieser Arbeit dadurch gelöst, dass in diesen Ländern eine fiktive Ebene 2 eingeführt wird, indem vier (DK), beziehungsweise zwei (IRL) Gruppen von Regionen der Ebene 3 nach geographischen und strukturellen Kriterien gebildet werden.[37] Hieraus ergibt sich allerdings ein administratives Problem: Die künstlich geschaffenen Ebenen verfügen über keinen Verwaltungsapparat, der die Zahlungsverpflichtungen oder -berechtigungen abwickeln könnte. Letztlich müssen diese also auf die existierenden Gebietskörperschaften der Ebene 3 umgelegt werden. Wie dies geschieht, ob im Rahmen eines nationalen Finanzausgleichs oder durch einfache Zerlegung, sollte aber ganz im Sinne des Subsidiaritätsprinzips von den Mitgliedsländern Irland und Dänemark selbst geregelt werden.

Des weiteren werden die zur EU zählenden überseeischen Regionen Frankreichs und die nordafrikanischen Exklaven Spaniens Ceuta und Melilla aus dem Finanzausgleich ausgegrenzt. Dies geschieht, weil die strukturpolitischen Probleme dieser Regionen spezifischer Art sind und mit denen des EU-Kernlandes nicht sinnvoll verglichen werden können. Sie verfügen in der Regel über sehr hohe Arbeitslosenquoten und dennoch eine sehr positive Bevölkerungsentwicklung. Die demografischen und sozialen Unterschiede zum Kernland sind aber immens, sodass ein Vergleich zu falschen Schlüssen führt. Erschwerend kommt das Problem hinzu, dass die statistische Basis für die erwähnten Regionen teilweise sehr lückenhaft ist.

3. Klassifizierung der Regionen

Der strukturpolitische Ansatz auf der regionalen Ebene bietet den Vorteil, dass in den relativ eng abgegrenzten Gebieten unterschiedliche wirtschaftliche Probleme besser erkannt werden können als auf Ebene der Nationalstaaten. In denen werden die konkreten Probleme durch Aggregation und Nivellierung leicht verwischt. Es ist somit sinnvoll, auf der regionalen Ebene auf unterschiedliche wirtschaftliche Indikatoren zurückzugreifen, um ein differenziertes Bild von den Gegebenheiten in einer Region zu zeichnen.

---

[37] Zu dieser Einteilung siehe im Anhang 5. BARRO / SALA-I-MARTIN (1991) wählen eine ähnliche Einteilung für Dänemark.

a) Grundsätzliches

Neben dem bereits verwendeten Pro-Kopf-Einkommen gibt es eine ganze Reihe anderer Maßzahlen, die geeignet sind, die wirtschaftlichen und strukturellen Gegebenheiten einer Region zu beschreiben. Bei Einbeziehung mehrerer Indikatoren besteht aber die Gefahr, dass die Probleme einer Region überzeichnet werden, wenn die verwendeten Indikatoren stark positiv miteinander korrelieren.[38] Werden dennoch hoch korrelierte Indikatoren verwendet, muss man versuchen, die doppelte Berücksichtigung zu vermeiden. Ein Weg besteht darin, mit Hilfe der multivariaten Statistik aus den Indikatoren einen neuen, synthetischen Gesamtindikator zu konstruieren, der die Korrelationen der einzelnen Messzahlen berücksichtigt.[39] Der Nachteil dieser Vorgehensweise ist, dass der neu geschaffene Indikator nicht mehr direkt ökonomisch interpretierbar ist, sondern lediglich einen Maßstab für allgemeine Begriffe wie den Wohlstand oder die Konvergenz einer Region darstellt.

Eine andere Möglichkeit besteht darin, die Indikatoren nicht simultan sondern iterativ zu betrachten. Dieser Weg wird derzeit im Rahmen der europäischen Strukturförderung beschritten: Nur Regionen, die nicht über Ziel Nr. 1 (niedriges Pro-Kopf-Einkommen) förderbar sind, können im Rahmen der Ziele Nr. 2 und 3 (Arbeitslosigkeit und sektorale Wirtschaftsstruktur) berücksichtigt werden. Diese Arbeit beschreitet den ersten Weg, jedoch unter Verbindung zweier wenig korrelierter Parameter zu einem ökonomisch interpretierbaren Indikator.

b) Die Strukturkraft einer Region

Als Bestimmungsfaktoren des Terminus *Strukturproblem* werden im Rahmen dieser Arbeit zwei Indikatoren eingesetzt. Wohl wissend, dass darüber hinaus

---

[38] Vgl. HILBER (1974), S. 112 und FRANZMEYER / SEIDEL (1976), S. 35ff. Als Beispiel sei die simultane Verwendung des Pro-Kopf-Einkommens und des Anteils der in der Landwirtschaft Beschäftigten Bevölkerung angeführt. Allgemein gilt, dass eine Region mit großem Agrarsektor über ein vergleichsweise niedriges Einkommen verfügt. Werden beide Indikatoren simultan genutzt, profitiert eine Region mit großem Agrarsektor zweifach vom Finanzausgleich, obwohl das Problem auch für sie nur einmal existiert. Oftmals werden bei einem solchen Vorgehen Ursache (landwirtschaftliche Prägung) und Wirkung (geringes Einkommen) von Strukturproblemen vermischt, so auch bei der derzeit geltenden Regionalförderung der EU.

[39] Diesen Weg beschreiten beispielsweise HILLIGWEG (1994), S. 149ff. oder GÜSSEFELDT / STREIT (2000), S. 14ff.

noch weitere Indikatoren in Frage kämen,[40] werden aber nur Kennzahlen zur Messung der Arbeitslosigkeit und der Bevölkerungsentwicklung benutzt, die nur wenig miteinander korreliert sind.[41] Mit diesen beiden Bestimmungsfaktoren für die ökonomische Lage lassen sich für die Zwecke des regionalen Finanzausgleichs alle Regionen ihrer Strukturschwäche oder -stärke nach einordnen.

i. *Die Bedeutung der Arbeitslosigkeit für die Strukturkraft*

Die Höhe der Arbeitslosigkeit wird allgemein als eine wesentliche Kennzahl zur Beschreibung der regionalen Strukturkraft verstanden.[42] Ihr kommt deshalb eine bedeutende Rolle zu, weil sie die Wirkung verschiedener struktureller Probleme ist. Sowohl Regionen, die über eine hohe Dichte alter Industrien verfügen (Montanregionen) oder stark landwirtschaftlich geprägt sind, als auch Regionen mit sonstigen strukturellen Schwierigkeiten werden im Endeffekt tendenziell über eine erhöhte Arbeitslosigkeit verfügen als Regionen ohne diese Charakteristika. Ist dies nicht der Fall, besitzt die Region zwar nicht eine ideale, wachstumsträchtige Struktur, aber von einem Struktur*problem* zu sprechen, wäre verfehlt. Allein aus der Tatsache heraus, dass in einer Region besonders viele Menschen in dem einen oder anderen Wirtschaftssektor beschäftigt sind, lässt sich nicht die Strukturproblematik identifizieren. Das Problem ergibt sich erst, wenn sie in diesem Sektor *nicht* mehr beschäftigt sind. Ein Strukturproblem manifestiert sich erst in fühlbaren Problemen für die Bevölkerung. Kennzahlen der sektoralen Produktionsstruktur, wie der Anteil der in der Landwirtschaft Beschäftigten, müssen eher als Frühindikatoren möglicherweise bevorstehender Strukturprobleme angesehen werden. Sie finden deshalb, im Gegensatz zur aktuellen Praxis in der EU, im Rahmen dieser Arbeit bewusst keine Anwendung. Die Behebung solcher Probleme fällt – wie bereits ausgeführt[43] – in den Kompetenzbereich der nationalen Strukturpolitik.

---

40 Vgl. FRANZMEYER / SEIDEL (1976), S. 26ff.

41 Vgl. FRANZMEYER / SEIDEL (1990), S. 196.

42 Vgl. beispielsweise SÖLLNER (2000), S. 614. Nicht von Ungefähr spielt die Arbeitslosigkeit auch für die Gemeinschaftlichen Förderkonzepte der EU eine wichtige Rolle.

43 Siehe hierzu im 3. Kapitel dieser Arbeit den Abschnitt A. 1. o) *Strukturpolitik*.

ii. Die Bedeutung der Bevölkerungsentwicklung für die Strukturkraft

Die Berücksichtigung der Arbeitslosigkeit alleine würde aber nicht ausreichen, um eine strukturschwache Region zu identifizieren. Unter der Voraussetzung einer gewissen Mobilität wandern nämlich Einwohner aus Regionen mit hoher Arbeitslosigkeit ab, was tendenziell zu einer Abnahme der Arbeitslosigkeit in dieser Region führt. Komplementär dazu nimmt die Arbeitslosigkeit in der strukturstarken Einwanderungsregion tendenziell zu. Die Mobilität der Arbeitskräfte ist innerhalb einzelner Mitgliedstaaten als relativ hoch einzuschätzen. Lediglich die Mobilität zwischen verschiedenen Mitgliedstaaten der EU ist eher gering, sodass auch im Rahmen des regionalen Finanzausgleichs Wanderungen zwischen Regionen berücksichtigt werden müssen.

Die Bevölkerungsentwicklung bietet die nötige statistische Korrektur zu diesem Phänomen, indem sie die Wanderungen zwischen den Regionen abbildet und so die Entwicklung der Arbeitslosigkeit näher erklärt. Dennoch kann die Höhe der Arbeitslosigkeit einen Beitrag zur Identifizierung strukturschwacher Gebiete liefern, da die Mobilität eingeschränkt ist und somit kein vollständiger Ausgleich der Arbeitslosenquoten zustande kommt.

iii. Einteilung in strukturstarke und –schwache Regionen

Die Arbeitslosigkeit einer Region sollte mit dem Durchschnittswert der gesamten Europäischen Union verglichen werden, um besonders rückständige Regionen *der Gemeinschaft* zu identifizieren. Für die Bewertung der Bevölkerungsentwicklung bietet sich statt dessen nur ein Vergleich mit den übrigen Regionen desselben Mitgliedslandes an, da so verzerrende, allgemeine demographische Unterschiede (z.B. unterschiedliche Geburten- und Sterberaten) zwischen den Mitgliedstaaten unberücksichtigt bleiben und die Mobilität zwischen den Mitgliedsländern gering ist. Abbildung 19 klassifiziert strukturstarke und –schwache Regionen nach der Arbeitslosigkeit und der Bevölkerungsentwicklung.

Diese Übersicht teilt der Einfachheit halber die Regionen in neun voneinander getrennte Klassen ein.[44] Unbestritten als strukturschwach sind Regionen einzustufen, die sowohl eine hohe Arbeitslosigkeit als auch eine schlechte Bevölke-

---

44 Für die praktische Anwendung des Konzepts im Rahmen des Finanzausgleichs ist es jedoch nötig, die beiden zugrundeliegenden Merkmale zu verstetigen, um anreizschädigende Stufen im Tarif zu vermeiden. Für die Erläuterung der Grundidee der Einteilung von Regionen nach ihrer Strukturkraft genügt aber Abbildung 19.

rungsentwicklung ① aufweisen. Dies können beispielsweise altindustrielle Regionen am Beginn ihres Strukturwandels sein. Durch die Abwanderung sinkt in diesen Regionen im Laufe der Zeit tendenziell die Arbeitslosigkeit, möglicherweise – wenn in anderen Regionen diese Arbeitskräfte nachgefragt werden – sogar auf ein fast durchschnittliches Niveau. Damit sind aber nicht die Ursachen der strukturellen Probleme dieser Regionen beseitigt, weshalb auch Regionen mit mittlerer Arbeitslosigkeit und schlechter Bevölkerungsentwicklung ② zu den strukturschwachen Regionen gezählt werden müssen. Zu dieser Gruppe gehören drittens Regionen mit hoher Arbeitslosigkeit und durchschnittlicher Bevölkerungsentwicklung ③. Diese, im Rahmen des Wanderungsmodells eher ungewöhnliche Situation ist durch mangelnde Alternativen für die Arbeitskräfte zu erklären, die aus individuellen (z.B. einem schlechten Bildungsstand) oder allgemeinen (schlechte wirtschaftliche Lage im ganzen Land) Gründen resultieren können.

Abbildung 19: Schema zur Einteilung von Regionen nach ihrer Strukturkraft

	Arbeitslosigkeit hoch	**Arbeitslosigkeit mittel**	**Arbeitslosigkeit niedrig**
Bevölkerungsentwicklung schlecht	① Struktur schwach	② Struktur schwach	④ Struktur unentschieden
Bevölkerungsentwicklung mittel	③ Struktur schwach	⑤ Struktur mittel	⑦ Struktur stark
Bevölkerungsentwicklung gut	⑥ Struktur unentschieden	⑧ Struktur stark	⑨ Struktur stark

Quelle: Eigene Darstellung

Strukturstark sind dem gegenüber zweifellos Regionen mit niedriger Arbeitslosigkeit und einer guten Bevölkerungsentwicklung ⑨. Sie dürften über eine besonders moderne Wirtschaftsstruktur mit großem Dienstleistungssektor (auch Fremdenverkehr) verfügen. Ihre Wirtschaftskraft ist dabei so stark, dass trotz der Zuwanderung nur eine unterdurchschnittliche Arbeitslosigkeit herrscht. Aber auch in dem Fall, dass die Wirtschaftskraft bei überdurchschnittlicher Bevölkerungsentwicklung nur zu einer durchschnittlichen Arbeitslosigkeit ⑧ ausreicht, ist die betreffende Region als strukturstark einzustufen. Abschließend sind auch Regionen mit einer durchschnittlichen Bevölkerungsentwicklung bei niedriger Arbeitslosigkeit ⑦ als strukturstark zu bezeichnen. Diese Regionen sind eher mittelständisch geprägt und attrahieren trotz gesunder Wirtschaftsstruktur nur wenig neue Arbeitskräfte.

Zu den Regionen mit mittlerer Strukturkraft zählen zunächst diejenigen, die sowohl bezüglich der Arbeitslosigkeit als auch der Bevölkerungsentwicklung durchschnittliche Werte aufweisen ⑤. Zu den strukturmittleren Regionen zählen aber vielfach auch die beiden Fälle, die nach dem Wanderungsmodell zumindest als ungewöhnlich zu bezeichnen sind. Zum einen sind dies Regionen, die trotz hoher Arbeitslosigkeit eine überdurchschnittliche Bevölkerungsentwicklung aufweisen ⑥. Sie verkörpern den „Einäugigen unter den Blinden", weil sie mit ihrer, bezogen auf den Unionsdurchschnitt, hohen Arbeitslosigkeit immer noch besser dastehen als ihre Nachbarregionen oder sie verfügen über sonstige Attrahierungsmerkmale, die sie trotz der hohen Arbeitslosigkeit attraktiv erscheinen lassen. Eine solche außergewöhnliche Situation könnte vor allem bei den großen Metropolen auftreten, was sich aber an den konkreten Zahlen für die EU nicht zeigen lässt. Das andere Extrem liegt bei Regionen mit niedriger Arbeitslosigkeit und dennoch schlechter Bevölkerungsentwicklung ④. Sie sind trotz der relativ guten Arbeitsmarktlage nicht attraktiv genug, um weitere Einwohner anzulocken. Dieses Bild kann sich vor allem bei ländlich geprägten und dünn besiedelten Regionen einstellen. Je nachdem, ob einer der beiden gegenläufigen Effekte stark überwiegt, ist es aber gegebenenfalls nötig, die entsprechende Region als strukturstark oder strukturschwach einzustufen. Die Gruppen dieser Regionen sind insofern sehr heterogen. In der obigen Abbildung ist deshalb der Begriff *Struktur unentschieden* verwendet worden.

iv. Europäische Beispielregionen

Die folgende Übersicht (Abbildung 20) führt beispielhaft europäische Regionen auf, die den neun genannten Typen entsprechen.[45] In der ersten Gruppe befinden sich vor allem die Regionen Ostdeutschlands, Nordwestspaniens und Mittelfinnlands, während die neunte hauptsächlich von den wirtschaftsstarken Regio-

---

[45] Als Schwellenwerte wurden dabei die Quartile der beiden Merkmale gewählt (Daten von 1996).

nen Süddeutschlands, Englands und Norditaliens und den Urlaubsregionen der griechischen Ägäis gebildet wird.[46]

Abbildung 20: Beispielhafte Einteilung europäischer Regionen nach ihrer Strukturkraft

	Arbeitslosigkeit hoch	**Arbeitslosigkeit mittel**	**Arbeitslosigkeit niedrig**
Bevölkerungsentwicklung schlecht	① Halle/S. (D) Extremadura (E) Principado Asturias (E)	② Bremen (D) Attiki (GR) Liguria (I)	④ Burgenland (A) Steiermark (A)
Bevölkerungsentwicklung mittel	③ Com. de Madrid (E) Calabria (I) Pohjois-Suomi (SF)	⑤ Braunschweig (D) Irish Sea (IRL) Pays de la Loire (F)	⑦ Åland (SF) Oberösterreich (A) Kriti (GR)
Bevölkerungsentwicklung gut	⑥ Murcia (E) Campania (I) Languedoc-Roussill. (F)	⑧ Detmold (D) Peloponnisos (GR) Stockholm (S)	⑨ Niederbayern (D) Salzburg (A) Notio Aigaio (GR)

Quelle: Eigene Darstellung

c) *Die Ausgleichsposition einer Region*

Die Einteilung der Regionen nach ihrer Strukturkraft alleine reicht indes noch nicht aus, um daraus Ausgleichspflichten und –berechtigungen abzuleiten. Aus der Bescheinigung der Strukturschwäche für eine Region muss nicht zwingend die Übertragung von Finanzmitteln folgen.

---

46 Im Anhang 6 findet sich eine komplette Liste der europäischen Regionen nach diesen neun Klassen.

i. Die Bedeutung des regionalen Einkommens für die Ausgleichsposition

Die entscheidende Komponente für die Bestimmung der Ausgleichsposition ist die des regionalen Einkommensniveaus, mit der „reiche“ und „arme“ Regionen voneinander unterschieden werden können. Eine Region ist dann als reich/arm zu bezeichnen, wenn das Pro-Kopf-Einkommen ihrer Einwohner hoch/niedrig ist. Tendenziell fließen reichen Regionen höhere Steuereinnahmen pro Kopf zu, weshalb es ihnen eher möglich ist, ihre Strukturprobleme aus eigener Kraft heraus zu lösen. Darum hängt die Frage, ob eine Region ausgleichsberechtigt oder –pflichtig ist, entscheidend von ihrem regionalen Pro-Kopf-Einkommen ab.

ii. Einteilung in ausgleichsberechtigte und –pflichtige Regionen

Das Einkommensniveau einer Region wird – wie bereits gewohnt – als Pro-Kopf-Einkommen ausgedrückt und mit dem unionsweiten Durchschnitt verglichen, um die im europäischen Maßstab tatsächlich bedürftigen Regionen zu identifizieren. Bei einem Vergleich mit dem nationalen Durchschnittswert würden auch im Unionsvergleich relativ reiche Regionen als ausgleichsberechtigt erklärt werden, nur weil sie Teil eines verhältnismäßig reichen Mitgliedslandes sind. Der Finanzausgleich innerhalb eines Mitgliedslandes fällt aber nicht in den Aufgabenbereich der EU. Abbildung 21 klassifiziert nun die europäischen Regionen in ausgleichsberechtigte, ausgleichsneutrale und ausgleichspflichtige Regionen, je nach ihrer Strukturkraft[47] und ihrem Einkommensniveau.[48]

Ausgleichsberechtigt sollen prinzipiell alle Regionen mit niedrigem, das heißt unterdurchschnittlichem Einkommen sein, qualitativ unabhängig von ihrer Strukturkraft. Für die strukturschwachen Regionen ist das zweifellos sofort einsichtig. Aber auch strukturmittlere Regionen sollten bei niedrigem Einkommen gefördert werden, denn diese Regionen sind relativ arm und können eine Verbesserung ihrer Situation nicht von alleine herbeiführen. Es ist aber auch zu begründen, dass strukturstarke Regionen mit niedrigem Pro-Kopf-Einkommen ausgleichsberechtigt sind, denn eine geringe Arbeitslosigkeit und ein positives Bevölkerungswachstum gleichen das niedrige Einkommensniveau nicht aus. Bei

---

47 Im Sinne der dargestellten Beschreibung, d. h. gemessen an der Arbeitslosigkeit und dem Bevölkerungswachstum.

48 Auch in diesem Fall bietet die Übersicht lediglich einen groben Überblick über die Grundidee des Ausgleichs. Für die praktische Umsetzung wird es aber auch hier wieder erforderlich sein, die Klassifizierung nach der Ausgleichsposition anhand einer stetigen Skala zu vollziehen.

diesen Regionen handelt es sich zumeist um periphere, ländliche und dünn besiedelte Gebiete, konkret vielfach in Portugal und Griechenland. Auch diese Regionen sind nicht in der Lage, das Einkommensniveau ihrer Einwohner zu heben und sind darum auf Hilfe von außen angewiesen. Zu den ausgleichsberechtigten Regionen zählen viertens die strukturschwachen mit mittlerem Einkommen. Zwar geht es den Einwohnern in diesen Regionen im Durchschnitt besser als in den drei bislang beschriebenen Fällen, die schlechte strukturelle Position deutet aber eine starke soziale Inhomogenität mit stark streuender individueller Situation der Einwohner dieser Region an, die aufgrund des nur durchschnittlichen Einkommens allenfalls bedingt von der Region selbst beseitigt werden kann.

Abbildung 21: Schema zur Einteilung von Regionen nach ihrer Ausgleichsposition

	Struktur schwach	**Struktur mittel**	**Struktur stark**
Einkommen niedrig	ausgleichs-berechtigt	ausgleichs-berechtigt	ausgleichs-berechtigt
Einkommen mittel	ausgleichs-berechtigt	ausgleichs-neutral	ausgleichs-neutral
Einkommen hoch	ausgleichs-neutral	ausgleichs-pflichtig	ausgleichs-pflichtig

Quelle: Eigene Darstellung

Am anderen Ende der Skalen finden sich die ausgleichspflichtigen Regionen. Zu ihnen zählen die strukturstarken Regionen mit hohem Einkommen, aber auch die Regionen mit mittlerer Struktur und hohem Einkommen. Letzteren kann eine Ausgleichspflicht zugemutet werden, weil sie aufgrund ihres deutlich überdurchschnittlichen Einkommens in der Lage sind, sowohl ihre eigene durchschnittliche Strukturposition noch weiter zu verbessern als auch die ausgleichsberechtigten Regionen zu unterstützen.

Anders verhält es sich bei den Regionen mit hohem Einkommen, aber schwacher Struktur. Zwar verfügen auch sie über dasselbe überdurchschnittliche Einkommen, müssen aber ungleich größere eigene Strukturprobleme bewältigen. Eine Ausgleichspflicht ist darum abzulehnen. Dafür erhalten sie aber auch keine

Mittel von anderen Regionen, was angesichts des hohen Pro-Kopf-Einkommens weder aus Subsidiaritätsgesichtspunkten zu begründen noch politisch zu vermitteln wäre. Zu der Gruppe der ausgleichsneutralen Regionen gehören außerdem diejenigen mit starker Struktur, aber mittlerem Einkommen. Allein aus einer positiven Beschäftigungssituation und Bevölkerungsentwicklung kann keine erhöhte Leistungsfähigkeit abgeleitet werden. Die Regionen mit sowohl durchschnittlicher Einkommens- und Strukturlage vervollständigen die Gruppe der ausgleichsneutralen Regionen.

iii. Europäische Beispielregionen

Abbildung 22: Beispielhafte Einteilung europäischer Regionen nach ihrer Ausgleichsposition

	Struktur schwach	**Struktur mittel**	**Struktur stark**
Einkommen niedrig	Dessau (D) Extremadura (E) Sicilia (I)	Highlands, Isl. (GB) Algarve (P) Thessalia (GR)	Sterea Ellada (GR) Peloponnisos (GR) Madeira (P)
Einkommen mittel	Brandenburg (D) Etelä-Suomi (SF) Champagne-Ard. (F)	Münster (D) Aquitaine (F) Liège (B)	Lüneburg (D) Oberösterreich (A) Flevoland (NL)
Einkommen hoch	Bremen (D) Mellersta Norrland (S) Brüssel (B)	Düsseldorf (D) Île de France (F) Antwerpen (B)	Stuttgart (D) Salzburg (A) Stockholm (S)

Quelle: Eigene Darstellung

Abbildung 22 enthält wiederum europäische Beispielregionen, die als Repräsentanten der neun Kategorien fungieren.[49] Den einen Pol (schwache Struktur

---

[49] Als Grenzen der Bereiche wurden wiederum die Quartile der beiden Merkmale gewählt. Im Anhang 7 findet sich eine komplette Liste der europäischen Regionen nach diesen neun Klassen.

und niedriges Einkommen) der Klassifizierung bilden wiederum die peripheren Regionen Ostdeutschlands, Süditaliens und Nordwestspaniens. Der andere Pol (starke Struktur und hohes Einkommen) wird von den starken Regionen in Westdeutschland und dem Westen Österreichs dominiert. Die strukturstarken Regionen Griechenlands fehlen hier völlig, da ihr Einkommen zu niedrig ist.

d) Auswahl der Indikatoren

Die Einkommenssituation der Bevölkerung einer Region sollte weiterhin als Nettosozialprodukt zu Marktpreisen gemessen werden. Die Begründung ist hier weitgehend dieselbe wie in den vorangegangenen Abschnitten. Hinzu kommt auf regionaler Ebene die verstärkte Bedeutung der Grenzgängerproblematik. Durch die im Vergleich zu den Mitgliedstaaten kleinen regionalen Gebietseinheiten ergibt sich ein wesentlich höherer Ein- und Auspendleranteil. Vor allem in Regionen am Rande großer Ballungsgebiete wird deshalb durch die vielen Einwohner, die im benachbarten Zentrum arbeiten, das Inlandsprodukt unangemessen niedrig ausgewiesen.[50] Für die praktische Umsetzung stellt sich allerdings wiederum das Problem, dass EUROSTAT diese Kennzahl derzeit nicht veröffentlicht. Für die Berechnung des regionalen Ausgleichs muss darum im Rahmen dieser Arbeit auf das Bruttoinlandsprodukt zurückgegriffen werden.

Die Arbeitslosigkeit soll auch im Rahmen des regionalen Finanzausgleichs anhand der Arbeitslosenquote gemessen werden. Diese wird von dem Statistischen Amt der EU harmonisiert für das gesamte Gemeinschaftsgebiet ausgewiesen. Dadurch werden die nationalen Unterschiede in der statistischen Erfassung, die gerade im Bereich der Arbeitslosigkeit gravierend sind,[51] relativiert.

Die Veränderung der Bevölkerungszahl einer Region kann prinzipiell in absoluten Zahlen oder relativ zur Bevölkerungszahl gemessen werden. Um die Entwicklung zwischen Regionen mit unterschiedlich großer Bevölkerungszahl vergleichen zu können, macht aber nur die Verwendung der relativen Veränderung (± x Prozent) Sinn. Ferner besteht die Möglichkeit, die Gesamtveränderung der Bevölkerungszahl zu betrachten, oder bestimmte Einflussgründe (Geburten- o-

---

[50] Dieser Effekt hat beispielsweise dazu geführt, dass die an sich infrastrukturell sehr gut ausgestattete und gemessen am Unionsdurchschnitt nicht arme niederländische Region Flevoland (Poldergebiete im Süden des Ijsselmeeres, nahe an Amsterdam) zu den Ziel-1-Regionen der Stukturförderung bis 1999 gehörte.

[51] Zu den unterschiedlichen Abgrenzungs- und Messmethoden vgl. RIESE (1986).

der Sterbeüberschuss, Wanderungssaldo etc.) herauszufiltern. Da die Bevölkerungszahlen aber nur mit den Daten von Regionen desselben Landes verglichen werden, besteht im Wanderungssaldo der Hauptgrund für unterschiedliche Bevölkerungsentwicklungen. Die übrigen Faktoren unterscheiden sich innerhalb eines Landes nicht wesentlich und brauchen nicht isoliert zu werden.

B. Herleitung des Tarifs

Um den Geboten der Stetigkeit und Einfachheit auch im regionalen Finanzausgleich zu entsprechen, wird in diesem Bereich wieder von einem Formeltarif Gebrauch gemacht. Die Darstellungen der Abbildungen 19 bis 22 fassen die Regionen lediglich aus Zwecken der vereinfachten Anschauung der Grundkonzeption des regionalen Finanzausgleichs zu Gruppen nach ihrer Strukturkraft beziehungsweise der Ausgleichsposition zusammen. Der tatsächliche Tarifverlauf soll aber nicht die dargestellten Kästchen separat behandeln, sondern – wie auch schon beim nationalen Finanzausgleich – einheitliche Tarife für alle Regionen der drei Gruppen (ausgleichsberechtigte, ausgleichsneutrale und ausgleichspflichtige Regionen) beinhalten.

1. Methodische Vorüberlegungen

Um zu einem Tarif zu gelangen, der Ausgleichsverpflichtungen und -berechtigungen ermittelt, ist es zunächst nötig, eindeutige Maßzahlen zu berechnen, anhand derer sich die Ausgleichsposition einer Region entscheidet. Bevor jedoch der konkrete Tarif mathematisch formuliert wird, folgt zunächst die methodische Erläuterung, wie der regionale Finanzausgleich ablaufen soll.

a) Strukturkraft und relative Einkommensposition als Ausgangspunkte

In die Berechnung der regionalen Strukturkraft gehen, wie bereits begründet, die Arbeitslosenquote und die Bevölkerungsentwicklung ein. In die Ermittlung der regionalen Einkommensposition fließt die Höhe des regionalen Pro-Kopf-Einkommens ein.

i. Bestimmung der Arbeitslosen- und Bevölkerungsposition

Zunächst ist es notwendig, den Begriff der Strukturkraft zu operationalisieren. Die Strukturkraft einer Region j setzt sich, wie beschrieben, aus den beiden Komponenten Arbeitslosigkeit und Bevölkerungsentwicklung – ausgedrückt als Arbeitslosenposition (AP) und Bevölkerungsposition (BP) – zusammen. Diese werden wie folgt gebildet: Um beide Größen nicht absolut, sondern relativ zur Gruppe der Vergleichsregionen auszudrücken, werden sowohl die Arbeitslosenquote (AQ) als auch die Bevölkerungsentwicklung (BE) als Differenz der betrachteten Region im Verhältnis zur Vergleichsgruppe erfasst. Die Vergleichsgruppen bilden – wie bereits beschrieben[52] – für die Arbeitslosigkeit sämtliche Regionen der EU und für die Bevölkerungsentwicklung nur die Regionen desselben Mitgliedslandes (i).[53]

Eine gute Arbeislosenposition haben Regionen, deren Arbeislosenquote unter dem EU-Durchschnitt liegt, eine gute Bevölkerungsposition ist dann gegeben, wenn die Bevölkerungsentwicklung einer Region größer als im Landesdurchschnitt ist. Um sowohl für die Arbeitslosen- als auch für die Bevölkerungsposition gute Werte durch positive Zahlenwerte auszudrücken, werden die Differenzen, wie durch die Gleichungen (13) beschrieben, gebildet.

$$(13) \quad \begin{aligned} AP_j &= AQ_{EU} - AQ_j \\ BP_j &= BE_j - BE_i \end{aligned}$$

Karte 2 (Anhang 8) zeigt die NUTS-2-Regionen der EU, farbig abgestuft nach ihrer Arbeitslosenposition. Die besonders von hoher Arbeitslosigkeit betroffenen Regionen befinden sich in Spanien und Süditalien, aber auch in Teilen Ostdeutschlands und in Finnland. Eine besonders günstige Position weisen Regionen in Österreich, Dänemark, den Niederlanden, Norditalien und Westdeutschland auf. Hinzu kommen Teile Großbritanniens und der Kohäsionsländer Griechenland und Portugal.

Karte 3 (Anhang 8) gibt Auskunft über das Ausmaß von Wanderungsbewegungen innerhalb der Mitgliedsländer. Besonders starke Migrationsströme fließen in Deutschland, Spanien und Schweden. Von besonders großer Abwanderung sind

---

[52] Siehe hierzu in diesem Kapitel den Abschnitt A. 3. c) ii. *Einteilung in ausgleichsberechtigte und -pflichtige Regionen.*

[53] Der Anhang 6 listet die europäischen Regionen nach den Arbeitslosen- und Bevölkerungspositionen auf.

die Regionen in Ostdeutschland, Nordwestspanien und Mittelschweden betroffen. Starke Zuwanderungsregionen sind dagegen Teile Westdeutschlands, die spanischen Urlaubsregionen am Mittelmeer und auf den Kanarischen Inseln sowie der Großraum Stockholm. In Griechenland lässt sich eine Bewegung in umgekehrter Richtung – aus der Metropole Athen in die umliegenden Regionen – feststellen. In den übrigen Mitgliedsländern verläuft die Änderung der Bevölkerungszahlen wesentlich gleichmäßiger.

Abbildung 23 stellt sämtliche europäischen Regionen in einem Koordinatensystem dar, in dem auf der Abszisse die Arbeitslosenposition und auf der Ordinatenachse die Bevölkerungsposition abgetragen sind. Einzelne Regionen sind beispielhaft benannt. In der Grafik stehen strukturstarke Regionen rechts und oben, strukturschwache links und unten.

Abbildung 23: Europäische Regionen nach ihrer Strukturkraft

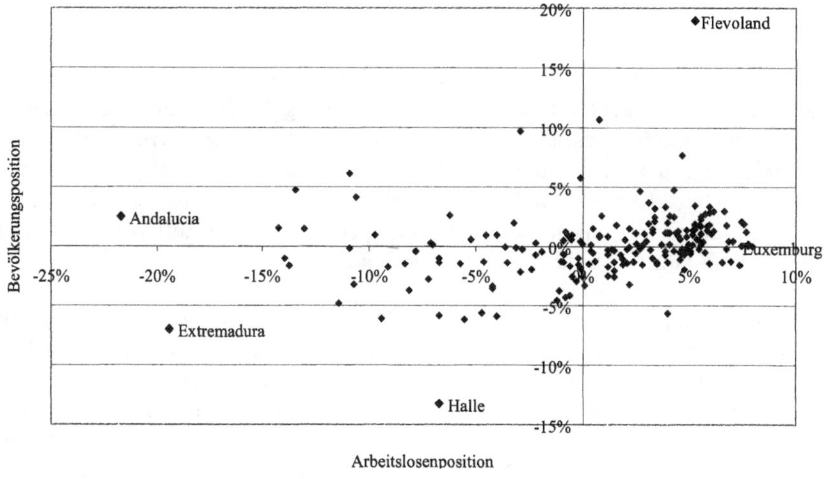

Quelle: Eigene Darstellung

Das Gros der Regionen liegt im Bereich zwischen minus vierzehn und plus acht Prozent der Arbeitslosenposition und ± fünf Prozent der Bevölkerungsposition.[54]

[54] Der Korrelationskoeffizient zwischen der Arbeitslosen- und der Bevölkerungsposition auf der Ebene NUTS 2 beträgt nur 0,26.

Im ersten Quadranten befinden sich die strukturstarken Regionen. Hervorzuheben ist hier die Region Flevoland (NL) mit ihrer besonders guten Bevölkerungsentwicklung. Die strukturschwachen Regionen stehen im dritten Quadranten mit besonders schlechten Werten der Regionen Extremadura (E) und Halle (D). Die Regionen des zweiten und vierten Quadranten müssen je nach Überwiegen des positiven oder negativen Effekts als strukturstark oder –schwach eingestuft werden.

ii. Herleitung des Strukturkraftindikators

Beide Indikatoren (AP und BP) werden im nächsten Schritt additiv zum Gesamtindikator, dem regionalen Strukturkraftindikator (SKI) einer Region j, verknüpft, sodass die Strukturkraft umso besser ist, je größer der Zahlenwert für diesen Indikator ausfällt.[55]

$$(14) \quad SKI_j = AP_j + BP_j$$

Durch diesen Zusammenhang wird erreicht, dass die Kennzahlen der Arbeitslosigkeit und der Bevölkerungsentwicklung gleichgewichtig in den Gesamtindikator einfließen. Dies ist vor allem für die Regionen der Typen[56] ④ und ⑥ von Bedeutung, bei denen die beiden Kennzahlen stark gegenläufige Tendenzen aufweisen. Diese Regionen müssen, je nachdem, ob der positive oder der negative Effekt überwiegt, als strukturstark oder –schwach eingestuft werden. Diese Entscheidung fällt nun aufgrund des Vorzeichens von SKI_j.

Karte 4 (Anhang 8) zeigt die europäischen NUTS-2-Regionen nach ihrem Strukturkraftindikator. Dabei ergibt sich ein recht klares Muster zwischen strukturstarken und –schwachen Regionen. Besonders schwache Regionen finden sich wiederum in Ostdeutschland, Süditalien und Spanien. Dazu kommen Nordfinnland, Alentejo (P) und die Montanregionen in Nordfrankreich und dem belgischen Hainaut. Die strukturstarken Regionen befinden sich im Alpenraum, in Süddeutschland, Südengland und in Teilen der Niederlande und Griechenlands. Auffällig homogen und mit durchschnittlicher Strukturkraft ausgestattet sind die übrigen Regionen in Frankreich und Schweden.

---

55 Anhang 6 listet die europäischen Regionen nach ihrer Strukturkraft auf.

56 Abbildung 19.

Die Zuordnung strukturstarker und –schwacher Regionen zu den Mitgliedsländern wird in der folgenden Abbildung vervollständigt. Sie zeigt, in welchem Zahlenbereich der Strukturkraft die Regionen eines Landes liegen und gibt einen Überblick über die Verteilung strukturstarker und –schwacher Regionen innerhalb eines Landes. Im Bereich des grauen Kastens befindet sich jeweils die strukturmittlere Hälfte aller Regionen eines Landes. Die gestrichelten Linien zeigen die oberen und unteren Quartile an. Das sind die Bereiche des strukturstärkeren beziehungsweise strukturschwächeren Viertels der Regionen eines Landes. Die strukturstärkste und –schwächste Region ist jeweils namentlich erwähnt.

Abbildung 24: Quartile der regionalen Strukturkraft nach Ländern

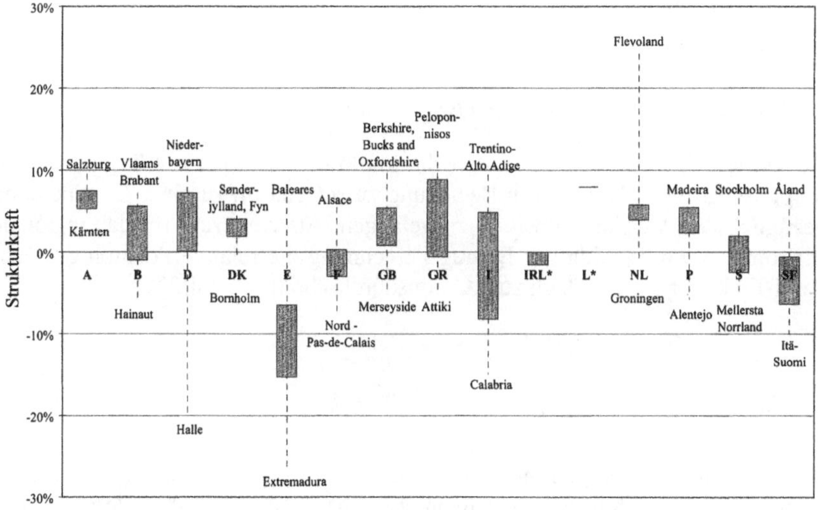

* Luxemburg besteht nur aus einer, Irland nur aus zwei Regionen. Die Darstellung von Quartilen macht für diese Länder keinen Sinn.

Quelle: Eigene Darstellung und Berechnungen

Zunächst fällt auf, dass alle österreichischen Regionen über dem EU-Durchschnitt liegen. Alle übrigen Länder (mit mehr als zwei Regionen) besitzen dagegen sowohl Regionen mit positivem als auch mit negativem Strukturkraftindikator. Bemerkenswert hoch ist die Strukturkraft in den Regionen der, gemessen am Pro-Kopf-Einkommen, eher ärmeren Länder Portugal und Großbritannien, in denen mehr als 75 Prozent der Regionen über einen positiven Strukturkraftindikator verfügen. Gleiches gilt nur noch für Österreich, Deutschland, Dänemark und die Niederlande, was allerdings weniger überrascht. Umgekehrt haben mindestens 75 Prozent der finnischen Regionen einen negativen Indikator; gleiches gilt sonst nur noch für Spanien.

Die Streuung der Strukturkraftwerte wird durch die Spanne des mittleren und des gesamten Zahlenbereichs eines jeden Landes angezeigt. Besonders starke Disparitäten im Innern gibt es vor allem in Spanien, Deutschland und Italien. In Deutschland zeigt sich allerdings vor allem nach unten eine große Streuung, die durch die besonders schlechten Werte der ostdeutschen Regionen zu erklären ist. In Italien und Spanien gibt es sowohl nach oben als auch nach unten eine große Streuung und viele Ausreißer. Diese Ausreißer gibt es auch in den Niederlanden. Dort ist dies die Region des relativ jungen Polders Flevoland mit großem Bevölkerungszuwachs. An zweiter Stelle folgt erst mit großem Abstand die Region Utrecht mit einem Wert von 7,2 Prozent.

iii. Die regionale relative Einkommensposition

Der dritte Schritt besteht darin, den Strukturkraftindikator einer Region mit ihrem regionalen Einkommen in Beziehung zu setzen, um zu einer Entscheidung bezüglich der Ausgleichsposition zu gelangen. Als Kennzahl für das regionale Einkommen wird analog zur Beitragsberechnung die relative Position des Pro-Kopf-Einkommens in Bezug zum Unionsdurchschnitt gewählt.[57]

$$(15) \quad RP_j = \frac{EK_j / EW_j}{EK_{EU} / EW_{EU}}$$

Die regionalen Pro-Kopf-Einkommen – und damit auch die relativen Positionen – unterscheiden sich in der EU sowohl zwischen den Mitgliedsländern als auch innerhalb derselben signifikant. Dies macht auch Karte 5 (Anhang 8) deutlich. Besonders arme Regionen gibt es vor allem in Griechenland, Portugal und Südspanien mit Werten der relativen Position unter 50 Prozent. Aber auch Süditalien, Ostdeutschland, Großbritannien, Irland und Finnland liegen teilweise deutlich unter dem Durchschnitt. Die besonders reichen Regionen liegen dagegen in

---

[57] Auf die Differenzierung zwischen den Berechnungsmethoden mit und ohne Einbeziehung der betreffenden Region wird hier verzichtet. Der Unterschied zwischen den beiden Berechnungsmethoden ist aufgrund des geringen ökonomischen Gewichts einer einzelnen Region nur minimal und kann vernachlässigt werden.

Süddeutschland und Dänemark, zusammen mit den Metropolregionen um Helsinki, Stockholm, Hamburg, Brüssel, Luxemburg, Paris und Wien.

Die folgende Abbildung enthält die Verteilung der regionalen relativen Positionen für alle Mitgliedsländer. Sie ist an Abbildung 24 angelehnt und enthält neben der Gesamtspanne auch die 25 und 75 Prozent Quartile.

Abbildung 25: Quartile der regionalen relativen Position nach Ländern

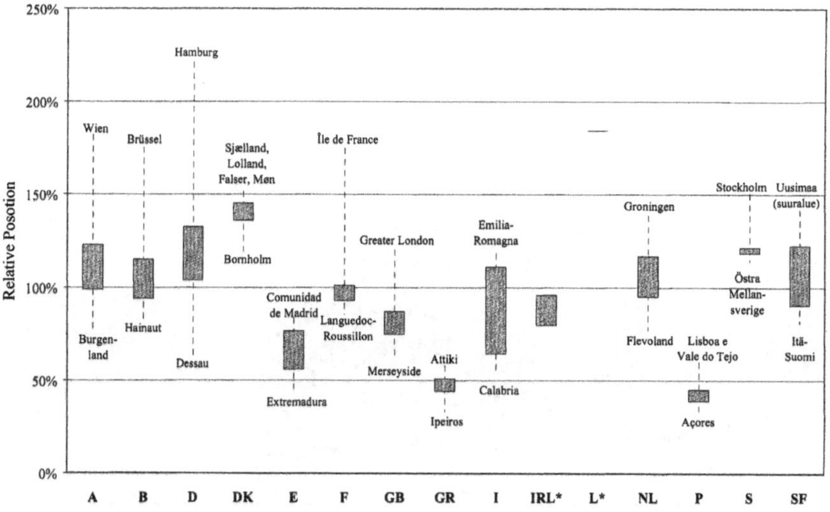

* Luxemburg besteht nur aus einer, Irland nur aus zwei Regionen. Die Darstellung von Quartilen macht für diese Länder keinen Sinn.

Quelle: Eigene Darstellung und Berechnungen

Aus ausschließlich überdurchschnittlich reichen Regionen bestehen (neben Luxemburg) nur Dänemark und Schweden. Die vier Kohäsionsländer setzen sich dem gegenüber ausschließlich aus Regionen mit unterdurchschnittlicher relativer Position zusammen. Alle übrigen Mitgliedsländer bestehen aus Regionen mit über- und unterdurchschnittlicher relativer Position. Von diesen sind Großbritannien und Deutschland die einzigen Länder, dessen mittlerer Bereich nicht die 100-Prozent-Linie umfasst. Dieser Bereich liegt in Großbritannien unter, in Deutschland über der Durchschnittsmarke. Besonders homogene Länder bezüglich der relativen Position sind Dänemark, Spanien, Griechenland, Portugal und Schweden – allerdings auf sehr unterschiedlichen Niveaus. Dies wird durch eine sehr geringe Spanne des gesamten und des mittleren Bereichs angezeigt. In

Schweden streut die relative Position der mittleren Hälfte der Regionen nur um 3,2 Prozentpunkte. In Italien beträgt dieser Wert dagegen 46,8 Prozentpunkte. Weitere sehr heterogene Länder sind Österreich und Deutschland. Letzteres weist mit 157,7 Prozentpunkten die größte Gesamtspanne aller Mitgliedsländer auf. Eine besondere Struktur besitzt Frankreich, dessen Disparitäten geringer sind als es die Gesamtspanne auf den ersten Blick ausweist. Die mittlere Hälfte liegt sehr eng beisammen, die Gesamtspanne ist nur aufgrund der Metropolregion als Ausreißer sehr groß. In Frankreich folgt als zweitreichste Region die Haute-Normandie mit nur 115,9 Prozent (nach der Île de France 175,0 Prozent).

Abbildung 26: Europäische Regionen nach ihrer Ausgleichsposition

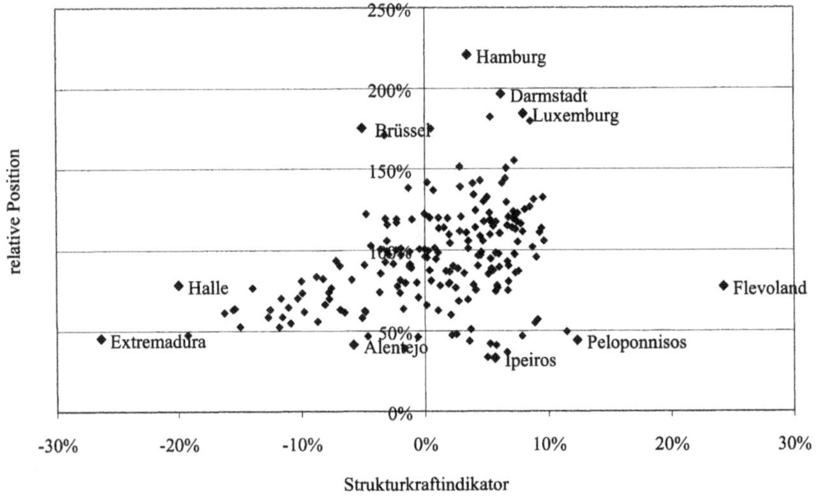

Quelle: Eigene Darstellung

Abbildung 26 stellt nun die europäischen Regionen nach ihrer Strukturkraft und ihrer relativen Position dar. Auf der Abszisse ist der Strukturkraftindikator abgetragen. Die Ordinatenachse beschreibt die relative Einkommensposition, sodass sich die ausgleichspflichtigen Regionen tendenziell oben und rechts und die ausgleichsberechtigten Regionen unten und links befinden.

Die Datenpunkte sind relativ gleichmäßig um den neutralen Punkt mit einer relativen Position von hundert Prozent und einem Wert des Strukturkraftindikators von null verteilt. Eine gewisse Tendenz von links unten nach rechts oben ist jedoch festzustellen.[58] Zu den ausgleichspflichtigen Regionen zählen vor allem die wirtschaftsstarken Regionen in Westdeutschland. Hinzu kommen einige Regionen Österreichs und Luxemburg. Am anderen Ende der Skala liegen die peripheren Regionen Ostdeutschlands, Spaniens und Süditaliens.

b) Bestimmung der Ausgleichsposition

Abbildung 27: Beziehung zwischen der Strukturkraft und der Lage des neutralen Bereichs im regionalen Finanzausgleich

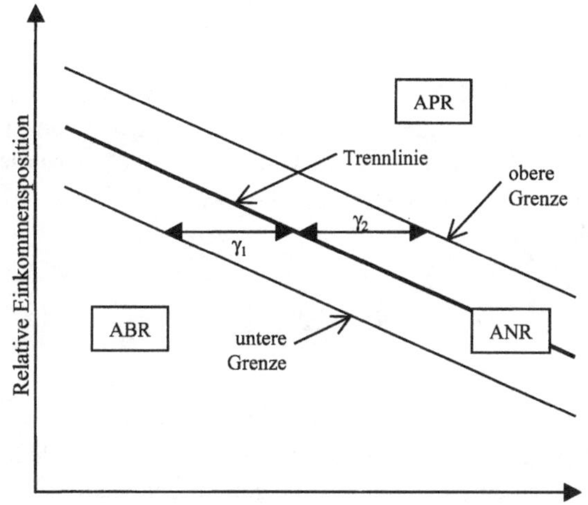

Quelle: Eigene Darstellung

Vergleichbar mit dem Finanzausgleich auf nationaler Ebene, werden auch beim regionalen Finanzausgleich die Gebietseinheiten (hier die Regionen) in ausgleichsberechtigte (ABR), ausgleichsneutrale (ANR) und ausgleichspflichtige (APR) eingeteilt. Die Grenzen dieser Bereiche (g_1 und g_2) sollen als relative Position des Pro-Kopf-Einkommens ausgedrückt werden. Durch die Zweidimensi-

58 Der Korrelationskoeffizient zwischen der relativen Position und dem Strukturkraftindikator auf der Ebene NUTS 2 beträgt aber nur 0,34.

onalität des regionalen Ausgleichs können diese Grenzen aber nicht als feste Zahlenwerte des Pro-Kopf-Einkommens vorgegeben werden, sondern müssen in Abhängigkeit von der Strukturkraft stehen. Diese in den Abbildungen 19 bis 22 bereits angedeutete Beziehung zwischen der Lage des neutralen Bereichs und der Größe der Strukturkraft, soll in Abbildung 27 noch einmal präzisiert werden. Die Achsgrößen Einkommen und Strukturkraft sind in dieser Abbildung bereits verstetigt.

Die Darstellung enthält die angesprochenen drei Bereiche, gekennzeichnet durch die fallende Trennlinie t = t(SKI) und den sie beidseitig umgebenden neutralen Bereich mit der Breite $\gamma_1 + \gamma_2$. Die Lage des neutralen Bereichs zeigt, dass für diesen eine negative Beziehung zwischen der Strukturkraft und der Einkommensposition besteht. Je kleiner die Strukturkraft ist, bei desto größeren Werten des Einkommens liegt der neutrale Bereich. Mit steigender Strukturkraft sinken die Werte für die Trennlinie und den neutralen Bereich.

Die Grenzen des neutralen Bereichs lassen sich also als Funktionen der relativen Strukturposition ausdrücken. Sie steuern die Streuung der Finanzausgleichsmittel auf die einzelnen Regionen. Je nach Größe der Grenzen werden die Mittel auf wenige, besonders rückständige Regionen konzentriert oder auf relativ viele Regionen verteilt.

$$(16) \quad \frac{\partial t}{\partial SKI} \leq 0$$

Die Lage des neutralen Bereichs soll anhand weniger Parameter variiert werden können. Zunächst sind die Parameter γ_1 und γ_2 zu nennen. Sie ändern die Breite des neutralen Bereichs und sind dabei voneinander unabhängig. Je größer γ_1 ist, desto weniger Regionen zählen zu den ausgleichsberechtigten und je größer γ_2 ist, desto weniger fallen in den Bereich der ausgleichspflichtigen Regionen. Beide Parameter müssen positiv sein.

$$(17) \quad \begin{array}{l} \gamma_1 \geq 0 \\ \gamma_2 \geq 0 \end{array}$$

Je nachdem, in welchen der drei Teilbereiche eine Region fällt, sind für sie die finanziellen Konsequenzen anhand einer Zuweisungs- oder einer Beitragsfunktion zu bestimmen.

c) Ermittlung der Ausgleichsbeträge

Abbildung 28: Graphische Bestimmung der Ausgleichszahlungen im regionalen Finanzausgleich

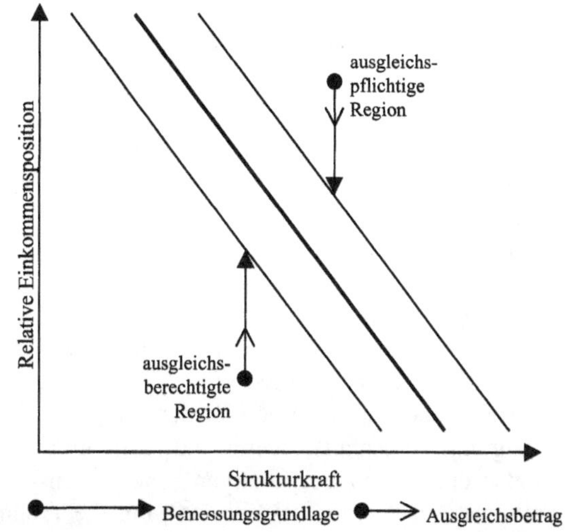

Quelle: Eigene Darstellung

Nachdem für alle Regionen ihre Ausgleichsposition bestimmt wurde, besteht der nächste Schritt darin, die Höhe der Zahlungsverpflichtungen und –ansprüche zu ermitteln. Diese müssen prinzipiell umso höher ausfallen, je stärker die relative Position der Region vom Unionsdurchschnitt abweicht. Um aber neben dem Einkommenskriterium auch die Strukturposition zu berücksichtigen, bildet die Abweichung der relativen Position zum neutralen Bereich die Grundlage der Zahlungshöhe. Graphisch entspricht dies dem vertikalen Abstand zwischen der Position der betreffenden Region und der Grenze des neutralen Bereichs (Abbildung 28). Von diesem Abstand (gemessen in Geldeinheiten) zahlt die Region einen gewissen Prozentsatz, beziehungsweise bekommt einen Anteil erstattet. Die Parameter γ_1 und γ_2 steuern also mit der Breite des neutralen Bereichs die Progression des Ausgleichstarifs bezüglich der relativen Einkommensposition. Da stets nur ein bestimmter Prozentsatz des vertikalen Abstand ausgeglichen wird, wirkt der neutrale Bereich wie ein Freibetrag und führt zu einer indirekten Progression.

2. Mathematische Modellierung

Die soeben verbal geschilderte Funktionsweise des Ausgleichs soll nun anhand mathematischer Funktionen operationalisiert werden.

a) Herleitung der Trennlinie und des neutralen Bereichs

Für die Herleitung der Beziehung für die Trennlinie t = t (SKI) ist zunächst festzuhalten, dass Regionen mit durchschnittlichem Einkommen und mittlerer Strukturkraft grundsätzlich in den neutralen Bereich fallen sollen. Die Trennlinie soll demnach stets den Punkt (0% / 100%) im Strukturkraft-Einkommensposition-Diagramm durchlaufen. Eine Ausgleichsberechtigung besteht dagegen stets für Regionen mit „geringem" Einkommen.[59] Das bedeutet, dass die Untergrenze des neutralen Bereichs nicht die Abszisse im Bereich der möglichen Werte für die Strukturkraft schneiden oder berühren darf. Dies ist wegen des fallenden Verlaufs der Trennlinie für negative Werte des Strukturkraftindikators unproblematisch, muss aber auch für positive gelten. Dem gegenüber besteht eine Ausgleichsberechtigung keinesfalls, wenn das Einkommen der Region „hoch" ist. Es muss also einen Wert der relativen Einkommensposition geben, bei dem in jedem Fall eine Ausgleichspflicht besteht. Für die Trennlinie soll im einfachsten Fall eine lineare Beziehung möglich sein:

$$(18) \quad t: \quad t = -\sigma \cdot SKI + 1 \qquad mit\, \sigma > 0$$

Der Parameter σ beschreibt dabei die negative Steigung der Geraden. Die Addition von eins bewirkt, dass die Gerade die Ordinatenachse in eben dieser Höhe (relative Position von 100%) schneidet. Je größer σ gewählt wird, desto schlechter werden Regionen mit positivem Strukturkraftindikator gestellt und desto besser schneiden Regionen mit negativem Indikator ab.

Die Verwendung einer Geraden als Trennlinie führt bei einer konstanten Ausgleichsquote letztendlich zu einem linearen Ausgleichstarif bezüglich der regionalen Strukturkraft. Dies ist jedoch eine Einschränkung, die nicht unbedingt nötig ist. Um diese Restriktion aufzuheben und den Tarif somit flexibler zu gestalten, soll nun als weiterer Freiheitsgrad die Möglichkeit zur progressiven Aus-

---

[59] Siehe hierzu in diesem Kapitel den Abschnitt B. 1. c) *Ermittlung der Ausgleichsbeträge.*

gestaltung eingeführt werden. Dazu wird die Trennlinie modifiziert und als Polynom dritten Grades gebildet:

$$(19) \quad t: \quad t = -\tau \cdot SKI^3 - \sigma \cdot SKI + 1 \qquad mit\ \sigma, \tau > 0$$

Zusätzlich enthält diese Funktion den Trennlinienparameter τ. Der bekannte Parameter σ beschreibt nun die Steigung der Tangente an der Stelle SKI = 0 und variiert somit die Progression bezüglich der Strukturkraft im gesamten Kurvenverlauf. Der Trennlinienparameter verstärkt den Grad der Progression noch einmal für Regionen mit extremen (hohen und niedrigen) Strukturkraftwerten.

Der neutrale Bereich wird in beiden Fällen (Gerade oder Polynom dritten Grades) durch Parallelverschiebung der Trennlinie gebildet:

$$(20) \quad \begin{array}{lll} g_1: & g_1 = t - \gamma_1 & mit\ \gamma_1 > 0 \\ g_2: & g_2 = t + \gamma_2 & mit\ \gamma_2 > 0 \end{array}$$

Abbildung 29: Gerade oder Polynom als Trennlinie

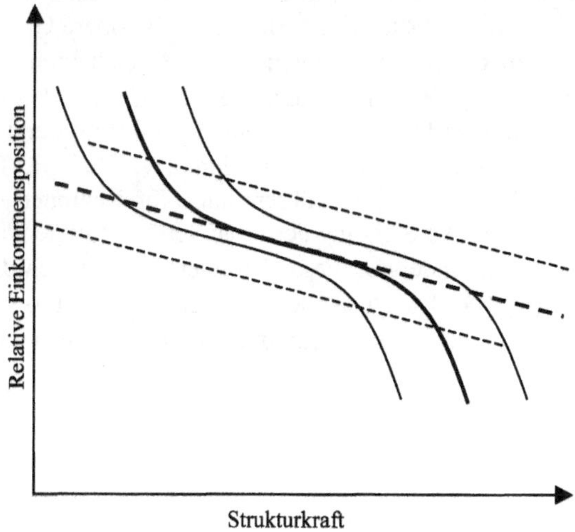

Quelle: Eigene Darstellung

Abbildung 29 zeigt, dass Unterschiede zwischen der Verwendung einer Geraden oder eines Polynoms vor allem für Regionen mit extremen Werten des Strukturkraftindex bestehen. Regionen mit sehr schlechten Werten gehören bei einem Polynom als Trennlinie auch bei guter relativer Einkommensposition noch eher zu den ausgleichsberechtigten Regionen als bei einer Geraden.

Die Parameter σ und τ steuern zum einen, zu welcher der drei Untergruppen (ausgleichspflichtige, ausgleichsneutrale und ausgleichsberechtigte Regionen) die Regionen gezählt werden müssen und zum anderen die Höhe der Ausgleichszahlungen. Je größer σ gewählt wird, desto stärker fällt die Trennlinie, mit der Folge, dass auf der einen Seite vermehrt auch Regionen mit überdurchschnittlicher relativer Position, aber negativem Strukturkraftindikator ausgleichsberechtigt werden, und auf der anderen Seite Regionen mit positivem Strukturkraftindikator, aber unterdurchschnittlicher relativer Position zu den ausgleichspflichtigen Regionen zählen. Mit größeren Werten für τ konzentrieren sich die Zahlungen auf die Regionen mit extremen Werten der Strukturkraft. Dies gilt sowohl für die ausgleichsberechtigten als auch für die ausgleichspflichtigen Regionen. Besonders strukturschwache Regionen werden also besonders stark unterstützt, während sehr strukturstarke Regionen überproportionale Zahlungen leisten müssen.

Abbildung 30 zeigt die Wirkungen von Parametervariationen am Verlauf der Trennlinie beziehungsweise des neutralen Bereichs. Die obere Grafik zeigt, dass mit steigenden Werten für γ_1 und γ_2 der neutrale Bereich breiter wird. Dabei steuert γ_1 die untere und γ_2 die obere Grenze. Dies beeinflusst den Progressionsgrad bezüglich der relativen Einkommensposition. In der mittleren Grafik wird der Trennlinienparameter variiert. Mit steigendem τ verläuft die Trennlinie im Bereich extremer SKI-Werte steiler, während sich für Regionen mit mittleren Werten nur wenig ändert. Die Steigung der gesamten Trennlinie wird durch den Parameter σ variiert. Bei Änderung dieses Parameters dreht sich die Trennlinie im neutralen Punkt (0% / 100%). Je größer σ gewählt wird, desto steiler verläuft die Kurve. Sowohl σ als auch τ variieren die Progression bezüglich der regionalen Strukturkraft.

Abbildung 30: Parametervariationen im regionalen Ausgleich

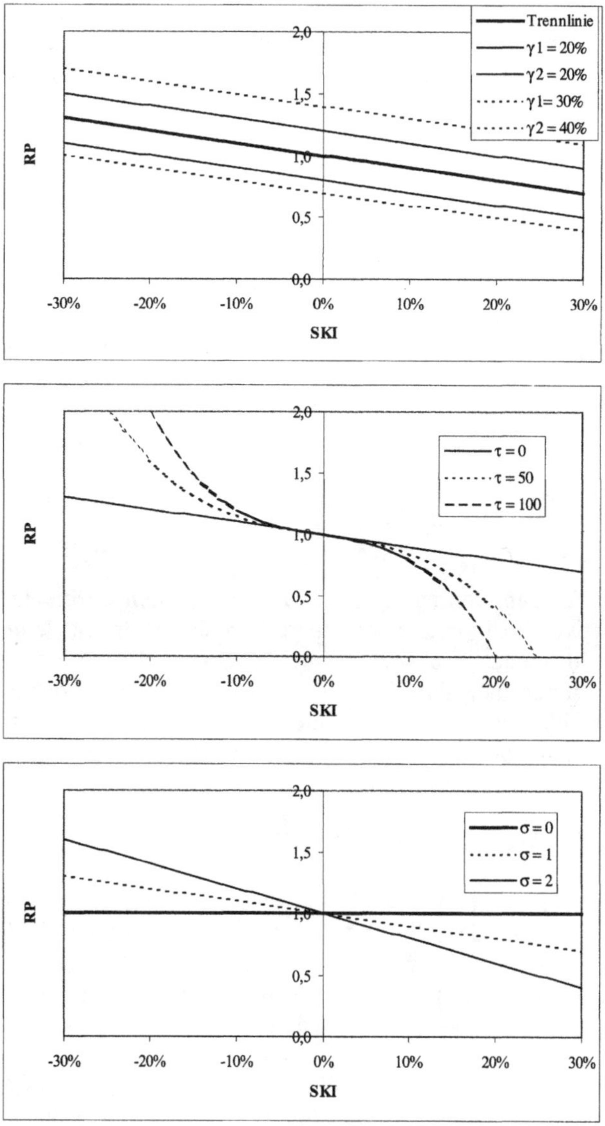

Quelle: Eigene Darstellung

b) *Quantifizierung der Ausgleichsbeträge*

Die Ausgleichsbeträge werden zunächst für die drei Gruppen ausgleichsberechtigte, ausgleichsneutrale und ausgleichspflichtige Regionen separat ermittelt und am Ende in einem gemeinsamen Tarif dargestellt. Zu dem Zweck sei *ABR* die Menge der ausgleichsberechtigten, *ANR* die Menge der ausgleichsneutralen und *APR* die Menge der ausgleichspflichtigen Regionen.

i. *Ausgleichsberechtigte Regionen*

Die ausgleichsberechtigten Regionen sind dadurch gekennzeichnet, dass ihre relative Position den Wert der unteren Grenze nicht erreicht. Diese in Prozentpunkten zu ermittelnde Differenz wird nun zu einem gewissen Anteil ausgeglichen. Dieser Anteil stellt einen weiteren Parameter des Ausgleichs dar und soll mit δ benannt werden. Der Tarif – ausgedrückt als Prozentsatz vom regionalen Einkommen – für die ausgleichsberechtigten Regionen j lautet dann:

$$(21) \quad b_j = \delta \cdot (RP_j - g_{1j}) \qquad \forall\, j \in ABR$$

Dabei steht b für den Beitragssatz, RP_j und g_{1j} bezeichnen die individuellen Werte der relativen Position und der Untergrenze des neutralen Bereichs für die Region j. Da für die ausgleichsberechtigten Regionen stets $g_1 > RP$ gilt, liefert die Beziehung immer negative Werte für den Beitragssatz. Dadurch sollen die Ausgleichsberechtigungen gekennzeichnet werden. Ausgleichsverpflichtungen sollen dagegen durch positive Werte beschrieben werden.

ii. *Ausgleichspflichtige Regionen*

Der Tarif für diese Gruppe von Regionen wird der Idee nach vollkommen analog gebildet. Auch für sie soll ein bestimmter Prozentsatz der Differenz zwischen ihrer relativen Position und dem neutralen Bereich abgeschöpft werden. Der Unterschied zum Tarif der ausgleichsberechtigten Regionen besteht zum einen darin, dass die relevante Grenze des neutralen Bereichs nun die obere Grenze g_2 ist, und zum anderen darin, dass das Ausgleichsvolumen aufgrund der Forderung nach vollständiger Verteilung bereits durch die ausgleichsberechtigten Regionen vorgegeben wurde. Es existiert also kein weiterer Parameter, vergleichbar mit dem Parameter δ der ausgleichsberechtigten Regionen. Statt dessen lässt sich eine Ausgleichs*konstante* (d) ermitteln, die für die vollständige

Verteilung sorgt. Der Ausgleichssatz muss sich danach systemendogen ergeben. Dafür werden die Differenzbeträge (RP – g_2) mit dem Einkommen der Regionen gewichtet. Daraus ergeben sich die folgenden Formeln für den Beitragssatz b und die Ausgleichskonstante d.[60]

$$(22) \quad b_j = d \cdot (RP_j - g_{2j}) \qquad \forall\, j \in APR$$
$$mit \quad d = -\frac{\sum_j B_j}{\sum_j EK_j (RP_j - g_{2j})}$$

Auch in diesem Fall kommt die Progression im Tarif durch die Gestaltung der Trennlinie (Progression bezüglich der Strukturkraft) und der oberen Grenze (Progression bezüglich der Einkommensposition) zustande.

iii. *Ausgleichsneutrale Regionen und Zusammenfassung des Tarifs*

Die ausgleichsneutralen Regionen liegen innerhalb des neutralen Bereichs. Sie zahlen deshalb weder Beiträge noch empfangen sie Zahlungen. Ihre Beitragssatzfunktion lautet:

$$(23) \quad b_j = 0 \qquad \forall\, j \in ANR$$

Damit lässt sich der vollständige Tarif für alle drei Gruppen von Regionen schreiben als:

$$(24) \quad b_j = \begin{cases} \delta \cdot (RP_j - g_{1j}) & \forall\, j \in ABR \\ 0 & \forall\, j \in ANR \\ d \cdot (RP_j - g_{2j}) & \forall\, j \in APR \end{cases}$$
$$mit \quad d = -\frac{\sum_j B_j}{\sum_j EK_j (RP_j - g_{2j})}$$

---

60 Für die Herleitung von d siehe im Anhang 10.

Der Beitrag B einer Region j ergibt sich durch Multiplikation des Beitragssatzes mit dem Einkommen der betreffenden Region:

$$(25) \quad B_j = b_j \cdot EK_j$$

c) Das finanzielle Resultat

Die Frage, welche Region in welchem Umfang Zahlungen erhält oder leisten muss, hängt sehr stark von der Kalibrierung der einzelnen Parameter ab. Als Beispiele seien hier drei mögliche Varianten mit unterschiedlichen Kalibrierungen beschrieben. Für die bessere Vergleichbarkeit der einzelnen Varianten beläuft sich das Gesamtvolumen des Ausgleichs in jedem der drei Fälle auf circa 10 Mrd. Euro. Der Parameter δ wurde entsprechend gewählt. Als zusätzliche Information ist in der letzten Zeile der Anteil der Bevölkerung in den ausgleichsberechtigten Regionen, gemessen an der Gesamtbevölkerung der EU, angegeben.

Tabelle 12: Beispielhafte Varianten für die Gestaltung des regionalen Ausgleichs

	Variante 1 „Streuung"	**Variante 2 „Mittelweg"**	**Variante 3 „Konzentration"**
γ_1	0%	10%	30%
γ_2	0%	10%	15%
σ	0,5	1	1,5
τ	0	25	50
δ	1,7%	2,1%	3,5%
% Einwohner	**53**	**40**	**26**

i. Regionale Verteilung

Tabelle 13: Finanzielle Auswirkungen des horizontalen Ausgleichs auf einzelne Regionen

	Variante 1		Variante 2		Variante 3	
Empfänger in Mio. Euro	Andalucia (E)	660	Andalucia (E)	1.044	Andalucia (E)	1.901
	Campania (I)	499	Campania (I)	635	Campania (I)	875
	Sicilia (I)	435	Sicilia (I)	533	Sicilia (I)	693
	Cataluña (E)	336	Sachsen (D)	369	Castil. y León (E)	491
	Sachsen (D)	325	Puglia (I)	339	Extremadura (E)	481
Empfänger in % des BIP	Extremadura (E)	1,15	Extremadura (E)	2,45	Extremadura (E)	5,46
	Ipeiros (GR)	1,09	Andalucia (E)	1,67	Andalucia (E)	3,04
	Açores (P)	1,09	Calabria (I)	1,27	Halle (D)	2,14
	Andalucia (E)	1,05	Pr. de Astur. (E)	1,17	Calabria (I)	1,98
	Vor. Aigaio (GR)	1,05	Alentejo (P)	1,15	Pr. de Astur. (E)	1,91
Zahler in Mio. Euro	Île de France (F)	1.897	Île de France (F)	2.003	Île de France (F)	1.999
	Darmstadt (D)	945	Darmstadt (D)	1.073	Darmstadt (D)	1.138
	Oberbayern (D)	784	Oberbayern (D)	904	Oberbayern (D)	982
	Hamburg (D)	604	Hamburg (D)	684	Hamburg (D)	715
	Stuttgart (D)	461	Stuttgart (D)	508	Stuttgart (D)	542
Zahler in % des BIP	Hamburg (D)	0,88	Hamburg (D)	1,00	Hamburg (D)	1,04
	Darmstadt (D)	0,72	Darmstadt (D)	0,81	Darmstadt (D)	0,86
	Luxemburg (L)	0,64	Luxemburg (L)	0,73	Luxemburg (L)	0,79
	Wien (A)	0,61	Oberbayern (D)	0,70	Oberbayern (D)	0,76
	Oberbayern (D)	0,60	Wien (A)	0,68	Wien (A)	0,71

Quelle: Eigene Berechnungen

Bei der Variante 1 existiert kein neutraler Bereich, da γ_1 und γ_2 gleich null gesetzt wurden. Durch die kleinen Werte für σ und τ bekommt die Trennlinie nur eine sehr flache Steigung. Insgesamt hat diese Parameterkonstellation einen sehr weit gestreuten Ausgleich zur Folge. Alle Regionen sind an ihm beteiligt und die finanziellen Beiträge der einzelnen Regionen halten sich in Grenzen. Mit 53 Prozent lebt mehr als jeder zweite Einwohner in einer ausgleichsberechtigten Region. Den größten nominalen Ausgleich erhält in diesem Fall die spanische Region Andalusien vor Campanien (I) und Sizilien (I) (Tabelle 13). Den größten Beitrag zahlt mit großem Abstand die Île de France mit 1,9 Mrd. Euro vor den deutschen Regionen Darmstadt und Oberbayern. Gemessen am regionalen Einkommen profitieren die Extremadura (E) und Ipeiros (GR), sowie die Azoren (P). Es zahlen Hamburg, Darmstadt und Luxemburg die größten Beiträge gemessen am BIP. Letzteres ändert sich auch nicht in den übrigen beiden Varianten.

Die Varianten 2 und 3 enthalten dagegen einen neutralen Bereich. Bei Variante 2 zählen 42 und bei Variante 3 sogar 86 Regionen dazu. Dadurch ergibt sich eine verstärkte Konzentration der Mittel auf die ärmsten Regionen. Die Wahl der Kurvenparameter σ und τ führt zu einer Konzentration auf die strukturschwächsten Regionen. Somit nehmen die Zahlungen der aufgeführten extremen Regionen zu, während die Zahlungen der Regionen, die nahe am neutralen Bereich liegen, abnehmen. Der Kreis der meistbegünstigten Regionen ändert sich aber nur wenig. Gleiches gilt für den Kreis der Regionen mit den größten finanziellen Belastungen.

Karte 6 (Anhang 8) stellt das Ergebnis für die Variante „Mittelweg" optisch dar. Deutlich sind die peripheren Regionen der Mittelmeerländer, der britischen Inseln, Nordfinnlands und Ostdeutschlands zu erkennen. Sie erhalten aufgrund ihrer individuellen Schwächen (hohe Arbeitslosigkeit, schlechte Bevölkerungsentwicklung oder geringes Pro-Kopf-Einkommen) Mittel aus dem regionalen Finanzausgleich. Die zentralen Regionen in Mitteleuropa, dem Alpenraum, Dänemark und Schweden müssen dagegen zahlen. Es gibt aber auch eine ganze Reihe von Regionen, die aufgrund ihrer durchschnittlichen Position ausgleichsneutral bleiben. Viele dieser Regionen liegen in Frankreich, den Niederlanden und Großbritannien.

ii. Nationale Verteilung

Summiert für die einzelnen Mitgliedstaaten, resultieren daraus ganz unterschiedliche Ergebnisse (Tabelle 14). Für eine Gruppe von Staaten ergeben sich aus der zunehmenden Konzentration der Mittel eindeutig (d. h. sowohl auf der Einnahmen- als auch auf der Ausgabenseite) finanzielle Vorteile. Dazu gehört zum einen Spanien, das in keiner der Varianten ausgleichspflichtige Regionen umfasst, aber besonders strukturschwache Regionen enthält. Dazu zählen aber auch Schweden und Italien; Schweden, weil dort sämtliche Regionen über ein überdurchschnittliches Einkommen verfügen, aber bei zunehmender Konzentration dennoch einige Regionen zu den ausgleichsneutralen Regionen gehören und Italien, weil es die regionalen Eigenschaften der beiden anderen Länder in sich vereint.

Interessanterweise gehören aber die übrigen drei Kohäsionsländer Irland, Spanien und Griechenland zu der Gruppe von Staaten, für die sich die Konzentration eindeutig negativ auswirkt. Deren geförderte Regionen liegen im Vergleich mit Spanien relativ nah an der Trennlinie sodass beispielsweise in Variante 3 keine der irischen Regionen mehr Zuweisungen bekommt. Dazu gehören weiterhin Luxemburg, Dänemark, Österreich und Frankreich, relativ reiche Länder zumeist. Das ist dadurch zu erklären, dass bei Irland, Frankreich und Österreich die geförderten Regionen nur wenig unter dem EU-Durchschnitt liegen und bei stärkerer Mittelkonzentration aus der Förderkulisse herausfallen. Die übrigen Mitglieder dieser Gruppe verfügen über dermaßen starke Regionen, dass sie auch von einer stärkeren Mittelstreuung nicht auf der Einnahmenseite entsprechend profitieren.

Tabelle 14: Nationale Auswirkungen des regionalen Finanzausgleichs in drei Varianten

Variante 1: Streuung

Land	Zuwendungen in Euro	% BIP	% EW	Zahlungen in Euro	% BIP	% EW	Saldo in Euro	% BIP
A	12.600.488	0,01%	3,4%	442.970.128	0,25%	96,6%	-430.369.641	-0,24%
B	91.834.799	0,04%	30,3%	346.486.328	0,17%	69,7%	-254.651.529	-0,12%
D	1.032.625.063	0,06%	17,3%	5.193.449.961	0,28%	82,7%	-4.160.824.897	-0,23%
DK	0	0,00%	0,0%	480.161.817	0,34%	100,0%	-480.161.817	-0,34%
E	2.950.182.738	0,63%	100,0%	0	0,00%	0,0%	2.950.182.738	0,63%
F	516.998.516	0,04%	52,1%	2.078.106.585	0,17%	47,9%	-1.561.108.069	-0,13%
GB	2.199.281.474	0,24%	83,6%	265.130.361	0,03%	16,4%	1.934.151.114	0,21%
GR	783.345.381	0,81%	100,0%	0	0,00%	0,0%	783.345.381	0,81%
I	1.757.498.787	0,18%	46,5%	588.733.295	0,06%	53,5%	1.168.765.492	0,12%
IRL	108.234.812	0,19%	100,0%	0	0,00%	0,0%	108.234.812	0,19%
L	0	0,00%	0,0%	88.285.306	0,64%	100,0%	-88.285.306	-0,64%
NL	35.349.880	0,01%	15,5%	330.277.523	0,11%	84,5%	-294.927.643	-0,09%
P	714.860.576	0,83%	100,0%	0	0,00%	0,0%	714.860.576	0,83%
S	0	0,00%	0,0%	381.151.059	0,19%	100,0%	-381.151.059	-0,19%
SF	95.504.540	0,10%	73,8%	103.564.693	0,11%	26,2%	-8.060.153	-0,01%

Variante 2: Mittelweg

Land	Zuwendungen in Euro	% BIP	% EW	Zahlungen in Euro	% BIP	% EW	Saldo in Euro	% BIP
A	4.584.310	0,00%	3,4%	464.914.476	0,26%	74,6%	-460.330.165	-0,26%
B	61.616.115	0,03%	16,9%	310.063.679	0,15%	44,1%	-248.447.564	-0,12%
D	1.230.440.688	0,07%	17,3%	5.328.324.516	0,29%	80,1%	-4.097.883.828	-0,22%
DK	0	0,00%	0,0%	483.663.956	0,35%	100,0%	-483.663.956	-0,35%
E	3.743.293.432	0,80%	100,0%	0	0,00%	0,0%	3.743.293.432	0,80%
F	140.327.729	0,01%	20,6%	2.065.415.996	0,17%	34,5%	-1.925.088.267	-0,16%
GB	1.243.299.457	0,14%	55,6%	173.523.540	0,02%	16,4%	1.069.775.918	0,12%
GR	738.388.854	0,76%	100,0%	0	0,00%	0,0%	738.388.854	0,76%
I	2.042.018.783	0,21%	37,9%	411.351.198	0,04%	34,0%	1.630.667.585	0,17%
IRL	58.610.088	0,10%	44,8%	0	0,00%	0,0%	58.610.088	0,10%
L	0	0,00%	0,0%	101.345.745	0,73%	100,0%	-101.345.745	-0,73%
NL	0	0,00%	0,0%	261.309.890	0,08%	66,9%	-261.309.890	-0,08%
P	668.283.621	0,78%	100,0%	0	0,00%	0,0%	668.283.621	0,78%
S	0	0,00%	0,0%	306.686.477	0,15%	100,0%	-306.686.477	-0,15%
SF	71.775.093	0,07%	38,4%	96.038.699	0,10%	26,2%	-24.263.606	-0,02%

Variante 3: Konzentration

Land	Zuwendungen in Euro	% BIP	% EW	Zahlungen in Euro	% BIP	% EW	Saldo in Euro	% BIP
A	0	0,00%	0,0%	492.293.460	0,27%	74,6%	-492.293.460	-0,27%
B	0	0,00%	0,0%	288.319.190	0,14%	44,1%	-288.319.190	-0,14%
D	1.325.193.334	0,07%	17,3%	5.459.307.656	0,30%	75,9%	-4.134.114.322	-0,22%
DK	0	0,00%	0,0%	479.456.382	0,34%	100,0%	-479.456.382	-0,34%
E	4.868.072.687	1,04%	96,8%	0	0,00%	0,0%	4.868.072.687	1,04%
F	0	0,00%	0,0%	2.029.359.379	0,17%	21,8%	-2.029.359.379	-0,17%
GB	182.869.036	0,02%	10,4%	123.137.146	0,01%	16,4%	59.731.890	0,01%
GR	528.686.324	0,54%	79,4%	0	0,00%	0,0%	528.686.324	0,54%
I	2.549.457.467	0,27%	34,2%	368.054.225	0,04%	34,0%	2.181.403.242	0,23%
IRL	0	0,00%	0,0%	0	0,00%	0,0%	0	0,00%
L	0	0,00%	0,0%	109.363.851	0,79%	100,0%	-109.363.851	-0,79%
NL	0	0,00%	0,0%	248.595.474	0,08%	64,5%	-248.595.474	-0,08%
P	455.320.146	0,53%	100,0%	0	0,00%	0,0%	455.320.146	0,53%
S	0	0,00%	0,0%	256.941.895	0,13%	85,9%	-256.941.895	-0,13%
SF	32.917.773	0,03%	13,7%	87.688.110	0,09%	26,2%	-54.770.336	-0,06%

Quelle: Eigene Berechnungen

Bei den übrigen Mitgliedsländern existieren für die Zahlungen und Zuwendungen gegenläufige Tendenzen. Belgien, die Niederlande, Finnland und Großbritannien profitieren bei den Zuwendungen von einer breiten Streuung der Mittel, bei den Zahlungen aber von einer stärkeren Konzentration. Sie besitzen also relativ wenige extrem starke Regionen, die bei der Konzentration der Mittel überproportional herangezogen werden, aber viele Regionen, die nur knapp unter dem EU-Durchschnitt liegen. Deutschland weist eine genau gegensätzliche Tendenz auf. Für dieses Land ist auf der Einnahmenseite eine Konzentration günstig, auf der Ausgabenseite eine breite Streuung. Dies ist mit dem starken West-Ost-Gefälle zu erklären, das die ostdeutschen Regionen bei starker Konzentration stark fördert, die westdeutschen aber stark fordert. Durch die große Zahl westdeutscher Zahlerregionen profitieren diese von einer breiteren Streuung der Zahlungen, weil dann auch vermehrt Regionen anderer Mitgliedsländer herangezogen werden.

C. Fazit

In diesem Kapitel wurde ein Mechanismus vorgestellt, mit dem die Europäische Union die Entwicklung in den rückständigen Regionen fördern kann, um das Ziel einer schnelleren Konvergenz im Gemeinschaftsgebiet zu verfolgen. Zugleich kann der Ausgleich die Akzeptanz für die fortschreitende europäische Integration in den vermeintlich benachteiligten Regionen erhöhen. Der vorgestellte regionale Finanzausgleich ist ausschließlich als Umverteilungsmechanismus konzipiert und billigt der EU keinerlei inhaltliche Kompetenz in der Strukturpolitik zu. Seine konkrete Ausgestaltung berücksichtigt die im zweiten Kapitel aufgestellten Prinzipien und setzt sie in einen Tarif um. Abbildung 31 zeigt die einzelnen Prinzipien zusammen mit den Eigenschaften des regionalen Finanzausgleichs, durch die sie umgesetzt werden. Aus diesen Vorgaben folgt letztendlich die Begründung eines ungebundenen, horizontalen Finanzausgleichs auf regionaler Ebene.

Der vorgestellte Ausgleichstarif ist zweifellos auch unter diesen Voraussetzungen nicht der einzig praktikable. Es gibt unendlich viele weitere Möglichkeiten, einen Tarif zu entwickeln, der die technischen Anforderungen erfüllt. Vor allem die beiden technischen Anforderungen der Transparenz und der Eignung sprechen aber für die Verwendung dieses Tarifs. Im Gegensatz zu anderen[61] Vor-

[61] Als Beispiele seien die Vorschläge von LENK (1992b) und LENK / SILER (1992) für eine Neugestaltung des deutschen Länderfinanzausgleichs genannt, die sich rein mathematisch auch auf die europäische Ebene übertragen ließen.

schlägen sind die mathematischen Parameter direkt ökonomisch interpretierbar und ihre Anzahl ist auf wenige begrenzt, wodurch die Berechenbarkeit und Vermittlung des Vorschlags erleichtert werden.

Abbildung 31: Die Umsetzung der wohlfahrtsökonomischen Prinzipien im regionalen Finanzausgleich

Prinzipien	**Umsetzung**
Gleichwertigkeit	Keine prinzipielle Bevorzugung einzelne Länder oder Ländergruppen (z. B. der Beitrittskandidaten).
Solidarität	Umverteilung zwischen ausgleichspflichtigen und -berechtigten Regionen.
Leistungsfähigkeit	Keine Gewährung von Ausnahmetatbeständen. Flexibel zu variierender Progressionsgrad.
Subsidiarität	Subsidiäre Aufgabenverteilung: Keine Kompetenz der EU in der Strukturpolitik. Regionaler Mechanismus.
Autonomie	Ungebundene Ausgestaltung der Zuweisungen.
Konnexität	Ungebundene Ausgestaltung der Zuweisungen. Einbeziehung des ESZB-Gewinns bei der Beitragsgestaltung.
Fiskalische Äquivalenz	Gleichmäßige Verteilung der Integrationsgewinne durch horizontalen Mechanismus.
Kompatibilität	Moderates Umverteilungsvolumen. Unabhängigkeit von nationalen Finanzausgleichen.
Verfassungsmäßigkeit	Demokratische Legitimation durch das EP und die nationalen Parlamente. Moderates Umverteilungsvolumen.
Teilnehmerflexibilität	Formulierung des Tarif unabhängig von der Zahl der Teilnehmer.

Quelle: Eigene Darstellung

Dies wird auch durch die Verwendung nur weniger, aber bezüglich der regionalen Leistungsfähigkeit aussagekräftiger ökonomischer Indikatoren unterstützt. Mit der im Vergleich zum Unionsdurchschnitt ermittelten Arbeitslosenquote und der relativ zum Landesdurchschnitt ausgedrückten Bevölkerungsentwicklung lässt sich ein einfacher, aber umfassender Indikator für die regionale Strukturkraft ermitteln. Dennoch ist der Vorschlag hinreichend flexibel und bietet viele Variationsmöglichkeiten der Verteilungswirkungen. Die Betonung der regionalen Ebene trägt zudem ihrer wachsenden Bedeutung Rechnung und kann diese Entwicklung noch beschleunigen, wenn die Regionen auf institutioneller Ebene für den Finanzausgleich gestärkt werden.

Teil V:

Chancen der politischen Durchsetzbarkeit

In diesem Teil soll der Frage nachgegangen werden, inwiefern der im vorangegangenen Teil erarbeitete Vorschlag eine tatsächliche Realisierungsoption besitzt. Dem dient ein vom Verfasser für diese Arbeit programmiertes Simulationsprogramm, das die finanziellen Auswirkungen der neuen Beitragsgestaltung und des regionalen Finanzausgleichs unter alternativen Parameterkonstellationen untersucht (eine kompakte Einführung in den Gebrauch und die Funktionsweise des Simulationsprogramms findet sich im Anhang). Für die Frage der politischen Durchsetzbarkeit ist der Vergleich mit dem finanziellen Status quo besonders aussagekräftig, weil er die pekuniären Gewinner und Verlierer der Reform identifiziert. Dieses Kriterium ist für die politischen Entscheidungsträger von großer Bedeutung.

9. Kapitel:
Ergebnisse der Simulation

In diesem abschließenden Kapitel wird die Frage geklärt, unter welchen Parameterkonstellationen die besten Chancen für eine Umsetzung des erarbeiteten Vorschlags aus politischer Sicht bestehen. Dazu werden zunächst die Gewinner und Verlierer – differenziert nach Mitgliedstaaten – alternativer Ausgestaltungen identifiziert und Lösungen mit möglichst wenigen Benachteiligten gesucht. Erste Ansätze sind bereits im vorausgegangenen Kapitel erfolgt.

Mit dem in dieser Arbeit erarbeiteten Vorschlag für einen europäischen Finanzausgleich handelt es sich naturgemäß um eine Abweichung vom Status quo. Dies zieht zwingend gewisse finanzielle Verteilungswirkungen nach sich, da zusätzliche Mittel für ein Land immer durch die Summe der übrigen Länder aufgebracht werden müssen.[1] Dennoch wird jede nationale Regierung darauf bedacht sein, negative Wirkungen für die Bürger ihres Landes, und damit mittelbar auch für sich, zu vermeiden. Um die Verwirklichungsoption zu verbessern, sollten darum die finanziellen Abweichungen vom Status quo zumindest in den ersten Jahren einer Neuregelung nicht sehr groß ausfallen. Dies ist bei der Kalibrierung der Finanzausgleichsparameter zu beachten.

Im Folgenden werden zunächst die Gewinner und Verlierer der Beitragsgestaltung und des regionalen Finanzausgleichs separat ermittelt, bevor das finanzielle Gesamtresultat berücksichtigt wird. Dies wird aber letztlich über die Einführung entscheiden, da bei einer Vertragsrevision über beide Komponenten des Finanzausgleichs gemeinsam entschieden werden wird. Für die Identifikation von Gewinnern und Verlierern werden Veränderungen der Nettopositionen errechnet, da sie trotz ihrer geschilderten eingeschränkten Aussagefähigkeit[2] ein herausragendes Beurteilungskriterium für die politischen Entscheidungsträger geworden sind. Die Analyse beginnt mit dem Kreis der jetzigen 15 Mitgliedsländer und wird später auf mögliche Beitrittskandidaten ausgedehnt.

---

1 Dies gölte in einer Mehrperiodenbetrachtung auch für einen Finanzausgleich, der eine Verschuldungskompetenz für die EU beinhaltet.

2 Siehe hierzu im 5. Kapitel dieser Arbeit den Exkurs *Zum Konzept der Nettosalden.*

A. Beitragsgestaltung

Vor der Beurteilung, ob ein Land zu den Gewinnern oder den Verlierern der neuen Beitragsberechnung gehört, ist zunächst noch einmal zu betonen, dass die Betrachtung der nominalen Höhe der Mitgliedsbeiträge und der Beiträge pro Kopf alleine nicht ausreicht. Der Grund liegt darin, dass bei einem angenommenen Beitragsplafond von 0,85 Prozent des BIP insgesamt weniger Mitgliedsbeiträge zu zahlen sind als bei der aktuellen Regelung.[3] Die Bewertung hängt somit nicht nur von der Art der Beitragsgestaltung, sondern auch von der Höhe der notwendigen Einnahmen ab, die ihrerseits von der Höhe der Ausgaben der EU determiniert wird. Aufschlussreicher ist dagegen die Veränderung des Finanzierungsanteils eines Landes am EU-Haushalt.

Da sich die neue Regelung am Pro-Kopf-Einkommen der Mitgliedsländer orientiert und diesbezüglich nur lineare und progressive Tarife modelliert werden, werden durch die neue Regelung tendenziell

- Länder, die bislang einen zu großen Beitrag gezahlt haben (gemessen am Pro-Kopf-Einkommen) und

- relativ arme Länder (wegen der Progression)

besser gestellt. Auf der anderen Seite werden die Länder, die diese Kriterien nicht erfüllen zu den Benachteiligten der Neuregelung gehören. Die Summe aus beiden Effekten entscheidet über die individuelle Bewertung der neuen Beitragsberechnung. Die folgende Tabelle enthält für alternative Größen des Progressionsgrades die Veränderung des Beitragsanteils eines Landes im Vergleich zu den tatsächlichen Beitragszahlungen des Jahres 1996.[4]

---

[3] Siehe hierzu im 7. Kapitel dieser Arbeit den Abschnitt D. 2. c) *Das finanzielle Resultat*. Verzichtete man zusätzlich auf die Einbeziehung der EEF-Mittel, betrüge der Beitragsplafond sogar nur 0,52 Prozent und alle Mitgliedsländer zahlten weniger Beiträge als bei der aktuellen Regelung.

[4] Errechnet mit dem Simulationsmodell, siehe im 9. Kapitel dieser Arbeit den Abschnitt B. 4. *Nettopositionsänderung*.

Tabelle 15: Änderung der Beitragsanteile bei alternativen Progressionsgraden

Land	Progressionsgrad							
	0%	20%	40%	46%	50%	60%	80%	100%
L	-0,05%	-0,02%	0,01%	0,02%	0,03%	0,04%	0,07%	0,10%
DK	0,15%	0,30%	0,45%	0,50%	0,53%	0,60%	0,75%	0,90%
D	-2,76%	-1,46%	-0,17%	0,22%	0,48%	1,13%	2,42%	3,72%
S	0,20%	0,30%	0,39%	0,42%	0,44%	0,48%	0,58%	0,67%
A	-0,15%	-0,08%	0,00%	0,02%	0,04%	0,08%	0,15%	0,23%
F	-1,13%	-0,83%	-0,54%	-0,46%	-0,40%	-0,25%	0,04%	0,33%
B	0,03%	0,07%	0,11%	0,12%	0,12%	0,14%	0,18%	0,21%
NL	-0,33%	-0,30%	-0,28%	-0,27%	-0,27%	-0,26%	-0,23%	-0,21%
SF	0,04%	0,04%	0,03%	0,03%	0,03%	0,03%	0,02%	0,02%
I	0,32%	-0,15%	-0,62%	-0,76%	-0,85%	-1,08%	-1,55%	-2,02%
IRL	-0,01%	-0,05%	-0,08%	-0,09%	-0,09%	-0,11%	-0,14%	-0,17%
GB	3,83%	3,21%	2,60%	2,41%	2,29%	1,98%	1,36%	0,75%
E	0,15%	-0,43%	-1,01%	-1,19%	-1,30%	-1,59%	-2,17%	-2,75%
GR	-0,23%	-0,38%	-0,54%	-0,58%	-0,61%	-0,69%	-0,84%	-0,99%
P	-0,07%	-0,22%	-0,36%	-0,40%	-0,43%	-0,50%	-0,65%	-0,79%
σ	1,263%	0,961%	0,789%	0,778%	0,782%	0,833%	1,065%	1,395%

Quelle: Eigene Berechnungen

Die erste Gruppe potentieller Gewinner erkennt man daran, dass sie bei einem Progressionsgrad von null (linearer Tarif) einen gesunkenen Finanzierungsanteil aufweisen (negatives Vorzeichen). Sie waren bislang von der regressiven Wirkung der Beitragsgestaltung bezüglich des Pro-Kopf-Einkommens negativ betroffen. Die zweite Gruppe besteht aus den sieben Ländern mit unterdurchschnittlichem Pro-Kopf-Einkommen. Zu den eindeutigen Gewinnern gehören aber nur die Länder, auf die beide Bedingungen zutreffen: Portugal, Griechenland und Irland. Auf der anderen Seite stehen die eindeutigen Verlierer, die bislang einen unterdurchschnittlichen Beitrag gezahlt haben, obwohl die zu den überdurchschnittlich wohlhabenden Ländern gehören. Dies sind namentlich Dänemark, Schweden und Belgien. Bei den übrigen Ländern ändert sich die Bewertung mit der Höhe des Progressionsgrades. In der folgenden Abbildung sind für die Länder, die nicht eindeutig zu den Gewinnern oder Verlierern zählen, jeweils die Werte des Progressionsgrades angegeben, ab denen laut voriger Tabelle das Kalkül umschlägt.

Abbildung 32: Gewinner und Verlierer der neuen Beitragsgestaltung

		Pro-Kopf-Einkommen	
		unterdurchschnittlich	**überdurchschnittlich**
alter Finanzierungsanteil	**über-durchschnittlich**	Gewinner unabhängig von π P, GR, IRL	Gewinner bei $\pi <$ Verlierer bei $\pi >$ L (20%) A (30%) D (40%) F (70%) NL (100%)
	unter-durchschnittlich	Gewinner bei $\pi >$ Verlierer bei $\pi <$ E (10%) I (20%) GB, SF ($>>$100%)	Verlierer unabhängig von π DK, S, B

Quelle: Eigene Darstellung und Berechnungen

Die Abbildung zeigt, dass bei der Wahl von π = 20% zehn Länder zu den Gewinnern zählen und nur fünf zu den Verlierern. Die Zustimmung scheint also hier am größten zu sein. Die Änderung der Beitragsgestaltung bedeutet eine Revision des EU-Vertrags, die nur einstimmig verabschiedet werden kann. Es ist also für die Beurteilung der Durchsetzungsmöglichkeiten wichtig, dass nicht ein Land durch die neue Regelung sehr stark benachteiligt wird und deshalb die Neuerung mit seinem Veto zu Fall bringt. Da Großbritannien als größter Verlierer mit einem um 3,21 Prozent gestiegenem Finanzierungsanteil aber noch recht deutlich schlechter gestellt wird, ist von diesem Land ein umso stärkerer Widerstand zu erwarten. Bessere Chancen hat ein Vorschlag mit zwar mehr, aber dafür nicht so stark betroffenen Verlierern. Es sollten (zumindest die negativen Wirkungen) bei den einzelnen Ländern relativ gering gehalten und gleichmäßig über viele Mitgliedsländer verteilt werden.

Es ist also nach einer Höhe des Progressionsgrades zu suchen, die nur geringe Abweichungen vom Status quo nach sich zieht. Als Messzahl dafür enthält Tabelle 15 die Standardabweichung (σ) der Beitragsanteilsveränderungen für die alternativen Progressionsgrade. Das Minimum der Abweichungen liegt demnach bei einem Progressionsgrad von 46 Prozent. Tatsächlich ändern sich die Beitragsanteile der meisten Mitgliedstaaten hier nur minimal, sodass von ihnen kein großer Widerstand gegen die Reform zu erwarten ist. Die größten negativen Änderungen müsste immer noch Großbritannien (2,41 Prozent) hinnehmen, gefolgt von Dänemark (0,50 Prozent). Insgesamt ist die Progression mit 46 Prozent ein recht maßvoller Vorschlag, der die alten Ungleichgewichte zwischen Pro-Kopf-Einkommen und Beitragshöhe beseitigt, aber dennoch die Belastungen der benachteiligten Länder in Grenzen hält.

B. Regionaler Finanzausgleich

Der regionale Finanzausgleich umfasst im Gegensatz zu den aktuellen Regelungen der Strukturfonds Zahler- *und* Nehmerländer. Aus den Strukturfonds erhalten alle Mitgliedsländer Gelder, keines muss direkt in die Fonds einzahlen. Im schlechtesten Fall bekommt ein Land lediglich keine Mittel aus den Fonds zugewiesen.[5] Bei dieser Betrachtung wird aber übersehen, dass die Strukturfonds aus dem allgemeinen EU-Haushalt gespeist werden und dass über diesen Umweg alle Mitgliedsländer an ihrer Finanzierung beteiligt sind. Es lassen sich somit auch Nettopositionen für die Strukturfonds errechnen, welche die rein monetären Be- und Entlastungen offenlegen.

Tabelle 16 enthält die Strukturfondsmittel des Jahres 1996, aufgeteilt nach Empfängerländern. Neben den absoluten Beträgen sind auch die Beiträge pro Kopf und die Anteile der Länder an den gesamten Strukturfondsmitteln aufgeführt. Die bei weitem größte Summe erhielt Spanien, aber auch die übrigen Kohäsionsländer und alle großen Mitgliedsländer bekamen mindestens eine Milliarde ECU. Die größten Pro-Kopf-Beträge haben die vier Kohäsionsländer erhalten, die geringsten Schweden mit 10,70 ECU. Interessanterweise erhielt das reichste Mitgliedsland Luxemburg die siebtgrößte Zuwendung pro Kopf der Bevölkerung. Die nächsten Spalten geben Aufschluss über die Finanzierung dieser Mittel. Die absoluten Beträge ergeben sich aus Multiplikation des Finanzierungsanteils der Mitgliedsländer am EU-Haushalt des Jahres 1996 mit der Summe der Strukturmaßnahmen.

---

5 Selbst dies ist in der Realität nicht der Fall, denn auch die reichen Mitgliedsländer haben stets bei den Verhandlungen Strukturfondsmittel erstritten.

Tabelle 16: Nettopositionen der Strukturfonds

Land	Strukturmaßnahmen			Finanzierung			Nettobeitrag	
	in Mio. ECU	in %	pro Kopf	in Mio. ECU	in %	pro Kopf	in Mio. ECU	pro Kopf
IRL	1.206,4	5,0%	332,70	210,5	0,9%	58,06	-995,9	-274,64
P	2.961,5	12,3%	298,32	322,2	1,3%	32,46	-2.639,3	-265,86
GR	2.112,9	8,8%	201,69	400,3	1,7%	38,21	-1.712,6	-163,48
E	6.234,1	25,9%	157,05	1.637,5	6,8%	41,25	-4.596,6	-115,80
I	3.016,4	12,5%	52,55	3.298,1	13,7%	57,46	281,7	4,91
GB	1.961,1	8,2%	33,35	2.311,0	9,6%	39,30	349,9	5,95
SF	135,2	0,6%	26,38	338,5	1,4%	66,06	203,3	39,68
B	327,7	1,4%	32,26	734,7	3,1%	72,34	407,0	40,08
F	1.938,8	8,1%	33,21	4.544,4	18,9%	77,85	2.605,6	44,64
D	3.435,4	14,3%	41,94	7.219,7	30,0%	88,14	3.784,3	46,20
A	235,9	1,0%	29,27	672,7	2,8%	83,47	436,8	54,20
NL	268,7	1,1%	17,30	1.181,8	4,9%	76,09	913,1	58,79
S	94,6	0,4%	10,70	658,1	2,7%	74,41	563,5	63,72
DK	104,6	0,4%	19,87	457,6	1,9%	86,94	353,0	67,06
L	14,6	0,1%	35,14	60,6	0,3%	145,82	46,0	110,68

Quelle: EUROPÄISCHER RECHNUNGSHOF (1997b) und eigene Berechnungen

Den mit Abstand größten Pro-Kopf-Beitrag zahlte demnach Luxemburg vor Deutschland, Dänemark und Österreich. Die geringsten Pro-Kopf-Beiträge entfielen auf Portugal und Griechenland, gefolgt von Großbritannien. Der letzte Teil der Tabelle enthält die Differenz aus Beiträgen und Strukturmaßnahmen. Negative Nettobeiträge bedeuten einen Überschuss der Zuwendungen über die Beiträge. Demnach haben nur die vier Kohäsionsländer mehr Geld aus den Strukturfonds erhalten als zur Finanzierung beigetragen. Bei allen anderen Ländern verhält es sich umgekehrt. Die Nettobeiträge pro Kopf sind für die elf Nettozahlerländer jedoch relativ gering, sodass sie die Belastungen bislang tragen konnten. Nur Luxemburg zahlte einen Nettobeitrag von mehr als 100 ECU pro Einwohner.

Anknüpfend an die kurze Untersuchung der Auswirkungen unterschiedlicher Parameterkonstellationen im regionalen Finanzausgleich weiter oben[6] zeigt die folgende Abbildung, für welche Länder alternative Kalibrierungen vorteilhaft sind.

---

6 Siehe hierzu im 8. Kapitel dieser Arbeit den Abschnitt B. 2. c) *Das finanzielle Resultat.*

Abbildung 33: Gewinner und Verlierer des regionalen Finanzausgleichs

		Zahlungen in den Finanzausgleich		
		Konzentration	indifferent	Streuung
Zuwendungen aus dem Finanzausgleich	Konzentration	I	E	D
	indifferent	S		DK L
	Streuung	B GB NL SF	GR IRL P	A F

Quelle: Eigene Berechnungen

Unterschieden wird zunächst nur zwischen den Alternativen *starke Konzentration* oder *breite Streuung* der Mittel. Die Auswertung des Simulationsprogramms zeigt, für welche Mitgliedsländer eher eine Mittelkonzentration oder eine Mittelstreuung vorteilhaft ist. Einzelne Länder können bezüglich dieser Entscheidung in Teilen auch indifferent sein.[7] Es ist jedoch zwischen den Wirkungen auf der Einnahmen- und auf der Ausgabeseite zu unterscheiden. Für die Länder Italien, Spanien und Deutschland wirkt sich bei den Zuwendungen aus dem Finanzausgleich eine Konzentration positiv aus, für die neun Länder in den unteren drei Feldern dagegen negativ. Für Schweden, Dänemark und Luxemburg ist diese Entscheidung irrelevant, da sie auch bei größter Streuung keine Mittel aus dem Ausgleich erhalten würden. Bei den Zahlungen in den Finanzausgleich ist das Zahlenverhältnis zwischen Befürwortern und Gegnern einer Konzentration ausgeglichener. Sechs Länder (I, S, B, GB, NL, SF) bevorzugen eine Konzentration der Finanzierungslasten auf die am besten gestellten Regionen und fünf Länder (D, DK, L, A, F) präferieren eine breite Streuung über alle Regionen. Die Kohäsionsländer sind bei dieser Entscheidung indifferent, da sie unter sinn-

[7] Dies trifft für Länder mit besonders hohen oder niedrigen relativen Einkommenspositionen zu.

vollen Parameterkonstellationen sowieso keine Finanzausgleichsbeiträge zahlen müssen.

Dieses Präferenzmuster erklärt auch die politische Ökonomie der bisherigen Strukturfonds. Die Abbildung zeigt ein klares Übergewicht der Präferenzen für eine breite Streuung der Strukturfondsmittel, was im Laufe der vergangenen Jahre zu der beschriebenen und vielfach beklagten Ausuferung der strukturpolitischen Maßnahmen der Europäischen Union geführt hat.[8] Ziel des regionalen Finanzausgleichs soll es aber auch sein, die bestehende Förderkulisse zu reduzieren und die Mittel auf die bedürftigsten Regionen zu konzentrieren. Eine Zustimmung hierzu ist von den betroffenen Ländern aber nur dann zu erwarten, wenn sich dadurch auch ihr Beitrag an den EU-Haushalt reduziert, wenn also niedrigeren Zuwendungen aus dem Finanzausgleich niedrigere Beitragslasten gegenüberstehen.

Bei der Kalibrierung des regionalen Finanzausgleichs ist außerdem darauf zu achten, dass die Ergebnisse zunächst nicht allzu sehr von denen der jetzigen Regelungen abweichen, um Widerstände bei der Einführung zu reduzieren. Dies bereitet jedoch Schwierigkeiten, da bislang die reichen Länder nur relativ wenig zur Finanzierung beitragen und statt dessen unterdurchschnittlich wohlhabende Länder wie Italien und Großbritannien Nettozahler sind. Ein regionaler Finanzausgleich, der auf dem regionalen Pro-Kopf-Einkommen und der Strukturkraft aufbaut, wird – wenn er nicht regressiv wirken soll – diese beiden Länder zu Nettoempfängern werden lassen. Die Simulation durch das Computerprogramm ergibt für folgende Parameterkonstellation die geringste Gesamtabweichung vom Status quo:

- untere Grenze: $\gamma_1 = 28\ \%$
- obere Grenze: $\gamma_2 = 0\ \%$
- Trennlinienparameter: $\tau = 0$
- Steigung: $\sigma = 0$
- Ausgleichssatz: $\delta = 8{,}5\ \%$

Als Kennzahl für die Gesamtabweichung wurde analog zur Beitragsgestaltung die Standardabweichung der Diskrepanzen aller Länder (hier der Nettoposition pro Kopf) gewählt. Das Umverteilungsvolumen beträgt bei dieser Parameter-

---

8 Siehe hierzu im 5. Kapitel dieser Arbeit den Abschnitt B. *Redistribution auf regionaler Ebene.*

konstellation nur 9,5 Mrd. Euro und damit weniger als die Hälfte des Ausgangsvolumens.[9]

Tabelle 17 enthält die Nettobeiträge pro Kopf der zur Zeit realisierten (Spalte *Strukturfonds*) und der mit dieser Arbeit vorgeschlagenen neuen (Spalte *Finanzausgleich*) Umverteilungsmechanismen. Ergänzt wird die Darstellung um die Differenz zwischen beiden Situationen. Demnach weisen durch den Finanzausgleich sieben Mitgliedsländer einen höheren Nettobeitrag pro Kopf aus, während acht Mitglieder einen niedrigeren verbuchen können. Für die meisten Länder ergeben sich jedoch nur geringe Unterschiede. Dazu gehören sämtliche von der Neuregelung begünstigten.

Tabelle 17: Regionaler Finanzausgleich der geringsten Abweichung vom Status quo

Land	Nettobeitrag pro Kopf		
	Strukturfonds	Finanzausgleich	Differenz
IRL	-284,95	0,00	284,95
P	-266,58	-166,83	99,75
L	97,98	197,55	99,57
E	-118,94	-82,30	36,64
DK	61,46	85,58	24,12
D	43,02	55,72	12,70
GR	-165,65	-158,25	7,40
A	50,99	48,93	-2,06
B	37,11	32,25	-4,86
F	39,95	34,51	-5,44
S	54,29	40,54	-13,75
SF	36,03	19,60	-16,43
I	0,57	-29,37	-29,94
GB	27,54	-5,22	-32,76
NL	52,38	18,17	-34,21
Stdabw.			*79,5*

Quelle: Eigene Berechnungen

Deutlich schlechter gestellt als beim Status Quo ist jedoch Irland, das nun mit beiden Regionen innerhalb des neutralen Bereichs liegt und deshalb rund 285

9 Zur Erinnerung: Die Strukturfonds führten zu einer Umverteilung von 24 Mrd. Euro. Vgl. Tabelle 16.

Euro pro Kopf verliert. Portugal und Luxemburg müssen jeweils auf rund 100 Euro pro Kopf verzichten. Dies liegt bei Portugal am deutlich geringeren Umverteilungsvolumen und bei Luxemburg an den sehr guten Einkommens- und Strukturpositionen, die zu einem Verlust der Regionalförderung und zu deutlich höheren Beiträgen führen.

Der Tarif der geringsten Abweichung verläuft, da für die Parameter τ und σ null gewählt ist, linear bezüglich des Strukturkraftindikators.[10] Es ließe sich sogar eine noch geringere Gesamtabweichung erzielen, indem für diese Parameter negative Werte gewählt werden. Ein regressiver Tarif ist aber im Vorfeld ausgeschlossen worden.[11] Dies zeigt jedoch, dass die bestehende Regionalförderung der EU zumindest in Teilen auch bezüglich der regionalen Strukturkraft regressiv wirkt. Demnach ist die Benachteiligung der Länder, die von den Regressivitäten bezüglich des regionalen Pro-Kopf-Einkommens und der regionalen Strukturkraft profitiert haben, die logische Folge eines regionalen Finanzausgleichs, der eben diese regressiven Wirkungen beseitigen will. Im Umkehrschluss werden bislang benachteiligte Länder von der Neuregelung systematisch besser gestellt. Dies gilt, wie soeben gezeigt, bereits für einen bezüglich der Strukturkraft proportionalen Ausgleichstarif. Umso mehr wird dies bei einem progressiven Tarif der Fall sein. Dennoch sollte es das Ziel sein, zumindest mittelfristig einen moderat progressiven Tarif einzuführen, denn Fehlentwicklungen der Vergangenheit sollten aus normativer Sicht korrigiert anstatt institutionalisiert werden. Dies könnte beispielsweise bei der Einführung des Finanzausgleichs durch einen Stufenplan festgelegt werden. Zwar werden die bislang in ungerechtfertigter Weise bevorzugten Länder immer versuchen, ihren Besitzstand zu wahren, doch sollte der politische Druck der übrigen Länder ausreichen, die vorgeschlagenen Änderungen durchzusetzen. Anderenfalls wären zeitlich begrenzte Kompensationszahlungen das probate Mittel, die Zustimmung der betroffenen Länder zu erkaufen.

---

10 Bezüglich des Pro-Kopf-Einkommens ist der Tarif für die ausgleichsberechtigten Regionen indirekt progressiv, da die untere Grenze einen Wert größer eins besitzt.

11 Siehe hierzu im 8. Kapitel dieser Arbeit den Abschnitt B. 2. a) *Herleitung der Trennlinie und des neutralen Bereichs.*

C. Gesamtbetrachtung

Entscheidend für das Kalkül eines Landes, ob es dem Finanzausgleich zustimmen wird oder nicht, ist der Gesamteffekt, der aus Beitragsgestaltung und regionalem Ausgleich resultiert. Bei dieser Analyse ist zu beachten, dass die fünfzehn Mitgliedsländer insgesamt um 1,8 Mrd. Euro schlechter gestellt werden als bei der jetzigen Regelung, da derzeit die Strukturfonds über den allgemeinen Unionshaushalt finanziert und damit auch zum Teil durch die originären Eigenmittel gedeckt werden.[12]

Tabelle 18 stellt die Zusammenhänge unter Zugrundelegung der in den beiden vorangegangenen Abschnitten vorgestellten Parameterwerte[13] dar. Bei allen Mitgliedsländern stehen Entlastungen auf der Beitragsseite Belastungen auf der Seite der Regionalhilfen gegenüber. Der Saldo aus beiden Effekten ist jedoch für die einzelnen Länder unterschiedlich. In der dritten Doppelspalte der Tabelle steht ein positives Vorzeichen für eine Verbesserung, ein negatives für eine Verschlechterung der Situation eines Landes.[14]

Die meisten Länder sind bei der gegebenen Parameterkonstellation nur von geringen Änderungen betroffen. Für zwölf der 15 Mitgliedsländer liegen die Veränderungen pro Kopf zwischen –58,22 Euro (DK) und +41,11 Euro (NL). Diese Veränderungen sind im Vergleich mit der Höhe der individuellen Beitragszahlungen zu vernachlässigen und dürften zu keinen großen Widerständen gegen den neuen Finanzausgleich führen.

Die absolut größten Veränderungen betreffen mit Italien (+ 2,0 Mrd. Euro), Deutschland (-1,4 Mrd. Euro) und Spanien (-1,0 Mrd. Euro) große Mitgliedsländer. Danach folgen aber bereits Irland und Portugal, die folglich eine bedeutend größere Veränderung ihrer Pro-Kopf-Position zu verzeichnen haben. So sind es auch diese beiden Länder, die zusammen mit Luxemburg von den Neuerungen am stärksten betroffen sind. Irland wird um 271,23 Euro pro Kopf schlechter gestellt als derzeit. Dies resultiert daraus, dass Irland bislang als Kohäsionsland sehr von der europäischen Strukturförderung profitiert hat, obwohl sein Pro-

---

12 Die Differenz ist aber relativ gering. Sie macht lediglich 4,90 Euro pro Unionsbürger aus.

13 $\beta = 0{,}52\%$, $\pi = 46\%$, $\tau = 0$, $\gamma_1 = 28\%$, $\gamma_2 = 0\%$, $\sigma = 0$, $\delta = 8{,}5\%$.

14 Um den Gesamteffekt des Methodenwechsels aufzeigen zu können, müssen Sondereffekte, welche die Beitragshöhe beeinflussen, ausgeblendet werden. Darum gehen bei den folgenden Berechnungen weder die EEF-Mittel ($\beta = 0{,}52\% = 0{,}85\% - 0{,}33\%$) noch der ESZB-Gewinn in den Haushalt ein.

Kopf-Einkommen deutlich größer ist als das der übrigen drei Kohäsionsländer. Einsicht in das Notwendige, gepaart mit großzügigen Übergangshilfen, könnte aber auch hier die Widerstände gegen eine Neuregelung verringern.

Tabelle 18: Veränderung der Nettopositionen beim Finanzausgleich der geringsten Abweichung

Land	Beitrag neu	Beitrag alt	reg. Ausgl.	Strukturfonds	Differenz alt - neu	
	(Mio. Euro)		(Mio. Euro)		(Mio. Euro)	(Euro/Kopf)
NL	1.636,8	2.826,3	282,3	-268,7	638,5	41,11
I	4.569,3	7.887,7	-1.686,0	-3.016,4	1.988,0	34,64
SF	508,0	809,6	100,4	-135,2	66,0	12,88
GR	381,6	957,3	-1.657,8	-2.122,9	110,6	10,56
F	6.502,8	10.868,2	2.014,2	-1.938,8	412,4	7,06
S	1.113,0	1.574,0	358,6	-94,6	7,8	0,88
B	1.118,3	1.757,2	327,6	-327,7	-16,4	-1,61
A	994,7	1.608,9	394,4	-235,9	-16,1	-2,00
GB	4.239,3	5.527,0	-307,2	-1.981,1	-386,2	-6,57
D	10.664,4	17.266,5	4.564,2	-3.435,4	-1.397,5	-17,06
E	1.982,3	3.916,3	-3.267,0	-6.234,1	-1.033,1	-26,03
DK	845,7	1.094,3	450,4	-104,6	-306,4	-58,22
P	330,6	770,6	-1.656,2	-2.961,5	-865,3	-87,16
L	95,9	144,9	82,1	-14,6	-47,7	-114,80
IRL	278,6	503,5	0,0	-1.208,4	-983,5	-271,23
EUR 15	*35.261,3*	*57.512,3*	*0,0*	*-24.079,9*	*-1.828,9*	*-4,90*

Quelle: Eigene Berechnungen

D. Dynamische Betrachtung

Wie bereits angedeutet, sollte es mittelfristig nicht bei der Proportionalität des regionalen Finanzausgleichs bezüglich der Strukturkraft bleiben. Ebenso spricht einiges dafür, auch für die ausgleichspflichtigen Regionen progressiv bezüglich des Pro-Kopf-Einkommens bei der Berechnung der Ausgleichsbeträge vorzugehen. Da dies aber eine größere Abweichung vom Status quo bedeutet, ist es ratsam, diese Veränderungen schrittweise einzuführen. Folgendes Szenario wäre denkbar:

Tabelle 19: Schrittweise Veränderung der regionalen Finanzausgleichsparameter für eine stärkere Progression

Jahr	**0**	**1**	**2**	**3**	**4**	**5**
τ	0	2	4	6	8	10
γ_1	28 %	27,4 %	26,8 %	26,2 %	25,6 %	25 %
γ_2	0 %	3 %	6 %	9 %	12 %	15 %
σ	0	0,1	0,2	0,3	0,4	0,5
δ	8,5 %	7,8 %	7,1 %	6,4 %	5,7 %	5 %
Volumen	9,5 Mrd.	9,8 Mrd.	10,0 Mrd.	10,1 Mrd.	10,0 Mrd.	9,7 Mrd.

Quelle: Eigene Darstellung

Als Endpunkt dieser Reihe erhält man im fünften Jahr einen regionalen Finanzausgleich mit moderater Progression bezüglich beider finanzausgleichsrelevanter Kennzahlen (SKI und RP) und für beide Gruppen von Regionen (ABR und APR). Auf dem Weg dorthin werden die Parameter in jedem Jahr linear erhöht beziehungsweise verringert. Dadurch bleibt das Transfervolumen des regionalen Finanzausgleichs nahezu unverändert.

Zu der dynamischen Betrachtung gehört zweitens die Veränderung der makroökonomischen Daten im Laufe der Zeit. Es ergeben sich bereits allein durch die unterschiedliche wirtschaftliche Entwicklung in den Mitgliedstaaten Verschiebungen im regionalen Finanzausgleich und in der Beitragsgestaltung.[15] Dies führt dazu, dass zusätzliche Differenzen, die sich aus Parameteränderungen ergeben, nicht exakt vorhergesagt werden können. Es lassen sich zwar Modellrechnungen anstellen, die jedoch unter der Ungenauigkeit der angestellten Datenschätzung leiden. Der politische Entscheidungsträger, der über eine stufenweise Parameteränderung in zukünftigen Jahren zu befinden hat, entscheidet demnach unter Unsicherheit. Es herrscht also in begrenztem Umfang eine Situation, die Rawls als „Schleier der Unwissenheit“[16] bezeichnet. Dies kann die Zustimmungswahrscheinlichkeit zum Finanzausgleich erhöhen. Diese Situation ist jedoch nicht perfekt, denn es lassen sich tendenzielle Aussagen darüber treffen,

---

15 Zu den angenommenen Änderungsraten siehe Anhang 11.

16 RAWLS (1973).

wie sich die verstärkte Progression unter der angenommenen wirtschaftlichen Entwicklung für die einzelnen Länder auswirken wird. Zu unterscheiden ist auch hier zwischen den Veränderungen der Beitragsanteile und der Nettopositionen im regionalen Finanzausgleich.

Aufgrund des kontinuierlichen Anstiegs des Sozialprodukts steigen die Pro-Kopf-Beiträge aller Mitgliedstaaten, denn das Haushaltsvolumen wächst wegen des konstanten Beitragsplafonds proportional zum europäischen Sozialprodukt (Tabelle 20). Die Spanne des Anstiegs reicht von 3,30 Euro (L) bis 39,61 Euro (IRL), was an den unterschiedlichen Wachstumsraten des Pro-Kopf-Einkommens liegt. Die Finanzierungsanteile erhöhen sich für die Länder mit überdurchschnittlichem Wachstum des Pro-Kopf-Einkommens und verringern sich für die Länder mit unterdurchschnittlichem Wachstum. Dabei wirken sich die Veränderungen – ausgedrückt in Prozentpunkten – für große Mitgliedsländer stärker aus als für kleine. Die größten Veränderungen ergeben sich demnach für Deutschland (-1,14 Punkte), Italien (+0,32 Punkte) und Irland (+0,31 Punkte).

Tabelle 20: Veränderungen der Finanzausgleichsergebnisse bei dynamischer Betrachtung (5 Jahre)[17]

Land	Beiträge Pro-Kopf-Beitrag (in Euro)	 Finanzierungsanteil (in %-Punkten)	reg. Finanzausgleich Nettobeitrag pro Kopf (in Euro)
A	9,91	-0,02%	5,51
B	13,32	0,05%	3,42
D	6,66	-1,14%	-9,06
DK	14,26	-0,02%	10,17
E	6,85	0,14%	-3,44
F	10,69	0,06%	7,54
GB	7,48	0,00%	-2,95
GR	6,60	0,08%	42,53
I	10,88	0,32%	-11,98
IRL	39,61	0,31%	9,39
L	3,30	0,00%	35,40
NL	9,29	0,01%	-8,76
P	10,69	0,17%	75,63
S	9,12	-0,06%	-12,22
SF	18,46	0,12%	9,52

Quelle: Eigene Berechnungen

Hier erkennt man deutlich den Vorteil der neuen Beitragsberechnungsmethode gegenüber der geltenden Regelung: Der Beitragstarif ermöglicht eine einfache und transparente Berechnung auch zukünftiger Beitragszahlungen. Außerdem ergibt sich auch bei relativ stark divergierenden Wachstumsraten ein stetiger Tarif, der die veränderten ökonomischen Realitäten sofort abbildet. Neuverhandlungen der nationalen Beiträge, wie sie derzeit immer wieder bei den Regierungskonferenzen über eine neue finanzielle Vorausschau der EU aufkommen,[18] reduzieren sich auf die Festlegung des Beitragsplafonds und des Progressionsgrades.

Bei den Ergebnissen des regionalen Finanzausgleichs überlagern sich nun die Effekte des wirtschaftlichen Wachstums und der steigenden Progression. Da hier die Anforderung der vollständigen Verteilung der Finanzausgleichsmittel greift, gibt es einerseits Länder mit gestiegenem, andererseits mit gesunkenem Nettobeitrag. Einen höheren Nettobeitrag zahlen vor allem die Länder, deren Wirtschaft überdurchschnittlich wächst (Progression bezüglich der relativen Einkommensposition) und deren Regionen vergleichsweise strukturstark sind (Progression bezüglich der Strukturkraft). Bei unterdurchschnittlichem Wachstum und relativer Strukturschwäche sinkt der Nettobeitrag. Im betrachteten Zeitraum verschieben sich die regionalen Ausgleichspositionen pro Kopf zulasten von neun Mitgliedsländern. Besonders betroffen sind Portugal (+75,63 Euro), Griechenland (+42,53 Euro) und Luxemburg (+35,40 Euro). Begünstigte sind – jedoch bei deutlich geringeren Beträgen – Schweden vor Italien und vier weitere Länder. Dabei ist jedoch zu beachten, dass auch weiterhin die griechischen und portugiesischen Regionen zu den am stärksten unterstützen gehören. Die Förderung wird lediglich deshalb etwas reduziert, weil besonders die Ferienregionen über eine relativ hohe Strukturkraft verfügen. Bei größeren Widerständen dieser Länder bleibt die Möglichkeit, das Finanzausgleichsvolumen über den Ausgleichssatz zu erhöhen.

Karten 7 und 8 (Anhang 8) zeigen die Verschiebung der Ausgleichszahlungen noch einmal bildlich. In beiden Karten wird zwecks besserer Vergleichbarkeit dieselbe Klasseneinteilung verwendet. Karte 7 liegen die Parameterdaten des Jahres 0, Karte 8 die des Jahres 5 des Stufenplans zugrunde.[19]

---

17 Eine ausführliche Tabelle mit den Kennziffern aller fünf Jahre findet sich im Anhang 12.

18 Zur entsprechenden Diskussion im Rahmen der Agenda 2000 vgl. EUROPÄISCHER RAT (1999), S. 17-19.

19 Siehe Tabelle 19.

Wie man sieht, ist für keine der Regionen durch die verstärkte Berücksichtigung der Strukturkraft das Kalkül zwischen Ausgleichsberechtigungen und Ausgleichsverpflichtungen umgeschlagen. Verschiebungen ergeben sich nur innerhalb der Gruppen beziehungsweise mit der Gruppe der ausgleichsneutralen Regionen. So gehören im fünften Jahr weiterhin alle ostdeutschen Regionen zu den ausgleichsberechtigten. Aus der höchsten Förderung sind dagegen die meisten Regionen Griechenlands gefallen. In Italien zahlen nun weniger Regionen des Nordens einen Beitrag, es erhalten aber mehr Regionen im Süden Zahlungen. In Frankreich sind die meisten Regionen nun ausgleichsneutral. Lediglich die Île de France und das Elsass zahlen noch in den Ausgleich ein.

E. Osterweiterung

In diesem Abschnitt geht es um die Frage, inwieweit der vorliegende Vorschlag für einen europäischen Finanzausgleich durch die bevorstehende Erweiterung der Europäischen Union zu finanziellen Ergebnissen führt, die einzelne Länder deutlich schlechter stellt als die gegenwärtige Ausgleichsregelung. Möglicherweise erleichtert aber auch gerade dieser Vorschlag die Osterweiterung, weil er die Lasten gleichmäßiger auf die derzeitigen Mitglieder verteilt als die geltenden Regeln, durch welche die Osterweiterung voraussichtlich primär „auf Kosten der ärmeren Alt-EU-Länder, allen voran Spanien, Portugal, Griechenland und Irland"[20] erfolgen würde.

Für eine Modellrechnung zu den Auswirkungen einer Erweiterung der Europäischen Union muss zunächst eine Annahme über die Auswahl der Beitrittsländer und deren Beitrittszeitpunkt getroffen werden. Dazu hat sich im Vorfeld des EU-Gipfels von Nizza die Europäische Kommission geäußert[21] und bereits den Mittelmeerinseln Malta und Zypern die Beitrittsfähigkeit attestiert. In naher Zukunft sieht die Kommission dies auch bei Estland, Ungarn, Polen, Tschechien und Slowenien als gegeben. Für mittelfristig beitrittsfähig erklärt sie darüber hinaus Lettland, Litauen und die Slowakei.[22] Ob die genannten Länder gemeinsam oder in separaten Erweiterungsschritten beitreten werden, kann noch nicht abschlie-

---

20 WELFENS (1999), S. 127. Vgl. auch BEGG (1997), S. 197.

21 Vgl. F.A.Z. vom 8.11.2000, S. 1.

22 Für die drei weiteren Beitrittsaspiranten Rumänien, Bulgarien und die Türkei gibt es dagegen auch mittelfristig keine konkrete Perspektive für einen Beitritt.

ßend beurteilt werden. Es spricht aber Vieles für eine große Erweiterungsrunde, da zum einen der Schutz der EU-Außengrenzen ohne die Slowakei bedeutend schwieriger wäre und zum anderen eine Abgrenzung Estlands von den beiden übrigen baltischen Weggefährten politisch und historisch nicht gewollt ist. Außerdem wäre eine umfassende Erweiterung ein großer politischer Erfolg der amtierenden Kommission, sodass bereits zum jetzigen Zeitpunkt Meldungen durch die Kommission lanciert werden, dem zufolge eine „Big-Bang-Lösung" zumindest finanziell tragbar wäre.[23]

Tabelle 21: Finanzausgleichsbeträge nach Osterweiterung

Land	Beitrag			reg. Finanzausgleich		
	Betrag	pro Kopf	Anteil	Verpflichtungen	Berechtigungen	NB pro Kopf
A	1.225,2	147,54	2,70%	576,8	0,0	69,46
B	1.408,0	136,57	3,10%	510,0	0,0	49,47
D	12.893,5	153,52	28,39%	6.475,6	114,1	75,74
DK	1.039,6	193,62	2,29%	658,2	0,0	122,59
E	2.522,3	62,61	5,55%	0,0	2.244,2	-55,71
F	8.153,2	136,23	17,95%	2.960,9	0,0	49,47
GB	5.289,6	88,62	11,65%	357,7	100,0	4,32
GR	507,1	47,45	1,12%	0,0	769,6	-72,01
I	5.844,8	100,82	12,87%	958,8	1.550,6	-10,21
IRL	480,8	128,69	1,06%	97,7	0,0	26,15
L	116,0	259,16	0,26%	112,0	0,0	250,22
NL	2.032,0	126,98	4,47%	444,5	0,0	27,78
P	484,0	48,52	1,07%	0,0	565,4	-56,68
S	1.354,3	149,35	2,98%	511,6	0,0	56,42
SF	679,7	130,02	1,50%	202,4	0,0	38,72
CZ	220,7	21,55	0,49%	0,0	1.244,3	-121,50
EW	22,6	16,23	0,05%	0,0	155,9	-111,96
H	202,5	20,43	0,45%	0,0	1.153,1	-116,33
LT	38,7	10,49	0,09%	0,0	336,2	-91,13
LV	24,2	10,38	0,05%	0,0	212,1	-90,98
M	16,3	41,63	0,04%	0,0	33,7	-86,07
PL	647,5	16,66	1,43%	0,0	4.672,4	-120,22
SLK	75,0	13,78	0,17%	0,0	578,7	-106,33
SLO	94,8	48,06	0,21%	0,0	135,8	-68,85
ZY	47,5	68,17	0,10%	0,0	0,0	0,00

Quelle: Eigene Berechnungen

23 Vgl. F.A.Z vom 20.9.2000, S. 1.

Aus diesen Gründen geht die folgende Analyse von einem gemeinsamen Beitritt aller zehn Kandidaten im fünften Jahr nach der Neuregelung des Finanzausgleichs aus. Alle Parameter haben also bereits ihre endgültigen Werte erreicht.[24] Im fünften Jahr des Finanzausgleichs ergeben sich dann die Finanzausgleichsbeträge der Tabelle 21. Bei den Ergebnissen des Simulationsprogramms ist zu beachten, dass für die Beitrittskandidaten noch keine regional differenzierten Daten vorliegen. Deshalb werden diese Länder im regionalen Finanzausgleich als jeweils eine homogene Region behandelt.[25]

Für die Beurteilung der neuen Situation aus Sicht der Altmitglieder ist außerdem der Vergleich mit den Werten ohne die neuen Mitglieder relevant. Dies ist in Tabelle 22 dargestellt. Die Beiträge aller Mitgliedstaaten haben sich durch die Osterweiterung erhöht. Dies liegt in erster Linie an dem erhöhten Finanzbedarf der erweiterten Union, ausgedrückt durch einen gestiegenen Beitragsplafond. Eher von untergeordneter Bedeutung ist der Progressionseffekt, der sich ergibt, weil mit der Erweiterung das durchschnittliche Pro-Kopf-Einkommen gesenkt wird und die Altmitglieder somit in eine höhere Progression geraten. Die Differenzen zwischen den Pro-Kopf-Beiträgen vor und nach der Erweiterung liegen zwischen 4,43 Euro für Griechenland und 25,02 Euro für Luxemburg (Faktor 5,6)[26] und korrelieren positiv mit dem Pro-Kopf-Einkommen eines Landes.

Die neuen Mitglieder lassen sich scharf in zwei Gruppen teilen: Die einen zahlen, solange sie wirtschaftlich nicht stärker aufgeholt haben, auch im Vergleich zu den ärmeren Altmitgliedern nur relativ geringe Beiträge. Den größten Betrag muss Polen mit knapp 650 Mio. Euro tragen. Dies ist aber nur ein Viertel des Betrages des einwohnermäßig ebenbürtigen Altmitgliedes Spanien. Ähnlich fällt der Vergleich zwischen den etwa gleich großen Ländern Ungarn (200 Mio. Euro) und Griechenland (500 Mio. Euro) aus. Die Pro-Kopf-Beiträge der Neumitglieder reichen in dieser Gruppe von 10,38 Euro für Lettland bis 21,55 Euro für Tschechien. Die zweite Gruppe besteht aus Slowenien, Malta und Zypern. Ihr

---

24 Die Werte des regionalen Finanzausgleichs entsprechen denen der letzten Spalte aus Tabelle 19. Beitragsgestaltung mit $\pi = 46\%$ und $\beta = 0{,}57\%$. Der Beitragsplafond erhöht sich infolge der Osterweiterung um 0,05 Prozent. Siehe hierzu im 6. Kapitel dieser Arbeit den Abschnitt D. 2. *Der Finanzbedarf für eine erweiterte Union.*

25 Durch den progressiven Tarif werden die Finanzausgleichsbeträge dann zu gering ausgewiesen, wenn ein Beitrittsland über sehr heterogene ausgleichsberechtigte Regionen verfügt. Die landeseinheitliche Betrachtung nivelliert hier die Bemessungsgrundlage. Fallen aber einige Regionen in den neutralen Bereich (z.B. die bevölkerungsreichen Hauptstadtregionen), werden die Beträge für dieses Land zu hoch ausgewiesen.

26 $5{,}6 = 25{,}02 / 4{,}43$.

Pro-Kopf-Einkommen übertrifft teilweise das der ärmeren Altmitglieder, weshalb sie ähnliche Pro-Kopf-Beiträge wie Griechenland, Portugal und Spanien zu zahlen haben. Insgesamt führt die Osterweiterung dazu, dass alle Altmitglieder einen gesunkenen Finanzierungs*anteil* verbuchen können.

Tabelle 22: Differenzen der Finanzausgleichsbeträge vor und nach der Osterweiterung

Land	Beitrag			reg. Finanzausgleich			Summe
	Betrag	pro Kopf	Anteil	Verpflichtungen	Berechtigungen	NB/Kopf	pro Kopf
A	117,9	14,20	-0,10%	125,0	0,0	15,05	29,25
B	135,6	13,15	-0,12%	142,2	0,0	13,79	26,94
D	1.400,0	16,67	-0,71%	1.659,2	-783,4	29,08	45,75
DK	100,3	18,68	-0,09%	144,1	0,0	26,84	45,52
E	246,5	5,82	-0,21%	0,0	-1.191,9	30,04	35,86
F	846,5	14,14	-0,55%	444,6	0,0	7,43	21,57
GB	540,2	9,05	-0,37%	273,3	-472,5	12,49	21,54
GR	47,3	4,43	-0,04%	0,0	-466,9	43,68	48,11
I	598,6	10,33	-0,41%	690,4	-1.115,1	31,14	41,47
IRL	45,8	12,26	-0,04%	62,6	0,0	16,76	29,02
L	11,2	25,02	-0,01%	7,7	0,0	17,20	42,22
NL	196,8	12,30	-0,18%	293,8	0,0	18,36	30,66
P	45,1	4,53	-0,04%	0,0	-344,5	34,52	39,05
S	130,5	14,39	-0,12%	254,8	0,0	28,10	42,49
SF	64,9	12,42	-0,06%	50,2	0,0	9,60	22,02

Quelle: Eigene Berechnungen

Auch im regionalen Finanzausgleich verschlechtert sich die Situation für die Altmitglieder auf den ersten Blick. Die Zahlungen von den ausgleichspflichtigen Regionen erhöhen sich und die Zahlungen an die ausgleichsberechtigten nehmen ab. Der Effekt für die Empfängerregionen wird aber dadurch gemildert, dass trotz gleicher Parameterkonstellation das Transfervolumen um 4,1 Mrd. Euro auf 13,8 Mrd. Euro steigt. Die neuen Mitglieder erhalten 8,5 Mrd. Euro aus dem regionalen Finanzausgleich. Mit Ausnahme Zyperns gehören alle Neumitglieder zu den ausgleichsberechtigten Regionen, keines zählt zu den ausgleichspflichtigen. Das Förderniveau pro Einwohner reicht von 68,85 Euro für Slowenien bis 121,50 Euro für Tschechien. (Zum Vergleich: Ohne die Osterweiterung erhielt Griechenland mit 115,69 Euro die höchste Pro-Kopf-Förderung.) Im Endeffekt verschlechtern sich für die Altmitglieder die Nettobeiträge pro Kopf in der Spanne von 7,43 Euro für Frankreich bis 43,68 Euro für Griechenland (Faktor

5,9), wobei die Differenz umso größer ausfällt, je mehr ein Land bislang an Zahlungen aus dem Finanzausgleich erhalten hat und je weiter die Regionen eines Landes vom neutralen Bereich entfernt liegen.

Interessanterweise sind die Entwicklungen, die sich aus der Osterweiterung für die Altmitglieder einerseits bei der Beitragsgestaltung und andererseits im regionalen Finanzausgleich ergeben, gegenläufig. Die Länder, die einen deutlich höheren Mitgliedsbeitrag zahlen müssen, werden im regionalen Finanzausgleich geschont und umgekehrt. Dadurch ergeben sich recht gleichmäßig verteilte Belastungen aus der Summe beider Teilbereiche des Finanzausgleichs. Diese sind in der letzen Spalte der Tabelle 22 aufgeführt. Die Nettobeiträge pro Kopf verschlechtern sich zwischen 21,54 Euro für Großbritannien und 48,11 Euro für Griechenland (Faktor 2,2). Die Kosten für die Osterweiterung sind somit sehr gleichmäßig über die Altmitglieder verteilt. Es lässt sich kein Muster erkennen, nach dem der Finanzausgleich infolge der Osterweiterung reiche oder arme Länder, große oder kleine Länder, Nettozahler oder -empfänger systematisch diskriminiert. Dies ist ein großes Plus dieses Vorschlags für einen europäischen Finanzausgleich, da die gegenwärtige Regelung einseitig die großen Nettoempfänger der Strukturfonds bei einer Osterweiterung benachteiligen würde, weil diese die gegebenen Strukturfondsmittel mit den Neumitgliedern teilen müssten.[27] Auf der anderen Seite wären die Nettozahler aufgrund der Beitragsdeckelung nicht verpflichtet, ihren Mitgliedsbeitrag entsprechend zu erhöhen.

[27] Vgl. WELFENS (1999), S. 127.

10. Kapitel: Institutionelle Betrachtung

Im vorangegangenen Abschnitt wurden die finanziellen Gewinner und Verlierer des neuen europäischen Finanzausgleichs ermittelt. Differenziert wurde dabei jedoch nur nach Ländern, nicht nach Personen. Doch für die Frage, ob sich der Vorschlag einführen ließe, spielen darüber hinaus weitere, individuelle Kalküle eine Rolle. Der Grund liegt darin, dass über eine Einführung letztlich immer nur Individuen in einem dafür vorgesehenen Prozess entscheiden können. Einen homogenen Volkswillen gibt es in diesem Sinne nicht. Dies gilt auch für Volksabstimmungen, in denen nicht nach einem von allen akzeptierten Kompromiss gesucht, sondern nur zwischen (zwei konträren) Alternativen abgestimmt wird.

In den folgenden Abschnitten werden die individuellen Abstimmungsverhalten der Vertreter in den entscheidenden Gremien untersucht. Die Beziehung zwischen den Bürgern eines Landes und den Vertretern in den Entscheidungsgremien lässt sich als Prinzipal-Agent-Beziehung deuten, denn die Vertreter handeln zwar im Auftrag des Wählers, jedoch nicht ohne Eigeninteresse. Dabei werden die üblichen Annahmen zugrunde gelegt, nach denen die Vertreter versuchen, ihren persönlichen Machtbereich auszudehnen.[1] Den Bürgern ist eine Kontrolle nur eingeschränkt möglich. Die Interessen der Wahlbürger dürften bezüglich des Finanzausgleichs entscheidend durch seine finanziellen Auswirkungen determiniert sein, da Wahlbürger und Steuerzahler zu einem großen Teil identisch sind. Zu diesem Themenkomplex gehören aber auch institutionelle Fragen, wie Einzelheiten der Kompetenzausstattung, wenn die Bürger die europäische Entscheidungsfindung als bürgerfern und bürokratisch empfinden.

Für die Einführung des entworfenen Finanzausgleichs wäre eine Änderung des EG-Vertrags nötig, da dieser in seinen Artikeln 268 bis 280 die Finanzvorschriften der Union enthält.[2] Das entscheidende Organ der Europäischen Union bei einer Vertragsrevision ist der Europäische Rat, in dem die Regierungschefs der Mitgliedstaaten vertreten sind. Der Rat kann bei einer solchen Frage nur einstimmig entscheiden. Ist in diesem Gremium eine Entscheidung gefallen, so müssen darüber hinaus die nationalen Parlamente die Vertragsänderung gemäß

---

1 Vgl. BRETON (1974).

2 Art. 268 EGV weist ausdrücklich darauf hin, dass nicht nur die Ausgaben der EG, sondern auch diejenigen, die im Rahmen der GASP und der Innen- und Justizpolitik erwachsen, vom Gemeinschaftshaushalt zu tragen sind.

den nationalen Vorschriften ratifizieren.[3] Dazu kann auch eine Volksabstimmung gehören, bei der die nationalen Interessenverbände ihre Lobbyarbeit nutzen, um das Ergebnis in ihrem Sinne zu beeinflussen. Weitere Organe der EU sind am Entscheidungsprozess nicht zwingend beteiligt. Lediglich dem Europäischen Parlament kommt eine indirekte Bedeutung zu, da das italienische und das belgische Parlament ihre Zustimmung in der Vergangenheit von der des EP abhängig machten. Eine direkte Zustimmungserfordernis des Europäischen Parlaments ist im EG-Vertrag jedoch nicht verankert.[4]

A. Europäischer Rat

Die Staats- und Regierungschefs vertreten im Europäischen Rat formell die Interessen der Bevölkerung in den Mitgliedsländern. Die Regierungschefs haben jedoch in den Verhandlungen selbst völlig freie Hand und können diesen Spielraum nutzen, um ihre persönlichen Interessen durchzusetzen. Diese Interessen müssen sich nicht mit denen ihrer Wähler decken. Sie dürften primär darin liegen, die individuellen Wiederwahlchancen zu erhöhen und den eigenen Machtbereich zu sichern und nach Möglichkeit auszudehnen.[5]

Die Chancen, auch in der nächsten Parlamentswahl wieder zu siegen, steigen, wenn die Bürger den Eindruck gewinnen, dass ihre Interessen angemessen vertreten werden. Die Regierungschefs müssen also das erzielte Verhandlungsergebnis ihren Wählern möglichst positiv vermitteln. Das fällt umso leichter, je mehr das Ergebnis den Präferenzen der Wähler auch tatsächlich entspricht. Die Regierungschefs müssen also auch im eigenen Interesse auf eine möglichst geringe finanzielle Belastung des eigenen Landes durch den Finanzausgleich dringen. Als Argumentationshilfe kann in allen Ländern die gesunkene Beitragshöhe dienen, die, für sich alleine genommen, zu einer geringeren Steuerbelastung der Bürger führt. Dass die Belastungen der Nettozahler auf den separaten regionalen Finanzausgleich verlagert werden, können die nationalen Regierungen der Nettozahlerländer möglicherweise verschleiern. Somit stünde der Einführung des Finanzausgleichs von dieser Seite nur wenig im Wege. Sollten jedoch die Wäh-

---

3 Vgl. Art. 313 EGV und Art. 52 Abs. 1 EUV.

4 Anders verhält es sich beim Beitritt neuer Mitgliedsländer, der gemäß Art. 49 EUV nur mit Zustimmung des Europäischen Parlaments erfolgen kann.

5 Vgl. BRETON (1974), S. 123ff.

ler ihre Gesamtbelastung aus Beitragsgestaltung und regionalem Finanzausgleich erkennen, entsprechen die Erkenntnisse bezüglich der Zustimmungsprobleme denen des vorangegangenen Abschnitts, in dem die finanziellen Auswirkungen länderweise beschrieben wurden.

Auch das Machtkalkül der Politiker liefert Argumente für eine hohe Zustimmung im Europäischen Rat. Machtorientierte nationale Politiker können kaum an einer zunehmenden Verlagerung von Kompetenzen von den Mitgliedstaaten zur Europäischen Union interessiert sein. Je mehr Politikfelder durch die Europäische Kommission oder mit qualifizierter Mehrheit im Ministerrat entschieden werden, desto geringer wird der persönliche Einfluss der Staats- und Regierungschefs. Dies führt zu der Argumentation, dass der vorliegende Vorschlag für einen europäischen Finanzausgleich gute Chancen hat, auf Zustimmung des Europäischen Rates zu treffen, da im Rahmen des passiven Finanzausgleichs eine deutliche Kompetenzabgrenzung zwischen der europäischen und der nationalen Ebene erfolgte. Die konsequente Verfolgung des Subsidiaritätsprinzips führt aus Sicht der Regierungschefs dazu, dass ihre persönlichen Kompetenzen nicht weiter erodieren. Zudem werden mit der neuen Aufgabenverteilung einzelne Politikfelder zurück in den nationalen Kompetenzbereich überführt, was den Einfluss der nationalen Politiker gegenüber der europäischen Zentrale stärkt.

B. Nationale Parlamente

Das Entscheidungskalkül der nationalen Parlamentarier dürfte dem der Regierungschefs ähneln. Dies gilt zumindest für die Regierungsparteien. Ein größerer Widerstand ist zudem deshalb nicht zu erwarten, da es sich die Regierungsparteien aus wahltaktischen Überlegungen nicht erlauben können, ihren Regierungschef zu desavouieren, indem der ausgehandelte Kompromiss im nachhinein verworfen wird. Anders verhält es sich mit der Opposition, die ebenfalls wahltaktisch handelt und deshalb die Übereinkunft zumindest kritisieren muss. Die Opposition kann aber alleine die Ratifizierung nicht verhindern.

Es stellt sich darüber hinaus die Frage, ob ein nationaler Parlamentarier – gehöre er zur Regierungs- oder Oppositionspartei – überhaupt ein Interesse an der Ablehnung dieses konkreten Finanzausgleichs haben kann. Hier spielt wiederum das Argument der Kompetenzabgrenzung eine Rolle, das für den nationalen Parlamentarier von noch größerer Bedeutung ist als für die Regierungschefs. Der nationale Abgeordnete kann überhaupt kein Interesse an einer Kompetenzabtretung zugunsten seiner europäischen Kollegen haben, da er – anders als die Regierungschefs – überhaupt kein Mitspracherecht in den europäischen Institutionen besitzt. Je weniger auf nationaler Ebene entschieden wird, desto unbedeutender wird seine Funktion und desto geringer wird sein persönlicher Einfluss. Von Seiten der nationalen Parlamente ist deshalb kein nennenswerter Widerstand gegen die Reform zu erwarten, da sie den individuellen Handlungsspielraum der Abgeordneten erhöht.

C. Europäisches Parlament

Auch die Mitglieder des Europäischen Parlaments sind von den Bürgern der Mitgliedsländer zur Vertretung ihrer Interessen gewählt worden. Es gilt somit auch hier die Prinzipal-Agent-Beziehung. Im Vergleich zu den nationalen Parlamenten fällt dem Wähler die Kontrolle der Abgeordneten aber ungleich schwerer. Dies hängt damit zusammen, dass die wichtigen fiskalpolitischen Entscheidungen weiterhin in nationaler Kompetenz liegen und auf europäischer Ebene das EP nur sehr eingeschränkte Befugnisse besitzt.[6] Dies führt dazu, dass die Entscheidungen und Stellungnahmen des Europäischen Parlaments in der Öffentlichkeit kaum wahrgenommen werden. Hinzu kommt eine weitgehende Unbekanntheit der europäischen Parlamentarier. All dies führt zu einem gravierenden Informationsdefizit des Wählers über die Arbeit des von ihm gewählten Parlamentariers, sodass die europäischen Abgeordneten vergleichsweise unbeobachtet agieren können und ihr Verhalten – sei es positiv oder negativ zu werten – nicht hinreichend vom Wähler sanktioniert wird. Die Wiederwahl hängt in erster Linie vom Erfolg der Parteilkollegen in den nationalen Parlamenten ab, den sie nur sehr gering beeinflussen können. Daraus resultiert ein enormer Freiraum der europäischen Parlamentarier für die Verfolgung eigener Interessen.

Diese stehen jedoch im krassen Widerspruch zu denen der nationalen Parlamentarier, da beide Gruppen machtpolitische Konkurrenten sind. Die Mitglieder des EP sind an einer Ausweitung der europäischen Befugnisse interessiert, weil sich dadurch auch ihr persönlicher Regelungsbereich vergrößert. Außerdem sind sie starke Verfechter eines größeren Haushaltsvolumens der Union,[7] denn davon sind ganz direkt auch ihre persönlichen Arbeitsbedingungen abhängig. Je größer

---

6 Vgl. WEINDL (1994), S. 44.

7 Vgl. HEINEMANN (2000), S. 7.

der EU-Haushalt ist, desto höher sind auch die Verwaltungsausgaben, von denen zum einen die Vergütungen der europäischen Abgeordneten abhängen und zum anderen die Ausstattung der Arbeitsplätze mit Arbeitsmitteln und Mitarbeitern determiniert werden. Auch darum hat sich das Europäische Parlament in der Vergangenheit für eine Ausweitung der Einnahmeautonomie der EU ausgesprochen[8] und kritisch zum starren Beitragsplafond geäußert[9].

Der Vorschlag für einen europäischen Finanzausgleich beschneidet jedoch die europäischen Kompetenzen in weiten Teilen. Besonders gravierend wirkt sich die Verlagerung der strukturpolitischen Kompetenz auf die Mitgliedstaaten aus, da hierdurch zum einen der EU-Haushalt drastisch gekürzt wird und zum anderen die finanzielle Bedienung der heimischen Klientel erschwert wird. Deshalb ist von Seiten des Europäischen Parlaments mit Widerstand gegen die Reform zu rechnen. Ob dadurch der gesamte Finanzausgleich zu Fall gebracht wird, ist jedoch anzuzweifeln. Auch in den nationalen Parlamenten, die ihr Abstimmungsverhalten in der Vergangenheit an das des Europäischen Parlaments gekoppelt haben, liegen die persönlichen Interessen diametral zu denen des EP, sodass weiterhin gute Chancen für eine erfolgreiche Ratifizierung des Vorschlags bestehen.

D. Interessenverbände (Volksabstimmungen)

Für die Ratifizierung der nötigen Vertragsänderungen ist in einzelnen Ländern der EU neben der Zustimmung der nationalen Parlamente eine Volksabstimmung nötig.[10] In diesen entscheiden die Bürger selbst über die Vertragsänderungen, ohne Agenten mit dieser Aufgabe zu betrauen. Auf den ersten Blick scheint dieses Abstimmungsverfahren optimal zu sein, um den tatsächlichen Willen des Volkes zu ermitteln. Dieser Volkswillen ist, wie bereits erwähnt, zum Großteil durch die finanziellen Auswirkungen des Finanzausgleichs bestimmt, da diese einen direkten Zusammenhang mit dem nationalen Steuerniveau und den staatlichen Leistungen aufweisen. Im Modellfall entspricht also das Abstimmungsver-

---

8 Vgl. EUROPÄISCHES PARLAMENT (1999).

9 Vgl. EUROPÄISCHES PARLAMENT (1997).

10 Über der Maastrichter Vertrag wurden Volksabstimmungen in Dänemark, Frankreich und Irland abgehalten.

halten den Ergebnissen des vorangegangenen Abschnitts A., in dem die länderweise Analyse der finanziellen Auswirkungen des Ausgleichs erfolgte.

In der Realität entspricht das Abstimmungsverhalten aber nicht unbedingt dem Modellfall. Das liegt an den Informationskosten, welche die Wähler haben, wenn sie sich ein komplettes Bild von dem Problemkreis machen wollen, über den sie abstimmen. Scheuen die Wähler jene Kosten, so resultieren daraus Informationsdefizite, die dazu führen können, dass sie entweder entgegen ihren eigenen Präferenzen abstimmen oder sich gar nicht an der Abstimmung beteiligen. In diese Bresche schlagen zahlreiche Interessenverbände, die mit Hilfe von Informationskampagnen versuchen, die Wähler in ihrem Sinne zu beeinflussen. Was dabei unter „Information" zu verstehen ist, wird jedoch von jedem Verband unterschiedlich interpretiert. Oftmals wird auch gezielt vom Instrument der Fehlinformation Gebrauch gemacht.

Es ist sehr schwer vorherzusagen, ob der europäische Finanzausgleich an einem solchen Referendum scheitern könnte. Dies liegt an der großen Spannbreite und Heterogenität der Interessengruppen. Es liegt jedoch die Vermutung nahe, dass die Vertreter der etablierten Interessengruppen (Parteien, Gewerkschaften, Vertreter einzelner Berufe) ebenfalls ein Interesse an einer Begrenzung der europäischen Kompetenzen haben, da auch sie von einer Einschränkung ihres persönlichen Einflusses betroffen sind. Die Vorhersage wird auch dadurch erschwert, dass sich neben den etablierten Interessengruppen spontan weitere Gruppen bilden können, deren Verhalten nur schwer einzuschätzen ist. Als Beispiel ist hier das Referendum um die Einführung des Euro aus dem Jahr 2000 in Dänemark anzuführen, das aufgrund des engagierten Auftretens weniger Eurogegner trotz massiver Unterstützung seitens der etablierten Interessengruppen gescheitert ist.

E. Fazit (Teil V)

In diesem letzten Teil der Arbeit hat sich gezeigt, dass die Chancen für die Umsetzung dieses Vorschlags für einen europäischen Finanzausgleich nicht schlecht stehen. Zwar werden einzelne Länder durch den Ausgleich finanziell besser und andere schlechter gestellt, die Veränderungen halten sich aber für die meisten Länder in einem vertretbaren Rahmen. Lediglich Luxemburg und Irland werden in einer Weise schlechter gestellt, die gewisse Kompensationszahlungen erforderlich machen könnte. In Anbetracht der bevorstehenden Osterweiterung der Union sprechen weitere Gründe für einen Wechsel zum neuen Finanzausgleichssystem, da mit diesem nicht länger bestimmte Ländergruppen, wie die Kohäsionsländer, die monetären Erweiterungslasten zu tragen haben. Dies könnte auch die Iren von den Vorteilen des Vorschlags überzeugen.

Darüber hinaus ergeben sich erhebliche Zweifel, ob die politischen Entscheidungsträger überhaupt ein Interesse an der Ablehnung des Finanzausgleichs haben, denn letztendlich entscheiden über dieses europäische Vorhaben nationale Politiker, die an der vorgesehenen Rückverlagerung von Kompetenzen zu ihren Gunsten interessiert sein müssen.

Schlussbetrachtung

Welchen Finanzausgleich braucht Europa? – Unter dieser Überschrift befasste sich die vorliegende Arbeit mit den Finanzbeziehungen zwischen den Mitgliedstaaten der Europäischen Union und der zentralen EU-Ebene. Als Ansatzpunkt dienten die geltenden Regelungen zu den europäischen Finanzbeziehungen und die Feststellung, dass diese in der Öffentlichkeit zunehmend kritisch hinterfragt und sogar für die rasant steigende Euroskepsis verantwortlich gemacht werden. Diese Diskussion wird auch von der Tatsache beeinflusst, dass durch die EU bereits heute vielfältige Umverteilungsmaßnahmen praktiziert werden, die als „impliziter“[1] Finanzausgleich interpretiert werden können und eine Diskussion um Nettonutzen der EU-Mitgliedschaft heraufbeschworen haben. Die Arbeit ging darum den Fragestellungen nach, inwieweit die Kritik am gegenwärtigen System angebracht ist und ob es möglich ist, einen gerechten und effizienten Finanzausgleich für die Europäische Union zu entwerfen. Die wichtigsten Gedanken der Untersuchung sollen an dieser Stelle noch einmal zusammengefasst werden.

Der erste Teil der Arbeit beschrieb die normativen Prämissen der Analyse. Dazu gehört zunächst ein prinzipiell wohlfahrtstheoretisch orientiertes Bild vom Staat, dem ein geeignetes Instrumentarium an die Hand gegeben werden muss, damit er die Gesamtwohlfahrt der Gesellschaft maximieren kann. Wie dieses Instrumentarium auszusehen hat, hängt nicht zuletzt vom erreichten, beziehungsweise angestrebten Integrationsgrad des Staatswesens ab. Hier ging die Arbeit streng vom derzeit geltenden Stand der Integration aus, der mit dem Begriff „präföderalistische Integration“[2] umschrieben werden kann, und enthielt sich jeglicher Beurteilungen, welcher Integrationsstand letztlich anzustreben sei. Weiterhin hielt sich die Arbeit nicht lang mit der bereits ausführlich diskutierten Frage auf, ob die EU überhaupt eines Finanzausgleichs bedarf. Der pragmatische Ansatz lautete statt dessen: Die EU verfügt bereits über einen ausgeprägten, impliziten Finanzausgleich, den abzuschaffen politökonomisch unrealistisch, der wohlfahrtstheoretisch aber möglicherweise zu verbessern ist.

Um eine Messlatte für die Beurteilung der europäischen Finanzbeziehungen zu erhalten, wurden im zweiten Teil Prinzipien abgeleitet, die für einen europäi-

---

1 ERLEI (1998), S. 215.

2 MACDOUGALL-BERICHT, S. 14.

schen Finanzausgleich gelten sollen. Sie lassen sich in drei Gruppen aufteilen: wohlfahrtsökonomische Prinzipien, ökonomische Rahmenbedingungen und technische Anforderungen an den Ausgleichstarif. Wesentliche Basis der wohlfahrtsökonomischen Prinzipien sind die europäischen Wertvorstellungen, wie sie den die EU begründenden Vertragswerken zu entnehmen sind. Sie geben dem Finanzausgleich die spezielle, europäische Ausprägung, denn sie entscheiden darüber, wie die von der finanzwissenschaftlichen Literatur theoretisch formulierten Prinzipien vor den konkreten europäischen Gegebenheiten zu interpretieren und untereinander zu gewichten sind. Eine herausragende Rolle spielt dabei das Subsidiaritätsprinzip, da es ausdrücklich vom EU-Vertrag betont wird und das entscheidende Kriterium für die Kompetenzverteilung zwischen Union und Mitgliedstaaten darstellt. Die ökonomischen Rahmenbedingungen und die technischen Anforderungen dienen der Wirtschaftlichkeit des Finanzausgleichs, eine Forderung, die allerdings nicht direkt aus den europäischen Vertragswerken abgeleitet werden kann. Sie geben den teilnehmenden Akteuren Anreize zur Präferenzenthüllung und gegen strategisches Verhalten und sorgen für eine möglichst effiziente Ausgestaltung des Tarifs.

Im dritten Teil wurden daraufhin die geltenden Regelungen der europäischen Finanzbeziehungen in einer positiven Analyse anhand des entwickelten Prinzipienkatalogs beurteilt. Dabei stellte sich heraus, dass die Kompetenzabgrenzung zwischen der EU und den Mitgliedstaaten vielfach unzureichend geregelt ist. Die EU wird in Politikfeldern tätig, in denen eine nationale Aufgabenverteilung aus finanzwissenschaftlicher Sicht vorzuziehen wäre. Als besonders eklatante Fehlzuordnung ist die europäische Kompetenz in der regionalen Strukturpolitik hervorzuheben, da hier ein Ausgabenschwerpunkt der EU liegt, obwohl eine nationale Kompetenzverteilung effizienter wäre. Bezüglich der Einnahmen der Europäischen Union wurde vor allem die immense Intransparenz der geltenden Regelungen angeprangert. Dazu gehört auch die parallele Verwendung zweier Beitragsberechnungsmethoden (BSP-Eigenmittel und MwSt-Eigenmittel) mit unterschiedlichen Leistungsfähigkeitsmaßstäben. Daneben wurde eine Kreditfinanzierung der EU aus politökonomischen und verfassungsrechtlichen Gründen abgelehnt. Auch der dritte Analysebereich, die europäischen Redistributionsmaßnahmen, lassen sich derzeit in vielen Punkten kritisieren. Allenthalben wird deutlich, dass der wahre Grund für die Redistributionsmaßnahmen weniger im Ausgleich zwischen armen und reichen Regionen Europas zu suchen ist, als vielmehr in der Kompensation von Mitgliedstaaten für angebliche Integrationsnachteile. Dies wird besonders beim Kohäsionsfonds deutlich, erstreckt sich aber auch auf die Gemeinschaftlichen Förderkonzepte auf regionaler Ebene. Letztere sind zudem mangelhaft ausgestaltet, wodurch ihre Effizienz stark eingeschränkt wird, und greifen in ungerechtfertigter Weise in die Autonomie der regionalen Gebietskörperschaften ein. Alles in allem konnte der dritte Teil der Arbeit darlegen, dass die bestehenden Finanzbeziehungen innerhalb der EU den aufgestellten Kriterien bei weitem nicht genügen.

Daraus ergab sich die Notwendigkeit, im vierten Teil der Untersuchung einen Vorschlag für die Neugestaltung der europäischen Finanzbeziehungen zu entwickeln. Wichtige Vorarbeiten für die Verteilung der allokativen Aufgaben zwischen der EU und den Mitgliedstaaten waren bereits im dritten Teil geleistet worden, sodass zunächst die Frage im Mittelpunkt stand, inwieweit sich die EU distributiv engagieren sollte. Der diesbezüglich ausdrückliche Auftrag im EU-Vertrag und die zu beobachtende mangelnde Konvergenz innerhalb der Union führten zur Bejahung dieser Frage. Für die zukünftige Finanzierung der Europäischen Union wurden danach die originären Eigenmittel der EU – einschließlich des Gewinns der Europäischen Zentralbank – und Beiträge der Mitgliedstaaten auf Basis des Nettosozialprodukts als am geeignetsten identifiziert. Eine eigene Besteuerungskompetenz wurde dagegen abgelehnt. Als Tarif wurde ein einfacher Formeltarif mit dem Pro-Kopf-Einkommen der Mitgliedsländer als Leistungsfähigkeitsmaßstab vorgeschlagen, der weiterhin den Beitragsplafond als Obergrenze des EU-Haushalts enthält. Durch die Einführung des Progressionsgrades in den Tarif wurde darüber hinaus die Möglichkeit zu einer gewissen Umverteilung bereits auf der Einnahmenseite geschaffen. Für die gebotene nachträgliche Umverteilung zwischen unterschiedlich entwickelten Teilen der EU wurde daraufhin ein ergänzender Finanzausgleich auf regionaler Ebene modelliert. Allerdings sollte sich der Finanzausgleich auf die Förderung der rückständigsten Regionen beschränken und sich alleine auf die distributive Aufgabe konzentrieren, ohne weitere allokative Ziele. Der Finanzausgleich bezieht sich auf die regionalen Gebietseinheiten der Ebene NUTS-2 und differenziert die Ausgleichszahlungen nach dem regionalen Pro-Kopf-Einkommen und einem Indikator für die regionale Strukturkraft. Dieser berücksichtigt die jeweilige Arbeitslosenquote (als Maßstab für die Strukturprobleme) und die Bevölkerungsentwicklung (als Maßstab für die Attraktivität und als Korrektiv zur Arbeitslosenquote). Auch der Tarif des regionalen Finanzausgleichs wurde als Formeltarif formuliert und bietet trotz der überschaubaren Zahl an Parametern die Möglichkeit zur progressiven Ausgestaltung bezüglich des Pro-Kopf-Einkommens und/oder der Strukturkraft.

Im fünften Teil wurden die Chancen der politischen Durchsetzbarkeit des größtenteils mit wohlfahrtstheoretischen Kriterien erarbeiteten Vorschlags unter politökonomischen Gesichtspunkten untersucht. Als Instrument diente dabei ein vom Autor im Rahmen dieser Arbeit für den europäischen Finanzausgleich entwickeltes Simulationsprogramm. Zu Beginn der Analyse wurde von homogenen

Länderinteressen ausgegangen. Um die politischen Widerstände gegen den europäischen Finanzausgleich möglichst gering zu halten, wurde ein Szenario vorgeschlagen, dass die monetären Abweichungen vom Status quo sowohl bei der Beitragsgestaltung als auch beim regionalen Umverteilungsmechanismus minimiert. Dabei ergab sich für die Beitragsgestaltung ein progressiver Tarif, der die Länder im Vergleich zur alten Regelung umso mehr entlastet, je stärker sie von der Regression der Mehrwertsteuer-Eigenmittel betroffen waren und je geringer ihr Pro-Kopf-Einkommen ist. Es resultieren darum nicht unerhebliche Verteilungswirkungen zwischen den Mitgliedsländern. Für den regionalen Finanzausgleich folgte ein Tarif, der nur bezüglich des Pro-Kopf-Einkommens der ausgleichsberechtigten Regionen progressiv ist. Eine noch geringere Abweichung vom Status quo hätte sich mit einem bezüglich der Strukturkraft regressiven Verlauf ergeben, was jedoch den Finanzausgleichsprinzipien widerspricht. Auch hier ergaben sich recht starke Verteilungswirkungen, die jedoch vor allem die Länder belasten, die von der neuen Beitragsgestaltung begünstigt werden, sodass der Gesamteffekt aus beiden Teilschritten nur sehr geringe Abweichungen vom Status quo bedeutet. Als nächstes erfolgte ein Vorschlag, wie in einem Stufenplan auch im regionalen Finanzausgleich eine gewisse Progression bezüglich der Strukturkraft eingeführt werden kann, um nicht nur einen Ausgleich zwischen armen und reichen Regionen zu unternehmen, sondern auch zwischen strukturschwachen und strukturstarken. Hier zeigte sich, dass auch vor dem Hintergrund der bevorstehenden Osterweiterung der Union gute Realisierungschancen bestehen, da bei diesem Vorschlag alle Mitgliedstaaten gleichmäßig zur Finanzierung der Osterweiterung beitragen – im Gegensatz zur geltenden Regelung, bei der von allem die jetzigen Nettoempfänger die Lasten schultern müssen.

Rückt man von der Prämisse der homogenen Länderinteressen ab, treten die Einzelinteressen der politischen Akteure in den Vordergrund. Bei dieser Analyse zeigte sich, dass die maßgeblichen Entscheidungsträger ein persönliches Interesse an der Durchsetzung dieses Vorschlags für einen europäischen Finanzausgleich haben müssten. Die Mitglieder des Europäischen Rates und der nationalen Parlamente sind an einer Ausweitung ihres persönlichen Machtbereichs interessiert. Diesem Interesse wird durch die vorgesehene Rückverlagerung wesentlicher Aufgabenbereiche auf die nationale Ebene entsprochen. Lediglich die notwendigen Volksabstimmungen in einzelnen Mitgliedsländern sind unkalkulierbare Unwägbarkeiten, was jedoch unabhängig von der konkreten Ausgestaltung des europäischen Finanzausgleichs gilt.

Anhänge

1. AKP-Staaten

Afrika: Angola, Äquatorial-Guinea, Äthiopien, Benin, Botswana, Burkina Faso, Burundi, Dschibuti, Eritrea, Elfenbeinküste, Gabun, Gambia, Ghana, Guinea, Guinea-Bissau, Kamerun, Kap Verde, Kenia, Komoren, Kongo (Brazzaville), Kongo (Kinshasa), Lesotho, Liberia, Madagaskar, Malawi, Mali, Mauretanien, Mauritius, Mosambik, Namibia, Niger, Nigeria, Ruanda, Sambia, São Tomé und Principe, Senegal, Seychellen, Sierra Leone, Simbabwe, Somalia, Sudan, Südafrika, Swasiland, Tansania, Togo, Tschad, Uganda, Zentralafrikanische Republik.

Karibik: Antigua und Barbuda, Bahamas, Barbados, Belize, Dominica, Dominikanische Republik, Grenada, Guyana, Haiti, Jamaika, St. Christoph und Nevis, St. Lucia, St. Vincent und die Grenadinen, Surinam, Trinidad und Tobago.

Pazifik: Cookinseln (zu Neuseeland), Fidschi, Kiribati, Papua-Neuguinea, Salomonen, Samoa, Tonga, Vanuatu.

(Stand: 2001)

2. Auswahl des geeigneten makroökonomischen Einkommenskonzepts

Abbildung 34 visualisiert die unterschiedlichen makroökonomischen Aggregate und veranschaulicht die wechselseitigen Zusammenhänge.[1] Die Pfeile beschreiben, in welcher Richtung die angegebene Rechenoperation durchgeführt werden muss, um vom einen Aggregat zum anderen zu gelangen. Insgesamt existieren mit den drei Rechenoperationen drei Abgrenzungen, bei denen eine Entscheidung zugunsten des einen oder anderen Konzepts zu treffen ist. Zusätzlich lässt sich noch zwischen nominalen und Pro-Kopf-Größen differenzieren.

---

1 Vgl. STOBBE (1994).

Abbildung 34: Makroökonomische Einkommenskonzepte

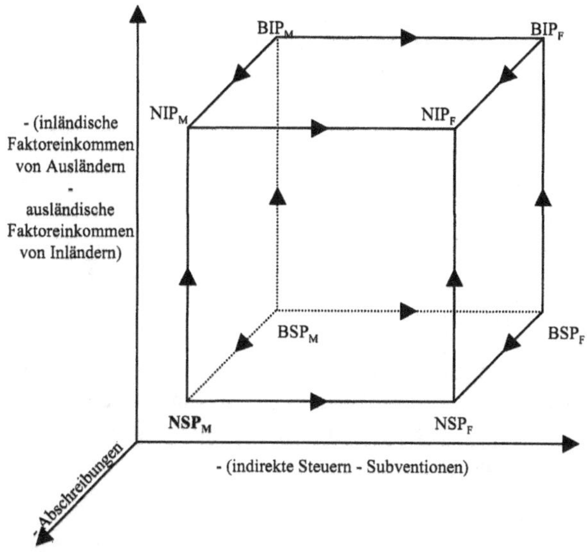

Quelle: Eigene Darstellung

Inlands- oder Inländerkonzept

Der Unterschied zwischen diesen beiden Konzepten besteht darin, ob die Berechnungsgrundlage ein Inlands- oder ein Sozialprodukt sein soll. Die Differenz besteht in der Erfassung grenzüberschreitender Faktoreinkommen. Das Inlandsprodukt enthält auch die Faktoreinkommen, die Ausländer aus dem Inland beziehen (z.B. Arbeitslohn eines ausländischer Einpendlers aus einem inländischen Beschäftigungsverhältnis), nicht aber die Faktoreinkommen, die Inländer aus dem Ausland erhalten (z.B. Dividenden eines Inländers aus einer ausländischen Kapitalanlage). Beim Sozialprodukt verhält es sich genau umgekehrt. Es enthält Faktoreinkommen von Inländern aus dem Ausland, nicht aber Faktoreinkommen von Ausländern aus dem Inland. Das Inlandsprodukt stellt also auf das Quellenlandprinzip ab, während das Inländerkonzept dem Wohnsitzlandprinzip entspricht.

Sicherlich sind beide Konzepte geeignet, die Leistungsfähigkeit eines Landes zu messen. Die Verwendung des Inländerkonzepts – das heißt einer Sozialproduktsgröße – birgt aber logische Vorteile im Rahmen eines Finanzausgleichs. Da das Sozialprodukt auch die (zumindest formell) zu versteuernden Einkommen von Inländern aus dem Ausland enthält, dürfte es eine größere positive Korrelation mit den nationalen Steuereinnahmen bei hypothetisch vollkommen harmonisiertem Steuerrecht besitzen als das Inlandsprodukt.

Brutto- oder Nettokonzept

Brutto- und Nettoeinkommen unterscheiden sich in der Berücksichtigung der Abschreibungen. Während das Bruttoeinkommen die Abschreibungen enthält, werden diese beim Nettoeinkommen herausgerechnet. Da erhöhte Abschreibungen nicht die Leistungsfähigkeit eines Landes verbessern, ist es auch nicht sinnvoll, Abschreibungen in die Bemessungsgrundlage des Beitragssystems einzubeziehen. Außerdem senken Abschreibungen die nationalen Steuereinnahmen, weshalb das Nettokonzept eher einem an einer harmonisierten Steuerbasis orientierten System entspricht.

Marktpreis- oder Faktorkostenkonzept

Der Saldo aus indirekten Steuern (Leistungen des privaten Sektors an den öffentlichen) und Subventionen (Leistungen des öffentlichen Sektors an den privaten) bildet den Unterschied zwischen einer Einkommensgröße zu Marktpreisen und zu Faktorkosten. Das Marktpreiskonzept enthält diesen Saldo, das Faktorkostenkonzept dagegen nicht. Bei der Ermittlung der Mitgliedsbeiträge sollte dieser Saldo berücksichtigt werden. Höhere indirekte Steuern erhöhen die Leistungsfähigkeit eines Staates, höhere Subventionen verringern sie. Nun könnte gerade dies die Mitgliedstaaten zu strategischem Verhalten veranlassen, indem sie versuchen, ihre Beitragslast durch geringere indirekte Besteuerung und durch verstärkte Subventionierung zu verringern. Einem solchen Verhalten sind aber durch die weitreichende Harmonisierung der indirekten Steuern und durch die Beihilfenaufsicht der EU relativ enge Grenzen gesetzt.

Absolute oder Pro-Kopf-Größen

Die nationale Leistungsfähigkeit steigt mit Zunahme der Einkommensgröße. Soll diese Größe nun absolut oder pro Kopf der Bevölkerung gemessen werden? Zunächst mag die Ausdrucksweise in nominalen Größen logisch erscheinen, denn so tragen größere Länder mehr zum Gemeinschaftshaushalt bei als kleinere. Je größer das nationale Einkommen ist, desto größer müsste auch die Leistungsfähigkeit des betreffenden Landes sein. Nun stelle man sich aber den Fall vor, dass zwei Länder mit unterschiedlicher Bevölkerungszahl über ein gleich hohes absolutes Einkommen verfügen. Sicherlich wird man in diesem Fall dem Land mit der geringeren Bevölkerungszahl – oder mit anderen Worten: mit dem größeren Pro-Kopf-Einkommen – eine größere Leistungsfähigkeit zumessen.

Schwierigkeiten treten bei der Verwendung von Pro-Kopf-Größen allerdings dann auf, wenn die Einkommen in einer Region stark streuen, da dann das durchschnittliche Pro-Kopf-Einkommen die Leistungsfähigkeit nicht korrekt abbildet. Die durchschnittlichen Pro-Kopf-Größen suggerieren ein gleiches Pro-Kopf-Opfer in einer Region, was bei ungleichmäßiger Einkommensverteilung nicht gegeben ist.[2]

3. Berechnung des Finanzbedarfs der Europäischen Union vor und nach der Reform

* In Bereichen, für die eine konkurrierende Kompetenzausstattung vorgenommen wurde, sind die bisherigen Mittel um 50% gekürzt worden.
** Für den EEF wurden 0,33 % des EU-BIP angesetzt. Dies entspricht der durchschnittlichen Höhe der aktuellen Entwicklungshilfeleistungen.
*** Die Berechnung der Verwaltungsausgeben erfolgte durch Gewichtung mit dem Anteil an Ausgaben der Rubriken 1. bis 4. nach der Reform im Vergleich zu dem vor der Reform.

[2] Vgl. HACKENBROCH (1983), S. 119.

Rubrik	*Titel*	*Mittel für Verpflichtungen 1998 (in Mio. ECU) gemäß Haushaltsplan*	*davon: Teil der neuen Aufgabenverteilung für die EU*
1. Gemeinsame Agrarpolitik		**40.828,000**	**38.554,000**
Agrarstrukturausgaben	B1-1 bis B 1-3	38.554,000	38.554,000
Flankierende Maßnahmen	B 1-4 und B1-5	2.274,000	
2. Strukturpolitische Maßnahmen		**29.131,000**	**0,000**
EAGFL-Ausrichtung	B2-1 0	3.772,000	
FIAF	B2-1 1	450,350	
EFRE	B2-1 2	11.883,700	
ESF	B2-1 3	7.145,800	
Gemeinschaftsinitiativen	B2-1 4	3.030,300	
Übergangsmaßnahmen, innovative Aktionen und Betrugsbekämpfung	B2-1 5 und B2-1 8	296,850	
Kohäsionsfonds	B2-3	2.444,000	
EWR-Finanzmechanismus	B2-4 01	108,000	
3. Interne Politikbereiche		**5.324,255**	**1.966,520**
Forschung und technologische Entwicklung	B6	3.183,150	1.591,575
Sonstige Agrarmaßnahmen	B2-5	162,800	
Sonstige Regionalmaßnahmen	B2-6	36,800	
Verkehr	B2-7	41,000	
Sonstige Maßnahmen im Bereich der Fischerei- und Seepolitik	B2-9	35,500	
Allgemeine berufliche Bildung, Jugend	B3-1	396,825	
Kultur und audiovisueller Bereich	B3-2	119,400	
Information und Kommunikation	B3-3	113,000	
Sonstige Sozialmaßnahmen	B3-4	190,460	
Energie	B4-1	68,000	
Euratom-Sicherheitsüberwachung	B4-2	19,070	19,070
Umwelt	B4-3	133,400	66,700
Verbraucherschutz	B5-1	20,050	10,025
Hilfen für Wiederaufbau	B5-2	4,775	4,775
Binnenmarkt	B5-3	221,300	221,300
Industrie	B5-4	115,650	
Statistische Informationen	B5-6	35,900	35,900
Transeuropäische Netze	B5-7	410,000	
Politik und Zusammenarbeit in den Bereichen Justiz und Inneres	B5-8	13,000	13,000
Betrugsbekämpfung	B5-9	4,175	4,175

Rubrik	*Titel*	*Mittel für Verpflichtungen 1998 (in Mio. ECU) gemäß Haushaltsplan*	*davon: Teil der neuen Aufgabenverteilung für die EU*
4. Externe Politikbereiche*		**5.260,583**	**27.637,909**
Europäischer Entwicklungsfonds**	B7-1	0,000	22.377,326
Nahrungsmittelhilfe und humanitäre Hilfe	B7-2 0 und B7-2 1	910,400	910,400
Zusammenarbeit mit Asien	B7-3 0	406,500	406,500
Zusammenarbeit mit Lateinamerika	B7-3 1	263,000	263,000
Zusammenarbeit mit dem südlichen Afrika	B7-3 2	150,000	150,000
Zusammenarbeit mit den Ländern des Mittelmeerraums	B7-4	688,000	688,000
Zusammenarbeit mit den Ländern Mittel- und Osteuropas (PHARE)	B7-5 0	1.233,500	1.233,500
Zusammenarbeit mit den unabhängigen Staaten der ehemaligen Sowjetunion	B7-5 2	528,000	528,000
Zusammenarbeit mit den aus dem ehemaligen Jugoslawien hervorgegengenen Republiken	B7-5 4	98,000	98,000
Sonstige Maßnahmen der Zusammenarbeit	B7-6, B 7-5 1, B 7-5 3	411,983	411,983
Förderung der Demokratie und Schutz der Menschenrechte	B7-7	90,750	90,750
Internationale Fischerei-Abkommen	B7-8 0	280,000	280,000
Externe Aspekte bestimmter Politiken der Gemeinschaft	B7-8 1 und B7-8 7	138,450	138,450
Gemeinsame Außen- und Sicherheitspolitik (GASP)	B8-0	62,000	62,000
5. Verwaltungsausgaben		**4.128,622**	**3.713,939**
Kommission***	A	2.696,735	2.282,052
Übrige Organe	A	1.431,887	1.431,887
6. Reserven		**1.152,000**	**826,000**
Währungsreserve	B1-6	500,000	500,000
Reserve für Soforthilfen	B7-9 1	326,000	326,000
Rückzahlungen, Garanien, Reserven	B0-2 3	326,000	
7. Ausgleichszahlungen		**701,000**	**701,000**
Gesamtbetrag		*86.525,460*	*73.399,368*

4. Herleitung der Ausgleichskonstante a in der Formel der Beitragsgestaltung des primären aktiven Finanzausgleichs

$$\beta \cdot EK_{EU} = \sum B_i \qquad \textit{Ausgangspunkt: vollständige Verteilung}$$
$$\beta \cdot EK_{EU} = \sum EK_i \cdot b_i$$
$$\beta \cdot EK_{EU} = \sum EK_i \cdot [(\beta - a \cdot RP_i) \cdot v + a \cdot RP_i]$$
$$\beta \cdot EK_{EU} = \sum EK_i \cdot (\beta \cdot v - a \cdot RP_i \cdot v + a \cdot RP_i)$$
$$\beta \cdot EK_{EU} = \sum EK_i \cdot [a \cdot (RP_i \cdot v + RP_i) - \beta \cdot v]$$
$$\beta \cdot EK_{EU} = \sum [EK_i \cdot a \cdot (RP_i \cdot v + RP_i) - EK_i \cdot \beta \cdot v]$$
$$\beta \cdot EK_{EU} = \sum EK_i \cdot a \cdot (RP_i \cdot v + RP_i) - \sum EK_i \cdot \beta \cdot v$$
$$\beta \cdot EK_{EU} + \sum EK_i \cdot \beta \cdot v = \sum EK_i \cdot a \cdot (RP_i \cdot v + RP_i)$$
$$\beta \cdot EK_{EU} + \beta \cdot v \cdot \sum EK_i = a \cdot \sum EK_i \cdot (RP_i \cdot v + RP_i)$$
$$\beta \cdot EK_{EU} + \beta \cdot v \cdot EK_{EU} = a \cdot \sum EK_i \cdot RP_i \cdot (v + 1)$$
$$a = \frac{\beta \cdot EK_{EU} \cdot (v+1)}{\sum EK_i \cdot RP_i \cdot (v+1)}$$
$$a = \frac{EK_{EU}}{\sum EK_i \cdot RP_i} \cdot \beta$$

5. Fiktive NUTS-2-Regionen für Dänemark und Irland im regionalen Ausgleich

Fiktive Region (Ebene 2)	Kürzel	bestehend aus (Ebene 3)	Kürzel
Sjælland, Lolland, Falster, Møn	dk01	København og Frederiksborg Kommuner	dk001
		Københavns amt	dk002
		Frederiksborg amt	dk003
		Roskilde amt	dk004
		Vestsjællands amt	dk005
		Storstrøms amt	dk006
Bornholm	dk02	Bornholms amt	dk007

Sønderjylland, Fyn	dk03	Fyns amt	dk008
		Sønderjyllands amt	dk009
		Ribe amt	dk00a
		Vejle amt	dk00b
Nordjylland	dk04	Ringkøbing amt	dk00c
		Århus amt	dk00d
		Viborg amt	dk00e
		Nordjyllands amt	dk00f
Irish Sea	ie01	Dublin	ie002
		Mid-East	ie003
		Midland	ie004
		South-East	ie006
Atlantic	ie02	Border	ie001
		Mid-West	ie005
		South-West	ie007
		West	ie008

6. Regionen nach Strukturkraft

Region	*Land*	*Bevölkerungs-position*	*Arbeitslosen-position*
1. Strukturschwache Regionen Typ 1: BP schlecht, AQ hoch		mittlere Hälfte [-1,35%;1,25%]	mittlere Hälfte [-1,00%;4,80%]
Extremadura	E	-7,0%	-19,4%
Halle	D	-13,2%	-6,7%
Principado de Asturias	E	-4,8%	-11,4%
Castilla y León	E	-6,1%	-9,4%
Cantabria	E	-1,6%	-13,7%
Pais Vasco	E	-3,2%	-10,7%
Dessau	D	-5,8%	-6,7%
Galicia	E	-3,7%	-8,1%
Mecklenburg-Vorpommern	D	-6,1%	-5,5%
Castilla-la Mancha	E	-1,8%	-9,1%
Thüringen	D	-5,6%	-4,7%
Itä-Suomi	SF	-2,8%	-7,2%

Region	Land	Bevölkerungs-position	Arbeitslosen-position
Sachsen	D	-5,9%	-4,0%
Basilicata	I	-1,5%	-8,3%
Magdeburg	D	-1,4%	-6,7%
Aragón	E	-3,6%	-4,2%
Brandenburg	D	-3,4%	-4,2%
Nord - Pas-de-Calais	F	-1,5%	-5,7%
Alentejo	P	-4,6%	-1,2%
Brüssel	B	-2,2%	-2,9%
Väli-Suomi	SF	-1,4%	-3,5%
Merseyside	GB	-3,8%	-1,1%
Champagne-Ardenne	F	-2,0%	-2,4%
Typ 2: BP schlecht, AQ mittel			
Attiki	GR	-4,3%	-0,8%
Mellersta Norrland	S	-4,1%	-0,6%
Bremen	D	-2,9%	-0,3%
Norra Mellansverige	S	-3,3%	0,1%
Liguria	I	-2,6%	-0,5%
Auvergne	F	-2,5%	0,0%
Berlin	D	-1,7%	-0,6%
Northumberland, Tyne and Wear	GB	-1,9%	-0,1%
Comunidad Foral de Navarra	E	-1,9%	-0,1%
Lorraine	F	-1,8%	-0,1%
South Yorkshire	GB	-1,5%	-0,2%
Voreio Aigaio	GR	-5,6%	4,0%
Groningen	NL	-2,5%	1,2%
Bourgogne	F	-1,5%	0,3%
Limousin	F	-2,6%	1,5%
Bornholm	DK	-3,2%	2,2%
Anatoliki Makedonia, Thraki	GR	-2,1%	1,5%
Tees Valley and Durham	GB	-1,7%	1,2%
Saarland	D	-1,5%	1,9%
Düsseldorf	D	-1,4%	2,1%
Greater Manchester	GB	-1,5%	2,8%
Cumbria	GB	-1,4%	3,5%
Piemonte	I	-1,4%	3,5%
Friuli-Venezia Giulia	I	-1,9%	4,8%

Region	Land	Bevölkerungs-position	Arbeitslosen-position
Typ 3: BP mittel, AQ hoch			
Calabria	I	-1,0%	-13,9%
Sardegna	I	-0,1%	-10,9%
Comunidad de Madrid	E	0,9%	-9,7%
Cataluña	E	-0,4%	-7,8%
Molise	I	-1,0%	-6,7%
Pohjois-Suomi	SF	0,1%	-7,0%
Puglia	I	0,3%	-7,1%
Hainaut	B	-1,3%	-4,6%
Dytiki Makedonia	GR	0,6%	-5,2%
La Rioja	E	-0,1%	-3,6%
Provence-Alpes-Côte d'Azur	F	0,9%	-4,5%
Picardie	F	-0,1%	-3,1%
Etelä-Suomi	SF	0,9%	-4,0%
Haute-Normandie	F	-0,2%	-2,8%
Basse-Normandie	F	-0,7%	-2,2%
Liège	B	-0,4%	-1,9%
Övre Norrland	S	-1,3%	-1,0%
Lazio	I	0,3%	-2,2%
2. Strukturmittlere Regionen Typ 4: BP schlecht, AQ niedrig			
Steiermark	A	-1,4%	6,0%
Burgenland	A	-1,6%	7,4%
Typ 5: BP mittel, AQ mittel			
South Western Scotland	GB	-1,3%	-0,9%
Atlantic	IRL	-0,7%	-0,9%
Poitou-Charentes	F	-1,0%	-0,2%
West Midlands	GB	-1,2%	0,6%
Aquitaine	F	0,5%	-0,9%
Braunschweig	D	-0,5%	0,5%
Centre	F	-0,4%	0,4%
Irish Sea	IRL	0,6%	-0,5%
Highlands and Islands	GB	-1,3%	1,5%
Midi-Pyrénées	F	0,2%	0,0%
Uusimaa (suuralue)	SF	0,9%	-0,7%
Pays de la Loire	F	0,4%	-0,1%
Namur	B	1,2%	-0,8%

Region	Land	Bevölkerungs-position	Arbeitslosen-position
Namur	B	1,2%	-0,8%
Greater London	GB	0,9%	-0,5%
Île de France	F	0,1%	0,4%
East Riding and North Lincolnshire	GB	-0,7%	1,2%
Franche-Comté	F	-1,1%	1,9%
Bretagne	F	-0,3%	1,2%
West Wales and The Valleys	GB	-0,7%	1,8%
Toscana	I	-1,3%	2,4%
Västsverige	S	-0,3%	1,4%
Östra Mellansverige	S	-0,3%	1,5%
Sydsverige	S	0,8%	0,8%
Umbria	I	0,9%	0,8%
Arnsberg	D	-0,2%	2,1%
West Yorkshire	GB	-0,5%	2,5%
Abruzzo	I	0,8%	1,2%
Lisboa e Vale do Tejo	P	-0,1%	2,2%
Thessalia	GR	-1,3%	3,5%
Friesland	NL	-1,0%	3,3%
Derbyshire and Nottinghamshire	GB	-0,2%	2,7%
Algarve	P	0,6%	2,0%
Eastern Scotland	GB	-1,3%	4,0%
Cornwall, Devon	GB	0,2%	2,5%
Sjælland, Lolland, Falser, Møn	DK	0,0%	2,8%
Antwerpen	B	0,1%	2,8%
Småland med öarna	S	-0,3%	3,2%
East Wales	GB	-0,7%	3,9%
Hamburg	D	0,4%	3,0%
Limburg (NL)	NL	-1,1%	4,6%
Oost-Vlaanderen	B	-0,4%	3,9%
Dytiki Ellada	GR	1,1%	2,5%
Nordjylland	DK	0,2%	3,7%
Kent	GB	-0,4%	4,3%
Hannover	D	1,1%	2,9%
Zuid-Holland	NL	-0,6%	4,7%
Lancashire	GB	-0,7%	4,8%
Noord-Holland	NL	-0,5%	4,6%
Shropshire and Staffordshire	GB	-0,7%	4,8%

Region	*Land*	*Bevölkerungs-position*	*Arbeitslosen-position*
Shropshire and Staffordshire	GB	-0,7%	4,8%
Drenthe	NL	0,2%	4,1%
Overijssel	NL	-0,5%	4,8%
Münster	D	1,2%	3,3%
Sønderjylland, Fyn	DK	-0,2%	4,7%
Cheshire	GB	-0,3%	4,8%
Açores	P	1,1%	3,9%
East Anglia	GB	1,1%	4,0%
Oberfranken	D	0,6%	4,6%
Norte	P	1,2%	4,1%
Hampshire and Isle of Wight	GB	0,9%	4,5%
Bedfordshire, Hertfordshire	GB	1,1%	4,4%
Typ 6: BP gut, AQ hoch			
Andalucia	E	2,5%	-21,7%
Campania	I	1,5%	-14,2%
Sicilia	I	1,5%	-13,0%
Murcia	E	4,7%	-13,4%
Comunidad Valenciana	E	4,1%	-10,6%
Canarias	E	6,1%	-10,9%
Languedoc-Roussillon	F	2,6%	-6,2%
Corse	F	2,0%	-3,2%
Baleares	E	9,7%	-2,9%
3. Strukturstarke Regionen Typ 7: BP mittel, AQ niedrig			
Kärnten	A	-0,6%	5,1%
Zeeland	NL	-0,4%	5,1%
Lombardia	I	-0,1%	4,9%
Herefordshire, Worcestershire and Warks	GB	0,2%	5,0%
West-Vlaanderen	B	-0,2%	5,5%
North Eastern Scotland	GB	-1,3%	6,6%
Emilia-Romagna	I	-0,5%	5,8%
Marche	I	0,1%	5,2%
Wien	A	0,1%	5,2%
Essex	GB	0,8%	4,9%
Gelderland	NL	0,1%	5,6%
Centro (P)	P	-1,2%	7,0%
Surrey, East and West Sussex	GB	0,6%	5,4%

Region	Land	Bevölkerungs-position	Arbeitslosen-position
Surrey, East and West Sussex	GB	0,6%	5,4%
Noord-Brabant	NL	0,5%	5,5%
Veneto	I	0,4%	5,7%
Darmstadt	D	1,0%	5,2%
Åland	SF	-0,2%	6,8%
Madeira	P	1,0%	5,6%
Gloucestershire, Wiltshire and North Somerset	GB	1,1%	5,6%
Utrecht	NL	1,1%	6,1%
North Yorkshire	GB	0,4%	6,9%
Vorarlberg	A	0,4%	7,1%
Niederösterreich	A	0,0%	7,5%
Oberösterreich	A	0,1%	7,8%
Luxemburg	L	0,0%	8,0%
Kriti	GR	1,2%	7,7%
Typ 8: BP gut, AQ mittel			
Rhône-Alpes	F	1,5%	0,5%
Limburg (B)	B	1,8%	1,6%
Northern Ireland	GB	2,6%	0,9%
Kentriki Makedonia	GR	1,5%	2,2%
Köln	D	1,4%	3,3%
Kassel	D	1,9%	3,1%
Alsace	F	2,1%	3,4%
Ipeiros	GR	5,8%	-0,1%
Schleswig-Holstein	D	1,3%	4,5%
Lincolnshire	GB	2,5%	3,4%
Luxembourg (B)	B	2,0%	4,0%
Stockholm	S	3,2%	3,4%
Rheinhessen-Pfalz	D	2,6%	4,1%
Brabant Wallon	B	3,7%	3,1%
Gießen	D	2,5%	4,3%
Detmold	D	3,3%	3,9%
Weser-Ems	D	4,7%	2,7%
Lüneburg	D	4,7%	4,3%
Sterea Ellada	GR	10,7%	0,8%
Peloponnisos	GR	7,6%	4,7%

Region	*Land*	*Bevölkerungs-position*	*Arbeitslosen-position*
Typ 9: BP gut, AQ niedrig			
Mittelfranken	D	1,4%	4,9%
Karlsruhe	D	1,3%	5,2%
Dorset and Somerset	GB	1,4%	5,3%
Oberpfalz	D	1,8%	5,3%
Unterfranken	D	1,9%	5,3%
Vlaams Brabant	B	1,4%	5,9%
Stuttgart	D	1,8%	5,5%
Trier	D	1,7%	5,6%
Tirol	A	1,3%	6,2%
Leicestershire, Rutland and Northants	GB	1,7%	5,9%
Valle d'Aosta	I	1,8%	6,0%
Ionia Nisia	GR	2,3%	5,6%
Freiburg	D	2,5%	5,6%
Schwaben	D	2,7%	5,8%
Oberbayern	D	1,8%	6,8%
Koblenz	D	3,4%	5,3%
Tübingen	D	2,8%	6,0%
Notio Aigaio	GR	3,0%	6,2%
Niederbayern	D	3,3%	6,0%
Trentino-Alto Adige	I	1,9%	7,6%
Salzburg	A	2,1%	7,5%
Berkshire, Bucks and Oxfordshire	GB	3,0%	6,7%
Flevoland	NL	18,9%	5,3%

Quelle: Eigene Berechnungen

7. Regionen nach Ausgleichsposition

Region	*Land*	*Strukturkraft-indikator*	*Relative Position*
1. Ausgleichsberechtigte Regionen RP niedrig SKI schwach		mittlere Hälfte [-2,50%;5,72%]	mittlere Hälfte [74,0%;115,5%]
Alentejo	P	-5,8%	41,4%
Extremadura	E	-26,4%	45,4%
Dytiki Makedonia	GR	-4,7%	46,7%
Andalucia	E	-19,2%	47,6%
Galicia	E	-11,8%	52,3%
Calabria	I	-15,0%	52,6%
Castilla-la Mancha	E	-10,9%	54,8%
Murcia	E	-8,7%	55,8%
Attiki	GR	-5,1%	58,1%
Sicilia	I	-11,6%	58,5%
Campania	I	-12,7%	58,6%
Principado de Asturias	E	-16,2%	61,2%
Comunidad Valenciana	E	-6,5%	61,4%
Canarias	E	-4,8%	61,8%
Basilicata	I	-9,8%	61,8%
Merseyside	GB	-4,9%	62,5%
Castilla y León	E	-15,5%	63,1%
Dessau	D	-12,6%	63,2%
Puglia	I	-6,9%	63,3%
Cantabria	E	-15,4%	63,9%
Sardegna	I	-11,1%	64,5%
Magdeburg	D	-8,1%	66,4%
Molise	I	-7,7%	69,9%
Thüringen	D	-10,3%	70,2%
Mecklenburg-Vorpommern	D	-11,7%	70,2%
Sachsen	D	-9,9%	73,5%
Aragón	E	-7,8%	73,9%
RP niedrig SKI mittel			
Ipeiros	GR	5,6%	33,1%
Açores	P	5,0%	33,6%
Voreio Aigaio	GR	-1,7%	39,2%
Norte	P	5,2%	42,0%
Dytiki Ellada	GR	3,6%	43,7%
Anatoliki Makedonia, Thraki	GR	-0,6%	46,2%
Thessalia	GR	2,2%	47,4%

Region	Land	Strukturkraft-indikator	Relative Position
Thessalia	GR	2,2%	47,4%
Algarve	P	2,5%	48,0%
Kentriki Makedonia	GR	3,7%	51,0%
Lisboa e Vale do Tejo	P	2,1%	59,9%
West Wales and The Valleys	GB	1,1%	62,7%
South Yorkshire	GB	-1,7%	63,6%
Highlands and Islands	GB	0,2%	65,9%
Cornwall, Devon	GB	2,7%	68,5%
Northern Ireland	GB	3,5%	69,4%
Tees Valley and Durham	GB	-0,5%	70,7%
Northumberland, Tyne and Wear	GB	-2,0%	73,7%
RP niedrig SKI stark			
Madeira	P	6,6%	36,7%
Centro (P)	P	5,7%	41,1%
Peloponnisos	GR	12,3%	44,1%
Ionia Nisia	GR	7,9%	46,8%
Sterea Ellada	GR	11,5%	49,5%
Kriti	GR	8,9%	54,9%
Notio Aigaio	GR	9,1%	57,0%
RP mittel SKI schwach			
La Rioja	E	-3,7%	74,0%
Brandenburg	D	-7,6%	76,6%
Pais Vasco	E	-13,9%	76,7%
Halle	D	-20,0%	78,5%
Itä-Suomi	SF	-10,0%	80,9%
Hainaut	B	-5,9%	81,8%
Cataluña	E	-8,2%	82,4%
Comunidad de Madrid	E	-8,8%	83,6%
Languedoc-Roussillon	F	-3,6%	85,7%
Pohjois-Suomi	SF	-6,9%	90,3%
Väli-Suomi	SF	-4,9%	90,8%
Auvergne	F	-2,6%	91,6%
Picardie	F	-3,2%	92,7%
Nord - Pas-de-Calais	F	-7,2%	93,5%
Basse-Normandie	F	-2,9%	97,3%
Etelä-Suomi	SF	-3,1%	99,8%
Provence-Alpes-Côte d'Azur	F	-3,6%	100,6%

Region	Land	Strukturkraft-indikator	Relative Position
Provence-Alpes-Côte d'Azur	F	-3,6%	100,6%
Champagne-Ardenne	F	-4,4%	103,0%
Liguria	I	-3,1%	106,0%
2. Ausgleichsneutrale Regionen RP mittel SKI mittel			
Essex	GB	5,7%	74,6%
Lancashire	GB	4,1%	75,1%
Shropshire and Staffordshire	GB	4,1%	75,4%
Derbyshire and Nottinghamshire	GB	2,5%	76,8%
South Western Scotland	GB	-2,2%	77,8%
Greater Manchester	GB	1,2%	78,1%
Kent	GB	3,9%	78,5%
West Yorkshire	GB	1,9%	79,2%
Abruzzo	I	2,0%	79,7%
Atlantic	IRL	-1,6%	79,7%
West Midlands	GB	-0,7%	79,9%
East Riding and North Lincolnshire	GB	0,5%	81,1%
Comunidad Foral de Navarra	E	-2,0%	81,5%
East Anglia	GB	5,1%	85,1%
Herefordshire, Worcestershire and Warks	GB	5,2%	85,5%
East Wales	GB	3,2%	85,8%
Cumbria	GB	2,0%	86,7%
Umbria	I	1,7%	87,1%
Bedfordshire, Hertfordshire	GB	5,5%	87,4%
Namur	B	0,4%	87,5%
Hampshire and Isle of Wight	GB	5,4%	88,6%
Eastern Scotland	GB	2,7%	88,7%
Limousin	F	-1,1%	89,0%
Corse	F	-1,3%	89,8%
Friesland	NL	2,3%	90,1%
Drenthe	NL	4,3%	90,3%
Poitou-Charentes	F	-1,2%	91,2%
Bretagne	F	0,9%	94,5%
Marche	I	5,3%	94,7%
Midi-Pyrénées	F	0,2%	95,4%
Irish Sea	IRL	0,0%	95,9%
Overijssel	NL	4,3%	96,6%

Region	Land	Strukturkraft-indikator	Relative Position
Overijssel	NL	4,3%	96,6%
Cheshire	GB	4,5%	96,9%
Lorraine	F	-1,9%	97,0%
Kärnten	A	4,5%	98,1%
Gelderland	NL	5,7%	98,2%
Toscana	I	1,1%	98,5%
Steiermark	A	4,6%	98,8%
Bourgogne	F	-1,2%	98,9%
Pays de la Loire	F	0,3%	99,6%
Liège	B	-2,3%	100,3%
Centre	F	0,0%	100,6%
Aquitaine	F	-0,4%	100,8%
Limburg (NL)	NL	3,5%	101,1%
Lazio	I	-1,9%	101,3%
Franche-Comté	F	0,8%	101,4%
Piemonte	I	2,1%	104,6%
Zeeland	NL	4,7%	105,8%
Oost-Vlaanderen	B	3,5%	105,8%
Münster	D	4,5%	108,8%
North Eastern Scotland	GB	5,3%	109,8%
Rhône-Alpes	F	2,0%	109,9%
Limburg (B)	B	3,4%	111,0%
Friuli-Venezia Giulia	I	2,8%	111,9%
Östra Mellansverige	S	1,2%	113,7%
Sydsverige	S	1,6%	114,1%
Zuid-Holland	NL	4,1%	114,2%
Alsace	F	5,5%	115,1%
RP mittel SKI stark			
Dorset and Somerset	GB	6,7%	75,1%
Lincolnshire	GB	5,9%	76,7%
Flevoland	NL	24,2%	77,3%
Burgenland	A	5,8%	78,1%
Baleares	E	6,8%	80,7%
North Yorkshire	GB	7,3%	86,0%
Leicestershire, Rutland and Northants	GB	7,6%	87,0%
Surrey, East and West Sussex	GB	6,0%	89,4%

Region	Land	Strukturkraft-indikator	Relative Position
Surrey, East and West Sussex	GB	6,0%	89,4%
Brabant Wallon	B	6,8%	90,3%
Gloucestershire, Wiltshire and North Somerset	GB	6,7%	93,0%
Lüneburg	D	9,0%	95,6%
Trier	D	7,3%	97,3%
Luxembourg (B)	B	6,0%	97,7%
Vlaams Brabant	B	7,2%	97,7%
Koblenz	D	8,7%	101,9%
Niederösterreich	A	7,5%	105,3%
Berkshire, Bucks and Oxfordshire	GB	9,7%	105,8%
Veneto	I	6,1%	110,6%
Noord-Brabant	NL	6,0%	110,6%
Niederbayern	D	9,3%	111,1%
Oberösterreich	A	7,9%	111,7%
Weser-Ems	D	7,3%	113,1%
Trentino-Alto Adige	I	9,5%	113,8%
Oberpfalz	D	7,1%	114,3%
Rheinhessen-Pfalz	D	6,7%	115,5%
RP hoch SKI schwach			
Haute-Normandie	F	-3,0%	115,9%
Norra Mellansverige	S	-3,2%	119,6%
Mellersta Norrland	S	-4,8%	122,4%
Bremen	D	-3,3%	171,0%
Brüssel	B	-5,1%	175,4%
3. Ausgleichspflichtige Regionen RP hoch SKI mittel			
Berlin	D	-2,3%	117,3%
Lombardia	I	4,8%	117,9%
Emilia-Romagna	I	5,3%	118,1%
West-Vlaanderen	B	5,3%	118,9%
Bornholm	DK	-1,0%	119,1%
Övre Norrland	S	-2,3%	119,4%
Arnsberg	D	1,9%	119,9%
Greater London	GB	0,4%	120,1%
Västsverige	S	1,1%	120,2%
Saarland	D	0,4%	120,5%

Region	*Land*	*Strukturkraft-indikator*	*Relative Position*
Saarland	D	0,4%	120,5%
Småland med öarna	S	2,9%	120,9%
Braunschweig	D	0,0%	122,6%
Oberfranken	D	5,2%	123,1%
Noord-Holland	NL	4,1%	124,6%
Köln	D	4,7%	130,1%
Kassel	D	5,0%	132,7%
Hannover	D	3,9%	134,3%
Düsseldorf	D	0,7%	137,0%
Groningen	NL	-1,3%	138,3%
Antwerpen	B	2,9%	139,1%
Nordjylland	DK	3,9%	141,1%
Uusimaa (suuralue)	SF	0,2%	141,7%
Sønderjylland, Fyn	DK	4,5%	142,9%
Sjælland, Lolland, Falser, Møn	DK	2,8%	151,5%
Île de France	F	0,5%	175,0%
Wien	A	5,3%	182,0%
Hamburg	D	3,4%	220,9%
RP hoch SKI hoch			
Valle d'Aosta	I	7,8%	116,6%
Schleswig-Holstein	D	5,7%	117,7%
Tirol	A	7,5%	117,8%
Unterfranken	D	7,2%	119,7%
Gießen	D	6,8%	120,6%
Detmold	D	7,2%	120,8%
Vorarlberg	A	7,5%	122,9%
Utrecht	NL	7,2%	124,0%
Freiburg	D	8,1%	125,2%
Schwaben	D	8,5%	126,7%
Åland	SF	6,6%	129,7%
Tübingen	D	8,8%	131,3%
Salzburg	A	9,6%	132,5%
Mittelfranken	D	6,2%	141,4%
Karlsruhe	D	6,5%	144,2%
Stockholm	S	6,6%	150,5%
Stuttgart	D	7,2%	155,2%

Region	*Land*	*Strukturkraft-indikator*	*Relative Position*
Stuttgart	D	7,2%	155,2%
Oberbayern	D	8,6%	179,6%
Luxemburg	L	8,0%	184,3%
Darmstadt	D	6,2%	196,6%

Quelle: Eigene Berechnungen

8. Karten

Karte 2: Die Arbeitslosenpositionen der europäischen Regionen

Quelle: Eigene Berechnungen

Karte 3: Die Bevölkerungspositionen der europäischen Regionen

Quelle: Eigene Berechnungen

Karte 4: Die Strukturkraftindikatoren der europäischen Regionen

Quelle: Eigene Berechnungen

Karte 5: Die Einkommenspositionen der europäischen Regionen

Quelle: Eigene Berechnungen

Karte 6: Die Ausgleichspositionen der europäischen Regionen (Variante: Mittelweg)

Quelle: Eigene Berechnungen

Karte 7: Ausgleichspositionen nach Stufenplan (Jahr 0)

Quelle: Eigene Berechnungen

Karte 8: Ausgleichspositionen nach Stufenplan (Jahr 5)

Quelle: Eigene Berechnungen

9. Herleitung des maximalen Progressionsgrades π^{max} des primären aktiven Finanzausgleichs

$$b^{\epsilon} = b - \alpha \qquad \textit{Ausgangspunkt: Beitragssatz der Länder}$$

$$b^{\epsilon} = (\beta - a \cdot RP_i) \cdot (1 - \pi) + a \cdot RP_i - \alpha$$

$$0 = (\beta - a \cdot RP^{min}) \cdot (1 - \pi^{max}) + a \cdot RP^{min} - \alpha \qquad \textit{Der Beitragssatz sei gleich null für } RP^{min}$$

$$0 = \beta - a \cdot RP^{min} - \pi^{max}(\beta - a \cdot RP^{min}) + a \cdot RP^{min} - \alpha$$

$$\pi^{max}(\beta - a \cdot RP^{min}) = \beta - a \cdot RP^{min} + a \cdot RP^{min} - \alpha$$

$$\pi^{max} = 1 + \frac{a \cdot RP^{min} - \alpha}{\beta - a \cdot RP^{min}}$$

10. Herleitung der Ausgleichskonstante d in der Formel für die Beiträge innerhalb des sekundären aktiven Finanzausgleichs auf Ebene der Regionen

$$\sum_j B_j = 0 \qquad \textit{Ausgangspunkt: vollständige Verteilung}$$

$$\sum_{ABR} B_j + \sum_{APR} B_j = 0$$

$$\sum_{ABR} B_j + \sum_{APR} d \cdot (RP_j - g_{2j}) \cdot EK_j = 0$$

$$\sum_{ABR} B_j = -d \cdot \sum_{APR} (RP_j - g_{2j}) \cdot EK_j$$

$$d = -\frac{\sum_{ABR} B_j}{\sum_{APR} (RP_j - g_{2j}) \cdot EK_j}$$

11. Angenommene Änderungsraten bei der dynamischen Betrachtung

Land	EW	BIP	AQ
D	0,5%	1,8%	-0,5%
B	0,3%	2,4%	-0,4%
NL	0,6%	2,3%	-0,8%
L	1,5%	2,3%	-0,2%
F	0,5%	2,3%	-0,8%
I	0,2%	2,5%	-0,5%
GB	0,3%	2,2%	-0,5%
IRL	0,6%	7,1%	-1,6%
DK	0,4%	2,1%	-0,5%
GR	0,4%	3,4%	0,1%
E	0,3%	2,6%	-2,1%
P	0,1%	4,9%	-0,6%
A	0,6%	2,2%	-0,1%
S	0,5%	2,0%	-1,2%
SF	0,4%	3,3%	-1,3%
M	0,7%	4,1%	0,0%
ZY	1,0%	3,9%	0,0%
PL	0,1%	5,0%	0,9%
H	-0,4%	5,2%	-0,3%
CZ	-0,1%	3,1%	0,5%
SLO	-0,1%	4,2%	0,0%
EW	-0,8%	6,2%	0,0%
SLK	0,2%	3,1%	0,0%
LT	-0,1%	3,1%	0,0%
LV	-1,0%	4,2%	0,0%
BG	-0,6%	4,9%	0,0%
R	-0,2%	2,0%	0,0%
TR	1,4%	5,1%	0,1%

Quelle: EUROPÄISCHE KOMMISSION (2000), OECD (2000) und eigene Berechnungen

12. Veränderungen der Finanzausgleichsergebnisse bei dynamischer Betrachtung

Land	Beiträge Pro-Kopf-Beitrag (in Euro)	Finanzierungsanteil (in %-Punkten)	reg. Finanzausgleich Nettobeitrag pro Kopf (in Euro)
A	9,91	-0,02%	5,51
B	13,32	0,05%	3,42
D	6,66	-1,14%	-9,06
DK	14,26	-0,02%	10,17
E	6,85	0,14%	-3,44
F	10,69	0,06%	7,54
GB	7,48	0,00%	-2,95
GR	6,60	0,08%	42,53
I	10,88	0,32%	-11,98
IRL	39,61	0,31%	9,39
L	3,30	0,00%	35,40
NL	9,29	0,01%	-8,76
P	10,69	0,17%	75,63
S	9,12	-0,06%	-12,22
SF	18,46	0,12%	9,52

Quelle: Eigene Berechnungen

13. Anteil der originären Eigenmittel am BIP der EU

	in Mio. ECU	*in % des BIP*
Agrarabschöpfungen	810,1	0,01%
Zucker- und Isoglukoseabgeben	1.213,7	0,02%
Zölle	13.059,1	0,19%
5% Erhebungskosten	-754,1	-0,01%
Summen:	*15.837,0*	*0,23%*

Quelle: Eigene Berechnungen

Das Simulationsprogramm

Das Programm mit dem Namen *EU-Finanzausgleich* ist in seiner Funktionsweise den üblichen Windows-Programmen angelehnt.[1] Nach dem Starten[2] erscheint zunächst stets der Hauptbildschirm mit seiner zunächst noch leeren blauen Arbeitsoberfläche.

Abbildung 35: Der Hauptbildschirm

Quelle: Simulationsprogramm *EU-Finanzausgleich*

---

1 Zum Installieren des Programms aktivieren Sie die Datei *Setup* auf der Installations-CD und folgen Sie den erscheinenden Anweisungen.

2 Gestartet wird das Programm durch Aktivieren der Datei *EU-Finanzausgleich*.

Ganz links ist dort immer eine Länderleiste mit den Flaggen der Mitgliedsländer zu sehen. Ändert sich der Mitgliederkreis, beispielsweise durch eine Erweiterung um mittel- und osteuropäische Staaten, so ist dies immer an der Länderleiste abzulesen. Ein Doppelklick mit der linken Maustaste auf die Länderleiste führt direkt zum Formular *Länderauswahl.*[3] Die Menüzeile im oberen Bereich des Hauptbildschirms enthält vier Menüpunkte, die im Folgenden als Gliederung für die Beschreibung des Simulationsprogramms dienen werden. Die Menüpunkte können durch Anklicken mit der linken Maustaste oder durch die Tastenkombination aus Alt und dem unterstrichenen Buchstaben angewählt werden.

A. Das Menü Teilnehmer

Das Menü Teilnehmer besteht aus vier anwählbaren Menüpunkten. Die ersten beiden dienen der Auswahl der Teilnehmerländer am Finanzausgleich und an der Währungsunion. Mit den beiden übrigen lassen sich die zugrundeliegenden Regional- und Länderdaten variieren.

Abbildung 36: Das Menü Teilnehmer

Quelle: Simulationsprogramm *EU-Finanzausgleich*

1. Länderauswahl

Durch Anklicken des Menüpunktes *EU-Mitglieder auswählen* gelangt man zum Formular *Länderauswahl.* Hier kann man durch Anklicken der Kontrollkästchen den Kreis der EU-Mitglieder verändern.

---

[3] Siehe hierzu in diesem Kapitel den Abschnitt A. 1. *Länderauswahl.*

Abbildung 37: Das Formular Länderauswahl

Quelle: Simulationsprogramm *EU-Finanzausgleich*

Beim erstmaligen Aufrufen dieses Dialogs sind nur die 15 derzeitigen Mitgliedsländer (EUR 15) ausgewählt. Diese Auswahl kann entweder für einzelne Länder geändert werden, indem das zugehörige Kontrollkästchen angeklickt wird, oder für eine Gruppe[4] von Ländern, indem die entsprechende Schaltfläche (z.B. *NME 4 wählen*) gedrückt wird. Sobald eine Gruppe komplett gewählt wurde, ändert sich die Beschriftung der zugehörigen Schaltfläche von Gruppe *wählen* in Gruppe *löschen*. In der Gruppe der zehn mittel- und osteuropäischen Länder ist eine Untergruppe von fünf Ländern abgegrenzt, die nach Aussagen der Europäischen Kommission[5] größere Fortschritte in Bezug auf ihre Beitrittsfähigkeit gemacht haben als die übrigen fünf, weshalb ihr Beitritt zu einem früheren Zeitpunkt wahrscheinlich geworden ist. Die Schaltfläche *OK* übernimmt die getroffene Auswahl und schließt das Fenster.

---

4 MOE: Mittel- und osteuropäische Länder, NME: Nord- und mitteleuropäische Länder, MM: Mittelmeerländer.

5 Vgl. F.A.Z. vom 8.11.2000, S. 1.

2. Bestimmung der WWU-Teilnehmer

Abbildung 38: Das Formular Bestimmung der WWU-Teilnehmer

Quelle: Simulationsprogramm *EU-Finanzausgleich*

Der zweite Menüpunkt, *Teilnehmer der Währungsunion bestimmen*, führt zum Formular *Bestimmung der WWU-Teilnehmer*. Hier können, analog zur Länderauswahl, die Länder aus dem Kreis der Mitglieder ausgewählt werden, die darüber hinaus auch Teilnehmer der Währungsunion sind. Diese Auswahl spielt nur dann eine Rolle für den Finanzausgleich, wenn bei der Beitragsberechnung der Zentralbankgewinn einbezogen werden soll.[6] Da als WWU-Teilnehmer nur EU-Mitglieder in Frage kommen, werden nur diese im Formular angezeigt. Beim ersten Aufruf sind nur die aktuellen WWU-Mitglieder ausgewählt, was durch Häkchen in den entsprechenden Kontrollkästchen angezeigt wird. Auch hier wird die Auswahl mit der Taste *OK* bestätigt.

---

6 Siehe hierzu im 7. Kapitel dieser Arbeit die Abschnitte B. 2. b) *Zentralbankgewinn* und D. 2. d) *Korrekturmechanismus des Zentralbankgewinns.*

3. Daten ändern

Diese Funktion besteht aus zwei Formularen. In das erste gelangt man durch Auswahl des Menüpunktes *Daten ändern*. Hier kann man die dem Finanzausgleich zugrunde liegenden Länderdaten verändern. Das zweite Formular ermöglicht die Variation der Daten einzelner Regionen. So lassen sich beispielsweise Prognosen über zukünftige Finanzausgleichszahlungen anstellen, indem die erwarteten Änderungsraten von Einkommen, Bevölkerung und Arbeitslosigkeit eingegeben werden.

a) Länderdaten ändern

Abbildung 39: Das Formular Länderdaten ändern

Quelle: Simulationsprogramm *EU-Finanzausgleich*

Das Formular enthält für jedes (potentielle) Mitgliedsland – aufgeteilt in die bekannten vier Ländergruppen – drei Textfelder, in denen die Änderungsraten der

Einwohnerzahl, des Einkommens und der Arbeitslosenquote eingegeben werden. Die Eingabe erfolgt mit Hilfe seitlicher vertikaler Schieberegler, die mit jedem Anklicken den Wert des Textfeldes um 0,1 verändern. Der besseren Übersicht halber erscheinen immer nur die Felder einer der drei Daten (EW, EK, AQ). Für den Wechsel zwischen diesen ist das entsprechende Optionsfeld im oberen Bereich einer jeden Ländergruppe anzuwählen. Die Schaltfläche *Abbrechen* verwirft alle getroffenen Änderungen und schließt das Fenster. Mit der Schaltfläche *Weiter* werden die Änderungsraten angenommen, die neuen Länderdaten berechnet und das Fenster für die regionale Datenänderung aufgerufen.

b) Regionaldaten ändern

Abbildung 40: Das Formular Regionaldaten ändern (Anfangsstadium)

Quelle: Simulationsprogramm *EU-Finanzausgleich*

Dies Formular enthält zunächst nur ein Listenfeld mit den teilnehmenden Ländern, das durch die kleine Schaltfläche mit dem Pfeil aufgeklappt werden kann. Durch Anklicken eines Landes wird es ausgewählt und ein zweites Listenfeld mit den Regionen des betreffenden Landes erscheint.[7] Nun kann man für jede einzelne dieser Regionen die zugrunde liegenden Daten verändern. Dazu wählt man zunächst eine Region per Mausklick aus. Jetzt erscheinen drei Optionsfelder für die Auswahl der Einwohnerzahl, des Einkommens und der Arbeitslosenquote. Nach Wahl eines dieser drei Felder lassen sich – analog zum Formular

---

[7] Für die Beitrittskandidaten existieren derzeit noch keine Daten für die regionale Ebene, sodass auch bei den großen Ländern das gesamte Staatsgebiet auch als Regionaleinheit dienen muss.

Länderdaten ändern – die Änderungsraten per vertikalem Schieberegler einge-ben. Als Ausgangswerte für die regionalen Änderungsraten dienen die zuvor eingegebenen Werte der länderweisen Änderung.

Dieser Vorgang lässt sich nun für andere Regionen desselben oder eines anderen Landes durchführen, indem die entsprechende Region angeklickt wird. Sollen die Regionaldaten eines anderen Landes geändert werden, so muss zunächst das entsprechende Land im ersten Listenfeld ausgewählt werden.

Abbildung 41: Das Formular Regionaldaten ändern (Endstadium)

Quelle: Simulationsprogramm *EU-Finanzausgleich*

Zu beachten ist stets, dass sich Änderungen der Regionaldaten immer auch auf die Daten der entsprechenden Länder auswirken.[8] Mit der Schaltfläche *Abbrechen* werden die getroffenen regionalen Änderungen verworfen[9] und das Fenster geschlossen. Die Schaltfläche *OK* nimmt die Änderungen an und berechnet die neuen Daten.

---

8 Wenn beispielsweise im Formular *Länderdaten ändern* die Einwohnerzahl Frankreichs um 0,5 Prozent erhöht wird und anschließend die Änderungsrate der Bevölkerung für die französische Region Bretagne im Formular *Regionaldaten ändern* auf 1,0 Prozent erhöht wird, so steigt damit die Einwohnerzahl Frankreichs um etwas mehr als 0,5 Prozent.

9 Die Änderungen der Länderdaten werden auf die Werte des Fensters *Länderdaten ändern* zurückgesetzt.

4. Daten zurücksetzen

Durch Auswahl dieses Menüpunktes werden sämtliche Regional- und Länderdaten auf ihre Ausgangswerte zurückgesetzt. Es herrschen demnach die Bedingungen wie nach einem Neustart des Programms. Das gilt auch für die Auswahl der Mitgliedsländer und die Parameter des Finanzausgleichs.

B. Das Menü Berechnung

Dieses Menü enthält den Kern des Simulationsprogramms, da hier die tatsächliche Berechnung des Finanzausgleichs stattfindet. Es enthält wiederum vier Menüpunkte, von denen die ersten beiden der eigentlichen Finanzausgleichsberechnung dienen. Die beiden übrigen bieten weitergehende, vergleichende Analysemethoden.

Abbildung 42: Das Menü Berechnung

Quelle: Simulationsprogramm *EU-Finanzausgleich*

1. Beiträge der Mitgliedstaaten

In diesem Formular erfolgt die Festlegung des Beitragstarifs und die Berechnung der individuellen Beiträge der einzelnen Mitgliedstaaten. Bevor eine Berechnung der Mitgliedsbeiträge erfolgen kann, müssen die Parameter des Beitragstarifs bestimmt werden. Dafür sind im oberen Teil des Formulars drei Textfelder vorgesehen. Das Feld für die Ausschüttungsquote wird nur gebraucht, wenn der ESZB-Gewinn in den Ausgleich einbezogen werden soll. Darum erscheint es nur, wenn das entsprechende Kontrollkästchen ausgewählt wurde. Beim erstmaligen Aufrufen des Fensters weisen die Parameter Standardwerte auf (β = 0,85% / π = 50% / α = 0,4%) und das Kontrollkästchen für die Einbeziehung des Zentralbankgewinns ist deaktiviert.

Abbildung 43: Das Formular Beiträge der Mitgliedstaaten

Quelle: Simulationsprogramm *EU-Finanzausgleich*

Zur Ermittlung der Beiträge ist die Schaltfläche *Berechnen* zu drücken. Daraufhin erscheint im Formular eine Tabelle, welche die Ergebnisse der Berechnung enthält. Neben dem Namen des Landes und seiner relativen Einkommensposition weist sie jeweils den Beitragssatz in Prozent des BIP, den Beitragsbetrag in Mio. Euro und Beitragsbetrag pro Einwohner in Euro auf. Durch einen Doppelklick auf die Tabelle lassen sich die Daten nach den Werten der angeklickten Spalte sortieren. Änderungen der Parameter wirken sich immer erst dann aus, wenn die *Berechnen*-Schaltfläche gedrückt wird. Mit der Schaltfläche *Schließen* verlässt man dieses Fenster.

2. Regionaler Finanzausgleich

a) Berechnung des regionalen Finanzausgleichs

Abbildung 44: Das Formular Regionaler Finanzausgleich

Quelle: Simulationsprogramm *EU-Finanzausgleich*

Wiederum sind im oberen Formularbereich die Parametereingaben möglich und auch hier sind beim ersten Start des Fensters bereits Standardwerte für die Parameter vorgegeben ($\tau = 25$ / $\gamma_1 = 10\%$ / $\gamma_2 = 10\%$ / $\sigma = 1$ / $\delta = 2{,}1\%$).

Das Fenster *Regionaler Finanzausgleich* verfügt über eine ganz ähnliche Funktionsweise. Hinzu kommen jedoch mit einer grafischen Darstellung und der Berechnung von länderweisen Summen der regionalen Finanzausgleichszahlungen zwei weitere Darstellungsmöglichkeiten.

Bevor jedoch mit der Schaltfläche *Berechnen* die Ausgleichszahlungen der Regionen kalkuliert werden, muss über die drei Optionsfelder unterhalb dieser Schaltfläche bestimmt werden, ob aus den Gruppen der ausgleichsberechtigten und der ausgleichspflichtigen Regionen jeweils nur die fünf (Top 5), beziehungsweise zehn (Top 10) Regionen mit den vom Betrag her größten Werten oder alle Regionen aufgelistet werden sollen.[10] Befinden sich in einer der drei Tabellen mehr Regionen als Zeilen zur Verfügung stehen, so erscheinen rechts vertikale Schieberegler, mit denen man durch die Tabellen blättern kann. Auch hier lassen sich die Tabellen durch einen Doppelklick auf die Spalte des Kriteriums sortieren. Oberhalb der drei Tabellen gibt eine Textzeile über die Anzahl der Regionen und den Anteil an der EU-Gesamtbevölkerung in den drei Gruppen Auskunft.

b) *Grafik erstellen*

Durch Anwahl der Schaltfläche *Grafik* im Formular *Regionaler Finanzausgleich* erscheint ein weiteres Formular, das zunächst nur die beiden Schaltflächen *Zeichnen* und *Schließen* enthält. Mit der ersten wird die Grafik erstellt, mit der zweiten das Formular geschlossen.

Die Grafik stellt jede teilnehmende Region als Punkt in einem Koordinatensystem mit dem Strukturkraftindex an der Abszisse und der relativen Einkommensposition an der Ordinatenachse dar. Rote Punkte stehen für ausgleichsberechtigte, grüne für ausgleichspflichtige und schwarze für ausgleichsneutrale Regionen. Die zwei parallelen Linien markieren für jede Region die Lage der oberen und der unteren Grenze des neutralen Bereichs. Fährt man mit dem Mauszeiger

---

[10] Von den ausgleichsneutralen werden stets alle Regionen aufgeführt, da sie alle über dieselben Wert von null verfügen und nach diesem Kriterium nicht sinnvoll sortiert werden können.

über einen der Punkte, wird im Formular unten links der Name der betreffenden Region angezeigt.

Abbildung 45: Das Formular Grafik

Quelle: Simulationsprogramm *EU-Finanzausgleich*

c) Ländersummen berechnen

Über die Schaltfläche *Ländersummen* im Formular *Regionaler Ausgleich* gelangt man zu einem weiteren Formular. Es zeigt eine Tabelle, die für alle Mitgliedsländer die Summen der regionalen Finanzausgleichszahlungen über alle Regionen dieses Landes enthält.

Die Tabelle besteht neben einer Spalte mit den Namen der teilnehmenden Länder aus vier Spalten mit Zahlenwerten. Die erste dieser Spalten enthält für jedes Land die Summe der Ausgleichszahlungen (B+) seiner Regionen in den regionalen Finanzausgleich. In der zweiten stehen die Summen der Ausgleichszuweisungen mit negativem Vorzeichen (B-). Die dritte Spalte weist nun die Differenz zwischen positiven und negativen Zahlungen, die Nettoposition (NP), aus. Positive Werte der Nettoposition stehen für Länder, deren Regionen insgesamt mehr in den regionalen Finanzausgleich einzahlen als aus ihm herausbekommen. Bei negativen Werten verhält es sich genau umgekehrt. Gleiches gilt auch für die Werte der letzten Spalte, die Auskunft über die Nettoposition pro Einwohner nach dem regionalen Finanzausgleich geben. Per Doppelklick lässt sich auch diese Tabelle sortieren. Oberhalb der Tabelle ist das gesamte Transfervolumen des regionalen Finanzausgleichs angegeben, das sich durch Addition der Ausgleichszahlungen errechnet. Über die Schaltfläche *Schließen* kann man auch dieses Fenster verlassen.

Abbildung 46: Das Formular Ländersummen

Quelle: Simulationsprogramm *EU-Finanzausgleich*

3. Beitragsanteile

Der dritte Menüpunkt des *Berechnung*-Menüs führt zum Formular *Beitragsanteile*. Es lässt eine Aussage über die Vor- oder Nachteilhaftigkeit der neuen Beitragsberechnungsmethode im Vergleich zur bestehenden Regelung der Europäischen Union[11] für einzelne Länder zu.

Die erste Spalte der Tabelle enthält die Namen der Mitgliedsländer. In der zweiten sind die Finanzierungsanteile nach derzeitiger Ermittlungsmethode (nur Mehrwertsteuer- und Bruttosozialprodukt-Eigenmittel) der Länder am EU-Haus-

---

[11] Siehe hierzu das 4. Kapitel dieser Arbeit *Die Verteilung der Einnahmen.*

halt in Prozent aufgeführt.[12] In der dritten Spalte stehen die Vergleichswerte nach der neuen Berechnungsmethode gemäß den Vorgaben des siebten Kapitels dieser Arbeit. Aufschluss über die Belastungsänderungen gibt schließlich die letzte Spalte der Tabelle, in der für jedes Land die Differenz zwischen alter und neuer Berechnungsmethode angegeben ist. Positive Werte stehen hier für einen gestiegenen Finanzierungsanteil, negative für einen gesunkenen. Wie gewohnt, lässt sich die Tabelle per Doppelklick sortieren. Die *Schließen*-Schaltfläche beendet das Formular.

Abbildung 47: Das Formular Beitragsanteile

Quelle: Simulationsprogramm *EU-Finanzausgleich*

4. Nettopositionsänderung

Die Anwahl dieses Menüpunktes führt zum Formular *Änderung der Nettopositionen*. Es fasst die Ergebnisse der nationalen Mitgliedsbeiträge und des regionalen Finanzausgleichs zusammen und analysiert sie gemeinsam. Dadurch lassen

12 Werte für das Jahr 1996, da sich auch die Länder- und Regionaldaten auf dieses Jahr beziehen.

sich Aussagen über die finanziellen Auswirkungen der gesamten neuen Finanzausgleichsregelungen für einzelne Länder treffen.

Abbildung 48: Das Formular Änderung der Nettopositionen

Quelle: Simulationsprogramm *EU-Finanzausgleich*

Die Tabelle enthält für alle Mitgliedsländer die finanziellen Konsequenzen des neuen Finanzausgleichs. In der zweiten und dritten Spalte sind die Beitragszahlungen der Mitgliedsländer (in Mio. Euro) enthalten, wobei die Werte der zweiten Spalte nach dem neuen Tarif und die der dritten nach der herkömmlichen Methode (für das Jahr 1996) berechnet werden. Die vierte Spalte enthält die Ländersummen, wie sie sich aus dem regionalen Finanzausgleich ergeben. Analog zum Formular *Ländersummen* stehen positive Werte für einen Überschuss der regionalen Zahlungen in den Ausgleich über die Zuwendungen aus dem Ausgleich. Negative Werte stehen für Länder mit höheren regionalen Zuwendungen als Zahlungen. Da der regionale Finanzausgleich als Ersatz für die europäischen Strukturfonds konzipiert wurde,[13] befinden sich in der fünften Spalte der Tabelle die Zahlungen der europäischen Strukturfonds des Jahres 1996 an die einzelnen Mitgliedstaaten. Sämtliche Werte haben hier ein negatives Vorzeichen, weil alle Länder Zahlungen aus den Strukturfonds erhalten haben. Die sechste Spalte berechnet nun die absolute Differenz zwischen alter und neuer

13 Siehe hierzu im 6. Kapitel dieser Arbeit den Abschnitt D. 1. *Der Finanzbedarf für die Gemeinschaft der Fünfzehn.*

Regelung und zwar gemeinsam für die nationalen Mitgliedsbeiträge und die nationalen Wirkungen aus dem regionalen Umverteilungsmechanismus. Positive Werte bedeuten hier eine Verbesserung der Nettoposition (Zahlungen minus Zuwendungen), während negative Werte für eine stärkere Belastung stehen. Diese Werte werden abschließend in der siebten Spalte in die Änderung der Nettoposition pro Kopf der Bevölkerung in Euro umgerechnet. Abermals lässt sich die Tabelle durch doppeltes Klicken auf die Spalte des Sortierkriteriums neu ordnen und durch Drücken der *Schließen*-Schaltfläche schließen.

C. Das Menü Fenster

Hinter diesem Menü verbirgt sich keine Berechnungsfunktion für den Finanzausgleich, sondern lediglich eine Unterstützung für die Benutzung des Simulationsprogramms. Bei Anwahl des Menüs erscheint eine Liste der vom Benutzer geöffneten Formulare. Hinzu kommt stets ein Eintrag für die Länderleiste, da diese nicht geschlossen werden kann. Wird nun eins der Formulare angewählt, so wird es augenblicklich zum aktuellen Fenster und erscheint im Vordergrund des Hauptbildschirmes. Die Benutzung dieser Funktion ist immer dann vorteilhaft, wenn ein Fenster zwar geöffnet, aber nicht mehr sichtbar ist, weil es von einem anderen Fenster vollkommen überdeckt wird.

Abbildung 49: Das Menü Fenster

Quelle: Simulationsprogramm *EU-Finanzausgleich*

D. Das Menü Datei

Dieses Menü verfügt über vier Menüpunkte zur Verwaltung der Ergebnisse des Simulationsprogramms. Die einzelnen Menüpunkte können neben der herkömmlichen Auswahlmethode per Mausklick oder durch die Tastenkombination Alt + Buchstabe auch direkt über die angegebene Tastenkombination Strg + Buchstabe angewählt werden.

Abbildung 50: Das Menü Datei

Quelle: Simulationsprogramm *EU-Finanzausgleich*

1. Öffnen

Unter diesem Menüpunkt erscheint das für Windows-Anwendungen typische Dialogfeld, mit dessen Hilfe man eine bereits gespeicherte Finanzausgleichssituation laden kann. Die Speicherungsdateien enthalten alle für den Finanzausgleich relevanten Informationen von den Länder- und Regionaldaten über die Auswahl der Mitgliedsländer bis zu den Zahlenwerten der Finanzausgleichsparameter. Diese Dateien besitzen grundsätzlich die Endung .sav, weshalb auch nur solche Dateien aus dem gewählten Verzeichnis angezeigt werden. Wird keine SAV-Datei aufgeführt, so existiert in dem gewählten Verzeichnis keine Datei, die mit dem Simulationsprogramm geöffnet werden kann.

2. Speichern

Auch für das Speichern der Finanzausgleichssituationen wird ein gewöhnlicher Windows-Dialog verwendet. Der Benutzer kann hier unter einem beliebigen Namen eigene analysierte Situationen abspeichern. Beispielsweise lassen sich so über mehrere Jahre die Länder- und Regionaldaten mit bestimmten Änderungsraten variieren und die Ergebnisse des Finanzausgleichs unter den Namen Jahr1, Jahr2, Jahr3 und so weiter speichern. So lassen sich Aussagen über die Finanzausgleichszahlungen kommender Jahre machen, wenn für einzelne Mitgliedsländer oder Regionen unterschiedliche Wachstumsraten angenommen werden müssen.

3. Drucken

Über den Menüpunkt *Drucken* lassen sich die Grafik und die Tabellen geöffneter Formulare auf einem angeschlossenen Drucker ausgeben. Zunächst erscheint ein Fenster, das alle geöffneten druckbaren Formulare auflistet. Mit einem Mausklick auf einen der Einträge erscheint der bekannte Windows-Dialog für die Druckerausgabe, über den die Druckereinstellungen gesteuert werden. Die *OK*-Schaltfläche dieses Dialogs startet die Druckerausgabe. Soll der Druckvorgang abgebrochen werden, geschieht das über die Schaltfläche *Abbrechen*.

Abbildung 51: Das Formular Drucken

Quelle: Simulationsprogramm *EU-Finanzausgleich*

4. Beenden

Dieser vierte und letzte Menüpunkt des *Datei*-Menüs beendet das Simulationsprogramm und schließt alle Fenster. Gleiches lässt sich durch Klicken auf die kleine Schaltfläche mit dem x rechts oben im Hauptbildschirm erreichen. Zu beachten ist dabei stets, dass die aktuelle Finanzausgleichssituation nicht automatisch gespeichert wird und der Neustart des Programms immer mit den Grunddaten erfolgt. Will man die bestehende Situation nicht verlieren, so ist sie vor dem Beenden über den Menüpunkt *Speichern* zu sichern.

Literaturverzeichnis

1. Aufsätze und Monographien

ALBER, JENS / STANDING, GUY (2000): Social dumping, catch-up, or convergence? Europe in a comparative global context, in: Journal of European Social Policy, Bd. 10, Nr. 2/2000, S. 99-119.

ALBERS, WILLI ET AL. (HRSG.) (1988): Handwörterbuch der Wirtschaftswissenschaften, Tübingen / Göttingen / Zürich.

AMMON, GÜNTHER (1994): Das Europa der Regionen, München.

ARBEITSGEMEINSCHAFT DEUTSCHER WIRTSCHAFTSWISSENSCHAFTLICHER FORSCHUNGSINSTITUTE (HRSG.) (1993): Probleme des Finanzausgleichs in nationaler und internationaler Sicht, Beihefte zur Konjunkturpolitik, H. 41, Berlin.

— (1999): Fiskalischer Föderalismus in Europa, 62. Wissenschaftliche Tagung der Arbeitsgemeinschaft deutscher wirtschaftswissenschaftlicher Forschungsinstitute vom 29. und 30. April 1999, Beihefte zur Konjunkturpolitik, H. 49, Berlin.

ARESTIS, PHILIP / MCCAULEY, KEVIN / SAWYER, MALCOM (2001): An alternative stability pact for the European Union, in: Cambridge Journal of Economics, Bd. 25, H. 1/2001, S. 113-130.

ARNDT, HANS-WOLFGANG (1998): Finanzverfassungsrechtlicher Reformbedarf – vom unitaristischen Föderalismus zum Wettbewerbsföderalismus, in: Wirtschaftsdienst, 78. Jg., H. 2/1998, S. 76-80.

ARNOLD, HEINZ (1995): Disparitäten in Europa: Die Regionalpolitik der Europäischen Union: Analyse, Kritik, Alternativen. Stadtforschung aktuell, Bd. 52, Basel / Boston / Berlin.

— (1997): Gesellschaften – Räume – Geographien: Zur Auseinandersetzung mit aktuellen sozialen und räumlichen Ungleichheiten, Schriftenreihe des Zentrums für europäische Studien, Universität Trier, Bd. 27.

ASCHINGER, GERHARD (1993): Die Theorie optimaler Währungsgebiete und die europäische monetäre Integration, in: Hamburger Jahrbuch für Wirtschafts- und Gesellschaftspolitik, 38. Jg., Tübingen, S. 9-28.

BALASSONE, FABRIZIO / FRANCO, DANIELE (2000): Public Investment, the Stability Pact and the „Golden Rule“, in: Fiscal Studies, Bd. 21, H. 2/2000, S. 207-229.

BARETTI, CHRISTIAN ET AL. (2001): Die Einwohnergewichtung auf Länderebene im Länderfinanzausgleich, Gutachten im Auftrag der Länder Baden-Württemberg, Bayern, Hessen und Nordrhein-Westfalen, Kurzfassung, IfO-Institut, München.

BARISITZ, STEFAN (1994): Zur Rolle der Wirtschaft in europäischen Regionen, in: →STANGLER / VYSLONZIL (HRSG.) (1996), S. 38-65.

BARRO, ROBERT J. / SALA-I-MARTIN, XAVIER (1991): Convergence across States and Regions, in: Brooking Papers on Economic Activity, Nr. 1/1991, S. 107-158.

BAUM, HERBERT (1995): Europäische Integration durch Ausbau der Verkehrsnetze? In: →KARL / HENRICHSMEYER (HRSG.) (1995), S. 185-195.

BEGG, IAIN (1997): Interregional Transfers in a Widened Europe, in: →SIEBERT (HRSG.) (1997), S. 189-203.

BERTHOLD, NORBERT / HILPERT, JÖRG (1996): Wettbewerbspolitik, Handelspolitik und Industriepolitik in der EU, in: →OHR (HRSG.) (1996), S. 77-109.

BIEHL, DIETER (1988a): Finanzausgleich IV: Internationaler Finanzausgleich, in: Handwörterbuch der Wirtschaftswissenschaften, Bd. 2, S. 689-713.

— (1988b): Die Reform der EG-Finanzverfassung aus der Sicht einer ökonomischen Theorie des Föderalismus, in: →STREIT (HRSG.) (1988), S. 63-84.

— (1991): Regionalpolitik und Finanzausgleich in der föderativen Zwölfer-Gemeinschaft, in: →FRANZMEYER (HRSG.) (1991), S. 159-194.

BIEHL, DIETER / PFENNIG, GERO (HRSG.) (1990): Zur Reform der EG-Finanzverfassung: Beiträge zur wissenschaftlichen und politischen Debatte, Analysen zur Europapolitik des Instituts für Europäische Politik, Bd. 4, Bonn.

BLANKART, CHARLES B. (2000): The Process of Government Centralization: A Constitutional View, in: Constitutional Political Economy, Bd. 11, Nr. 1/2000, S. 27-39.

BLÖCHLINGER, HANSJÖRG J. / FREY, RENÉ L. (1993): The evolution of Swiss federalism: A model for the European Community? In: →EUROPÄISCHE KOMMISSION (HRSG.) (1993), S. 213-241.

BMI (1999): Asylbewerberzahlen Dezember und Jahresstatistik 1998, Pressemitteilung vom 8.1.1999, URL = http://www.bmi.bund.de/aktuelles/cgi-bin/ pm?id=19990108-164556-19047.

BMZ (1999): Öffentliche Entwicklungszusammenarbeit (ODA) und öffentliche Hilfe (OA) aller DAC-Länder, Stat-08b/22.12.1999, URL = http://www.bmz.de/medien/statistiken/stat_08b.pdf.

BOHNET-JOSCHKO, SABINE (1996): Leviathan Europa? Föderalistische und institutionelle Aspekte der Staatswerdung Europas (Diss.), Hochschulschriften, Bd. 24, Marburg.

BOSS, ALFRED (1993): Wettbewerb der Regionen und Finanzverfassung – Prinzipien einer Reform des Finanzausgleichs in der Bundesrepublik Deutschland, in: →ARBEITSGEMEINSCHAFT DEUTSCHER WIRTSCHAFTSWISSENSCHAFTLICHER FORSCHUNGSINSTITUTE (HRSG.) (1993), S. 79-98.

— (1999): Do We Need Tax Harmonization in the EU? Kieler Arbeitspapiere, Nr. 916, Institut für Weltwirtschaft an der Universität Kiel.

BRECHT, ARNOLD (1932): Internationaler Vergleich der öffentlichen Ausgaben, Grundfragen der internationalen Politik, H. 2, Leipzig / Berlin.

BRENNAN, GEOFFREY / BUCHANAN, JAMES M. (1980): The Power to Tax, Cambridge.

— (1988): Besteuerung und Staatsgewalt: Analytische Grundlagen einer Finanzverfassung, Hamburg.

BRETON, ALBERT (1965): A Theory of Government Grants, in: The Canadian Journal of Economics and Political Science, Bd. 31, Nr. 2/1965, S. 175-187.

— (1974): The Economic Theory of Representative Government, London et al.

BUHL, HANS ULRICH / PFINGSTEN, ANDREAS (1986): Eigenschaften und Verfahren für einen Länderfinanzausgleich in der Bundesrepublik Deutschland, in: Finanzarchiv, 44. Jg., 1986, S. 98-109.

— (1990): On the Distribution of Public Funds, in: European Journal of Political Economy, Bd. 6, 1990, S. 363-376.

— (1991): Zehn Gebote für Finanzausgleichsverfahren und ihre Implikationen, in: Wirtschaftsdienst, 71. Jg., H. 9/1991, S. 481-484.

BULL, HANS PETER (1999): Finanzausgleich im „Wettbewerbsstaat" – Bemerkungen zur neuen Föderalismustheorie und zu ihrer Bedeutung für den Länderfinanzausgleich, in: Die öffentliche Verwaltung, 52. Jg., H. 7/1999, S. 269-281.

BULLMANN, UDO (HRSG.) (1994): Die Politik der dritten Ebene: Regionen im Europa der Union, 1. Aufl., Baden-Baden.

BUNDESFORSCHUNGSANSTALT FÜR LANDESKUNDE UND RAUMORDNUNG (1995): Laufende Raumbeachtung Europa. Daten zur Struktur und Entwicklung der Regionen der Europäischen Union, Materialien zur Raumentwicklung, H. 71, Bonn.

BUNDESVERFASSUNGSGERICHT (1993): Urteil des Zweiten Senats vom 12. Oktober 1993 – 2 BvR 2134/92, 2 BvR 2159/92: Vertrag von Maastricht über die Europäische Union verfassungsgemäß, abgedruckt in: Europäische Zeitschrift für Grundrechte, H. 17/1993, 429-446.

— (1999): Urteil des Zweiten Senats vom 11. November 1999 – 2 BvF 2/98, 2 BvF 3/98, 2 BvF 1/99, 2 BvF 2/99, URL = http:\\www.bundesverfas-sungsgericht.de.

BUSCH, BERTHOLD (1992): Die EG nach 1992 – Die Gemeinschaft vor neuen Herausforderungen, Institut der deutschen Wirtschaft, Beiträge zur Wirtschafts- und Sozialpolitik, H. 203, Köln.

— (1998): Zur zukünftigen Finanzierung der Europäischen Union Institut der deutschen Wirtschaft, Beiträge zur Wirtschafts- und Sozialpolitik, H. 242, Köln.

— (1999): Die Osterweiterung der Europäischen Union, Institut der deutschen Wirtschaft, Beiträge zur Wirtschafts- und Sozialpolitik, Nr. 249, Köln.

CAESAR, ROLF (1990): Neue Steuern für die Europäische Gemeinschaft? Kriterien und Vorschläge, in: →BIEHL / PFENNIG (HRSG.) (1990), S. 57-105.

— (1996a): Zur Reform des EU-Einnahmensystems, Diskussionsbeiträge aus dem Institut für Volkswirtschaftslehre der Universität Hohenheim, Nr. 124, Stuttgart.

— (1996b): Zur Reform des Einnahmensystems der Europäischen Union, in: Europa auf dem Weg zur politischen Union? Schriften des Vereins für Socialpolitik, Nr. 247, S. 145-173.

— (1998): Wirtschafts- und Währungsunion und innereuropäischer Finanzausgleich, Diskussionsbeiträge aus dem Institut für Volkswirtschaftslehre der Universität Hohenheim, Nr. 124, Stuttgart.

— (1999): Benötigt die europäische Wirtschafts- und Währungsunion eine „Transferunion"? In: List Forum für Wirtschafts- und Finanzpolitik, 25. Jg., H. 2/1999, S. 138-155.

CAESAR, ROLF (HRSG.) (1997): Zur Reform der Finanzverfassung und Strukturpolitik der EU, Schriftenreihe des Arbeitskreises Europäische Integration e.V., Bd. 42, Baden-Baden.

— (2000): Die Zukunft Europas im Lichte der Kohäsionspolitik der Europäischen Union, Veröffentlichungen des Hamburgischen Welt-Wirtschaftsarchivs 56, Baden-Baden.

COLLINS, SUSAN M. (1995): Economic Integration: Conflict versus Cohesion, in: American Economic Review, Papers and Proceedings, Bd. 85, S. 307-311.

COSTELLO, DECLAN (1993): Intergovernmental grants: What role for the European Community? In: →EUROPÄISCHE KOMMISSION (HRSG.) (1993), S. 101-119.

CUNY, REINHARD H. (1997): Reform der Europäischen Strukturfonds, in: Wirtschaftsdienst, 77. Jg., H. 4/1997, S. 227-233.

DAFFLON, BERNARD / ROSSI, SERGIO (1999): Public accounting fudges towards EMU: A first empirical survey and some public choice considerations, in: Public Choice, Bd. 101, H. 1-2/1999, S. 59-84.

DAMMEYER, MANFRED (2000): Auf dem Weg zum Europa der Regionen – Die Bedeutung der Regionen und die Rolle des Ausschusses der Regionen: Entwicklung und Perspektive, in: Berichte, Bd. 10, S. 1-9.

DEFFAA, WALTER (1997): Deutschland – „Zahlmeister" Europas? In: →CAESAR (HRSG.) (1997), S. 153-160.

DICKERTMANN, DIETRICH (1999): EU: Die Nettozahler- und Nettoempfänger-Positionen auf dem Prüfstand, in: Wirtschaftsdienst, 79. Jg., H. 2/1999, S. 77-83.

DICKERTMANN, DIETRICH / GELBHAAR, SIEGFRIED (1996a): Finanzverfassung und Finanzausgleich – Ökonomische Grundfragen und methodische Konzepte, in: Das Wirtschaftsstudium, 25. Jg., H. 4/1996, S. 385-402.

— (1996b): Finanzverfassung und Finanzausgleich – Darstellung und Kritik des Finanzausgleichs in Deutschland, in: Das Wirtschaftsstudium, 25. Jg., H. 5/1996, S. 486-497.

DIEKMANN, BERND (1998): Neuordnung der EU-Finanzen: Die Nettozahlerposition als Hebel? In: Wirtschaftsdienst, 78. Jg, H. 2/1998, S. 89-96.

DIETZ, OTTO (1999): Finanzen der Europäischen Union seit 1989 sowie Höhe und Bestimmungsfaktoren der Nettoposition, in: Wirtschaft und Statistik, H. 12/1999, S. 987-991.

DIW (1996): Osterweiterung der EU: Finanzierung erfordert Reformen, in: DIW-Wochenbericht, 63. Jg., Nr. 49/1996, S. 785-793.

— (2000): EU-Osterweiterung: Keine massive Zuwanderung zu erwarten, in: DIW-Wochenbericht, 67. Jg, Nr. 21/2000, URL = http://www.diw.de/diwwbd/00-21-1.html.

DOLMAS, JIM / HUFFMAN, GREGORY W. / WYNNE, MARK A. (2000): Inequality, inflation and central bank independence, in: Canadian Journal of Economics, Bd. 33, Nr. 1, S. 271-287.

DÖRING, THOMAS (2000): Nationale Finanzpolitik und Finanzausgleich in der Europäischen Währungsunion, in: →MÜCKEL (HRSG.) (2000), S. 131-158.

DREISSIG, WILHELMINE (HRSG.) (1978): Probleme des Finanzausgleichs I, Schriften des Vereins für Socialpolitik, Neue Folge Bd. 96/I, Berlin.

EBERT, WERNER / MEYER, STEFFEN (1999a): Die Anreizwirkungen des Finanzausgleichs, in: Wirtschaftsdienst, 79. Jg., H. 2/1999, S. 106-114.

— (1999b): Reform des Länderfinanzausgleichs, in: Das Wirtschaftsstudium, 79. Jg., H. 9/1999, S. 484-487.

— (2000): Reform der föderalen Finanzbeziehungen. Einige kritische Anmerkungen zur aktuellen Debatte, in: WSI Mitteilungen, 53. Jg., H. 2/2000, S. 134-154.

ECKHOFF, JÖRN / WEEBER, JOACHIM (2000): Der Euro verändert die Wirtschaftspolitik, in: Wirtschaftsdienst, 80. Jg., H. 1/2000, S. 37-44.

EGELSCHALK, MICHAEL (1999): Developing fiscal federalism in Eastern Europe, in: →FOSSATI / PANELLA (HRSG.) (1999), S. 63-79.

EICKHOF, NORBERT (1998): Osterweiterung der Europäischen Union: Ausgangslage, Auswirkungen und Anpassungserfordernisse, in: →ZOHLNHÖFER (HRSG.) (1998), S. 9-32.

EISSEL, DIETER (1994): Disparität oder Konvergenz im „Europa der Regionen“, in: →BULLMANN (HRSG.) (1994), S. 45-60.

EL-SHAGI, EL-SHAGI (2000): Die EU-Osterweiterung und ihre Konsequenzen für Deutschland, in: Das Wirtschaftsstudium, 29. Jg., H. 4/2000, S. 592-600.

ERLEI, MATHIAS (1997): Finanzausgleich in der Europäischen Union. Volkswirtschaftliche Diskussionsbeiträge der Westfälischen Wilhelms-Universität Münster, Nr. 246, Münster.

— (1998): Finanzausgleich in der Europäischen Union, in: Hamburger Jahrbuch für Wirtschafts- und Gesellschaftspolitik, 43. Jg., Tübingen 1998, S. 215-243.

ESER, THIEMO W. (1991): Europäische Einigung, Föderalismus und Regionalpolitik, Schriftenreihe des Zentrums für europäische Studien, Universität Trier, Bd. 1.

— (1998): Regionale Disparitäten in den mittel- und osteuropäischen Ländern und die Osterweiterungsstrategie der Europäischen Union, Schriftenreihe des Zentrums für europäische Studien, Universität Trier, Bd. 38.

ESTERBAUER, FRIED (1994): Europäische Integration von den Anfängen zum Vertrag von Maastricht, Veröffentlichungen der österreichischen Sektion des CIFE, Bd. 13, Wien.

EUROPÄISCHE KOMMISSION (1977): [sog. MACDOUGALL-BERICHT] Bericht der Sachverständigengruppe zur Untersuchung der Rolle der öffentlichen Finanzen bei der Europäischen Integration, Bd. I: Generalbericht. Kollektion Studien, Reihe Wirtschaft und Finanzen Nr. A 13, Bd. II: Einzelbeiträge und Arbeitsunterlagen. Kollektion Studien, Reihe Wirtschaft und Finanzen Nr. B 13, Brüssel.

— (1987): Bericht der Kommission an den Rat und das Europäische Parlament über die Finanzierung des Gemeinschaftshaushalts, abgedruckt in: →FRAKTION DER EUROPÄISCHEN VOLKSPARTEI (CD) DES EUROPÄISCHEN PARLAMENTS (HRSG.), S. 95-148.

— (1993): [sog. WWU-BERICHT] Stabiles Geld, solide Finanzen – Die öffentlichen Finanzen der Gemeinschaft im Hinblick auf die WWU, in: Europäische Wirtschaft, H. 53, Brüssel / Luxemburg.

— (1998a): 9. Jahresbericht der Strukturfonds 1997, Brüssel, URL = http://europa.eu.int/comm/regional_policy/document/raka/de.zip.

— (1998b): Agenda 2000 – Die Finanzierung der Europäischen Union. Bericht der Kommission über das Funktionieren des Eigenmittelsystems, Bulletin der Europäischen Union, Beilage 2/98, Luxemburg.

— (1998c): Vorschläge zur Verordnung der Strukturfonds 2000-2006 – Eine vergleichende Analyse, 18.03.1998, Luxemburg, URL = http://www.inforegio.cec.eu.int/wbdoc/docgener/guides/compare/info_de.pdf.

— (1998d): Gesamthaushaltsplan der Europäischen Union für das Haushaltsjahr 1998 – Übersicht in Zahlen, Brüssel / Luxemburg.

— (1999a): Die Strukturfonds und ihre Koordination mit dem Kohäsionsfonds – Leitlinien für die Programme des Zeitraums 2000-2006, Mitteilung der Kommission, 1.7.99., URL =http://www.inforegio.cec.eu.int/wbdoc/ docoffic/coordfon/orientations_de.doc.

— (1999b): Europäisches Raumentwicklungskonzept (EUREK), Potsdam.

— (1999c): Mitteilungsblatt des Europäischen Fonds für regionale Entwicklung und Kohäsionsfonds, Nr. 66 / Juli 1999, Brüssel, URL = http://www.inforegio.cec.eu.int/wbnews/nemslet66/irns_de.htm.

— (1999d): The Community Initiatives in 2000-06: indicative allocation of funds among Member States, IP/99/744, Brüssel, 13. Oktober.

— (1999e): Strukturfonds 2000-2006 – Mittelzuweisungen, URL = http://inforegio.cec.eu.int/wbnews/ag2krf_de.htm.

— (2000a): Herbstprognose, in: F.A.Z. v. 23.11.2000, S. 18.

— (2000b): Arbeitsprogramm der Generaldirektion für die Regionalpolitik im Jahr 2000.

EUROPÄISCHE KOMMISSION (HRSG.) (1993): The Economics of Community Public Finance, in: European Economy – Reports and Studies, Nr. 5/1993, Brüssel / Luxemburg.

EUROPÄISCHER RAT (1999): Schlussfolgerungen des Vorsitzes Europäischer Rat Berlin – 24. und 25. März 1999, URL = http://www.inforegio.cec.eu.int /document/doc/news/berlin_de.doc.

EUROPÄISCHER RECHNUNGSHOF (1997a): Veranschlagte und tatsächliche Eigenmittel im Haushaltsjahr 1996 nach Mitgliedstaaten, Jahresbericht zum Haushaltsjahr 1996, Luxemburg, Abbildung V, URL = http://www.eca.eu. int/DE/RA/1996/abbild5.htm.

— (1997b): Im Haushaltsjahr 1996 getätigte Zahlungen nach Mitgliedstaaten, Jahresbericht zum Haushaltsjahr 1996, Luxemburg, Abbildung XI, URL = http://www.eca.eu.int/DE/RA/1996/abbild11.htm.

EUROPÄISCHES PARLAMENT (1997): Entschließung zur Mitteilung der Kommission „Agenda 2000“: Finanzrahmen der Union für den Zeitraum 2000-2006 und künftiges Finanzierungssystem, A4-0331/1997, Straßburg.

— (1999): Entschließung zum Veränderungs- und Reformbedarf des Eigenmittelsystems der Europäischen Union, A4-0105/1999, Straßburg.

EUROSTAT (1995): Regionen – Systematik der Gebietseinheiten für die Statistik NUTS März 1995, Brüssel / Luxemburg.

— (1998): Zahl der Asylbewerber sank 1996 um 46000, Pressemitteilung Nr. 2498 – 23. März 1998, URL = http://europa.eu.int/comm/eurostat/Public/ datashop/printproduct/DE?catalogue=Eurostat&product=02698-02498-3-DE&mode=download.

— (2000): Statistical yearbook on candidate and South-East European countries, Luxemburg.

FÄRBER, GISELA (1993): Reform des Länderfinanzausgleichs, in: Wirtschaftsdienst, 73. Jg., H. 6/1993, S. 305-313.

FELD, LARS P. / KIRCHGÄSSNER, GEBHARD (1998): Fiskalischer Föderalismus, in: Wirtschaftswissenschaftliches Studium, 27. Jg., H. 2/1998, S. 65-70.

FISCHER, HELMUT (1984): Zur Problematik von Finanzzuweisungen, in: Wirtschaftswissenschaftliches Studium, 13. Jg., H. 5/1984, S. 229-234.

— (1998): Finanzzuweisungen: Theoretische Grundlegung und praktische Ausgestaltung im bundesstaatlichen Finanzausgleich Australiens und der Bundesrepublik Deutschland (Habil.), Volkswirtschaftliche Schriften, H. 379, Berlin.

FISCHER, JOSCHKAR (2000): Das Ziel ist die Europäische Föderation, in: F.A.Z., vom 15.5.2000, S. 15.

FISCHER-MENSHAUSEN, HERBERT (1988): Finanzausgleich II, Grundzüge des Finanzausgleichsrechts, in: Handwörterbuch der Wirtschaftswissenschaften, Bd. 2, S. 636-662.

FOLKERS, CAY (1995): Welches Finanzausgleichssystem braucht Europa? In: →KARL / HENRICHSMEYER (HRSG.) (1995), S. 87-108.

FOLLAIN, JAMES R. JR. (1979): Grant Impacts on Local Fiscal Behavior: Full-Information Maximum Likelihood Estimates, in: Public Finance Quarterly, Bd. 7, Nr. 4/1979, S. 479-500.

FORTE, FRANCESCO (1977): Grundsätze der Zuordnung öffentlicher ökonomischer Funktionen im Rahmen von Gebietskörperschaften, in: →MACDOUGALL-BERICHT, S. 291-331.

FOSSATI, AMEDEO / PANELLA, GIORGIO (HRSG.) (1999): Fiscal Federalism in the European Union, Rountledge Studies in the European Union, London / New York.

FRAKTION DER EUROPÄISCHEN VOLKSPARTEI (CD) DES EUROPÄISCHEN PARLAMENTS (HRSG.) (1987): Reform der Finanzverfassung der Gemeinschaft, Luxemburg.

FRANKE, JÜRGEN (1989): Die Regionalpolitik der Europäischen Gemeinschaft: Eine theoretische und empirische Analyse ihres Wirkungsgrades und der Entwurf eines Systems konkurrierender Regionen als Ergänzung der Strategie der Marktintegration in der Gemeinschaft, Bochumer Wirtschaftswissenschaftliche Studien, Nr. 125, Bochum.

FRANZMEYER, FRITZ (1996): Europäische Struktur- und Regionalpolitik, in: →OHR (HRSG.) (1996), S. 111-140.

FRANZMEYER, FRITZ (HRSG.) (1991): Die Auswirkungen das Binnenmarktes auf die Entwicklung der Regionen in der Europäischen Gemeinschaft – Beiträge und Diskussionsberichte zu einer Tagung des DIW und des Arbeitskreises Europäische Integration e.V. in Berlin vom 6. bis 8. Dezember 1990, DIW-Sonderheft 146, Berlin.

FRANZMEYER, FRITZ / SEIDEL, BERNHARD (1976): Überstaatlicher Finanzausgleich und europäische Integration. Quantitative und institutionelle Aspekte eines Systems regionaler Transferleistungen, Europäische Studien des Instituts für europäische Politik, Bd. 8, Bonn.

— (1990): Regionalausgleichswirkung des EG-Haushalts – Bedarf und Realität, in: →BIEHL / PFENNIG (HRSG.) (1990), S. 189-220.

FREY, BRUNO S. (1997): Ein neuer Föderalismus für Europa: Die Idee der FOCJ, Beiträge zur Ordnungstheorie und Ordnungspolitik, Walter Eucken Institut, H. 151, Tübingen.

FREY, RENÉ L. (1977): Zwischen Föderalismus und Zentralismus. Ein volkswirtschaftliches Konzept des schweizerischen Bundesstaates, Bern / Frankfurt a. M.

FUEST, CLEMENS (1993): Budgetdefizite in einer Europäischen Währungsunion: Bedarf es gemeinsamer Verschuldungsregeln? In: Zeitschrift für Wirtschaftspolitik, 42. Jg., 2/1993, S. 123-149.

— (1995): Eine Fiskalverfassung für die Europäische Union, Köln.

— (1996): Zur Reform der EU-Fiskalverfassung, in: →STREIT / VOIGT (HRSG.) (1996), S. 166-178.

FUEST, WINFRIED / LICHTBLAU, KARL (1991): Finanzausgleich im vereinten Deutschland, Köln.

GERKEN, LÜDER (HRSG.) (1995): Europa zwischen Ordnungswettbewerb und Harmonisierung: Europäische Ordnungspolitik im Zeichen der Subsidiarität, Berlin et al.

GLASTETTER, WERNER (1995): Auf dem Weg zur Europäischen Union (Voraussetzungen, Problemfelder), in: Hamburger Jahrbuch für Wirtschafts- und Gesellschaftspolitik, 40. Jg., Tübingen, S. 9-37.

GÖRG, HOLGER / RUANE, FRANCES (2000): European Integration and Peripherality: Lessons from the Irish Experience, in: The World Economy, Bd. 23, H. 3/2000, S. 405-421.

GÖRGENS, EGON (1999): Das Spannungsverhältnis von Geldpolitik und Lohnpolitik in der Europäischen Währungsunion, in: Wirtschaftswissenschaftliches Studium, 28. Jg., H. 10/1999, S. 521-526.

GROSSEKETTLER, HEINZ (1993): Ökonomische Maßstäbe für den Bund-Länder-Finanzausgleich, in: Staatswissenschaften und Staatspraxis, 4. Jg., H. 4/1993, S. 91-109.

— (1996): Koordinationsprobleme in der europäischen Finanzpolitik: Das Pro und Kontra eines europäischen Finanzausgleichs, in: →KARL (HRSG.) (1996), S. 15-31.

— (1997): Finanzausgleich über den EU-Haushalt: Rechtfertigung und Größenordnungen, in: →CAESAR (HRSG.) (1997), S. 111-140.

GRÜSKE, KARL-DIETER / SCHENK, MONIKA (1999): Finanzausgleich und regionale wirtschaftliche Entwicklung, in: Ökonomie und Ökologie, Festschrift für Joachim Klaus zum 65. Geburtstag, S. 59-91.

GUIRAUDON, VIRGINE (2000): European Integration and Migration Policy: Vertical Policy-making as Venue Shopping, in: Journal of Common Market Studies, Bd. 38, Nr. 2/2000, S. 251-271.

GÜSSEFELDT, JÖRG / STREIT, CLEMENS (2000): Disparitäten regionalwirtschaftlicher Entwicklung in der EU, Zentrum für Globalisierung und Europäisierung der Wirtschaft, Universität Göttingen, Diskussionspapier 5, Göttingen.

GUTH, ECKARD (1999): Die Vorschläge zur Reform des EU-Finanzsystems 2000-2006, in: List Forum für Wirtschafts- und Finanzpolitik, 25. Jg, H. 2/1999, S. 119-137.

HACKENBROCH, INGE (1983): Zur Theorie und Politik eines supranationalen Finanzausgleichs – Gestaltungsprobleme und Gestaltungsansätze unter besonderer Berücksichtigung der EG, München et al.

HÄDE, ULRICH (1996): Finanzausgleich – Die Verteilung der Aufgaben, Ausgaben und Einnahmen im Recht der Bundesrepublik Deutschland und der Europäischen Union (Habil.), Tübingen.

HAHN, HUGO J. (1992): Der Vertrag von Maastricht als völkerrechtliche Übereinkunft und Verfassung, Baden-Baden.

HAMMERSCHMIDT, ANNA (2000): F&E-Spillovers, Forschungskooperationen und Absorptionsfähigkeit, in: Wirtschaftspolitische Blätter, 47. Jg., H. 2/2000, S. 179-185.

HANSMEYER, KARL-HEINRICH (1999): Föderalismus in Europa – Problemfelder und Forschungsbedarf, in: →ARBEITSGEMEINSCHAFT DEUTSCHER WIRTSCHAFTSWISSENSCHAFTLICHER FORSCHUNGSINSTITUTE (HRSG.) (1999), S. 9-17.

HEINE, MICHAEL / HERR, HANSJÖRG (1999): Verdrängte Risiken der Euro-Einführung, in: WSI Mitteilungen, 52. Jg., H. 8/1999, S. 539-547.

HEINEMANN, FRIEDRICH (1995): Die Finanzverfassung und Kompetenzausstattung der Europäischen Union nach Maastricht: Eine finanzwissenschaftliche Soll-Ist-Analyse (Diss.), Schriftenreihe des ZEW, Bd. 5, Baden-Baden.

— (1998): EU-Finanzreform 1999: eine Synopse der politischen und wissenschaftlichen Diskussion und eine neue Reformkonzeption, Gütersloh.

— (1999): Der Kompensationsfonds: Eine neue Finanzverfassung für die EU der 21+, in: Wirtschaftsdienst, 79. Jg., H. 5/1999, S. 293-299.

— (2000): The Political Economy of EU Enlargement and the Treaty of Nice, Zentrum für Europäische Wirtschaftsforschung, Mannheim.

HENKE, KLAUS-DIRK (1981): Die Finanzierung der Europäischen Gemeinschaften. Zur integrationsfördernden Fortentwicklung des europäischen Einnahmensystems, in: →POHMER (HRSG.) (1981), S. 11-83.

— (1997): Die Finanzierung der EU, in: Wirtschaftsdienst, 77. Jg., H. 1/1997, S. 45-47.

HENKE, KLAUS-DIRK / PERSCHAU, OLIVER D. (1999): Föderalismus im zusammenwachsenden Europa: Aspekte einer europäischen Sozial- und Finanzverfassung, in: →MORATH (HRSG.) (1999), S. 119-144.

HERMANN, ROLAND (1999): Neue Konzepte der EU-Agrarpolitik und ihre Finanzierung in der EU, in: List Forum für Wirtschafts- und Finanzpolitik, 25. Jg., H. 2/1999, S. 156-177.

HESSE, HELMUT (1993): Finanzausgleich im Bundesstaat: Implikationen für Europa, in: Staatswissenschaften und Staatspraxis, 4. Jg., S. 43-55.

HILBER, GÜNTER (1974): Horizontale Finanzausgleichsbeziehungen zwischen Nationalstaaten, Europäische Hochschulschriften, Reihe V, Bd. 74, Frankfurt a. M. / Bern.

HILLIGWEG, GERD (1994): Beurteilung der Regionalpolitik der Europäischen Gemeinschaft und möglicher Weiterentwicklungskonzepte unter besonderer Berücksichtigung des Reformmodells einer finanzausgleichsorientierten Neugestaltung des Systems der EG-Regionalfonds, Bochumer Wirtschaftswissenschaftliche Studien, Bd. 137, Bochum.

HIRSCHMAN, ALBERT O. (1970): Exit, Voice and Loyality, Cambridge.

HOFFMANN, STANLEY (2000): Towards a Common European Foreign and Security Policy, in: Journal of Common Market Studies, Bd. 38, H. 2/2000, S. 189-198.

HOMANN, KARL / KIRCHNER, CHRISTIAN (1995): Das Subsidiaritätsprinzip in der Katholischen Soziallehre und in der Ökonomik, in: →GERKEN (HRSG.) (1995), S. 45-69.

HOMBURG, STEFAN (1994): Anreizwirkungen des deutschen Finanzausgleichs, in: Finanzarchiv, 51. Jg., S. 312-330.

HÖNEKOPP, ELMAR / HEINZ, WERNER (2000): Is the EU's Labour Market Threatened by a Wave of Immigration? In: Intereconomics, Bd. 35, H. 1/2000, S. 3-8.

HRBEK, RUDOLF (2001): Der Vertrag von Nizza – eine weitere Etappe im europäischen Integrationsprozess, in: Wirtschaftsdienst, 81. Jg, H. 1/2001, S. 21-29.

HRBEK, RUDOLF / WEYAND, SABINE (1994): betrifft: Das Europa der Regionen. Fakten, Probleme, Perspektiven, München.

HUBER, BERND (1998): Der deutsche Finanzausgleich – Konzeption und Reformbedarf, in: Wirtschaftswissenschaftliches Studium, 78. Jg., H. 10/1998, S. 517-524.

— (1999): Steuerwettbewerb im Föderalismus – Ideal und Wirklichkeit, in: →MORATH (HRSG.) (1999), S. 55-65.

HUBER, ERWIN (1998): Länderfinanzausgleich: Grenzen der Solidarität! In: Wirtschaftsdienst, 78. Jg., H. 2/1998, S. 71-73.

HUGO, VICTOR (1850): Zwölf Reden, zitiert nach: Die Zeit vom 25.12.1992, S. 17.

HÜTHER, MICHAEL (1996): Reform des Finanzausgleichs: Handlungsbedarf und Lösungsvorschläge, in: Wirtschaftsdienst, 76. Jg., H. 1/1996, S. 43-52.

IRMEN, ELEONORE / BLACH, ANTONIA (1996): Typen ländlicher Entwicklung in Deutschland und Europa, in: Informationen zur Raumentwicklung, H. 11-12/1996, S. 713-728.

IRMEN, ELEONORE / SINZ, MANFRED (1989): Zur Wettbewerbsfähigkeit der Regionen in der Europäischen Gemeinschaft, in: Informationen zur Raumentwicklung, H. 8-9/1989, S. 589-602.

JARCHOW, HANS-JOACHIM (1995): Theorie und Politik des Geldes – II. Geldpolitik, 7. Auflage, Göttingen.

JEFFERY, CHARLIE (2000): Sub-National Mobilization and European Integration: Does it Make Any Difference? In: Journal of Common Market Studies, Bd. 88, Nr. 1/2000, S. 1-23.

KARL, HELMUT (1995): Koordination europäischer Strukturpolitik durch Dezentralisierung? In: →KARL / HENRICHSMEYER (HRSG.) (1995), S. 109-129.

— (2000): Die Reform der Kohäsionspolitik der Europäischen Union, in: →CAESAR (HRSG.) (2000), S. 137-152.

KARL, HELMUT (HRSG.) (1996): Die Koordination der Finanz-, Währungs- und Strukturpolitik in der EU, Bonner Schriften zur Integration Europas, Bd. 7, Bonn.

KARL, HELMUT / HENRICHSMEYER, WILHELM (1995) (HRSG.): Regionalentwicklung im Prozess der Europäischen Integration, Bonner Schriften zur

Integration Europas, Institut für Europäische Integrationsforschung e.V., Bd. 4, Bonn.

KEYNES, JAHN MAYNARD (1949): The General Theory of Employment, Interest and Money, London.

KING, DAVID (1984): Fiscal Tiers: The Economics of Multi-Level Government, London.

KLEIN, FRANZ (1987): Zur Frage einer zukünftigen Finanzierung der Europäischen Gemeinschaften durch eigene Steuereinnahmen, in: →FRAKTION DER EUROPÄISCHEN VOLKSPARTEI (CD) DES EUROPÄISCHEN PARLAMENTS (HRSG.) (1987), S. 24-33.

KOESTER, ULRICH (1999): Agenda 2000: Ausreichende Weichenstellung für die Agrarpolitik, in: Wirtschaftsdienst, 79. Jg., H. 10/1999, S. 605-610.

KOHL, ECKHARD / BERGMANN, JAN (1998): Europäischer Finanzausgleich? Gewinner und Verlierer der EU-Politiken, Köln.

KOOP, MICHAEL J. (1996): Europäische Integration: Rechtsangleichung oder Wettbewerb der Rechtssysteme? In: →STREIT / VOIGT (HRSG.) (1996), S. 54-62.

KOPS, MANFRED (1984a): Formen und Grundprinzipien des Finanzausgleichs (I): Der passive Finanzausgleich, in: Das Wirtschaftsstudium, 13. Jg., H. 5/1984, S. 239-246.

— (1984b): Formen und Grundprinzipien des Finanzausgleichs (II): Der originäre aktive Finanzausgleich, in: Das Wirtschaftsstudium, 13. Jg., H. 6/1984, S. 289-293.

— (1984c): Formen und Grundprinzipien des Finanzausgleichs (III): Der ergänzende aktive Finanzausgleich, in: Das Wirtschaftsstudium, 13. Jg., H. 7/1984, S. 341-345.

— (1997): Grundstrukturen einer Europäischen Finanzverfassung, in: →CAESAR (HRSG.) (1997), S. 23-53.

KOWALCZYK, ANDRZEJ (1994): Die polnische Staatsstrukturreform – ein nicht abgeschlossener Prozeß, in: →BULLMANN (HRSG.) (1994), S. 331-339.

KRAFF, MANFRED (1997): Der Finanzausgleich in der Europäischen Union (Diss.), Bonn.

KRONBERGER KREIS (1992): Einheit und Vielfalt in Europa. Für weniger Harmonisierung und Zentralisierung, Schriftenreihe des Frankfurter Instituts für wirtschaftspolitische Forschung, Bd. 25, Bad Homburg.

— (1998): Osterweiterung der Europäischen Union: Als Chance zur Reform begreifen, Schriftenreihe des Frankfurter Instituts – Stiftung Marktwirtschaft und Politik, Bd. 33, Bad Homburg.

LAMMERS, KONRAD (1990): Mehr regionalpolitische Kompetenzen für die EG im Europäischen Binnenmarkt? Kieler Arbeitspapiere, H. 439, Institut für Weltwirtschaft an der Universität Kiel.

— (1993): Braucht die EG einen Finanzausgleich? In: → ARBEITSGEMEINSCHAFT DEUTSCHER WIRTSCHAFTSWISSENSCHAFTLICHER FORSCHUNGSINSTITUTE (HRSG.) (1993), S. 189-200.

— (1997): Systemfehler im Finanzausgleich, in: Wirtschaftsdienst, 77. Jg., H. 8/1997, S. 430-431.

— (1999a): Neugliederung des Bundesgebietes zwischen Standortwettbewerb und Finanzverfassung, in: Wirtschaftsdienst, 79. Jg., H. 7/1999, S. 429-434.

— (1999b): Europäische Integration und räumliche Entwicklungsprozesse: Wo bleibt die nationale Ebene, in: →ARBEITSGEMEINSCHAFT DEUTSCHER WIRTSCHAFTSWISSENSCHAFTLICHER FORSCHUNGSINSTITUTE (HRSG.) (1999), S. 21-44.

LAMMERS, KONRAD / STILLER, SILVIA (2000): Regionalpolitische Implikationen der neuen ökonomischen Geographie, HWWA Discussion Paper, Nr. 85, Hamburg.

LANG, GERHARD (1990): Kaufkraftparitäten – Ein nützliches Instrument für internationale Preisvergleiche, 2. Aufl., Frankfurt/M.

LANGE, CARSTEN / NOLTE, FLORIAN (1997): Geldschöpfungsgewinne in einer Europäischen Währungsunion, Diskussionspapiere des Fachbereichs Wirtschaftswissenschaften an der Universität Hannover, Nr. 205, Hannover.

LANGE, CARSTEN / ROHDE, ARMIN / WESTPHAL, HORST M. (HRSG.) (1998): Monetäre Aspekte der europäischen Integration, Veröffentlichungen des Instituts für Empirische Wirtschaftsforschung, Bd. 35, Berlin.

LANGES, HORST (1987): Die zukünftige Finanzierung der Gemeinschaft: „Erhöhung der bestehenden Eigenmittel“ – Nationalbeiträge oder eigene Steuer?, in: →FRAKTION DER EUROPÄISCHEN VOLKSPARTEI (CD) DES EUROPÄISCHEN PARLAMENTS (HRSG.) (1987), S. 9-23.

LEIPERT, CHRISTIAN (1973): Soziale Indikatoren – Überblick über den Stand der Diskussion, in: Konjunkturpolitik, 19. Jg, S. 204-256.

LENK, THOMAS (1992a): Gestaltungsregeln für einen zukünftigen Finanzausgleich: formale Anforderungen, in: Dynamik des Weltmarktes – Schlankheitskur für den Staat?: Forschungsergebnisse im Überblick, ein Almanach junger Wirtschaftswissenschaftler, Hanns Martin Schleyer-Stiftung (Hrsg.), Köln, S. 130-131.

— (1992b): Reformbedarf und Reformmöglichkeiten des deutschen Finanzausgleichs: Eine Simulationsstudie (Habil.), Schriften zur öffentlichen Verwaltung und öffentlichen Wirtschaft, Bd. 138, Baden-Baden.

LENK, THOMAS / SILER, MICHAEL (1992): Alternative Modelle für den Länderfinanzausgleich in der Bundesrepublik Deutschland – Modelle II und III. Arbeitspapiere des Instituts für Volkswirtschaftslehre der Technischen Hochschule Darmstadt, Nr. 71.

LESCH, HAGEN (1995): Zur Rolle der Strukturpolitik im europäischen Integrationsprozeß, in: Deutsche Steuerzeitung, 83. Jg., Nr. 20-21/1995, S. 632-635.

— (1998): Agenda 2000: Die Rolle der europäischen Strukturpolitik zwischen Kohäsions- und Beschäftigungsziel, IFSt-Schrift des Instituts „Finanzen und Steuern“ e.V., Nr. 365, Bonn.

— (2000): Gemeinsam arbeitslos. Beschäftigungspolitische Leitlinien, makroökonomischer Dialog und Wirtschaftsreformen / Europa braucht keinen Pakt, in: F.A.Z. vom 25.3.2000, S. 15.

LESCHKE, MARTIN (1995): Neue Richtlinien für Europa – Das Urteil des Bundesverfassungsgerichts zum Vertrag von Maastricht aus Sicht der institutionellen Ökonomik, in: Zeitschrift für Wirtschaftspolitik, 44. Jg., H. 1/1995, S. 3-28.

MACDOUGALL-BERICHT: →EUROPÄISCHE KOMMISSION (1977).

MAENNING, WOLFGANG / HUNGER, ADRIAN (1996): Seignorageverluste – Hemmnis für die Europäische Währungsunion? In: Wirtschaftswissenschaftliches Studium, 25. Jg., H. 5/1996, S. 227-232.

MALLOSSEK, JÖRG (1996): Entwicklung einer Finanzkonzeption der Europäischen Union im Hinblick auf eine Aufnahme von mittel- und osteuropäischen Staaten, in: Zeitschrift für Wirtschaftspolitik, Jg. 45, H. 3/1996, S. 274-302.

— (1999): Zur Finanzverfassung der EU – Lehren aus dem fiskalischen Föderalismus? In: →ARBEITSGEMEINSCHAFT DEUTSCHER WIRTSCHAFTSWISSEN-SCHAFTLICHER FORSCHUNGSINSTITUTE (HRSG.) (1996), S. 221-246.

MARTIN, REINER (1998): EU-Regionalpolitik: Reform oder Stillstand? In: Wirtschaftsdienst, 78. Jg., H. 4/1998, S. 196.

MATHEWS, RUSSEL (1977): Finanzausgleichsmechanismen in einer zusammenwachsenden Europäischen Gemeinschaft, in: →MACDOUGALL-BERICHT, S. 421-452.

MCLAREN, LAUREN M. (2000): Turkey's Eventual Membership of the EU: Turkish Elite Perspectives on the Issue, in: Journal of Common Market Studies, Bd. 38, H. 1/2000, S. 117-129.

MCLURE, CHARLES E. (HRSG.) (1983): Tax assignment in federal countries, Canberra.

MESTMÄCKER, ERNST-JOACHIM (1995): Wettbewerbsrecht und Wettbewerbspolitik in der Europäischen Union, in: →GERKEN (HRSG.) (1995), S. 191-211.

MEYER, STEFFEN (1998): Popitz' „Gesetz von der Anziehungskraft des zentralen Etats" – Erklärungsansatz für Zentralisierungstendenzen im europäischen Integrationsprozeß? In: Wirtschaftswissenschaftliches Studium, 27. Jg., H. 4/1998, S. 197-200.

MICHALK, JÜRGEN (1989): Die Garantieklauseln im Länderfinanzausgleich, in: Wirtschaftsdienst, 69. Jg., H. 9/1989, S. 446-453.

MORATH, KONRAD (HRSG.) (1999): Reform des Föderalismus. Beiträge zu einer gemeinsamen Tagung von Frankfurter Institut und Institut der deutschen Wirtschaft, Bad Homburg.

MÜCKEL, WOLFGANG J. (HRSG.): (2000): Die Europäische Währungsunion: Probleme und Perspektiven, Paderborn et al.

MUELLER, DENNIS C. (1997): Federalism and the European Union: A constitutional perspective, in: Public Choice, Bd. 90, S. 255-280.

MUSGRAVE, RICHARD A. (1959): The Theory of Public Finance. A Study in Public Economy, New York / Toronto / London.

— (1983): Who schould tax, where, and what? In: →MCLURE (HRSG.) (1983), S. 2-19.

MUSGRAVE, RICHARD A. / MUSGRAVE, PEGGY B. / KULLMER, LORE (1992): Die öffentlichen Finanzen in Theorie und Praxis, Bd. 3, 4. Aufl., Tübingen.

— (1994): Die öffentlichen Finanzen in Theorie und Praxis, Bd. 1, 6. Aufl., Tübingen.

NAM, C. W. / NERB, G. / REUTER, J. / RUSS, H. (1990): Wettbewerbsfähigkeit ausgewählter EG-Regionen, in: IFO Schnelldienst, 43. Jg., H. 9/1990, S. 10-21.

NEUMANN, MANFRED J. M. (1999): Grundlegende Reform des Finanzierungssystems der EU, in: Wirtschaftsdienst, 79. Jg., H. 2/1999, S. 71-75.

NEUMARK, FRITZ (1970): Grundsätze gerechter und ökonomisch rationaler Steuerpolitik, Tübingen.

— (1978): Bemerkungen zu einigen ökonomischen Aspekten der grundgesetzlichen Vorschriften über die Einheitlichkeit der Lebensverhältnisse in der Bundesrepublik Deutschland, in: →DREISSIG (Hrsg.) (1978), S. 165-175.

NEUMARK, FRITZ (HRSG.) (1980): Handbuch der Finanzwissenschaft, Bd. 2, 3. Aufl., Tübingen.

— (1982): Handbuch der Finanzwissenschaft, Bd. 4, 3. Aufl., Tübingen.

NOLTE, FLORIAN (1998): Geldschöpfungsgewinne in einer Europäischen Währungsunion, in: →LANGE / ROHDE / WESTPHAL (HRSG.) (1998), S. 139-150.

OATES, WALLACE EUGENE (1972): Fiscal Federalism, New York.

— (1977a): „Finanz-Föderalismus“ (Fiscal Federalism) in Theorie und Praxis: Lehren für die Europäische Gemeinschaft, in: →MACDOUGALL-BERICHT, S. 291-331.

— (1977b): An Economist's Perspective on Fiscal Federalism, in: →OATES (HRSG.) (1977), S. 3-20.

— (1999): An Essay on Fiscal Federalism, in: The Journal of Economic Literature, Bd. 37, September 1999, S. 1120-1149.

OATES, WALLACE EUGENE (HRSG.) (1977): The Political Economy of Fiscal Federalism. Papers presented at a conference sponsored by the International Seminar in Public Economics and the International Institute of Management, and held Jan. 8-10, 1976 at the International Institute of Management in Berlin. Lexington.

OECD (1999): Net ODA from DAC Members in 1997 and 1998, URL = http://www.oecd.org/dac/xls/totalODAe.xls.

— (2000): OECD Wirtschaftsausblick, Nr. 68, vorläufige Ausgabe, November 2000, URL = http://www.oecd.org/publications/outlook68/eo/de/eo68de.pdf.

OHR, RENATE (1995): Divergenz oder Konvergenz als Folge monetärer Integration? In: List Forum für Wirtschafts- und Finanzpolitik, 21. Jg., H. 1/1995, S. 1-21.

OHR, RENATE (HRSG.) (1996): Europäische Integration, Köln.

OLSON, MANCUR (1968): Die Logik des kollektiven Handelns, Tübingen.

— (1969): The Principle of „Fiscal Equivalence“: The Division of Responsibilities Among Different Levels of Government, in: American Economic Review, Papers and Proceedings, Bd. 59, S. 479-487.

OTT, GÜNTER (1987): Internationale Verteilungswirkungen im Finanzausgleich der Europäischen Gemeinschaften, Finanzwissenschaftliche Schriften, Bd. 34, Frankfurt/M. et al.

PADOA-SCHIOPPA, TOMMASO (1999): Reflections on the Globalisation and Europeanisation of the Economy, Diskussionsbeiträge des Zentrum für Globalisierung und Europäisierung der Universität Göttingen, Nr. 1, Göttingen.

PAULY, MARK V. (1973): Income Redistribution as a Local Public Good, in: Journal of Public Economics, Bd. 2, S. 35-58.

PEFFEKOVEN, ROLF (1982): Probleme der internationalen Finanzordnung, in: Handbuch der Finanzwissenschaft, Bd. 4, S. 250-258.

— (1988): Finanzausgleich I: Wirtschaftstheoretische Grundlagen, in: Handwörterbuch der Wirtschaftswissenschaften, Bd. 2, S. 608-636.

— (1994a): Reform des Finanzausgleichs – eine vertane Chance, in: Finanzarchiv, 51. Jg, S. 281-311.

— (1994b): Die Finanzen der Europäischen Union, Mainz.

— (1998): Reform des Länderfinanzausgleichs tut not, in: Wirtschaftsdienst, 78. Jg., H. 2/1998, S. 80-83.

PENNOCK, R. (1959): Federal and Unitary Government: Disharmony and Frustration, in: Behavioral Science, Nr. 4.

PERSCHAU, HARTMUT (1998): Es geht um Aufholchancen! Zehn Thesen zum bundesstaatlichen Finanzausgleich, in: Wirtschaftsdienst, 78. Jg., H. 2/1998, S. 73-76.

PERSSON, TORSTEN / ROLAND, GÉRARD / TABELLINI, GUIDO (1997): The Theory of Fiscal Federalism: What Does it Mean for Europe? In: →SIEBERT (HRSG.) (1997), S. 23-41.

PIGOU, A. C. (1950): The Economics of Welfare, 4. Aufl., London.

PITLIK, HANS / SCHMID, GÜNTHER (2000): Zur politischen Ökonomie der föderalen Finanzbeziehungen in Deutschland, in: Zeitschrift für Wirtschaftspolitik, 49. Jg., H. 1/2000, S. 100-124.

POHMER, DIETER (HRSG.) (1980): Probleme des Finanzausgleichs II, Schriften des Vereins für Socialpolitik, Neue Folge Bd. 96/II, Berlin.

— (1981): Probleme des Finanzausgleichs III – Finanzausgleich im Rahmen der Europäischen Gemeinschaften, Schriften des Vereins für Socialpolitik, Neue Folge Bd. 96/III, Berlin.

POLA, GIANCARLO (1999): A comarative view of local finance in EU member countries: are there any lessons to be drawn? In: →FOSSATI / PANELLA (HRSG.) (1999), S. 15-62.

POLLACK, MARK A. (2000): The End of Creeping Competence? EU Policy-Making Since Maastricht, in: Journal of Common Market Studies, Bd. 38, H. 3/2000, S. 519-538.

POLLAK, HELGA (1980): Steuertarife, in: Handbuch der Finanzwissenschaft, Bd. 2, S. 239-266.

PROBST, KLEMENS (1994): Regionale Selbstverwaltung: Die bayerischen Bezirke als Modell für ein bürgernahes Europa (Diss.), Rechtswissenschaftliche Forschung und Entwicklung, Bd. 452, München.

PROKOP, MARC (1999): Finanzausgleich und europäische Integration – Ein regionaler Ansatz (Diss.), Wirtschaftspolitische Forschungsarbeiten der Universität zu Köln, Bd. 29, Marburg.

PÜTZ, THEODOR (1979): Grundlagen der theoretischen Wirtschaftspolitik, 4. Aufl. Stuttgart / New York.

QUICK, MICHAEL (1994): Die Vergleichbarkeit territorialer Einheiten in der komparativen Europaforschung, in: Europa Regional, 2. Jg., H. 3/1994, S. 20-29.

RAWLS, JOHN (1973): A Theory of Justice, Oxford et al.

REES, ANDREAS (2000): One Fits All in the EMU? One Monetary Policy for Eleven Countries, in: Intereconomics, Bd. 35, H. 4/2000, S. 162-169.

REES, ANDREAS / SONNENHOLZNER, MICHAEL (2000): Competition among the Regions in Euroland, in: Intereconomics, Bd. 35, H. 2/2000, S. 55-63.

RENZSCH, WOLFGANG (1999): Das Urteil zum Finanzausgleich: Enge Fristensetzung, in: Wirtschaftsdienst, 79. Jg., H. 12/1999, S. 716-721.

RIESE, MARTIN (1984): Die Messung der Arbeitslosigkeit, Volkswirtschaftliche Schriften, H. 366, Berlin.

ROLLE, CARSTEN (1999): EU-Nettozahlungen – Beuten kleine Länder große aus? In: Wirtschaftsdienst, 79. Jg., H. 3/1999, S. 181-184.

RÖSL, GERHARD / SCHÄFER, WOLF (2000): A Conceptual Approach to the Creation and Allocation of Central Bank Profits in the Euro Area, in: Kredit und Kapital, 33. Jg., H. 1/2000, S. 39-61.

RÜBEL, GERHARD (2000): Arbeitsmarktpolitische Implikationen der Europäischen Wirtschafts- und Währungsunion, in: List Forum für Wirtschafts- und Finanzpolitik, Bd. 26, H. 2/2000, S. 165-182.

SAKOWSKY, DAGMAR (2000): Perspektiven einer europäischen Beschäftigungspolitik, in: List Forum für Wirtschafts- und Finanzpolitik, Bd. 26, H. 1/2000, S. 71-92.

SALA-I-MARTIN, XAVIER (1996): Regional cohesion: Evidence and theories of regional growth and convergence, in: European Economic Review, Bd. 40, S. 1325-1352.

SAMLAND, DETLEF (1997): Perspektiven in der EU-Finanzverfassung und EU-Strukturpolitik, in: →ROLF CAESAR (HRSG.) (1997), S. 223-238.

SCHÄFERS, MANFRED (1993): Die Kohäsionspolitik der Europäischen Gemeinschaft: Integrationspolitische Einordnung, Darstellung und Erfolgskontrolle (Diss.), Baden-Baden.

SCHARMER, MARCO (1997): Europäische Währungsunion und regionaler Finanzausgleich – ein politisch verdrängtes Problem, Berichte aus dem Weltwirtschaftlichen Colloquium der Universität Bremen, H. 48.

SCHNABEL, CLAUS / ZAGELMEYER, STEFAN (2000): Beschäftigungspolitik und Beschäftigungspakte in der Europäischen Union, in: List Forum für Wirtschafts- und Finanzpolitik, Bd. 26, H. 2/2000, S. 147-164.

SCHNEIDER, FRIEDRICH (1993): The federal and fiscal structures of representative and direct democracies as models for a European federal union: Some ideas using the public-choice approach, in: →EUROPÄISCHE KOMMISSION (HRSG.) (1993), S. 191-212.

SEIDEL, BERNHARD / VESPER, DIETER (1999): Fiscal Federalism – an International Comparison, in: Vierteljahreshefte zur Wirtschaftsforschung, 68. Jg., H. 3/1999, S. 449-472.

SEN, FARUK / AYDIN, HAYRETTIN (2000): Ist die Türkei EU-würdig? In: F.A.Z. vom 29.6.2000, S. 8.

SHEIKH, SONJA / PAUER, WOLFGANG (1999): Strukturelle Arbeitslosigkeit in ausgewählten Ländern der Europäischen Union unter besonderer Berücksichtigung der Mismatch-Komponente, in: Vierteljahreshefte zur Wirtschaftsforschung, 68. Jg., H. 3/1999, S. 424-448.

SIEBERT, HORST (HRSG.) (1997): Quo Vadis Europe?, Tübingen.

SINN, HANS-WERNER (1995): Implikationen der vier Grundfreiheiten für eine nationale Fiskalpolitik, in: Wirtschaftsdienst, 75. Jg., H. 5/1995, S. 240-249.

— (2000): EU Enlargement and the Future of the Welfare State, IfO-Diskussionsbeiträge, Nr. 66, München.

SMEKAL, CHRISTIAN (1980): Transfers zwischen Gebietskörperschaften (TG) – Ziele und Ausgestaltungsprobleme, in: →POHMER (HRSG.) (1980), S. 151-220.

SÖLLNER, FRITZ (2000): Der Länderfinanzausgleich nach dem Urteil des Bundesverfassungsgerichts, in: Wirtschaftsdienst, 80. Jg., H. 10/2000, S. 611-616.

SPAHN, PAUL BERND (1993a): The Community Budget for an Economic and Monetary Union, London et al.

— (1993b): The design of federal fiscal constitutions in theory and practice, in: →EUROPÄISCHE KOMMISSION (HRSG.) (1993), S. 63-99.

STANGLER, GOTTFRIED / VYSLONZIL, ELISABETH (HRSG.) (1996): Europa und seine Regionen, Frankfurt/M. et al.

STANKOVSKY, JAN (1999): Finanzierung der EU-Osterweiterung, in: Wirtschaftspolitische Blätter, 46. Jg., H. 1-2/1999, S. 87-94.

STARK, JÜRGEN (1999): Nationale Notenbanken und EZB – Inhalte und Grenzen gemeinschaftlichen Handelns, in: Zeitschrift für das gesamte Kreditwesen, 52. Jg., H. 17/1999, S. 914-919.

STEINHERR, ALFRED (2000): Europe's Unemployment: No Policy Issue? A Policy Issue for Europe, or for the Member States, or for Both? In: IfO Studien, 46. Jg., H. 1/2000, S. 123-137.

STIERLE, MICHAEL HAROLD (1999): Der Haushalt der Europäischen Union und die Diskussion um seine Neuordnung im Rahmen der Agenda 2000, Speyerer Arbeitshefte, Nr. 119, Speyer.

STOBBE, ALFRED (1994): Volkswirtschaftliches Rechnungswesen, Heidelberger Taschenbücher, Bd. 14, 8. Aufl., Berlin et al.

STRACK, DIETER / HELMSCHROTT, HELMUT / SCHÖNHERR, SIEGFRIED (1997): Measuring Capacity of National Economies Using Purchasing Power Parities, IfO Studien zur Entwicklungsforschung, Nr. 29, München / Köln / London.

STRAUBHAAR, THOMAS (1998): Osterweiterung der Europäischen Union und Migration aus Ost- nach Westeuropa, in: →ZOHLNHÖFER (HRSG.) (1998), S. 145-161.

— (2000): New Migration Needs a NEMP (A New European Migration Policy), HWWA Discussion Paper, Nr. 95, Hamburg.

STREIT, MANFRED E. (HRSG.) (1988): Wirtschaftspolitik zwischen ökonomischer und politischer Rationalität, Festschrift für Herbert Giersch, Wiesbaden.

STREIT, MANFRED E. / VOIGT, STEFAN (HRSG.) (1996): Europa reformieren: Ökonomen und Juristen zur zukünftigen Verfasstheit Europas, Constributiones Jenenses, Bd. 4, Baden-Baden.

TANGERMANN, STEFAN (1999): Mit einem Fuß auf dem Gaspedal, mit dem anderen auf der Bremse – Die Landwirtschaft darf nicht ewiger Sonderfall der Wirtschaftspolitik in Europa bleiben, in: F.A.Z. vom 26.2.1999, S. 11.

TAUBE, REGINBERT (1990): Ein Vorschlag zur Reform des Länderfinanzausgleichs, in: Wirtschaftsdienst, H. 7/1990, S. 372-380.

TEUTEMANN, MANFRED (1992): Rationale Kompetenzverteilung im Rahmen der europäischen Integration: Ein Beitrag zur finanzwissenschaftlichen Ordnungspolitik (Diss.), Schriften zur wirtschaftswissenschaftlichen Analyse des Rechts, Bd. 10, Berlin.

— (1993): Interpersonal vs. interregional redistribution at the European level – as seen from the perspectives of fiscal federalism and public choice theory, in: →EUROPÄISCHE KOMMISSION (HRSG.) (1993), S. 395-413.

THOMAS, INGO P. (1993): Allokationseffizienz, interregionaler Finanzausgleich und Föderalismus bei hoher Arbeitsmobilität, Kieler Arbeitspapiere Nr. 598, Institut für Weltwirtschaft Kiel.

— (1994): Finanzausgleich und Kohäsion in der Europäischen Union, in: Die Weltwirtschaft, H. 4/1994, S. 472-491.

— (1995): Konvergenz und Divergenz in der Europäischen Union – Theoretischer Überblick, empirische Evidenz und wirtschaftspolitische Implikationen, Kieler Arbeitspapiere, Nr. 682, Institut für Weltwirtschaft an der Universität Kiel.

— (1997): Ein Finanzausgleich für die Europäische Union? Eine allokationstheoretische und fiskalföderalistische Analyse, Kieler Studien, Instituts für Weltwirtschaft an der Universität Kiel, Nr. 285, Tübingen.

THOROE, CARSTEN (1981): Die europäische Agrarpolitik als Finanzausgleichsproblem, in: →POHMER (HRSG.) (1981), S. 85-123.

TIEBOUT, CHARLES M. (1956): A Pure Theory of Local Expenditures, in: Journal of Political Economy, Bd. 64, S. 416-424.

— (1961): An Economic Theory of Fiscal Decentralisation, in: Public Finances: Needs, Sources and Utilization. A Conference of the Universities – National Bureau Committee for Economic Research, Princeton, S. 79-96.

TOPAN, ANGELIKA (1997): Das Leitbild der europäischen Kohäsionspolitik im Wandel, Rostocker Beiträge zur Regional- und Strukturforschung, H. 8, Rostock.

TÖPFER, KLAUS (1997): Kohäsion und räumliche Entwicklung in der Europäischen Union, in: Wirtschaftsdienst, 97. Jg., H. 11/1997, S. 633-636.

TULLOCK, GORDON (1969): Federalism: Problems of Scale, in: Public Choice, Bd. 62, H. 6/1969, S. 19-29.

VANHEUKELEN, MARC (1996): Stabilisation in EMU: A possible role for the EU-budget, in: →KARL (HRSG.) (1996), S. 33-57.

VAN MIERT, KAREL (1995): Wettbewerbspolitik und die Zusammenarbeit zwischen den Kartellbehörden in der Europäischen Union, in: →GERKEN (HRSG.) (1995), S. 219-228.

VAN SUNTUM, ULRICH (1999): Die Idee des wettbewerblichen Föderalismus, in: →MORATH (HRSG.) (1999), S. 13-22.

VAUBEL, ROLAND (1992): Die politische Ökonomie der wirtschaftspolitischen Zentralisierung in der Europäischen Gemeinschaft, in: Jahrbuch für Neue Politische Ökonomie, 11. Jg., S. 30-65.

VÉDRINE, HUBERT (2000): Klassischer Föderalismus oder Föderation von Nationalstaaten? In: F.A.Z. vom 13.6.2000, S. 4.

VON HAYEK, FRIEDRICH AUGUST (1968): Der Wettbewerb als Entdeckungsverfahren, Kieler Vorträge, Neue Folge, Nr. 56, Kiel.

VON WOGAU, KARL (1999): Die zukünftige Finanzierung der EU: Wird der deutsche Nettobeitrag vermindert? In: Wirtschaftsdienst, 79. Jg., H. 2/1999, S. 75-77.

WALSH, CLIFF (1993): Fiscal federalism: An overview of issues and a discussion of their relevance to the European Community, in: →EUROPÄISCHE KOM-MISSION (HRSG.) (1993), S. 25-61.

WALTHES, FRANK (1996): Europäischer Finanzausgleich (Diss.), Abhandlungen zur Nationalökonomie, Bd. 4, Berlin.

WANIEK, ROLAND W. (1994): EG-Regionalpolitik für die Jahre 1994 bis 1999, in: Wirtschaftsdienst, 74. Jg., H. 1/1994, S. 43-49.

— (1995): Sektoraler und raumstruktureller Wandel in Europa, in: →KARL / HENRICHSMEYER (HRSG.) (1995), S. 15-51.

WEINDL, JOSEF (1994): Europäische Gemeinschaft: Institutionelles System, Binnenmarkt sowie Wirtschafts- und Währungsunion auf der Grundlage des Maastrichter Vertrages, 2. Aufl., München / Wien.

WELFENS, PAUL J. J. (1999): EU-Osterweiterungen – Vorteile, Konflikte, Strategieprobleme, in: Wirtschaftspolitische Blätter, 46. Jg., H. 1-2/1999, S. 123-129.

WELSCH, HEINZ (2000): Domestic Fiscal Policy in a Monetary Union: What are the Spillovers? In: Jahrbücher für Nationalökonomie und Statistik, Bd. 220/3, S. 327-342.

WISSENSCHAFTLICHER BEIRAT BEIM BMF (1992): Gutachten zum Länderfinanzausgleich in der Bundesrepublik Deutschland, Schriftenreihe des BMF, H. 47, Bonn.

WISSENSCHAFTLICHER BEIRAT BEIM BML (1997): Zur Weiterentwicklung der EU-Agrarreform: Entkopplung der Preisausgleichszahlungen und Umsetzung der GATT-Beschlüsse, August 1996, Schriftenreihe des Bundesministeriums für Ernährung, Landwirtschaft und Forsten: Reihe A, Angewandte Wissenschaft, Nr. 459, Bonn.

— (1998): Kompetenzverteilung für die Agrarpolitik in der EU, Oktober 1997, Schriftenreihe des Bundesministeriums für Ernährung, Landwirtschaft und Forsten: Reihe A, Angewandte Wissenschaft, Nr. 468, Bonn.

WISSENSCHAFTLICHER BEIRAT BEIM BMWI (1994): Gutachten vom August 1994. Ordnungspolitische Orientierung für die Europäische Union, Bonn, BMWi-Dukumentationen, Nr. 369, Bonn.

— (1999): Gutachten vom Januar 1999: Neuordnung des Finanzierungssystems der Europäischen Gemeinschaft, Bonn.

WWU-BERICHT: →EUROPÄISCHE KOMMISSION (1993).

ZIMMERMANN, HORST (1982): Allgemeine Probleme und Methoden des Finanzausgleichs, in: Handbuch der Finanzwissenschaft, Bd. 4, S. 3-52.

— (1990): Gewichtsverlagerungen im föderativen Staatsaufbau unter EG-Einfluss? In: Wirtschaftsdienst, 70. Jg., H. 9/1990, S. 451-456.

— (1999): Wo bleibt die nationale Ebene? Wirtschaftliche versus politische Einflüsse, in: →ARBEITSGEMEINSCHAFT DEUTSCHER WIRTSCHAFTS-WISSEN-SCHAFTLICHER FORSCHUNGSINSTITUTE (HRSG.) (1999), S. 45-53.

ZOHLNHÖFER, WERNER (1992): Zur Verteilung der politischen Entscheidungskompetenzen in der EG, Korreferat zum Beitrag von →VAUBEL (1992), in: Jahrbuch für Neue Politische Ökonomie, 11. Jg., S. 66-72.

(1998): Perspektiven der Osterweiterung und Reformbedarf der Europäischen Union, Schriften des Vereins für Socialpolitik, Neue Folge, Bd. 255, Berlin.

2. Zeitungsartikel

F.A.Z. vom 18.12.1998, S. 30: Nettozahler und Nettoempfänger in der EU.

— vom 19.2.1999, S. 14: „Der deutsche EU-Beitrag läßt sich um ein Drittel senken".

— vom 5.8.1999, S. 15: Nur Grundsicherung für die EU-Bauern.

— vom 1.9.1999, S. 2: Französische Kritik an Sprachen-Charta.

— vom 14.12.1999, S. 26: Jetzt stehen alle Beitrittskandidaten auf der gleichen Stufe.

— vom 20.9.2000, S. 1: Große Lösung für die Ost-Erweiterung der EU?

— vom 8.11.2000, S. 1: EU will Ende 2002 für neue Mitglieder aufnahmebereit sein.

3. Verträge, Gesetze, Protokolle

EGV: Vertrag zur Gründung der Europäischen Gemeinschaft vom 25. März 1957, konsolidierte Fassung mit den Änderungen durch den Vertrag von Amsterdam vom 2.10.1997.

EUV: Vertrag über die Europäische Union vom 7. Februar 1992, Konsolidierte Fassung mit den Änderungen durch den Vertrag von Amsterdam vom 2.10.1997.

GG: Grundgesetz für die Bundesrepublik Deutschland vom 23. Mai 1949.

StWG: Gesetz zur Förderung der Stabilität und des Wachstums der Wirtschaft vom 8. Juni 1976.

Protokoll über die Anwendung der Grundsätze der Subsidiarität und Verhältnismäßigkeit zum EU-Vertrag.

Protokoll über die Satzung des Europäischen Systems der Zentralbanken und der Europäischen Zentralbank zum EG-Vertrag.

Vertrag von Nizza, von der Regierungskonferenz über die institutionelle Reform vereinbarter vorläufiger Text, 22.12.2000, Brüssel.

CeGE-Schriften

Das CeGE – Center for Globalization and Europeanization of the Economy – wurde 1999 von der Wirtschaftswissenschaftlichen Fakultät der Georg-August-Universität Göttingen gegründet. Das Zentrum dient als Forum zur internationalen und interdisziplinären Zusammenarbeit bei der Analyse ökonomischer Fragestellungen von europäischer oder globaler Bedeutung. In den CeGE-Schriften werden Forschungsergebnisse aus Dissertationen, Habilitationen und anderen Forschungsprojekten des Zentrums veröffentlicht.

Band 1 Axel Gerloff: Wechselkurspolitik in Mittel- und Osteuropa. Eine theoretische Analyse unter besonderer Berücksichtigung der Erfahrungen der zehn Kandidaten für eine EU-Osterweiterung. 2001.

Band 2 Ingo Konrad: Zur Integration ausgewählter mittel- und osteuropäischer Länder in die währungspolitische Ordnung Europas. 2002.

Band 3 Axel Hennighausen: Wegekostenfinanzierung und Lenkung im deregulierten europäischen Verkehrsmarkt. 2002.

Band 4 Wolfgang Münch: Effects of EU Enlargement to the Central European Countries on Agricultural Markets. 2002.

Band 5 Holger Niermann: Welchen Finanzausgleich braucht Europa? Ein konkreter Vorschlag zur Neugestaltung der europäischen Finanzbeziehungen mit Simulationsmodell. 2002.

FSC
www.fsc.org
MIX
Papier | Fördert gute Waldnutzung
FSC® C083411

Kolibri 360 GmbH
Ferdinand-Jühlke-Straße 7
99095 Erfurt, Deutschland
produktsicherheit@kolibri360.de

Druck:
CPI Druckdienstleistungen GmbH
im Auftrag der
Kolibri 360 GmbH
Ferdinand-Jühlke-Str. 7
99095 Erfurt